21世紀社會學

21st Century Sociology

●洪鎌德　著

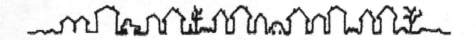

序

在返回母校台大服務的第六年，我終於完成這本著作的修正稿。這本著作的前身《現代社會學導論》是26年前由台灣商務印書局推出，經過了五版十二刷的歷程，倖獲台港星與中國大陸等地社會學界與哲學界之讚賞。曾擔任過台大哲學系教職，現已退休的項退結教授甚至以本書為例，「當成具體事實打破『外文著作的學術水準超過中文著作』的成見」（參考《現代學苑》第九卷第10期〔總號103〕，1972年10月出版，第4項）。現任職東吳大學社會學系的高宣揚教授也對本書的內容給予高度的好評，他一再敦促作者儘早將此書翻修，重予出版，其盛意實在感人。要不是他此時剛好離台赴法進行研究，這本新作的序言，是準備請他撰寫的。

經過四分之一世紀的物換星移，《現代社會學導論》終於完成其階段性任務，而壽終正寢。台灣商務印書館曾多次邀請作者重加修輯、增訂，盼以新面目與讀者見面，都被作者以教書與研究忙碌之緣由，而予以婉謝。

就在去年揚智文化事業有限公司葉忠賢總經理再三叮囑拜託，邀本人為該公司撰寫一本有關社會科學的導論。鑑於本人由揚智所出版的《人文思想與現代社會》出書不過半年，居然第二

版售罄，現正進行增訂第三版之排印。事實上，該書對社會科學的崛起、社會科學的性質、及其分科、方法、研究範圍，乃至主要的社會科學：像社會學、經濟學、政治學、社會心理學、文化人類學等都有詳盡的介紹，似無再撰述相同的導論之必要，遂改以本書作爲報效知音的薄禮。

是故本書係在《現代社會學導論》的基礎之上去蕪存菁，把原著最具價值的觀點保留之餘，另外加入近四分之一世紀以來英美德法最新的資料，且篇幅也由原來的10章擴大爲12章。每章至少增加三分之一的份量，也就是把一個半世紀以來，西洋社會學的主要學派及其理論作勾玄提要的功夫，以協助接受華文教育的子弟能夠登堂入室，得以欣賞社會學宮殿之美，而開拓其學問之視野。

這本書大部份取材自歐陸（特別是德、法、義）的專書、學誌、詞典，再加上英美有關的文獻，提煉其精華，而以淺白簡易的華文，來表述艱深奧妙之學理。因之，讀者無可能在本書看到晦澀難懂的翻譯字跡，反而可以隨作者之引導，輕易地了解普通社會學與專門社會學所引進的概念與理論。尤其對當代超國界的社會現象（如宗教之復興、權力的分散、多元主義之崛起等）之詮釋、嶄新的觀念（後結構主義、後現代主義、後馬克思主義、女性主義等）之剖析，都一一提及。最重要的本書是以寰球的觀點，來檢討當代社會思潮與社會問題之複雜性與互賴性，而非如坊間社會學教科書，只以美國社會爲其探討之對象，或仿效的典範。相信以這種廣包的、開放的與多元的觀點來撰述的社會學專書，可能有助於通曉華文的子弟理解當代的社會現象與社會問題，讓他（她）們昂首挺胸，闊步邁進21世紀的新年代。

這本書的結構與向來在台、港、星、澳、中國大陸出版的一

般社會學、或稱普通社會學寫法不同。它一開始便以語意學、哲學、社會學的觀點來討論「何謂社會？」，而在強調超個人的集體現象、強制現象、共同生活之外，特別不把社會當成「物化」的、「本質化」的靜態事物來看待；反之，卻視社會為變遷不居、流動不止的人世過程。社會是個人行為、互動、關係的總和，是故人群的社會行為、及其規範，規範的建制化——典章制度，以及社會生活的組織（家庭、鄰里、社區、市場、國家、地球村等），成為社會學研究的對象。

在明瞭社會學研究的對象與範圍之後，我們對普通社會學的任務有更清楚的理解。因之對其關懷的基本概念如社會行為、社會關係、社會組織、社會地位、社會角色、角色期待、社會結構、社會範疇、社會階層、社會群體、社會功能、乃至社會衝突、變遷、與解體有進一步的說明。並把個人、社會、文化三者之關係以圖表來陳述解析。

之後，我們把一個半世紀以來西方社會學思想的演變，做一個歷史的回顧，從而介紹社會進化論、社會決定論、早期功能論、結構與功能主義、象徵互動論、民俗方法學、人本主義與女性主義的社會學、理性選擇論、社會生物學、集體社會行動論、反思社會學與結構兼行動理論。可說是把西洋社會學理論的總體做最簡單扼要的舖陳。

在討論普通社會學理論發展之餘，作者接著檢討社會學方法通論，指出社會學的創思與透視的重要、科學方法論與研究邏輯及其爭論之意義。此外，社會學又涉及可靠性、有效性與客觀性的研究原則。因之，有必要拿出來詳加檢討。

至於社會學研究方法專論方面，則比較各種研究技巧（觀察法、詢問法、群體討論法、實驗法、內容分析法、標度法、社會

關係計量法、個案研究法、抽樣法等）之利弊，而指出這些研究技術如何應用的問題。

談到社會學理論的應用，更要考察社會學學說的實用性、概念的闡明、模型的建構、理論的塑造、以及貫穿歷史的大理論與後設理論之揚棄，而試行塑造中程理論、或一般理論來解釋人文與社會現象。

作者在介紹社會學的理論、方法、與實用之外，全書的菁華為對當今社會最主要的領域，亦即經濟、工業、法律、政治、知識和宗教六大社會核心現象，進行詳盡的剖析。之所以從經濟分析入手，而最後殿以宗教精神現象之解析，主要的是援用馬克思的唯物史觀，強調物質條件之創造與利用的首要性，是人類其餘社會生活得以進行的動力。不過這種強調無意盲從庸俗馬克思主義者（考茨基、布哈林、列寧、史達林等）陷身於經濟決定論的窠臼。反之，以人類經濟活動作為其他活動的基礎，但不忘政治、思想對經濟也會起重大的作用。在此意義下，本書無異為作者今年稍早出版的《從韋伯看馬克思——現代兩位大思想家的對壘》一書（揚智1998出版）之續篇。

本書能提早出梓，除了感謝揚智文化有限公司葉老闆與林副總之外，就是該公司內諸編輯小姐與先生，特別是龍瑞如小姐與蔡綉珠小姐，她們認真不苟的做事態度與敬業精神，令人十二萬分感佩。此外，本書的完成最大的協助來自於台大三研所本人的助理群及本人指導的學生，包括李世泉、胡志強、郭俊麟、林文媛、盧奕旬、劉仕國、邱思慎、蔣家安等各位小姐與先生。世泉的電腦排版功夫已可媲美專業技術人員，對本書之貢獻尤大。台南企業家郭崑風先生及其夫人曾錦美女士為紀念其先人所成立「財團法人曾氏子女紀念先嚴　曾松根公與先慈　曾黃水月娘社

會福利慈善事業基金會」，曾慷慨給予一名兼差助理之研究補助金，使本書能夠及時面世，在此敬致至深謝忱。相信他們的樂善好施，當會嘉惠士林，也造福子弟。

在《現代社會學導論》三版〈序言〉上，作者曾經提及對該書大力校對與催生的張維邦博士。經過幾近30年的海外漂泊，維邦與我終於又在故土歡聚，並把餘生奉獻給培育台灣的子弟之上。他現任淡江大學歐洲研究所教授兼所長，是致力歐洲研究數十年如一日的典型學者。這本書的推出，與他努力介紹歐洲的政經、社會、文化、思想之目標是符合一致的。張教授不只強調西洋學術的本源爲歐洲，更鼓吹培養世界觀與地球村理念的重要。如果說本書是一部以寰球的眼光，把歐洲與英美的社會學理論予以勾玄提要呈獻給國人之著作的話，那麼飲水思源，當歸功於張維邦教授三、四十年來對作者的協助與指導，他這份可貴的情誼是令我終身感戴不忘的。

最後，也是最不可不提的是內子蘇淑玉女士茹苦含辛，母兼父職，照顧我那兩名雖是成年，但仍與其母親生活在一起的寶貝女兒。這本書是奉獻給我的愛妻，亦即任教新加坡大學與南洋理工大學的蘇淑玉女士之小小的禮品，盼她在新加坡的教學生涯更爲璀璨，更爲成功。

洪鎌德

序於台大研究室
1998年5月20日

目　錄

詳細目錄

第一章　社會與社會行為

1.1　魯賓遜的離群索居

　　自從人類從其他的高等猿猴進化演展而出現在這個地球之後，爲了維持個體的活存，也爲了促進種族的繁衍，人們必須從事謀生的種種活動。很自然地，人類乃成爲群居的、生產的動物。除了人類之外，其他的動物，像蜜蜂、黃蜂、螞蟻等也經營群居的生活。在諸種群居動物中，人類因爲具有靈智，擁有理性，能夠自我意識，也能夠分辨物我，使用象徵性的語言爲溝通的工具等等緣故，所以出類拔萃，而成爲萬物之靈。換句話說，人們既然成群結黨，經營集體的生活，也就變成組織社會的一份子。

　　大部份讀者曾經看過英國小說家狄福（Daniel Defoe 1660-1731）所著的《魯賓遜漂流記》，而幻想與羨慕小說中主人翁魯賓遜那種重返自然，過著無拘無束逍遙自在的單獨生活。不過在魯賓遜未漂流到孤島之前，以及他有一天碰見一個——後來他將其命名爲「星期五」——土人之後，他並未與人群脫離關係，更何況他最終被拯救而返回文明社會，重享人間的溫暖。這雖然是

一樁虛構的故事，不過，仍然顯示了人類不能離群索居的普遍現象。

像魯賓遜這樣傳奇性的故事，當代也曾經有一類似的事實發生過：一位名叫李光輝的台灣原住民，在二次世界大戰中，被日軍徵召前往南洋作戰，後來日軍節節失敗，於是他潛逃到摩奈泰島叢林中，孤獨地渡過了29年原始生活，直到1972年，才被印尼巡邏隊發現，而遣返台灣的故里。

像李光輝這樣的奇事，在人類發展至今的漫長歷史上，畢竟是罕見的。我們可以說絕大部分的人類，從呱呱墜地，直到一命嗚呼，不管是三、四十年，五、六十年，還是八、九十年，幾乎天天都生活在人群裡頭。他的周遭如果不是父母、兄弟、姊妹及其他親戚，便是環繞著鄰居、友儕、同僚、陌生人等等。而他之外的家庭的成員、鄰人、友儕、同僚及無數的陌生人都是社會的一環，也是構成社會的基本單位。

1.2 社會是什麼？

然則，什麼是社會呢？就字源學來說，古代的人將「社」看成為土地的神明，也是祭祀地神之意。「會」的意思是集合、或會合。「社會」兩個字的連用，始見於《舊唐書》〈玄宗本紀〉：「村閭社會」。現在華文中「社會」兩字，卻是採用日本人從英文 society 一詞翻譯而來的。英文的 society 係由拉丁文 *societas* 轉變而成。 *Societas* 意為群體、參與、陪伴、連結、團體、幫會等意思。由此可知社會一詞是指涉二人或二人以上組成的群體而言。通常我們一般人心目中的社會，卻是指家庭與學校之外的

人群現象。因此，我們常聽到人們提起：「離開家庭，投進社會的大熔爐中」，或是「畢業後離開校門，踏入社會」。這裡所指的社會，幾乎是形形色色的職業團體及其總和。因此社會幾乎是家庭與學校之外工作、管理、消費、公共服務、交遊、休閒、娛樂、醫療⋯⋯等場所的總稱了。這是一般人對社會一詞普遍的用法。

由於人群的活動離不開時間與空間組成的範疇，因此在時間上，我們不妨分別和指稱：原始社會或初民社會、古代社會、近代社會、現代社會、未來社會等等。至於空間方面，我們也可以廣泛地指稱：東方社會、西方社會、中國社會、台灣社會、法國社會，更重要的是由於社會功能與結構的改變，被稱做游牧社會、農業社會、工業社會、傳統社會、資本主義社會⋯⋯等等。不過，這種說法與指稱仍稍嫌籠統，而缺乏學術的精確。

社會雖然是人群的結合，但不是所有人群的集合都可以稱做社會。例如馬路上熙熙攘攘的行人；電影院中鴉雀無聲專心欣賞的觀眾；巴士車上高談闊論的乘客等，雖然是人群的的聚合，但都不構成社會。反之，像新婚夫婦兩人組成的小家庭，補習教師與學生之間的師生關係，卻是小規模的社會，或說是社會的雛型。不過一般所指的社會，卻是指多數人群所造成的團體而言，亦即所謂的社會群體，簡稱群體、群落。那麼構成社會主要的因素究竟是什麼？到底用什麼標準來分別人群的結合，是屬於社會，還是屬於群眾？

正如貝爾格（Peter Berger）所說，社會滲透到我們中間，也把我們包圍起來，我們同社會的疆界，與其說是由於我們的征服它，倒不如說是由於和它發生衝突而界定的，我們是受到人類的社會性格所藩籬、所拘束。我們成為社會的階下囚，乃是由於心

甘情願和社會合作的結果（Berger 1966：140-141）。

原來社會不僅僅是多數人的結合，而更重要的是這些人群彼此之間有一定的關係，有交互的作用，而且在動作的過程中，行為者賦予該動作以主觀上的意思。換句話說，社會乃是由一群彼此發生互動（interaction）的人們所組成的關連體系。路人的匆匆行蹤，顯示彼此陌生而不發生關係；電影院中的觀眾，除了同為觀賞影片而湊集一起之外，彼此心靈既不溝通，也沒有什麼交往（雖然影片的情節有時會激起群眾的共鳴或同感）；乘客之間的關係，也是由於一時運輸的方便而結合，除非該巴士為一旅行團體所包辦或專車性質，否則車上乘客的聚集，不能構成一個社會。至於夫婦之間組成的家庭，或師生關係而形成的教育制度，卻與前述的人群集合不同，都是成員間彼此對待，而且各扮演某一角色，由之，產生較為持久的關連與組合。因之，他們所組成的團體，就是社會。是以家庭是一個社會，補習班或學校是一個社會；擴而大之，鄰里、鄉村、市鎮、國家、區域，乃至整個世界都是社會。今天最大的社會莫過於地球村所組成的寰宇社會。

總之，社會乃是追求自存與繁衍，因而共享文化與制度的人群。社會不只是由人群累積組成，最重要的是由人群的互動，人群彼此的關係，人群共享的生活感受所組成的。可見社會中最重要的因素除了人群之外，就是文化與制度了。何謂文化？文化就是人類在社會範圍中，經之、營之，世代傳襲累積下來的複雜整體，包括統治、交易、科技、信仰、文藝、倫常、習俗等等。何謂制度？制度則是保存人類以往文化及活動業績的機構，也可以說是系統化、具體化的設施和機制。因此每個社會不但有其特殊的文化，也有其特殊的制度。其中特別是涉及使社會發生劇變，而使人類脫離原始生活，跟著邁入現代門檻的科學與技藝文明；

人類發展史上各地區、各民族的特殊文化;此等文化之間的變遷、交流、擴散等等,都成為學者研究社會型態與分類的依據所在。此外使整個社會得以欣欣向榮、使整個社會避免分崩離析的政治制度;使社會的成員之物質與精神需要獲得滿足的經濟制度;使社會組成份子的心靈得以安慰的宗教制度等等,都成為研究與分析社會的焦點。

「社會」一詞的英文為society,德文為*Gesellschaft*,法文為*société*,俄文為(拉丁文拼音)*obschestvo*。在日常使用時,「社會」一詞含有多種的用法,最常用的意義為:1、建立在共同生活人們的結合與關係,是具有一般抽象的性質;2、包含家族與國家在內的廣泛意義下之社會集團;3、以地域為單位的領域團體;4、人類社會史上特定發展階段中的社會制度,例如封建社會、近代社會等;5、近代市民社會興起所造成的意識。日人初譯社會學為世態學,明治維新之後逐漸改用社會學一詞。中國滿清後期,翻譯西書,有關society一詞都譯為「群」,因此有嚴復譯Herbert Spencer的*The Study of Sociology*為《群學肄言》。

1.3 對社會的認知與猜測

從上面的敘述,我們約略地理解:社會是一個極端複雜、極度難懂的人群現象。因此有史以來,世世代代、形形色色的人們都不斷地注視和尋求有關人群活動的祕密。古代的東西聖哲,無論是釋迦牟尼或孔子,還是蘇格拉底或耶穌,都對人群的現象、社會中人際的行為、現世與來世等等,有或多或少的論述。雖然他們的觀點不同,持論有異,但都是人們對揭開人群生活之謎的

探察之範例。至於一般芸芸眾生，對大自然或人類社會現象，多半持著約定俗成不求甚解的態度。因此僅單靠常識與信仰來加以認識。這種認識，如非走火入魔，或含有濃厚的神祕色彩，便是妄自猜測，而充滿歪曲的偏見。

社會現象既是這樣繁難複雜，自然不是人云亦云的常識，或是缺乏事實根據的神話，或是教條獨斷的信仰所能解釋清楚的。於是一部數千年來的人類文明史，就是人類企圖解開宇宙與人生之謎的奮鬥記錄。撇開常識、神話、教條的解釋不談，自古以來的哲人也曾經努力用哲學與科學來探究天人的關係，思索理想社會的建立。像這樣窮思冥想，雖然能夠建立莊嚴完美的神學體系，或撰成不朽的哲學傑作，但對社會人群的現象，仍無法洞燭瞭然（魏鏞 1970：11-13）。

因之，對社會的理解，除了猜測、思辯、幻想之外，最可靠的方式莫如知識。所有的知識都是涉及人類的知識，這包括人類的文化、文明及其產品有關之知識。其次有關人類生存的自然環境之知識，為了更為精確地理解社會，人類乃發展了科學的知識，所謂科學的知識乃是有系統地收集、分類、比對和詮釋的知識，它是涉及對概念的學習和把概念應用到具體情況（社會實在）之上（Hunt and Colander 1990：3-4）。

由於近世歐洲文明特重科學知識的追求，因之在對自然的天象、海洋、生物、生命、物理、礦植物探測之餘，也對人類所組成的社會之起源與流變發生深厚的考察興趣。尤其是工業革命爆發後，鄉村人口流入城市，城鄉對照明顯，普通人的操作由土地轉向工作坊（工廠制度興起）。再加上人口的膨脹、城市擁擠與貧民窟的產生，私人創業致富，亟需政府立法保障其私產，於是形成有產與無產階級的對立。美國獨立戰爭與法國大革命對王權

的挑戰，對天賦人權的宣佈，造成政治、經濟、社會秩序的震盪
與重建。海外殖民與初期帝國主義的商貿、軍事、傳教活動，在
在都是造成歐洲人世界觀、人生觀的遽變。換言之，封建社會的
解體換來工業社會的驟起，造成人們必須對這嶄新的歷史現象作
一徹底的理解與詮釋，這便是社會科學興起的因由。

　　換言之，對遽變中的社會，無法再以傳統的玄思、猜測來加
以描述與解釋，而必須學習自然科學的觀察、推理、實驗、訪談
等方法，進行科學的、客觀的理解，這就導致社會學的產生。要
之，社會學成為探究變動社會中人的社會行為之科學。

1.4 社會行為的定義

　　德國社會學家馬克士・韋伯（Max Weber 1864-1920）曾經
給社會學一個簡短的定義。他說：「社會學（一個常被使用而含
有多種意義的字眼）該是一門科學。它企圖瞭解社會行為（*soziales
Handeln*），並對社會行為的過程和效果，做因果性的解釋」（Weber
1964 I：3）。由此可知，韋伯及其學說影響深遠的德國社會學界，
對「社會行為」重視之一斑。德國社會學家一向將社會行為當作
普通社會學的基本概念和中心議題來討論（洪鎌德 1988：6）。

　　什麼是社會行為呢？韋伯首先解釋，行為是人們的思言云
為，包括內在與外在的行為休止、忍受等等，含有行為人主觀意
義、或行為人賦予主觀意思的作為或舉止。其次韋伯認為社會行
為乃是根據行為人的意思與其他人底行為相交接，並且在行為的
過程中，一直以別人的行為，做為自己行為的取向之謂（Weber,
ibid., 3,4ff., 16ff.）。我們也可以說社會行為是相互的，超個人的，

視所處情境的不同，因應這種情境的價值與規範而採取的行動。社會行為必須有所本，有所根據，有所取向，它可能是取向於別人的、過去的、現在的、乃至未來的行為（例如對過去別人攻訐的報復，或是對現在的攻訐的抵抗，或是對別人未來可能加諸我們的攻訐底預防等等）（*ibid.*, 16）。「別人」包括我之外其他的個人或群體，亦即包括熟人或陌生人。並不是所有的人的行為或行動，都是社會行為或社會行動。像宗教活動中，個人的沈思、祈禱、或與神明交通，不牽涉到任何別人，便不是社會行為。又如兩個騎腳踏車的人，無意間碰撞的行為，也不算是社會行為。（不過，在碰撞前，彼此所做閃避躲開的行為，以及碰撞後，所引起的詬罵毆打或和平解決，卻是屬於社會行為）。

多數人相似的行為不一定是社會行為。例如街上的行人看見下雨了，因而同時撐開雨傘以防打濕，這不是社會行為。又如群眾集會於某地，因受集體心理激動或影響，而反應出來的狂呼、激怒、如醉如痴或驚慌失措等等，也不被當作社會行為來看待。因此凡是個人獨處不會發生，由於群眾同處因而引發的激情，也不算是社會行為。因為它雖然受到別人的行為所影響，但缺乏一種有意識牽連的主觀意義，所以不是韋伯所界定嚴格定義下的社會行為。不過，韋伯也承認，這類的例子有時也不甚恰當。例如群眾集會，聽煽動家的演說，因而如醉如痴，或同仇敵愾，這表示群眾與演說者之間，仍有某種程度意義上與默契的關連。演說者鼓其如簧之舌，企圖煽動聽眾的情緒。聽眾的激動，便與演說的內容、技巧有關，也表示聽眾對演說者賦予認同、贊同、擁護的意思（*ibid.*, 17.這是韋伯所稱的「臨界情況」*Grenzfall*）。再者，無意識的反射性的模仿行為，也不是他所稱嚴格意義下的社會行為。主要原因，是這類行為所取決於他人行為的導向不清楚、

不確定，而且這類行爲也缺乏行爲者本身的意識之緣故。

　　總之，社會行爲實在是一種建立在期待的體系上，發展出來的多種多樣的活動。這種活動對行動者而言，是具有特定意義的。因此，我們可以說，社會行爲是二人以上，彼此間相互而含有影響對方的意圖底行爲。

1.5 社會行為的類型與表現

　　根據行爲的動機（*Motiv*），韋伯進一步把社會行爲分成幾種不同的類型：（1）目的合理的（*zweckrational*）行爲；（2）價值合理的（*wertrational*）行爲；（3）情感的（*affektuell*）或特別是情緒的行爲；（4）傳統的行爲（*ibid.,* 17ff.）。

1.5.1 目的合理的行為

　　就是指估量得失，權衡利害，根據目的手段和附帶效果，以決定行爲的取向。換句話說，就是衡量手段與目的，目的與附帶效果，目的與目的之間的得失，俾理性而又謹慎地選取最有利的手段來達到目的，而減少不利的影響。這種社會行爲既非感情用事，又不是墨守成規，以舊瓶來裝新酒，而是經過理性的考慮，做合理而又慎重的選擇，以及明智的決定。它是在考慮到外間事物的情勢之後，而度德量力的行爲。

1.5.2 價值合理的行為

只因行爲者心中有個信念，有所懷抱。例如信持宗教上、倫理上、美學上的價值——真、善、美——而不顧行爲所產生的結果，一味去做。純粹的價值合理底行爲，乃是不計較行爲的得失，只以個人的堅信與確認，而去實踐義務、尊嚴、優美、教喻、虔誠等等價值，也就是行爲者根據自己所信持的規範、命令、或自我約束、自我要求，以行事之謂。

1.5.3 情感的或情緒的行為

乃是透過當前實際的感受，而表露的行爲。常常這種行爲是受到日常的刺激，而直接反射出來的。有時情感雖然會有收斂或昇華，但仍舊會因爲觸景生情，或情不自禁地發洩出來。情緒的行爲與價值合理的行爲有所分別的地方，只在前者不如後者有計畫性、有貫徹性的取向。否則兩者都相同，亦即不顧及行爲之外的結果，而僅在行爲中求取發洩，求取滿足。感情用事的行爲常是當下即足的行爲，也即凡是追求馬上報復，馬上享樂，馬上犧牲，馬上賞心悅目，立即成聖，立即成佛，或感情上的發洩等等，凡求取片刻滿足的行爲皆屬之。

1.5.4 傳統的行為

不假動心忍性，不藉轉情換意，就能機械性地舉止的習慣行爲。這種行爲雖有所本，有所取向，不過其根據、其取向是否具

有行為者主觀意思，頗值懷疑。因為這種行為，常是人們對於業已成為慣常的刺激所做的定型反應，也就是我們所謂的習而不察、安於故常的行為。

以上是有關社會行為動機上的分別，我們幾乎都以韋伯的意見為主，偶然也加上一點闡述。至於社會行為表現方面的分別，我們也可以指出幾種：（1）競爭（*Konkurrenz*）；中立（*Neutralität*）；（3）附從（*Solidarität*）（Eisermann 1969：133-136）。

（1）競爭

競爭是以貫徹自己的意圖和志趣，而與對手立於衝突或緊張的地位，並以排斥對方，來達成自己的意願底社會行為。競爭的產生乃是由於可供人類滿足慾望的生活資材、名譽、地位、權勢有限，因而為了獲取它、保持它、擴大它而造成人人的利益狀況（*Interessenlagen*）不但有異，而且相互對立。不單是物質資料、財富有限，就是領導地位、社會特權及隸屬統治階級的身分，也有數量上的限制。此類非物質性可欲之物的獲得、保持或擴大，常是以犧牲多數，來成全少數的。

造成競爭的背景，乃是由於人們的社會地位的取得或藉繼承，或依年資，或靠能力，或憑關係，不一而足。人人在競爭的情勢下，力圖適應情境（環境），俾獲取最大的利益。無形中競爭的繁劇，使參與者的適應能力、靈活程度與技巧智慧，也為之抬高。因此，我們常常聽到有人說：競爭是進步的動力。可是直接的競爭常引發人們敵對的意識和態度，而使參與者的想法、觀感，彼此歧異，終至形成對立或敵視。因此，如果一個團體中的份子間競爭頻仍、繁劇，會導致團體的分崩離析。從球場的競賽，

到商場的奪利，直至議壇的爭權爲止，我們看見社會上各式各樣競爭的存在。競爭關係有賴某些規範或某些辦法來進行，像球賽中的規則，生意場上的規矩，政黨競選中的法規，都有明文或習俗的規定，爲參與競爭者所熟知遵守，這就是通俗所言的「遊戲規則」，亦即競爭必須遵守遊戲的規則。至於競爭發展爲追求生存或重大利益的衝突，而形成生死的鬥爭，乃爲競爭諸類型中的極致。

（2）中立

中立是指不介入任何紛爭的雙方，既不偏袒一方，也不敵視他方的社會行爲，它對當下發生的爭執認爲與自己無關，而採取不偏不倚、不感興趣的消極態度。我們也可以說，中立是在涉及政治的、經濟的、宗教的、倫理的價值爭執下，選擇一項中庸之道，而排除極端的態度，可以說是置身於爭執局外，明哲保身的作法。至於行爲者如能洞燭機先，瞭解全盤情勢，因而可能採取別種態度，則非所問。重要的是，在此次爭執中，僅採取旁觀的態度，便符合上述中立的本意。至於中立的典型例子，像兩國發生戰爭時，第三國採取不偏不倚的中立政策；或夫婦爭吵時，友人在場不便置喙；或法官斷案，於排解糾紛之外，中立不阿，都是中立行爲的淺例。

（3）附從

附從，也可以說是團結一致，大家凝聚聯帶，是指把別人的意圖和志趣當作自己的看待，因而與別人認同的社會行爲。我們

也可以說這是個體自認對某一群體的隸屬底感受，是個人自認隸屬於某一團體的意識。

　　像古時整個村莊的人民共同從事打虎捉賊，或救火賑災的行為，不但鄰居邮貧撫孤絕不後人，還常常有無相通，甘苦與共。又如現代的保險事業，可以說是這種附從團結行為的合理化、社會化和商業化。附從的行為大部分自困厄中產生，例如在天災人禍之後，自動自發的湧現。這大概是孟子所謂，人皆有不忍人之心與怵惕惻隱之心的緣故。正因人同此心，心同此理，共同匯聚醞釀而成此互助團結的行為。不過，這種因一時的困厄所衍生的同情心而形成的團結，如不是行為者都有共通利益的話，也難以持久。此外，共同利益也有導致行為者競相獵致，各自為政，而造成分裂或攜貳的可能。要之，一個群（團）體所能表現的團結一致的程度，常常是該群體內在凝聚結合力大小的衡量。一個群體中份子之間，不僅有團結，也有競爭存在。競爭與團結便經常在互動中出現，並且交織成社會體系的整個網絡；在這個社會體系中，每個人皆有其不同的群體利益和不同的利益狀況底存在。

1.6 社會行為的模式化

　　由上述我們可知，當作社會行為者的個人，在其身心上聚合了一大堆相互關連的行為體系。每個人大部分的行動，都可以說是建立在對別人底期待與交互行動（*Interaktion*）之上。於是這些彼此間相互牽連的行動，便具有典型與持久的意味，而成為人格的產品。原來人格是個人的各種習慣、態度、觀念、價值、情緒，而使個人在團體中的行為前後一致的特殊組織。個人求生而

牽涉到他人的活動，便是社會行為。由是每人的社會行為也隨他的人格結構不同而相異。

法國社會學家涂爾幹（Emile Durkheim 1858-1917），便認為社會行為所牽涉的「社會」二字，含有下列的幾層意思（Durkheim 1895：6ff. ）：

1. 超越個人的——貫穿個人，存在於個人之外的。
2. 具有拘束力的：某一種行為的產生是被強制性規定如此的，是受到「社會強制」（ la contrainte sociale）的。
3. 具有賞罰作用的：凡符合規範之要求的行為得到贊可，否則會被制裁。

社會行為既是含有特定的意義，超個人的，而且隨著情境而適應或取向的行為，那麼我們可以說這種行為定向或取向的累積，便形成社會行為者特殊的「態度」。從這種特殊態度產生出來的行為，便稱為行為形式（ Handlungsform ），或行為範式（ Handlungsschema ）（ Wössner 1970：45； 許德珩譯 1969：頁5、7）。由於人人具有這種行為樣式或範式，於是人與人之間的關係和交互活動乃成為可能。交互活動（互動）包含社會行為的整個幅面，也構成每個時間下行動的接觸。在社會行為中所表露的態度或立場，以及行為樣式或範式，是值得詳予考究的。社會學之所以能夠成為經驗性的科學，不是因為它可以描述和解釋芸芸眾生的一舉一動，而是它可以把捉超個人的互動所呈現的規則性，亦即在人類共同生活中，指明某些固定的、超個人特質之上、普遍可察知之事物。那麼這些普遍可知之物無他，乃是上述「社會的」「樣式」、或「模式」、或「範式」等等。

因此行為樣式或行為範式的功用計有下列數種（Wössner 46）：

1.規定人們的行為；
2.使人們的行為牽涉到價值而具有意義；
3.使人們無須處處靠自己的新發明、新發現以從事任何個別的行為；亦即使行為變成習慣，而隨時可以應付生活；
4.使人們有意義、有意圖的行為受到社群或團體的獎賞或處罰（制裁或約束）。

社會的行為範式（樣式）必定是多數人所共通而藉反覆出現以取得社會的重要性。要之，社會樣式具有社會價值、社會壓力和社會流通等三種特性（Wössner 1970：46-47）。

1.7 社會規範

對於一個社會群體而言，其特質乃為交互活動的頻繁。至於這類交互活動能夠持久，能夠緜延，乃是因為它以社會規範作為取向的緣故。規範（*Norm*）乃是公認而習得的行為準據，也是多數人公認遵守的行為、模式或行為範式。不但禮法是規範，就是倫教也是規範。規範常是持續較久的群體，代代相傳下來的行為指標。任何社會規範的體系，其主要的任務在於把相似的利益，也就是把競爭變成附從，變成團結一致。於是群體的份子，便由於規範的賞罰作用——對符合規範的行為，予以讚賞，予以認可；對違反規範的行為予以排斥，予以懲罰——而意識到它的存在，

並接受它的約束。從而我們也可以說行為規範含有強制性，它是對個人行為底外加壓力，如個人能夠藉長期教育的潛移默化，把這類規範融會貫通，吸入內心，那麼他對這類規範還不致有扞格難入的感受，此時他的舉止是合乎規矩（「不踰矩」）。否則他必會體會到這類規範的強制性、壓迫性和種種不便[1]。

在諸種社會規範中，形式最簡單的一種，就是流行或時髦（*Mode*）。流行是藉著模仿，表面上學得別人的舉止，而成為一種的時尚。比流行更進一步，而稍具拘束力的行為規範是社會習慣。社會習慣是個人自生活環境中學得，而為同處共居的人們所認可的行為，這種規範並非絕對遵守不可，例如出入門口時，讓同行女性先走一步；或與長者相遇時，所表現的謙恭有禮。比社會習慣更具拘束性的規範，則為習俗。這是一種受地域或時間制約的風俗習慣。是某集團（家族，氏族，鄰里，村落，社團）傳統上業已淨化了的義務，俾能共同遵守的行為模式。這是大部份人應該遵守的，一旦有所違離，則會受到嘲笑、冷諷或指責等懲罰。拘束力最大的行為規範則為公序良俗（*Sitten*）。這包括不成文與成文的法律在內。公序良俗是法律的規定、宗教的規範、或倫理的要求，俾所屬團體的成員遵行無失。是必須遵守，而非應該遵守，更不是單單可以遵守的命令[2]。

---

[1] 至於教義之「內化」（*Verinnerlichung*，吸入內心，而潛移默化），參考 Weber, Max, *op. cit*, zweiter Halbband, S. 894; 日人譯 internalization 為「內面化」，係約束團體成員之自我行為，俾符合團體之規範，而實現團體之價值，參考富永健一：＜內面化＞一文，刊：福武直、日高六郎、高橋徹編 1974 《社會學辭典》，東京：有斐閣，第687-688頁。

[2] 韋伯曾在其著名的《社會學基本概念》（*Soziologische Grundbegriffe*）

社會規範不但每個時代、每個地方、每個社會不同，而且同一社會，也因為階層的分別，而有不同的社會規範。要之，社會規範是隨時代、社會、文化背景及社會階層而變化的。社會規範有形之於明文的規定（像法條、教規、道德的訓諭等），也有蘊涵而無明文的要求（禮儀、工作程序、各種場所內規等）。後者對實際的社會生活影響更為深遠。社會中的很多群體，像同儕、同僚、家庭、政黨，其活動所遵循的規範，多數是沒有明文的習慣與約束。

總之，社會行為是人類求生活動之牽涉到他人而具有行為者意圖的行為，是二人以上具有意識和賦予意思而受特定環境的社會規範和行為模式所導引的行為。在形式上，社會行為者動機之不同，可分為目的合理性的、價值合理性的、情感的和傳統的四種類型。在表現上社會行為則形成競爭、中立或附從。社會行為有所依據、有所取向，這種依據與取向便會形成行為樣式。多數人共通且公認的行為模式便是規範。規範依其拘束力的大小，分成流行，風尚、社會習慣、習俗、公序良俗、倫理道德、法律等數種。有了社會規範的存在，社會方能維繫不墜而不致迅速解體。

一書中論述流行、公序、習俗、法律等社會行為的態度之規律性（*Regelmässigkeit*），參考 Weber,Max, *op. cit.*, erster Halbband S. 21,22,25.

第二章 普通社會學的基本概念

2.1 社會學與普通社會學的定義

　　社會學是考察人類社會行為的科學，也是一門研究人類共同生活的學問。在人類的共同生活中總有一些「定項」（*Konstante* 固定因素）與「變項」（*Variabel* 變動因素）[3]可茲尋求。社會學就在探究這些定項與變項及其關連。所謂的定項，乃是共同生活內呈現的樣式及其客觀的構造與功能（如家庭、威權、組織）等等，變項則是社會基本制度各種各樣的形式（如大家庭、小家庭；政治威權、學術威權；簡單組織、複雜組織等）。

　　就生理學來說，人類是有組織、有機體的生物之一種。數千年來這種生物體態上的變化並不算太大，但其心理與精神方面的演展，則是無時或已。這種重大的變化乃是拜受人類群居生活之

---

[3] 變項又可分為自變項（independent variable）與依（他變項）（dependent variable），前者為因果關係中之因，後者則為果。參考 Herzog 1996, 朱柔若譯 1996: 35。

賜，儘管其他的生物中仍不乏群居共棲的例子。可是其他群居動物由於基本能力上的限制，不像人類本質中所具有的可塑性與發展潛能，所以牠們始終停留於缺乏靈性智慧的階段。反之，人因為得天獨厚，能夠在群體生活中創造與維持文化，代代相傳並加發揚，所以成爲宇宙創化中最高的一環——人爲萬物之靈。

個人既然由出生到入死，無法脫離群體而索居，因此他不能被視爲一個孤獨絕緣的個體存在，而是芸芸眾生、孜孜不息的社會群眾中的一份子。

不僅個人是社會中的一份子，他還承襲過去的文化（語言、生活習慣），開拓未來的文化，亦即是文化的繼往者與開來者。個人不但屬於某一特定的社會，也同時屬於某一特定的文化，而成爲社會文化的人格（*sozialkulturelle Persönlichkeit*）。具有社會文化的人格的人群，乃能把自然界加工調製，使成爲便利其生存，並合乎其繁榮滋長的生活環境和文化環境。

由於我們生於斯、長於斯、而視若慣常的社會與我們的關係是那樣密切不可分，遂被我們視爲平常無奇，而沒有加以特別的注意和深入的研究，這也是何以社會學必俟自然科學發達以後，方才於近代產生的主要原因[4]。在這一意義下，社會學所接觸者常是平常而自明的事體（*das Selbstverständiche*），像家庭、民族、風俗、習慣，統治與生產關係，團結協和或爭鬥攜二等等，都是與常識不可分的，爲大家所熟悉的事物。這些社會現象，人

---

[4] 社會學發展成爲一門嚴格的科學所遭遇的困擾，不僅是上述社會學研究的事體與常識自明之理的難分難解而已，尚有社會學被誤認爲社會主義，以及社會學和其他社會科學界限難以劃分等等，這些都是阻礙它成爲一門獨立科學底原因，參考 Wössner 1970: 15-16.

人皆能體會或談及,亦即憑常識可以大約想像出來的事物,可是因為缺乏科學的研究程序,就不能對這些社會現象做有系統的分析整理,也就不能把常識化成為科學。因此必俟社會學家藉抽象的思維程序,把經驗事物化約為幾個認知的範疇時,才能藉概念來建構出系統的知識來。每種科學毫無例外地,都是把親自經歷到的事物的總體,選擇一部份或擷取某一層面,而研究其間的構造與功能。因此社會學是人類共同生活的經驗性兼邏輯(實證)的科學(Eisermann 1969: 58)。

所謂的「經驗性」,是指我們藉經驗和觀察,以獲取有關社會文化的人格(在社會中活動的並受團體生活與文化條件制約的人)之實際行為的社會事實性(soziale Faktizität)而言。所謂的邏輯,是指研究的程序合乎科學實證的步驟,而不是內省、直覺、天啓等方法。是故,以經驗兼邏輯而獲取的研究結論,可能與我們最先所想追求的研究目標或願望相左。即使是如此,我們也得排除主觀接受事實,這便是科學的態度。社會學家就是用這種科學態度來研究社會事實。

社會學不是有關人類共同生活的哲學,亦即不是社會哲學,而是有關人類共同生活及其規律的實際學問。換言之,它所研究的是人類社會化(Vergesellschaftung)中的條件、樣式及組織(Gebilde)。嚴格言之,社會學的經驗客體與認識客體,並不是具有實質本體的「社會」(不是一成不變、靜態的事物),而是生生不息、變動不居而又綿續不絕的人類社會化過程(Vergesellschaftungsprozesse)。亦即社會本身不是固定不變的實體,而是變動不居的程序。美國社會學家殷克士(Alex Inkeles)認為社會學是研究社會程序的科學(Inkeles 1964: 25ff;黃文星譯 1975: 44)。曾執教於德國科隆大學社會學教授柯尼西(René

König）進一步給社會學如下的定義：

> 社會學乃是經驗的個別科學....是社會生活一般
> 秩序的科學研討。不僅研討社會生活的一般秩序，還進
> 一步探究社會生活一般秩序移動與發展的規則，研究社
> 會生活一般秩序與外面自然環境的關係，以及與一般文
> 化、生活中之個別範圍的關係，和這種秩序與文化社會
> 的人格底關係（König 1967: 8）。

社會學可分為普通、或稱一般的（*allgemeine*）與專門、或
稱特殊的（*spezielle*）社會學。普通社會學（*allgemeine Soziologie,
sociologie générale*, general sociology or theory）（或稱「純」社
會學）是研究人類共同生活之事實的一般解釋。為達到一般解釋，
必須在極複雜而相互依賴的社會現象與過程中擷取一部份，將它
抽象成分離的事實（*herausgelöste Tatbestände*）。再分辨分離的
事實中何者重要，何者不重要。最後藉比較的方法，將著手研究
的現象造成「理念類型」（*Idealtypus*），以備進一步解析之用。
所謂的「理念類型」乃是遠離具體事實而又能掌握事實的本質，
抽象化的概念[5]。概念、理論和規則各含有不同程度的抽象，亦

---

[5] 理念類型為韋伯所倡說，不只應用在社會學，也出現在經濟學，譬如說經濟
學者有「完全競爭的市場」這種設想的狀況。對韋伯而言，理念類型的建構
在於便利發現新知（heuristic），它不是某樁事物的平均型態，也不是真實
世界裡的縮影，更非是可欲的，帶有價值的規範性概念。反之，理念類型只
是對考察對象單方面特質的強調，例如想像理想的官僚體制是一種援引先例
秉公處理業務，完全中立而不偏袒的行政組織，官僚之升遷全憑其功績，而

即他們愈普遍，愈廣泛，愈具一般的效準（外延愈大），也就愈缺乏具體的內容（內涵愈小）。

根據柯尼西之所言：普通社會學之目的在指出：社會學基本概念（*Grundbegriffe*）與基本過程（*Grundprozesse*），亦即指出有關「社會性」（*das Soziale*）底認識所具有公準的基本前提，以及社會因素的特徵，社會因素在自然與文化的諸種生活範圍中所居處的地位等等（König 1967: 17）。

所謂的「社會性」這個名詞，是有異於「社會」一詞的。蓋前者在強調社會生活中不停的流動。因此馮維史（Leopold von Wiese 1876-1969）認為「社會性」是社會發生的許多事情底編織（*Geflecht von Geschehnissen*），人們就在這種事情的網絡中互相影響，亦即人與人之間的關係底過程。

柏林自由大學前任社會學教授貝連特（Richard F. Behrendt）認為：

> 普通社會學在研討社會生活的基本現象。這種基本現象存在於各種生活領域當中，像相互（*Miteinander*）或對立（*Gegeneinander*）的關係，上下高低的統屬主從關係，社會階層，兩性關係，年代關係，階級或住所地區等等之關係，以及社會控制等等，皆為普通社會學研究的主題。至於專門社會學則處理特殊的社會過程、關係、組織等等。此類特殊的社會過程、關係、組織等有助於在各個生活領域裡建構出人類的文化來，另一方面也因為此等生活領域的影響，而對社會行為的改變有

非取決於上級的偏好提拔等等，參考洪鎌德 1997a: 186-192.

所促進（Behrendt 1962: 11ff.）。

　　早期德國社會學家齊默爾（Georg Simmel 1858-1918）曾把
普通社會學當做形式社會學（*formale Soziologie*）來處理。一度
執教於慕尼黑社會學教授傅蘭齊（E. K. Francis）則將普通社會
學分為（1）總體社會學（*Makro-Soziologie* 或譯為巨視社會學），
以研究「社會」（*Gesellschaft*）為主；（2）個體社會學
（*Mikro-Soziologie* 或譯為微視社會學），以研究「群體」
（*Gruppe*），特別是心理學方面所側重的小群體；和（3）集體
行為的社會學（*Soziologie des kollektiven Verhaltens*），如群眾
（*Masse*）等問題之探討（Francis　1962, VII: 418）。
　　要之，普通社會學乃在尋求社會學中的各種範疇與公準，而
成為一種社會科學的範疇論（*Kategorienlehre*）、或公準學
（*Axiomatik*）。亦即普通社會學係發展一套邏輯謹嚴的概念系統
來。這套概念系統乃為應用或專門社會學（*spezielle Soziologien*）
的概念基礎，它本身不印證經驗事實，但卻可能為經驗事實之寫
照。

2.2 社會學的基本概念

　　普通社會學的基本概念，主要的有「社會行為」（*soziales
Handeln*）、「角色」（*Rolle*）、「位置」（*Position*）、「情
境」（*Situation*）、「定向」（*Orientierung*）、「期待」（*Erwartung*）、
「滿足」（*Gratifikation*）等等。

2.2.1 社會行為

　　像上面所提到的：社會學是研究人類共同生活的學問。如果
我們再進一步分析，就不難理解，所謂人類的共同生活，乃是諸
種社會行為複合而成的現象。社會行為是人際之間互相關連的行
為，這種行為是依照行為者所處的情境，以及合乎情境的價值與
規範為基礎而產生的。行為者在做這一行為時，必定明瞭其意義
（*Sinn*）。例如在街上碰見熟人所做的招呼，就是一種社會行為。
換言之，社會行為是人與人之間所表現的種種行為，也就是二人
以上交互與共同的行為（孫本文 1965〔上〕: 4）。韋伯（Max Weber
1864-1920）稱：「社會行為是根據行為者所體會的意思，而與
別人發生關連的行為，而且這種行為在行為過程中，是依據行為
者意思而定取行為的方向」（Weber 1964: 3）。

　　個人在做出社會行為的時間與空間，稱做情境。情境必俟行
為者對此有所體認，並且跟著做出合乎情況的行為時，方才被看
作決定行為的因素之一。

　　行為必定有所本，有所取向，這是社會行為定向的理由。換
言之，行為的定向（*Verhaltensorientierung*），乃是個人依據在
社會與文化中存在的行為模式、行為規範與行為指針，以行事之
謂（Wallner 1970: 85-86）。

　　社會行為既然是人與人之間行為交織而成的，因此社會學無
異為研究社會互動（social interaction）的科學。

　　社會互動是由個人（或一個團體）當做行動者（actor），與
他人（或其他群體）發生接觸而產生的過程。

　　社會系統或稱社會體系（social　system）則是多數行動者彼

此間的互動造成的。不過此時行動者彼此間的關係，卻是由社會制度（social institutions）來加以導引規劃的（Reiss 1968, 15: 1）。

2.2.2 社會關係

行動者與行動者之間的互動，就產生關係，是以社會學又集中於社會關係（*soziale Beziehungen*）的研究（龍冠海 1969: 14-21）。

社會關係，包含人與人之間、人與群體之間、群體與群體之間的關係。並不是所有處於同一時間與空間（情境）中的人群，就會自動發生社會關係。譬如同住在一宿舍的學生，或同處在一個電影院中的觀衆，彼此間如果不相聞問，便不會產生關係。反之，如果彼此有所交往，有所接觸，亦即有交互影響的社會行爲時，便會交織出社會關係來。

社會學便是全力研究在社會關係場上產生的種種現象，包括在社會關係中有關對人的看法（*Vorstellungen der Menschen*）。社會學還進一步研究這種現象與看法的原因與結果（Bolte und Aschenbrenner 1963: 43）。

2.2.3 社會組織

在社會關係場上出現的諸種現象中，有一種現象值得我們多加注意，就是社會組織（*soziales Cebilde*）。社會組織是社會關係在特殊的情形下產生的社會現象。它的產生乃是由於人們之間特殊的角色與行爲所致。例如人當做公民、當做家長、當做友人或某黨黨員所做的行爲。換句話說，當很多人都以國民的姿態出

現時，乃有「國家」這個社會組織的產生。當很多人以家長的身份與其他家庭成員合作時，乃有「家庭」這個社會組織的產生。因此，國家、家庭、友群（友誼俱樂部）、政黨等，都是社會組織。

社會組織產生的原因極多，種類也極多。譬如對個人親疏關係之不同，而分為不同的社會組織（家庭對個人的影響大，其他團體的影響則小）。或是組織按其成員彼此之間的親疏而分類（例如一群友人團體的關係比遊覽巴士上乘客的關係密切得多）。社會組織可以彼此並存不悖（例如個人加入某一政黨，同時又加入某一俱樂部，並在某公司任職，於是政黨、俱樂部和公司等社會組織都是並存著），也可以互相混雜（例如由家庭大小合力經營的飯店，顯示家庭成員與營業人員無所分別，亦即家庭與飯館二種社會組織的交錯重疊）。社會組織也有上下隸屬的主從關係（例如家庭、營業、政黨等低層社會組織隸屬於更高層的社會組織——國家——之下）。

社會是指在某一範圍中實行共同生活的人們之總體而言，它當然是前面所稱之社會組織的一種。如前所述，社會這個組織，並不是實體，而是一連串的過程，或是住在某一地區的人群有組織的群體，俾滿足這些人群的需求。

2.2.4 社會位置與社會地位

個人在社會組織中所居處的位置，稱做社會位置（*soziale Position*）。顯然的，個人是以社會組織成員的身份而獲得這個位置，社會位置是有異於社會地位（*sozialer Status*）。前者只是一個中立的、沒有價值關連的名詞；後者則含有社會價值評估的

意味。

2.2.5 社會角色

　　每一位社會位置的持有者（個人或社群），都有一套與此社會位置相配稱的行為方式。個人一旦懷有這套行為方式時，便被賦予特定的社會角色（*soziale Rolle* 或稱社會職務、或職權）。因此，我們對於具有社會角色的人，總有一番想像或期待。譬如我們一提起教師這一社會角色時，當會想到為人師者傳道、授業、解惑、循循善誘的行為。但是人們對同一角色的期待，不一定符合一致，因而產生角色內在的衝突（*Intra-Rollen-Konflikt*）。例如工人對工頭的期待與廠主對工頭的期待常不一致，這便容易導致對同一角色的不同期待底衝突。反之，每一個人都有不同的社會位置（家長、黨員、公務員）與林林總總的角色，而這些角色間的不一致（例如忠孝難兩全時，做忠臣抑做孝子，便會發生衝突），就導致不同角色之間的衝突（*Inter-Rollen-Konflikt*）。對於他人（社會位置持有者）的行為方式之期待或想像，與該人之實際行為，有時會有出入的。這兩者（期待的行為與實際行為）的關係，決定了周遭的人對社會位置持有人的評價。譬如某人擔任一群人的首領時，大家對他的期待與他所做所為之間的關係，便成為這群人對這位領袖人物評價的準繩。

2.2.6 社會行為期待

　　行為的期待（*Verhaltenserwartung*）－也就是對某人擔任何種角色，應具有何種行為方式的看法－－一旦具有拘束作用

（*verbindlich*）時，而社會位置持有者又把它看成為自己行為的規則時，便稱為社會規範（*soziale Norm*）。例如國法、家規、團體的規章，甚至風俗、習慣等的規範作用。社會規範由於行為者的吸收內化（*Internalisierung*、或 *Introjektion*）而成為其行為體系之一。因此行為者常使其本人之言行符合價值想像，並將此符合之言行化成為其人格結構中之需求傾向（need-disposition）。為了滿足（*Gratifikation*）這種需求傾向，便不需再尋求任何其它的理由，來說明他何以這樣行為。換言之，人們對於社會規範有自動吸收（當然有時也會排拒）的功能。一旦社會規範潛移默化為人們人格的一部份時，人們的言行便會自然地合乎規矩，也等於滿足了內心的需求，而達到不踰矩的地步。至於規範所具有拘束力的大小或何種行為可視為違犯規範的行為（「離經叛道」），則是很難一概而論。原因是每種規範都受特定時空所制約，而為各該情境的反映。要之，凡有違離（*Abweichung*）社會的規範時，便會遭受制裁（*Sanktion*）。

由於每個社會組織所以能夠存在與繁榮，是有賴其成員遵守某些規範，因此社會組織當中，總有一些設施或機構，用以保存與維持社會規範（例如社會中的輿論、國家的司法制度、團體中的紀律委員會等）。這種有關維持社會規範於不墜的措施及作用，可以被稱做社會控制（*soziale Kontrolle*）的過程。因此，社會控制不僅是有計畫的督促社會規範的遵守，尚且是促成社會規範繼續發揮作用的一切措施和機制。

2.2.7 社會結構

社會組織的成員之間，彼此有著各種不同的關係。關於角色

的種類與界線，是隨社會組織的不同而異的。同一組織又因為其所屬的次級組織之不同，而使彼此之關係分殊。要之，一個社會組織中成員彼此間相互關係之樣式，以及成員與組織關係之樣式，乃被稱為該社會組織的結構（*Struktur*）。

對於結構一概念，可有種種不同的看法。其中最重要的看法計有二種：其一是指社會組織當中成員之間的網絡（*Netz*）而言。例如我們提到官廳時，便會聯想其結構為一種門禁森嚴，上下統屬的威信關係。此時宜注意者，為構成份子所扮演的角色為何，以及他們之間如何工作，如何共同發揮作用。這種看法可以稱是結合的面向（*Gefügeaspekt*）。此外，社會學中所提及的「結構」，是指社會系統（*soziales System*）中的成員，按某種特徵而做的分門別類，例如依年齡而分別的年齡結構，按男女性別而分類的性別結構等等。此種結構的看法，可以叫做統計學的或區分的面向（*Gliederungaspekt*）。

2.2.8 社會範疇

在社會組織當中，依某些特徵而被區分為同一類的份子，便隸屬於同一社會範疇（*soziale Kategorie*）裡頭。因此，一群人當中，如有類似或同形的性質，並有同屬一體的感覺時，便構成一個社會範疇。這種範疇也就成為社會關係與群體結合的基礎。但同屬一個社會範疇的人群之成員間，並非彼此有互相接觸的必要。要之，社會範疇不過是社會單位（*soziale Einheit*）而已。

在社會系統裡，份子把區分的特徵連結以價值想像（*Wertvorstellung*、或價值觀念），因而指出哪些社會範疇的價值高，或哪些社會範疇的價值低，這時社會學家便稱：同一類的

份子隸屬於某一階層（*Schicht*）。從而我們乃按不同的分類特徵而指出：某人屬於某一年齡階層或收入階層等等。隨著一個社會組織成員聲望的大小，以及其他成員對他地位高低的看法，乃產生某人的社會地位（*sozialer Status*）來。社會地位產生的前提為社會位置。

2.2.9 社會階層

在一個社會系統中，自認而又被公認為聲望高的人與聲望低的人，彼此分開而自成一群體。這種高低不同的群體之間，儼然有一道依稀可辨的界線存在，此種不同的群體我們稱做社會階層（*soziale Schichten*）。關於階層之間的劃分，常隨時代與社會而不同，甚至有上下階層不分的社會。至於社會中有不同階層存在的現象，社會學家稱其為社會層化（*soziale Schichtung*）。

與社會層化相關連的有職業階級（*Stand*）、財產階級（*Klasse*）和血緣階級（*Kaste* 又稱喀斯德）。所謂的職業階級，乃是指由於職業上的區分，亦即社會分工的功能而形成的一群人，他們在社會組織當中的地位與權利，業已藉法律或風俗習慣，而得到規定與保護。至於財產階級，其形成是由於社會組織成員，是否擁有生產資料、生產工具，對經濟活動是否有支配活動而定。因此，大約可分為有產階級與無產階級。一般而言，西方的社會學家，儘可能避免使用財產階級或階級社會等帶有濃厚的意識形態（*Ideologie*）色彩的概念，而採用比較中立的「階層」一概念。血緣階級乃是因為世襲、宗教信仰所導致的差別現象。階級與階級之間的藩籬極為嚴密，不能有絲毫的踰越，不像職業階級與財產階級有升降變遷的可能。

2.2.10 社會群體

　　有異於上述職業階級、財產階級與宗教階級的是社會群體
（*soziale Gruppe*），簡稱爲群落、或群體。群體是指其成員數目
有限，且大約可以看出多少人來，對非成員又儼然有別的多數人
之總和，這些成員在群體中追求某一共同目標，且每人在此團體
中皆有其身份而扮演相關的角色（Schoeck 1969: 147）。依法定
程序結合的社群稱爲正式群體（*formale Gruppe*），如公司行號、
學校、政黨等。反之，如不依一定程序，不具組織形式，其份子
又無規定的關係之團體，稱爲非正式群體（*informelle Gruppe*），
如一群談天的友人、郊遊的同伴等。又依群體對其成員之疏密，
而分爲初級群體（*primäre Gruppe*）如家庭、鄰里與次級群體
（*sekundäre Gruppe*）如社團、政黨等。此外，因爲親疏的關係
又分爲本群與外群等等。

2.2.11 社會功能與反功能

　　當做社會組織或群體一份子的個人，無疑地是行動與想像的
主體。個人在社會組織中，與他人發生關係所產生的作用，如對
組織（或群體）的維持和發展有正面的貢獻時，便稱做功能性的
作用（*funktionale Wirkungen*）或稱功能（*Funktion* ，又稱職能）。
反之，個人所生的作用無助於社會組織或群體的維持，甚而含有
破壞的成份時，則產生反功能或反作用（*Disfunktion*）。可是在
日常經驗裡頭，有時也可以找出既不屬於功能，又不屬於反功能
的例子來。例如習慣性與友人飲酒，對個人的健康究竟有益還是

有害，因人、因時、因地、因量而異，這種飲酒習慣的功能就難以加以決定。但在社會關係方面，或可能增進友誼，也可能使友誼關係難以爲繼。

就像人體中循環現象一樣，社會組織也是藉著各種不同的過程，來促其汰舊更新。凡是使社會組織能夠維持其存在的種種過程，都可以目爲功能性的過程，例如做爲社會組織之一的企業，乃是藉入貨、賣出、生產、管理與市場行銷之研究等過程，而使企業發展滋長。

在每一社會中不乏多種功能性的社會過程，像生產貨物與勞務的過程，分配與使用貨物與勞務的過程，社會化過程（教育）及統屬主宰與服從的過程等等。在企業中有賴企業組織來調整種種生產或出售的過程，在國家中則有賴政府來調整社會、經濟、教育、文化等政策性的課題。

2.2.12 社會衝突

社會組織的成員有合作的時候，也有衝突的時候。當成員對社會組織的目標和手段底看法不能一致時，當他們的利益感受威脅時，社會衝突（*sozialer Konflikt*）便跟著發生。

藉著社會化的作用，個人接受並吸收特定的思想、行爲模式及知識，由此個人乃成爲文化的持有者。文化是想像與知識（包括價值，即人類追求之目標等）和技能（如讀、寫、算、使用電腦計算機或其他技術）的總和，是人類代代相傳累積的思想、感情和行爲的方式，包括風俗、習慣、法律、經濟、政治制度、文藝、科哲和器物發明等，人們在其一生當中與別人接觸裡獲取文化。文化是經常在累積與變動中，原因是每代總有舊的一部份文

化被遺忘、被拋棄，經由改變與創造而使新的文化產生與增加。凡具有基本上相同的知識、生活方式、想像及可供役使的器物的人們，可稱是隸屬於同一文化圈（*Kulturkreis*）的人。

2.2.13 社會解體

社會組織並不是固定不動，而卻是變易不居的。社會組織有其出生的時候，也有其變化乃至死亡的時候。這種現象顯然與社會衝突有關。社會組織發生變化時，普通不是同一時候，組織的全部發生變化，而是一部份先行解體。這正如一個政權面臨崩潰前，總有一些衰敗徵兆，不是治安機關活動失效，便是權力者的腐朽無能，或是知識份子的沈默反抗，或是其他民眾的消極抵制。正因為文化發展過程中有前有後，遂有文化失調（cultural lag、或譯文化阻隔）的發生。鄔格朋（William F. Ogburn 1886-1959）指出，社會的規範與想像的變遷，常較物質文明發展落後。譬如交通規則的修訂，常較汽車馬力的增加，落後一段時間，這便是文化失調的顯例。

2.2.14 社會流動與變遷

與社會變化過程相伴的是「社會流動」（*soziale Mobilität*）一概念。所謂「社會流動」是指在社會組織中的個人地位底改變。譬如職位的變動我們稱為職位流動（垂直流動），如果是工作場所的變動，我們就稱為地區流動（水平流動）。在一個人一生中所發生的變動，我們稱一代之間的流動（*Intra-Generations-Mobilität*），如果是在父子或祖孫不同代之間發生的

流動，我們就稱它是隔代之間的流動（*Inter-Generationen-Mobilität*）。

社會變遷（*sozialer Wandel*）乃為社會結構的變化（*Wandel der Sozialstruktur*）之謂。社會結構的變化是指社會中各種不同類組成部份的變化（如年齡結構、或職業結構）。此外，也是指這些組成部份彼此間的關係底變化（例如企業中的上下分層負責統屬關係發生變化，使一向被人管理的工人，也有選擇企業經理人才的權利，或參與公司營業的權利）。

文化變遷是指社會中公認價值、想像與規範的改變。

文化流動（cultural mobility）乃是文化構成份子的變化，亦即社會組織當中的思想、規範和發明器物的改變，或受其他文化的影響。

社會組織不僅會改變，尚且也會解散消失，其原因不外：

1.故意宣佈解散（如某些團體之宣佈解散）；
2.由於趣味或利益的消失而解散；
3.由於組織成員之間的衝突而解散；
4.由於社會與個人控制的失效（例如軍隊在撤退時驚慌失措，導致全軍覆沒）而解散。

如同前面所敘述的，構成普通社會學最重要的基本三角關係為圖2.1。

個人由於教育的緣故，因而藉學習方式以適應社會生活的過程，稱為社會化（*Sozialisation; Sozialisierung*）。換言之，社會化乃使個人納入社群之中，而成為其成員之過程。

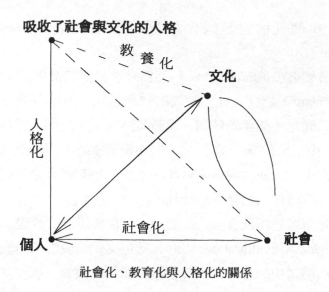

社會化、教育化與人格化的關係

圖2.1 社會、文化與人格的關係

資料來源： E. M. Wallner 1970: 65；由本書作者修改。

2.2.15 教養化與人格化

　　個人適應文化的過程稱做教養化（*Enkulturation*、或稱涵養化、濡化）。個人必須先把價值與規範體系加以吸收內化，然後使文化有意無意間成為個人言行的取向與指引的工具，最後達到個人成為社會文化人格的目的。

　　經由社會化與教養化的過程，個人乃慢慢長大成熟，而具有社會文化的人格，此過程稱做「人格化」（*Personalisation*）[6]。

――――――――――――――――――――

[6] 關於一般或普通社會學的基本概念可參考：洪鎌德著：1976a，《社會科學

我們綜合上面的定義，可以畫成下面一圖來說明其相關的關係：

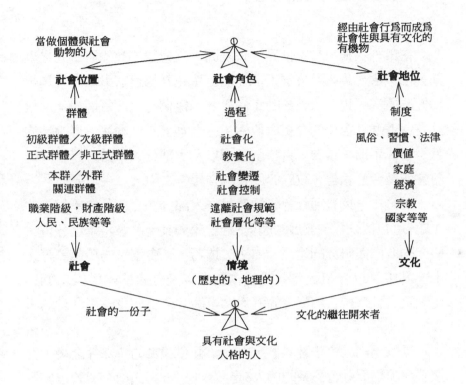

圖2.2　社會學基本概念關係圖

資料來源：Wössner 1970：28；經本書作者重新設計繪製。

與現代社會》，台北：牧童出版社，第七章。

2.3 普通社會學的主題

在第一次與第二次世界大戰之間，社會學的教學與研究之重鎮首推美國。美國社會學不但理論上百花齊放百家爭鳴，就是經驗性的研究，也滲入社會的每個界域、每個層面、每個角落。早期有關普通社會學的介紹與傳播，完全落實在概論性、導論性的教科書、手冊、辭典、百科全書，以及大部分的學誌、專書、研討會或基金會報告、政府與民間調查報告之中。

要之，早期普通社會學的教材，大部分在介紹社會學討論的主題，這包括社會學發展的歷史、社會學與其他社會科學之分辨、研究的取向與研究的途徑、方法、技巧、社會學家的角色等等之上。其中又以介紹社會學的基本概念以及社會的結構與功能為主，至於社會統合與變遷的過程乃至衝突，也成為學者注意的所在。

是故早期社會學教科書，在介紹社會觀點的特殊性之後，緊接著討論構成社會體系的個人。是故人口學、與人口有關的種族、性別、職業等結構成為社會問題探討起點。之後才開始討論婚姻與家庭、教育與職業等各種不同的社會群落，由此再進一步涉及經濟、政治、法律、等社會制度，其後殿以討論社會變遷與社會衝突。

這種研究或討論主題的安排，在最近的教科書中，仍舊出現，只是順序因作者看法不同而異，以狼士林（Jeames M. Henslin）《社會學的要素：樸實的途徑》（1996）一書的安排（Henslin 1996: iii）便可略見端倪。他把全書分成四個部份，茲簡介如下：

第一部　標題「社會學的觀點」。討論社會學有異於其他社會科
　　　　學對社會生活的不同與特殊之看法，討論文化、社會化、
　　　　社會結構和社會互動。

第二部　標題為「社會群體和社會控制」。論述各種各樣的社會
　　　　群體，偏差行為與社會控制。

第三部　標題為「社會的不平等」，分析社會的層化、美國社會
　　　　的階級、種族和族群之不平等，以及性別與年齡造成的
　　　　差別待遇。

第四部　標題為「社會制度」，討論政治、經濟、婚姻、家庭、
　　　　教育與宗教等制度。

第五部　標誌「社會變遷」，檢討人口數目增減與分布廣狹，城
　　　　市化的問題，最後以鋪述科技、社會運動和環境變化所
　　　　導致的社會變遷。

　　另外，我們以瓊·費蘭娣（Joan Ferrante）號稱以寰球觀點
來撰述的《社會學》（1995），其目次如下（Ferrante 1995: viii-
xvi）：

第一章　社會學的想像創思，係討論社會問題、相對性、歷史的
　　　　改變力量、工業革命和社會經典三大家對社會問題的
　　　　處理方式。

第二章　討論功能論、衝突論與象徵互動論三種社會學理論。

第三章　指出資訊爆炸下，研究社會問題的方法與步驟。

第四章　討論文化的分類、學習的方式、文字的擴散、次級文化
　　　　等等。

第五章　檢討社會化、探討社會接觸、個人與集體的文化、社群對個人的認知與互動關係的影響。

第六章　鋪陳社會互動與實在的社會建構，以愛滋病為例，指出社會互動的結果與偏見的形成。

第七章　討論社會組織，包括現代大企業的組織及企業人的行為、決策等制成，現代工作的異化。

第八章　處理偏離常規的行為，或隨波逐流的同形化以及社會控制。

第九章　析述社會的層化，包括階級、階層之不平等。

第十章　闡述種族與族群、少數群落、同化、歧視、排斥、社會認同等問題。

第十一章　論述性別的極化、衝突、層化，以及性別與種族問題所形成的政治衝突。

第十二章　討論人口與家庭生活，包括人口的變化之因由。

第十三章　論述教育，包括美國大眾與普及教育發展情況、教學環境、教育的社會環境等。

第十四章　討論宗教、涂爾幹等功能論者與衝突論者怎樣看待宗教，韋伯的看法，世俗論與基本教義派的矛盾。

第十五章　檢討社會變遷、包括其因由與後果、後冷戰與新世界的秩序、領導、衝突、資本主義等。

　　　　馬士（Ian Marsh）在其所編著《理解社會：社會學引論》（1996）中，除了照例介紹社會學的觀點與文化的關連、古今社會學理論文之外，便直接討論勞動、政治、階級、社會層化、性別、種族全球的不平等、家庭、教育、宗教、犯罪和懲罰，大眾傳媒等問題，可以說是以社會生活諸領域為其討論主題（Marsh 1996：V

－X）。

　　馬喬尼（John J. Macionis）的《社會學》（1993）教本則除了討論社會學與社會的基礎之外，兼及社會的不平等，社會剩度（兼論健康與醫藥問題）以及社會變遷（Macionis 1993：V）。

　　紀登士的力作《社會學》（1989）分成七部分，茲簡介如下：

第一部　社會學導論，論述社會學所遭逢的問題與展望，包括事實的、比較的、發展的與理論的社會學問題，也包括社會學的實用性（包括瞭解社會情境、體會文化之差異、估量政策效應、增強自我認識等）。

第二部　討論文化、個人和社會互動，包括文化與社會、社會化與生命週期、社會互動與日常生活、同形與悖離、性別與性行為。

第三部　析論權力的結構、論述層化與階級結構、族群與種族、群體與組織、政治、政府與國家、戰爭與軍事。

第四部　檢討社會制度，討論親屬、婚姻與家庭、教育、溝通與傳媒、宗教與信仰、勞動與經濟生活。

第五部　解剖現代世界之社會變遷、論述社會生活之寰球化、革命與社會運動、社會變遷等。

第六部　討論社會學的方法與理論，檢討社會研究之方法、技巧、以及社會理論由早期奠基者的大理論；至如今功能論、結構論、象徵互動論；兼述馬克思與韋伯觀點對現代世界形塑的作用。

第七部　為附錄與專門用詞簡答。

　　孔布倫（William Kornblum）《變動世界的社會學》（1991），

則介紹社會科學開始，然後涉及社會結構、社會動態、制度、在制度中也包括科技與環境問題的探討（Kornblum 1991：xvii）

另外有人（Brinkerhoff, White and Ortega 1992），在傳統的討論題目之外，兼及健康保險與健康照顧和強調城市生活的人際關係，以及大眾媒體對現代社會之變遷的衝擊（Appelbaum and Chambliss 1995）。

從上面簡單的敘述，可以看出當今社會學的教育、研究情形，也探究的美國與英國學者，怎樣來處理普遍社會學的主題。

2.4 西方社會學的沒落

1960年代社會學在美國的發展幾乎已登峰造極，但隨後發生的反越戰、反種族歧視、民權、消除性別歧視運動的次第或同時的展開，造成一般民眾像鐘擺一樣由左向右傾，他們誤會左翼學生與偏激鬧事者受到社會學的誤導與污染，於是美國大眾又重蹈覆轍，把社會學誤認為社會主義。在一片撻伐聲中，使得向來高居大學前矛的社會學系，逐漸成為學子裹步不前的冷衙門，過去一窩風群集社會學課室的青年學子都轉往其他學系發展。過去30年間社會學的沒落居然表現在三個大學關閉其社會學系的舉措之上，而修習社會學的大學生也由1975年全國3萬6千人降到1994年1萬5千名以下。這促使著名社會學家霍洛維茲（Irving Louis Horowitz）慨嘆社會學的解體（Horowitz 1993）。

其實社會學一開始，除了馬克思抨擊資本主義的社會制度之外，其他奠基者幾乎都在維護現存社會秩序。因之，這門學科談不到激進、偏激、或具顛覆的本質。剛好相反，1960年代與1970

年代美國左翼的學潮氾濫之際，所批判的正是主流派社會學的保守主義與維護現實的心態，以帕森思爲主的功能論，受到重大的抨擊（洪鎌德 1995: 41-56）。那麼造成美國社會學衰落的原因何在呢？韋爾遜（William Julius Wilson）指出：美國社會學家致力研究的都是雞毛蒜皮的小事，而很少涉及重大的公共事故，像社會福利、犯罪和家庭轉型，以及這些問題與公共立法和決策的關連（Wilson 1993）。紀登士則指出常人把社會學當成爲只會裝上專門術語的常識來看待，社會學沒有固定的研究對象，其研究範圍寬鬆龐雜，其學科的界線不清，學界內沒有核心的典範（不像經濟學中新古典派的坐鎮），這些都是使這門學科在過去30年間逐漸沒落的原因（Giddens 1996：1-7）。

不過，紀登士對社會學在美國趨向式微並不憂心，他認爲社會學界仍會磨刀霍霍，整頓與磨新其利器，以解決人類永恆的社會問題，特別當新自由主義與教條的社會主義逐漸消失於現世之際。在這方面，米爾士（Wright Mills 1916-1962）著名的提示：社會學的想像、創思，將會使社會學重新恢復風光，縱然社會學不再獲得一個世界，不再改變世界，但至少可以解釋世界。

在對社會學作出這種期許之前，紀登士指出，過去30年間，英國的社會學發展與美國的情況相比，可以說是蒸蒸日上。不但社會學系的學生有增無減，英國的社會學家（像 John Goldthorpe, Steven Lukes, Stuart Hall, Michele Barett, Ray Pahl, Janet Wolff 和 Michael Mann）紛紛擠入世界級的學者當中，加上歐陸的幾位名家的撐腰（Jürgen Habermas, Pierre Bourdieu, Niklas Luhmann 和 Ulrich Beck），則社會學理論的重鎮顯然已由新大陸移回舊大陸矣。

第三章　社會學發展的歷程

3.1 社會學的定義與研究對象

社會學（sociology）是社會科學（social sciences）中一個獨立的學門。Sociology 這個英文字是由法文 *sociologie* 轉變而成，首先使用這個字彙的是孔德（Auguste Comte 1798-1857），他主張對人類社會進行科學的、實證的研究。因之，社會學乃是對個人與群體互動和相互溝通的社會關係之因果加以了解的學問。它包括對社會結構、制度、運動、勢力、風俗、習慣之考察，亦即企圖了解個人何以成群結黨，經營集體生活，以及群體的組織、群體的生活對個人的性格及個人的行為起了什麼作用等等之社會現象。社會學也研究本國的、他國的、乃至全球的社會之特質，嘗試理解這些社會活動的過程，包括承續以往的傳統和改變過去的習慣等種種變遷。

比起其他動物來，人類更需要倚賴社會來維持其生命，發展其生活，繁衍其後代。是故制度化的社會形態對人類的行動影響重大，社會學之職責便在於發現這些制度化的社會形態怎樣對個

人產生作用，以及這些社會形態是怎樣建立、發展、興衰、消失。在這些重大的社會形態與結構中要屬家庭對個人影響最大，其次則為同伴友群（peer groups），再其次則為鄰里社區與社群，以及職業上、政治上、經濟上來往的人物或組織。即便是宗教機構與軍事組織，對某些個人而言，也是生活攸關的社會單位。當然，每個社會所擁有的特殊文化，也是社會學家、特別是像阿弗烈‧韋伯（Alfred Weber 1868-1958，馬克士‧韋伯之弟）等文化社會學家所要探究的對象。

3.2 社會學與其他相關學科

雖然東西聖哲很早便討論人與他人、人與群體、人與社會的互動關係，但有系統的研究仍舊出現在古代西方學者企圖揭開人周遭（自然、社會）的神祕面紗之理性探究的知識傳統裡。不過以客觀的方法，摒棄主觀的價值判斷去理解劇變中的社會，則為18與19世紀歐洲思想家所肇始的。是故社會學就如同其他的社會科學一樣乃脫胎於哲學。然而它雖由哲學產生，卻反對哲學只靠思辨、冥想、推理，去解析人與社會的關係，因之社會學是對哲學不重視觀察、不重視經驗，只會討論本質、不注重現象之毛病的反彈與抗議。

社會學既然從哲學釋出，也反彈哲學，它與心理學因而也有共通、或重疊的部份。原來心理學只關心人內心變化的機制，所注重為個人心靈之剖析，但當人與他人發生關係時，其心理與單個人時的所思所欲不同，是故社會學與心理學便藉社會心理學這門學科架起彼此溝通的橋樑。

社會學與社會人類學、或文化人類學的關係尤其密切。直至20世紀初葉，這兩個學科有時還合併在同一系所裡講授學習，原因是人類學家對初民社會的理解有助於社會學學習者對人類過去沒有文字的初民生活之認識。這種情況後來不再繼續，於是社會學與人類學遂分道揚鑣。要之，人類學要研究的對象是初民的、原始的社會；反之，社會學則考察工業化的、現代的社會。

　　政治學及經濟學最先也與社會學連結在一起，後來政治學家與經濟學家將其研究的焦點擺在社會的統治機器與物質生產、貨品交易之上，遂與社會學分家，但以全社會的觀點與方式來研究人的政治行為和經濟行為卻也說明社會學對政治和經濟之理解有加深、輔助的作用。

　　同樣的關係可以發現存在於社會學的一端和宗教、教育、法律、史地、文化等的另一端之間。此外，19世紀社會學重視社會的演變有如生物的進化，是以生物學成為社會學模仿的對象，進化論一度甚囂塵上。今天社會學雖已不興比擬生物學這一套，但與生態學、行為發生學、人口學、生理學還有藕斷絲連的牽絆。特別是當代生態危機爆發，社會學與生態學的關係愈來愈密切。這就顯示社會學的研究需要其他學問來支撐、來輔助，才能夠建構出更為圓滿、更為高深透徹的社會學知識體系。

3.3 社會學早期的學派

3.3.1 社會進化論

　　達爾文的《物種原始》（1859）主張物種的演變進化，是19
世紀最具影響力與說服力的自然科學學說。其結果影響了好幾代
社會學者的思維方式，最著名的有斯賓塞（Herbert Spencer 1820-
1903）、華勒士（Alfred Wallace 1823-1913）、摩爾根（Lewis Henry
Morgan 1818-1881）、泰勒（Edward B. Tylor 1832-1917）、霍布
豪斯（Leonard T. Hobhouse 1864-1929）等人。這些社會學家企
圖東施效顰，把社會的演變模擬生物的演進。於是社會學中充斥
著「突變」、「自然選擇（淘汰）」、「繼承」等生物學的名詞。
於是社會由蒙昧、野蠻、文明等不同發展階段，一再往進步之途
邁進，其中最適於生存者、強者便可以在社會舞台上揚威；反之，
弱者、不適於生存者則遭社會的淘汰。這便是社會進化論，或稱
社會達爾文主義（Social Darwinism）[7]。它是替競爭和自由放任

---

[7] 進化論一般而言，是由達爾文與華勒士各自獨立地研究物種的原始，
　　因之發展而成之理論。斯賓塞則由物種的演變推論到社會的變遷而主
　　張社會進化論（social evolutionism）。事實上，「最適者才能生
　　存」，是由斯賓塞首次倡說的，這是用來說明社會的歷史發展。在19
　　世紀杪英美出現優生協會（Eugenic Society），倡說優生保健之方
　　法，而企圖阻止下層社會民眾之繁衍。龔普洛維茲（Ludwig Gumplowicz

的經濟制度辯解的理論，在20世紀已告式微。

3.3.2 經濟的、環境的、生物學的決定論

　　馬克思所強調的社會存在決定意識、而非意識決定存在之唯物史觀，常被西方主流派社會學思潮當成經濟決定論，其實馬克思也不否認意識形態的上層建築對經濟基礎的下層建築產生作用。除了馬克思之外，歷史學家畢爾德（Charles A. Beard 1874-1948）也主張歷史的推力爲人類經濟上的自我利益，經濟學家宋巴特（Werner Sombart 1863-1941）也持經濟利益掛帥的說法，尤其是當他年輕而信持馬克思學說之時。

　　另外人文地理學家（像 Ellworth Hungtington, Ellen Sempel, Friedrich Ratzel, Paul Vidal de la Blache, Jean Brunhes 等）強調地理環境對人類社會生活之影響，這些都可以視爲地理或環境決定論者。即便是涂爾幹認爲社會有其演變形態，因而主張社會形態演變論（social morphology），似乎也是受到環境論或人文地理學的影響，而產生的學說。

1838-1909）是新達爾文主義的代表性人物。他認爲社會的進化代表對經濟資源之拼搏決鬥，只有最適者、優勝者才能在鬥爭中獲勝，而繼續存活下來。由於人爲種族中心主義者，因之，鬥爭存在於種族之間、國家之間、階級之間。他的種族主義偏見引起後人的抨擊，不過他擴大馬克思的階級衝突至國際的征戰，也有其理論上的貢獻。

3.3.3 早期的功能論

　　在釐清社會學同生物學與地理學的分際，俾為人類的社會行為建立其獨立的科學研究，亦即為社會學爭取其學術地位時，涂爾幹的努力與貢獻卓著。他立論的根據是個人與個人的交往當中有其特殊的、嶄新的性質（*sui generis*）之出現，這便是「社會事實」。社會事實是外在於個人，對個人有宰制的力量，這包括集體意識、風俗習慣、社會制度、國家或民族特質等等，這些便是社會學所研討的對象，與心理學只研究個人的心靈或人格結構不同。此外社會成員之間的互動構成一個單元，也就是一個統合的體系而自具生命，對個人如同外鑠的拘束力量，這也是社會學考察的對象。集體對其成員造成的因果關係，給學者研究的勇氣，這也構成社會學成為獨立學科的原因，這種關係無疑地是早期功能論的說法。

　　涂爾幹指出，人群所以會結合在一起是基於兩個理由：首先是相同性格者互相的吸引（如友儕、朋輩、志同道合者的結社）；另一個原因則為基於任務的分配必須合作才能完成職責者，如軍人、工業界、政府等機構。前者為機械性的團結或稱機械性的聯帶（mechanic solidarity），後者則為官能性的團結、有機性的聯帶（organic solidarity）。這種區分不只是涂爾幹的想法，也是他那個時代其他社會學者如梅因（Henry Maine 1822-1888）以及杜尼斯（Ferdinand Tönnies 1855-1936）的看法。前者分社會為基於地位（status）或基於契約（contract）而分類；後者則以社群（*Gemeinschaft*）來和社會（*Gesellschaft*）做對比。他們都把文明的主要趨向看成是後者的膨脹擴張，以及前者的逐漸式微。

其後人類學家馬立諾夫斯基（Bronislaw Malinowsky 1884-1942）和賴德克立夫‧布朗（A. R. Radcliff- Brown 1881-1955）也發展出一套功能論來，強調社會各部份之間的相互關連性，並指出只要有一小部份發生變化，整體也會受到牽連而跟著變化。其結果造成不少人類學家主張對未開化、不識字之初民社會不加干涉，怕任何介入的行動會導致更大的混亂和喪失平衡。

孫末楠（William Sumner 1840-1910）把制度定義為「概念與結構」，亦即為達成某種功能的目的而由有組織的人群所設立的事物。韋伯經典式的社會學，便視社會為制度的產品。至於齊默爾（Georg Simmel 1858-1918）則把社會看成為過程（process），具有某些功能的事物，因而倡說「形式的社會學」。換言之，他把社會的過程當作真實的東西看待，而非視為抽象的事物，由於社會的過程有諸多不同的形式，社會學成為研討解讀社會形式的學問。

3.4 現代社會學研究的重點

19世紀社會學剛剛崛起時，每一理論家企圖建立自己的體系，而視其他派學說不足取。但經過一段時間之後，社會學關懷的主題逐漸浮現，研究的方向也慢慢確定，每家學說所強調的研究主題和方法不再視為相互競爭而不搭調。其結果是百家爭鳴、百花齊放，沒有大師級的社會學家在主宰學術殿堂，沒有一代宗師在獨領風騷。

3.4.1 功能主義和結構主義

　　本世紀初時幾位理論家（像Charles H. Cooley, Pitirim Sorokin, Talcott Parsons, Robert Merton, Everett C. Hughes）都討論社會組織的性質，以及這些組織與人群行爲的關連。因之，都嘗試建構宏觀的理論，也就是涉及國家、整體社會等較大的社會系統之理論。沙羅鏗（Pitirim Alexandrovich Sorokin 1889-1968）以統合的觀點來討論文化——文明興衰變化的問題。帕森思（Talcott Parsons 1902-1979）以分析的方式來建立他對社會體系的理論。他認爲每個社會體系爲了能夠繼續存活，必須具備其「功能的先決條件」，由是造成體系穩定成長的結構，包括體系與其環境之關係、疆界、成員之甄拔補充等等。梅爾頓（Robert Merton 1910-）也對這些結構與功能大加描述、分類、分析。

　　由於結構兼功能分析研究的主題與方法太廣泛，因之對社會體系的研究、或對組織之考察成爲極爲疏散的科學研究。這種宏觀的社會學理論不免流於空泛不實。是故列文（Kurt Lewin 1890-1947）改以小規模的社會群體（家庭、部隊、職業團體）爲研究對象，從而發掘成員「心理學生活空間」(psychological life space)，並比較它與社會空間之大小和關係。由於選擇研究單位較小，所以實驗方法也可資應用，這便是群體動力學（group dynamics）[8]的誕生。

---

[8] 群體力學主要討論面對面小群體的結構與成員互動的過程。除了列文之外，爲群體力學最先研究者還包括帕森思、巴列士（Robert F. Bales 1916-）。巴氏藉小群體成員人際行爲而進行互動分析。

3.4.2 象徵互動論

　　當代的社會學家終於發現19世紀本能心理學的用處，尤其對華生（John B. Watson 1878-1958）的行為主義重燃研究的興趣。華生的行為主義力求客觀，也是使用實驗的方式去追求研究的成果。象徵（或稱符號）互動論便是從上述社會心理學中得到靈感，而加以引用。

　　社會心理學的開拓者包括杜威（John Dewey 1859-1952）、詹姆士（William James 1842-1910）、米德（George H. Mead 1863-1931）和古理（Charles H. Cooley 1864-1929）等人。他們發現心靈和自我並不是作為人的生物體與生俱來的內在事物，而是從經驗中產生，也是在社會過程中建構起來的。也就是藉與別人的溝通而建立起自我的觀念，也逐漸形成自我的心靈。自我和心靈是社會過程的內化產物。它存在於想像當中，也存在於象徵當中，而每個人的自我都是由別人對他的看法中建構出來的。是故自我不斷變化，而非定型，但卻是每個人社會行為的指引者。換言之，人的行動在保存自我，也是保存自己想要的自我形象。

　　社會學家湯瑪士（William I. Thomas 1863-1947）和其後繼者法利士（Ellsworth Faris）於20世紀初在芝加哥大學每學期都有講授米德的社會心理學。這更接近芝加哥大學的社會學教授派克（Robert E. Park 1864-1944）和蒲其士（Ernest W. Burgess 1886-1966）所建立的理論傳統。由於這些社會學家重視個人的日記、自傳、傳記與生活資料，使得有關自我以及自我意識的行為成為社會學理論中一個勢力龐大的流派。此一象徵互動論加上「民俗方法學」（ethnomethodology）對人們日常行為中的象徵性關連

之「瞭悟」（*verstehen*），也蔚爲美國社會學的新流派。

象徵互動論是美國社會心理學影響重大的理論之一，認爲人類的社會行爲及其結構體（典章制度）都具有意義。而意義的浮現卻是透過人與人、群與群互動的過程。是故透過密切的觀察、緊密的相處、進一步的熟悉，對人群日常生活的意義予以剖析，成爲研究者當務之急。有了對日常生活的剖析所掌握的資訊之後，研究者就會發現潛藏在人際互動背後的形式（underlying forms of human interaction）。

米德與布魯默（Herbert Blumer 1900-1986）是象徵互動論的倡說者，尤其布氏在1937年對米德《心靈與社會》一書的書評上首次使用了象徵互動論這一個詞彙之後，學界遂加以接受。該理論包括四項重點：（1）人是象徵、符號使用與操縱的動物；（2）過程與湧現；（3）互動；（4）潛藏在過程、象徵、互動背後的社會生活之形式。

（1）**人是象徵與符號的使用者、操縱者**：人之異於禽獸者乃爲人類會發明與使用文字、符號等象徵性的事物。藉著象徵事物（語言、符號、訊息）人類建立了文化，而產生了文化的傳承，也製造與傳承歷史。互動論者研究人群怎樣對其身體、感受、本身、傳記、情境，甚至其所處的社會給予特定的意義。藉由參與的、介入的觀察，研究者進入被觀察的人群中，俾瞭解他們的處境、互動所包含的象徵和意義。此一作法無異爲語言分析對語意學（semiology）、對語文的剖析與詮釋。其研究之重點爲意義是逐漸湧現的（emergent），是流動的（fluid），是含混的（ambiguous），是受情

境或脈絡所牽扯的（contextually bound）。

（2）**過程與湧現**：象徵互動論者視社會是一個充滿活力變動不居（dynamic）、辯證發展的網絡。他們認為情境不斷變化，變化的過程與結果常常無法明確掌握，因之個人的生涯也變化無常，無法定於一尊。是故研究者注目的不是一般社會學者視為固定的結構，而是人群活動的流程，以及流程的改變、轉折與後果。個人的生涯轉折秩序（negotiated order），印象經營（impression management）都是變動不居，而其意義也隨不同過程，而做不同的湧現與消失。

（3）**社會界是互動的**：由於整個人群活動的範圍都是各自的社會界，每個社會界是由其成員在互動中建立的。人無可能完全孤立，是故對互動論者而言，並無孤獨的個人之存在。每個人都是以各種各樣的形式與他人牽連在一起。互動論者研究的基本單位不是個人，而是「自我」（the self），這就是古理所主張的「鏡中之自我」，和米德對自我的定義。

（4）**社會生活潛藏的形式**：這就是齊默爾所強調的社會生活背後隱藏了各種行動的形式（forms）或模式（patterns）。對互動論者而言，在人群的互動、過程、象徵的背後，存在著一些人際關係的形式或模式，這是他們所尋求的「基類的社會過程」（generic social processes）。易言之，醫師、工人、吸毒者儘管職業與活動互異，其形成的群體也林林總總各不相同，但在群體活動的背後仍可以發現有類似的社會互動之形式底存在（Marshall 1994: 524-525）。

象徵互動論崛起於20世紀上半葉的芝加哥大學，在1960年代成爲對抗帕森思大理論的流行學說。至1970年代卻遭致批判。認爲它忽視了社會結構、權力與歷史對社會學研究之重要性。對此批評的反擊是史揣克（Sheldon Stryker）的說法，他主張自我不只在模仿別人，而只爲角色的取用（role-taking），而常常也在創作新的角色，亦即角色的製造（role-making）。有些社會結構有利於個人對角色的製造，有些則不利，揣氏的論點，可參考其著作《社會互動論》（Stryker 1980）。

　　在1980年代由於互動論者與後現代主義、女性主義與文化理論掛勾，而使其理論更爲精緻（Plummer 1990）。

　　至於民俗方法學則是嘉芬寇（Harold Garfinkel）在1960年代中期引進來的社會學新理論，主要爲對美國社會學主流派正統的共識（orthodox consensus）崩解後[9]，進行社會學的反思。此間所指涉的民俗（ethno），是指民間日常生活的常識、見聞所形成之共通知識而言。嘉芬寇指出，普通人在其日常生活中有其描寫敘事的方式，這一方式的學習、應用，可以使其現實的活動、實踐，獲得如同社會學家推理的效果。儘管這一民俗方法學引發學術界的爭論，但是透過紀登士（Anthony Giddens）的吸收、活用，在社會學理論界也獨樹一幟，而其影響力日增。

　　民俗方法學吸收了現象論和維根斯坦語言分析的理論轉趨語文的使用之探討，這與20世紀下半葉的西方思想界對後結構主義與後現代主義的蓬勃發展有其共通之處。社會生活呈現在社會現

---

[9] 不再同意以帕森思有關社會體系的大理論之共識，亦即對帕氏結構兼功能理論的同意之說法提出質疑與挑戰。

象與社會關係之上。對民俗方法學者而言，社會生活的經常獲致乃是通過語文的使用。易言之，社會生活乃是吾人不斷創造與再創造之物。因之，民俗方法學，乃是研究一般民眾使用語文的方法，俾建構其社會秩序之學。這門學問不是分析與描寫社會秩序如何建構，而是強調學者在「做」、「實踐」當中，去體驗諸如友誼、愛情、競爭、衝突等等之社會關係。

民俗方法學有兩個基本的概念，其一為「指標性」（indexicality），另一為「反思性」（reflexivity）。指標性在說明每個字、每個詞、或每一概念都沒有清楚明白的定義，詞（字、概念）的意義都是在指涉其他相關的事物時才顯露出來。在日常生活中，人們不斷地問：「這是什麼意思？」、「你剛說的話有什麼含意？」都証明字、詞之意義是隨境遇而不同。一般人們在對語意學喪失其本意時，表現的挫折、無奈、迷惘，正顯示語言只具指標的作用，而未必有其永恆不變的「定義」。

反思性則說明我們對秩序的感受，完全是在交談中從話語裡產生出來的，我們一直誤以為圍繞在我們周圍的事物有其秩序的存在，其實它的存在，亦即情境的存在不過是人們交談的產品而已。

指標性與反思性的重要，在於藉它來批評傳統的、向來的社會學及其流派、理論的爭執。傳統的社會學家同一般人沒有兩樣，都把社會秩序看成天經地義、無可厚非、無可質疑。因之，民俗方法學者主張社會學之職責在於剖析人們對社會秩序感受的解釋法則，不只普通人，就是社會學者，也應該把他們的觀點、看法，置於民俗方法學的顯微鏡下，成為研究的對象。

紀登士在《社會學方法的新規則》（1976），以及《社會的建構》（1984），兩書中曾大量使用民俗方法學的說詞，他除了

沒有像民俗方法學者主張社會是由人們的交談構成之外，也相信人們的言談與行動中，有些信以爲真的規則（taken-for-granted rules），對社會秩序產生了重大的作用，爲此他企圖用民俗方法學的部份觀點來克服社會行動與社會結構的雙元對立（洪鎌德1998: 115-116）。

3.4.3 現代的決定論

受馬克思主義的影響，當代有少數社會學家，對社會之階級的對立，乃至階級的鬥爭深感關懷，他們甚至把政治體系當做是社會階層化（stratification）的產品看待。

自稱爲馬克思派社會學者的米爾士（C. Wright Mills 1916-1962）曾經廣泛而帶批判性地研究「權力菁英」之作爲。他視權力菁英爲現代資本主義體制中統治階級的成員，他們分別在經濟商務與軍事機關中擔任要職，而造成軍事與工業結合成一個利害一致的複合體（military-industrial complex），來保護與增進其本身之利益。這便是經濟與軍事利益決定論的典例（洪鎌德 1976d：109-117）。

曼海姆（Karl Mannheim 1893-1947）提出同階級衝突論相反的意識形態批判之知識社會學理論。他認爲社會的分裂爲不同階級或群體並非肇因於經濟利益分配之不平，或物質利益之奪取，而是由於觀念或思想方式的歧異。由於曼海姆相信這些人際的衝擊最終可以解決，所以他的理論不屬於決定論的範疇。他的理論卻刺激其他社會學家去研究理念與行動之關係，也就是演繹知識社會學的理論（參考本書第11章）。

3.4.4 數學模型論

　　為了對人的社會行為加以描寫與考察，現今的社會學家也使用數學的模型來對行為計算與衡量，這便是莫列諾（Jacob L. Moreno 1892-1955）所稱的「社會計量學」（sociometry）。例如列文的「場域理論」（field theory）以及 George K. Zigf, John Q. Stewart 以數學模型來衡量政治單元的大小，包括語言中某些字彙反覆引用的次數，以及其他算術上的關係。John von Neumann 和 Oscar Morgenstern 在經濟理論中引進了博奕論，這種博奕論也已促進社會學的進展。由於電腦與計算機之迅速發展，社會行為也可以用多變項方式加以測試。此外，由成員扮演某些角色而進行某種的實驗，也有助於對複雜的機關之理解，模擬演出（simulation）也成為今日社會學家研究社會組織與社會行為的方式（Faris 1973：994-998）。

3.5 理論的新方向

　　20世紀以來以英美為主流的社會學，其透視（perspectives）可以濃縮為功能的觀點、衝突的觀點和解釋的觀點（interpretative perspective）。前面所提功能論、結構論屬於功能論的觀點，決定論則屬於衝突的觀點，象徵互動論與數學模型論則屬於解釋的觀點。除了上述這三種勢力相當大影響面極廣的三種社會學理論傳統之外，又有幾種新理論的產生，主要在嘗試把宏觀的與微觀的社會現象結合在一起。

3.5.1 人本主義的社會學

此派社會學家拒斥實證主義強調建立價值中立、完全客觀的社會科學。反之,他們主張社會學家應當積極介入社會的改變與改革。亦即理論家應該以其知識、經驗、技巧協助那些弱勢人群積極參與社會生活,而非關在象牙塔中累積知識,抬高個人的虛名。

由於此派學者關懷的是社會的公平而非社會的秩序,因之,應用解釋的觀點強調人群有反抗社會結構的能力,也有改變社會結構的本事。其理論之出發點為人,乃為自由、能夠反思的個人,只要獲得充足的資訊會選擇有利於社會、也對社會可以負責的事情。此派於1975年成立「人本主義社會學協會」(the Association of Humanist Sociology),並發行《人性與社會》(*Humanity and Society*)一刊物,儘量揭露男女之間、白人與少數民族之間的不平等,也談富國與窮國之差異。在該刊發表文章之社會學者強調本身學術價值取向與思想立場,並提供政策建議書供有權勢的機構(政府、工商團體、工會等)釐訂政策之參考。

3.5.2 女性主義的社會學

與人本主義的社會學家一樣,女性主義的社會學家也認為向來社會之詮釋完全操在西方中產階級白皮膚男性學者的手中。女性之受輕視與歧視,都是大男人主義在作祟。女性主義社會學者(不限於女性,也包括男性)便企圖匡正向來研究與理論之偏見與瑕疵。其研究之重點乃為女性之經驗,也注意到性別在社會結

構中扮演的重大角色。

最近在美國有專門為「支持社會中女性的社會學家」之組織底產生,並於1987年發行《性別與社會》(*Gender and Society*)一刊物,宣揚女性的不平之鳴。有人則企圖對歷史上與各個不同社會中女性所受的歧視與虐待從事比較研究。這派學者研究的結果,發現性別在社會結構中的重要作用遠超過個人的特性。

女性主義的社會學比起其他社會學的分支(或稱特別社會學,例如宗教社會學、知識社會學、政治社會學等等),或相關學科(社會心理學、社會人類學、政治經濟學)來,更富有統合宏觀與微觀結構的精神,而予以更為適當之詮釋(參考李美華等譯〔上〕:48-59)。

3.5.3 理性選擇理論

這是建立在經濟學交易(交換)與理性選擇(rational choice)模型上的新理論。這種理論的基礎是假設人們的行動中向來都想花費最小的代價而獲取最大的好處。個人就像公司行號一樣,在可能的選擇項中選取一種他認為風險最小、好處最大的事項去付諸行動。

建立在經濟行為之上的各種理論對美國學人而言一向都深具吸引力。經濟行為是講究利害、評估得失與謹慎思慮的人類行為,也就是合乎理性的行為。有些批評者則認為把社會行為化約到個人心中的決定或選擇,失掉了社會學理論重視人際關係的本質。不過對此批評,理性選擇論的學者提出反駁,他們說任何人在作決斷與選擇時,絕非處於真空狀態,更何況人類必須引用過去的經驗、亦即生命史作為選擇的參考架構,而且作決定時可能牽涉

到別人、或有別人在場，提供意見。

　　問題為人每日每時都要作決定，作選擇，是否這些決斷、或選擇完全符合理性之要求，還是可能出現非理性，而為情緒性的、失控的表現呢？

3.5.4 社會生物學

　　認為人類的基因之遺傳對個人及其家庭的行為具有決定性的作用之學說為當代的社會生物學（sociobiology）。就像達爾文追尋人類軀體上外型上的演化軌跡一般，社會生物學家認為某些社會行為在經過自然選擇和淘汰後，也會注入人類基因的密碼中，代代傳承下來。像女性養育子女和男性在性行為上稱霸主控，都是為了使繁衍的效果達到最大的程度。不過由於這種研究的成果主要是在對動物的社會行為之考察上所得來，能否應用到人類還大成問題（Kitcher 1985）。

　　贊成演化論者不免質問何以社會學家反對這種社會生物學的理論。反過來講，社會學家又不免要追問何以生物學的決定論受著那麼多人的接受？不過配合美國20世紀最後25年保守主義的抬頭，社會生物學的理論正可以解釋美國當代社會各族群、各階級、性別等等的不平等都是上代基因遺傳下來的，這有別於保守主義者保護家庭勝於協助社會貧困不幸者的想法。

　　近年間企圖把生物學與社會學的因素加以統合，而創造新的跨科際之理論模型，稱為「生物社會（biosocial）模型」或「生物文化（biocultural）模型」（Rossi 1987 ：1-31；Lenski 1985 ：163-171；Lopreto 1990 ：187-212.）。在這方面有關荷爾蒙和行為的研究結果，發現兩者彼此怎樣發生影響。例如在競賽即將展

開前,對參賽者而言男性賀爾蒙有變化的跡象,勝利者大為增高,而失敗者則不增反減。這說明荷爾蒙的變化是社會行為改變的結果,而非其原因。不錯在拳擊中男性荷爾蒙增高,但反社會的暴力行為中、失敗的婚姻中也顯示男性荷爾蒙的升高。

不管生物學所談的基因對人類行為有多大的影響作用,每個人都在特定時空與社會網絡中生活,他可以控制隨著誕生而來的本性,這就是社會學比較富有理性、富有識見的觀點(Hess, Markson & Stein 1996: 21-23.)。

3.6 最近社會學發展趨勢

直至1980年代,社會學理論仍舊表現出眾說紛紜莫衷一是、百花齊放百家爭鳴之態勢,另一方面也反映1980年代之前30年間東西冷戰政治衝突之兩極想法。但自從和解氣氛籠罩全球之後,理論的極端性(extremism)逐漸淡化,過去宏觀與微觀的爭論、行動與結構的對立逐漸消失,因之,人們乃目擊理論有轉趨調和、綜合、概括之勢(Ritzer 1992: 457-460.)。

3.6.1 杜赫尼的集體社會行動論

當代在法國及其餘西方國家極富學術盛譽的杜赫尼(Alain Touraine 1925-)之研究目標有三(洪鎌德 1998a: 23-44):

(1)建構一套有異於結構功能主義的社會行動理論,該項理論的方法學基礎非個人主義的(methodological

individualism）[10]，而毋寧爲集體的社會行動；

（2）勾勒和刻劃現代社會（號稱後工業社會）的特徵；

（3）指認和辨識社會轉型、社會變遷的行動者（agents）。

首先，杜氏不認爲社會是一個生機活潑、類似人類身體的有機體，也不能被視爲諸功能配合的整體。反之，社會爲眾多成員行動交織的架構。爲了使社會能夠維持操作，社會行動對既存的社會結構產生新的衝擊與作用，亦即社會行動是塑造與建構社會的主要力量。社會是一個自我轉變的體系。有異於象徵互動論，杜氏認爲構成社會的行動者並非個人，而爲集體（collectivities），也就是社會運動者。他說：

> 行動乃是指行動者的行動而言，這一行動受著文化導向（cultural orientations）的指引，這一行動也是處在社會關係脈絡裡，至於社會關係是受到文化導向的社會控制不均之現象所界定的（Touraine 1981: 61）。

杜氏認爲社會鬥爭產生於社會與文化場域裡，在該場域中發生競爭或衝突的社群，不但擁有共同的社會場所，也具有共同價值與規範。這些共同的文化導向的因素（規範、價值），造成該社會在歷史變遷上具有特質，而有異於其他社會，也有異於不同

---

[10] 方法論的個人主義主張研究社會問題可把社會整體化約爲組成集體的個人。蓋個人爲行動的單位，個人對其行動的結果可以負責。此即方法論的個人主義。相對與相反的則爲方法論的整體主義（methodological holism），參考洪鎌德 1998b: 10. 87. 160.

階段上發展的同一社會。他認為大規模的社會行動為社會運動，這包括（1）保護性的集體行動（抗爭、示威）；（2）社會鬥爭（學生運動、婦女運動、民權運動）；（3）社會革命（改變大環境的社會運動）。

　　社會運動的出現剛好隨階層化以及上下主從關係的消失同時發生，這並不意謂社會已進入平等的時刻，而是說西方工業社會中產階級的抬頭，有意介入公共事務，而企圖打破社會垂直升遷的阻隔。一旦階層化或階級化的社會消失之後，馬克思所強調經濟基礎制約上層建築之說詞，也變成明日黃花。

　　對杜赫尼而言，所謂的後工業社會是指以資訊為生產基礎取代製造業為基礎的工業社會而言。過去舊工業社會之生產方式為以勞動力為主，今日則倚靠知識與科技。在此情形下，市民社會逐漸屈服於「技術官僚的國家」之下，個人不再以階級成員感受社會的壓迫，而是以公民的一份子受到官僚的統治。社會運動的重心宜轉向市民社會，人民不再企圖向國家爭取權利，而是致力保護其生活型態（life-style），避免為官僚所宰制。至此社會衝突比較不集中於生產部門、或國家部門，反而在文化的層次上。換言之，並非資產階級只因擁有私產或財富才會壓制無產階級。反之，前者之優勢建立在擁有知識和控制訊息之上（Touraine 1971: 61）。

　　杜氏主張社會學家應當涉足、甚而積極參與社會行動、社會運動，採取社會學干涉的方法，才能探索行動與運動的內涵，才能全面理解其意義。亦即他認為研究者不是以觀察員，而是以質問者、交談者、積極份子（activist）的身份，來「改變」、「改信」（conversion）社會（洪鎌德 1998a: 23-44）。

3.6.2 卜地峨的反思社會學

擔任法蘭西學院社會學講座的卜地峨（Pierre Bourdieu 1930-），也是一位具有寰球盛名的歐陸社會學理論大師。貫穿他豐富龐雜著作的一條主軸，是如何把主體的個人與客體的社會之間的對立或矛盾加以消除、加以化解。社會是眾多的個人由內心與外部行動所體驗的世界，是一種主體意識的歷程；另一方面，社會又好像是管制個人、提供個人生息滋長的場域，是一個客體的存在物。社會與個人無論視為客體物或主體活動，都會令向來的社會學家陷入主體或客體的分歧對立（subjectivist/objectivist dichotomy）。因之，唯有同時明瞭物質與表徵（representation）兩者的特性與相互關係，明白外在的、拘束性的社會事實與個人內在的經驗、理解的行動這兩者，以及這兩者的辯證互動，才能掌握社會的實在。

為此卜地峨提出實踐、習性（*habitus*）和場域（*champ*）三個概念。首先他指出人的行動為利用時空架構，面臨特定環境，遵循實踐的邏輯、實踐的感覺的行動。習性是指行動者的嗜好、性向、慣習，是一種社會的感受，是一種經過培養的性向與處事方式（Bourdieu 1977: 15）。在習性中我們發現個人身份的特質和社會體系的特質之綜合。場域是人群活動之空間，可視為行動者動用資源、爭取利益、展開鬥爭的所在。社會是由彼此相對自主、但在結構上卻具有同樣源泉、同樣性質的種種場域所構成（高宣揚 1991a, 1991b, 1991c）。

卜氏便運用這三個概念工具來分析當代社會的階級，他對階級的分辨與馬克思不同，並不以生產資料的擁有與否來決定個人

的階級所屬，而是以某人的生存條件、生活型態、在場域中擁不擁有財富、社會聲望、文化水平（文化資本）等來界定所屬，這是比較接近韋伯的階層觀。所謂的傑出階級（Bourdieu 1984）不在於成員之外在生活條件，如權勢和威望之擁有，而在於他們擁有共同的習性、或共同處事的態度，包括消費、休閒、生活型態、脫離世俗的審美態度、擁有經濟財貨與象徵財貨（文化修養、知識水平）等。

　　卜地峨認為社會是由「第一級客體」（物質財貨、權力分配）與「第二級客體」（社會行動的分門別類，職業之分別、區隔等）構成，亦即由權力體系與意義體系兩者合組而成的。社會既然有這雙重的生命，則要加以理解，必須設計一副具有兩個分析焦點的分析眼鏡，同時看出雙重生活的優缺點。為此他創立了反思社會學。其反思社會學有三個特色：（1）主要的對象並非個別的社會分析家，而對使用分析工具的社會學者之非意識的部份也予以發掘理解；（2）發揮團隊精神進行研究群合作性之工作方式；（3）對社會學認知的穩定性不在破壞，反而予以增強。

　　卜氏的反思，並非研究主體的反躬自省，而是有系統地探詢思想未涉及的部份，亦即清除妨礙研究者思想繼續發展遭遇的絆腳石。換言之，在排除思想的宿命觀與掃除決定性的迷障，俾能更客觀地認識外頭世界（洪鎌德 1998a: 55-79）。

3.6.3 紀登士的結構兼行動理論

　　曾任劍橋大學社會學教授、現任倫敦政經學院院長的紀登士（Anthony Giddens 1938- ）是英國當代足以與德國哈伯馬斯（Jürgen Habermas 1929-）、法國杜赫尼和卜地峨相較勁的世界

級社會理論學家。他30餘年浩繁的著作，涉及社會學、心理學、政治學、人類學、歷史學、地理學、哲學與藝術批評，可謂爲當代學識最淵博、功力最深厚、且影響力最廣大的思想家之一。他的結構兼行動（structuration）理論，尤其是20世紀社會學理論的偉構，值得吾人加以注目。

在傳統社會理論或重社會結構、或重行動者，雙元對立研究取向中，紀氏企圖把結構（structure）與行動（action）的雙元對立加以化解，而鑄造結構兼行動（structuration）一個新詞，足見其眼光之獨具。在其所著《社會學方法的新規則》（1976）中，他說：「談到結構的雙重性，我是指社會的結構既是人類行動所建構，但它同時也是建構的媒介」（Giddens 1976: 21）。不過結構與行動畢竟是兩碼事，如何化約爲一？這有賴他「社會實踐」（social practices）一詞的強調。透過實踐，人不但有所行動，同時也鑄造了社會結構。由是結構與行動構成社會實踐一體的兩面。

引發行動的是行動者，但引發其行動的卻是行動者的欲求，是行動潛勢力的部份，不過行動者對其處境與採取行動的策略是擁有可知性（knowledgeability）。在把行動由潛意識升爲意識到付諸實踐的階段，行動者對自己的行動有審視、監督、描述、反思的能力，特別是會運用語文來描述與解釋行動的意義，這便是行動進入言說（discursive）的層次，是故行動不過是行動者援引資源（知識、權力、金錢、地位等）、遵守規則（做事做人的慣習、方式）去改變身外的狀況而已。

紀氏旋解釋結構，結構是受著眾多行動者的行動與彼此的互動所建構的，這一結構對行動者不只有拘束力、束縛作用，也提供行動者方便、資源，供行動者能夠落實其社會實踐。因之，結

構無異行動者在社會實踐時所援引的資源與規則。社會的資源涉及人利用物的配置性（allocative）資源，也包括人對人管理和影響的權威性（authoritative）資源。隨著每個時代的不同，兩種資源所扮演的角色有異，像中古世紀封建社會中權威性的資源扮演較重的角色。反之，在今日資本主義的時代中，配置性的資源顯示特別重要。

　　至於社會的規則，一方面在建構意義，讓大家遵循而便利做事做人，他方面卻也拘束行動者，不允許其踰越規矩破壞規則，一旦有違規行為便會遭致懲處、受到制裁（sanction）。由於紀氏不把結構當成物化的、外在於人身的、固定不變的事物看待，而視它為隨行動者行動而變化或擴張、或萎縮的資源與規矩，因之，他也把時空引進結構裡頭，而彰顯結構的堅韌性與變動性。要之，社會的互動是一連串的過程，即結構兼行動的過程。這包括說明意義的指意；也涉及行動者改變環境之能力，亦即擁有左右環境的宰制力量；以及行動評估得失正當與否的合法化的問題。

　　利用這套結構行動理論，紀登士不僅對當代社會、社會組織、社會制度、社會運動、國家、階級、權力乃至現代性加以詮釋，也用以批評馬克思歷史唯物論之缺陷，可以說是引起學界重視與爭論的當代重大社會學說（洪鎌德 1998a: 121-151）。

第四章　社會學方法通論 ——
一般方法論的問題

4.1 社會學的創思、透視和途徑

　　米爾士（C. Wright Mills 1916-1962）在《社會學的創思》
（1959）一書中，強調人們不要把個人的貧窮、不幸當做個人身
分、或人身遭遇的麻煩（personal troubles），而應該把這些個人
的不幸遭遇放置在社會結構、社會脈絡中來觀察，這樣才會慢慢
產生「社會學的創思」或社會學的想像（sociological imagination）
來。原因是這類表面好像是個人引發的問題，事實上是社會的產
物，是歷史的產品，常常不是個人所能改善或解決的（Mills 1959:
15），米爾士就指出失業、貧窮、離婚等幾個例子，來說明這一
事實，他說：

　　　　當一個擁有10萬居民的城市，只有一個人失業，那
　　　就是他個人的煩惱。為了解決他的問題，我們只需看一

看他的性格，他的技術和他身邊的機會便足。但是如果一個擁有5000萬人口的國度，有1500萬陷入失業中，那就是一個議題，那我們不能只討論那些〔就業〕機會可提供給這廣大的失業群。顯然這種〔就業〕機會的結構已蕩然無存。這時問題正確的指出和可能解決的範圍就迫使我們去考慮該社會經濟與政治制度，而不是去考慮一大堆的〔失業〕群眾的個人情況和性格（Mills 1959: 9）。

因之，社會學的創思就是能夠看透你我的社會生活，乃是更大範圍的社會結構之一環，是人類悲喜劇的一個插曲。這不是把自己的不幸推給社會去承擔，而是瞭解社會生活，不只產生自個別人的人格與生涯，而常是社會結構對個人行為的決定，社會角色賦予個人的職責。是故解決個人的問題不只產生自個別人的人格與生涯，而常是涉及其所生存的社會。與其改變個人，倒不如改變社會結構與社會角色，更能使貧窮、文盲、離婚、犯罪、社會衝突獲得解決。

因之，社會學的創思為吾人開啟門窗，來眺望外頭廣漠的世界，把困擾個人的災難煩惱當成全社會的公共議題（public issues）來看待，來處理。

社會學的創思是社會學的透視、或稱社會學的觀點（sociological perspective）之一種。社會學透視就是社會學有異於其他學科看待事物的特殊看法，特殊觀點。譬如說哲學是以玄思的方式來討論本質，或不論本質而研究現象，或是對存在的說明，對意識的分析，乃至對言說的詮釋，都是涉及如何把具體的事項，提昇到抽象的思想層次之透視方法。社會學的誕生一開始

便以實證主義著重經驗事實的透視法來對抗哲學抽象的思辨之透視方式。

社會學的透視不只是著重在經驗層次的邏輯推演，更與歷史學的透視只重過去發生的史實，分析單一事件的看法不同。當然歷史學中不乏分析目前的史實之現代史、當代史，但其研究的焦點與分析的單位多以個別的、特殊的人物與事件為主，而不像社會分析的層次集中在個人或社會、或群體，而為群體現象，反覆可以再度出現的現象為主。易言之，歷史學重視人物與事項的特殊性，獨特性（uniqueness）；反之，社會學則注重反覆、不斷再出現的人群及其社會現象，而企圖在其反覆出現中尋找變遷的通則、變遷的規律。

社會學與人類學的透視也各有不同，人類學的研究焦點一般為原始的、未現代化的初民社會。反之，社會學注目的中心為現代的、工業的社會。人類學的透視中，包括對初民種族的、文化的、民俗的、禮儀的、宗教的生活之剖析；而社會學的透視則集中在現代社會的組織、結構、制度、變遷等等之上。

社會學當然對人類進行生產活動的人際關係、職業結構、社會層化等備極關心，但不像經濟學那樣集中在生產、交易、分配、消費的過程，以及企業營運的有效管理之上。不過以社會學的方式來對人類的經濟生活加以透視的作法，卻是經濟社會學的任務。

有異於政治學關心權力現象之分析，集中在統治、權力、權威、上下統屬、主從關係之考察，特別是形成政治體系之結構與功能底剖析，國家、政府、政黨之組織底探討，社會學對人類宰制、不平等的關係向來便十分留意，尤其注意國家與社會之不同，國家怎樣由社會衍變演展的情形，政治體系與其他社會體系的關

連詳加考察。社會學的透視尤重國家之外，如工作場所、市場、學校、社團、家庭中權力結構之剖析與詮釋。

與心理學或精神分析不同的，是社會學的觀點雖然也分為巨視的（宏觀的）與微視的（微觀的）兩種透視法，但吾人知道，心理學或精神分析集中在人身以內，生理的與心理的運作機制、人格的成長、人的思言行為之考察，畢竟是把分析單位放置在個人層次之上，社會學即便是採取微觀的看法，研究個人的行為，卻不忘把個人放在群體當中（像家庭、友儕、鄰里、社團、小型企業等），當成社團中的一份子來進行研究，其重視的為人際（inter-personal），而非個人之內的（intra-personal）的生成變化，尤重個人與社會之間的互動關係。

以上我們把社會學的透視，從哲學、史學、經濟學、政治學，以及心理學等的透視分辨出來，這與社會學研究的對象與範圍有關，也與社會學同其他科學（或學科）研究的方式之不同有關。

今日社會學的透視法中，仍不乏唯心與唯物、主觀與客觀、個人與社會、微觀與宏觀、行動（agency, action）與結構（structure）等等兩元論的爭執，但與其他的學科或科學相比較，社會學的透視法仍舊有其獨特的與眾不同之處，那就是企圖應用自然科學的、經驗的、實證的方法來研析社會現象，企圖以概括化（generalizing）來綜合個別的事項，使其成為普遍的、簡約的、可知的認識體系。至於對事物的認知之目的，在於設法予以改變、操縱，則是社會學透視的應用。

和社會學的透視關連密切的是社會學的想法（sociological thinking）。社會學的想法在於透過對社會世界的理解幫忙吾人瞭解自己，使社會的（social）與人身的（personal）事項得以發生關連。因此，研讀社會學在於幫助我們養成社會學的思想、看

法，而使吾人得著解放的經驗。換言之，社會學擴大吾人的視野，使我們更富同情心，也充滿想像力，使我們對自己的行為的理解更為開闊，而加深了我們對不同的文化情境之認識感受。由於社會學的著作一向對教條不斷質疑挑戰，使我們不會墨守成規而囿於一偏之見，也不會陷於我族中心主義來看待其他族群。反之，能夠欣賞各種各樣的文化、制度的多采多姿。要之，從事社會學的研習增大了人類自由的可能性（Giddens 1989: 1-2）。

社會學的途徑（approach），是在社會學的透視與想法之下，對社會問題所採取的切入方式。這與前面所提社會學的創思、社會學的想像一樣，就是應用社會學的知識來處理社會問題的手段、步驟和策略。藉著社會學的方法之指引來發現社會界的事實，把事實詮釋為一組互有關連、呈現意義的理論，便成為社會學家努力的目標。

在社會學的探測中，如何把事實與理論結合在一起，一般而言便要採取兩種邏輯的方式，一種為演繹的邏輯思考（deductive logical thought），另一稱為歸納的邏輯思考（inductive logical thought）。前者簡稱演繹，後者簡稱歸納。演繹與歸納兩種邏輯思考並非孤立無關，而是應當看成研究過程中的兩個階段，亦即相關連的思考方式之兩個環節。演繹是把普遍的理念轉化為特殊的假設命題，再以選擇好的方法來檢驗假設命題對錯。反之，從個別的、特殊的觀察、彙整、綜合而為一個概括化的理論則為歸納。換句話說，演繹是一種把普遍的知識推演到個別的事實之上，因之，是一種必然性的推論（necessary inference）。反之，歸納為結合個別例子，求取概括性的通則，故為可能性之推論（probable inference）。

將演繹與歸納兩種思考方式結合成下面一圖，我們就可以發

現其不容割開的關係。

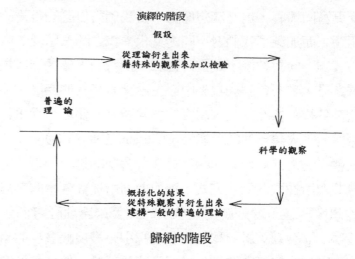

圖4.1 演繹和綜合的邏輯思考簡圖

資料來源：Macionis 1993：55；經本書作者略加修改。

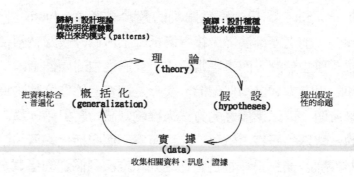

圖4.2 科學的循環（The Wheel of Science）圖

資料來源：Wallace 1969 與 Brinkerhoff *et. al.* 1992: 20；經本書作者略加修改[11]。

───────────────

[11] 有關演譯與歸納的比較，可參考Earl Babbie所著，李美華等譯 《社會科學

4.2 社會學宜重視研究方法

《論語》<衛靈公>篇中有一句「工欲善其事,必先利其器」的說法,這句話如果應用來說明方法論在科學中所佔地位的重要是很妥切的。因為很多學者甚至把方法論看作社會科學的核心(Blalock and Blalock 1968:2; Lazarsfeld 1965, I: 40)[12]。過去東方的學者對方法問題很少注意,就是一向有「詩人與思想家」國度之譽的德國,今日在方法論方面的研究,仍舊遠落在美、英與斯坎底那維亞各國的後頭。不過自從二次世界大戰結束以來,德國學術界已朝這個方向急起直追,至今似乎也有相當的成績。

廣泛地說,方法論的討論早可追溯到培根(Francis Bacon 1561-1626)與笛卡兒(René Descartes 1596-1650)的近代歐洲哲學。作為社會學鼻祖的孔德更繼承這個思想的傳統,而把它發揚光大。他倡導社會學儘量向自然科學看齊,採用自然科學(特別是數學、物理、化學、生物學等)之方法,而使社會研究變成實證的哲學、或稱科學。不過他的學說仍舊充滿強烈的哲學意味,而不如後來經驗科學之方法論的嚴謹邃密。真正開拓現代科學方法論者,一為穆勒(John St. Mill 1806-1873),一為涂爾幹,另一為稍後的韋伯。

穆勒曾提出各種學科,包括諸社會科學的研究邏輯宜趨向統

研究方法》〔上〕:70-86。

[12] 就社會學的方法學而言:「社會學家研究人在社會中的情形,而方法學家則研究社會學家工作的情形」。

一的要求。他提出一致法、差異法、一致與差異同時應用法、共
變法、剩餘法等五種邏輯推理的方法。根據葛林屋（Ernest
Greenwood）的看法，在穆勒的論證規則中，已隱然涵蓋近世社
會學實驗法的新理論（Greenwood 1945:24）。穆勒有異於一般
整合統一觀，而主張複雜的社會現象藉著還原的方法，歸還和濃
縮於個別的變項（素）（variable）之上而析取其答案。涂爾幹
也主張研究邏輯的統一，並把社會學看作建立在經驗知識之基礎
上的一門科學。他還主張每一種方法應當是歸納的，應當利用因
果律來求取客觀的答案。關於韋伯對於方法論的貢獻，粗略地可
以指出兩點：其一是價值判斷（*das Werturteil*）。另一為瞭悟（das
Verstehen）。由韋伯氏所掀起的19世紀末與20世紀初德國學術界
的方法論論戰，它的重心是放在研究邏輯（*die Forschungslogik*）
的上面，而不在研究之個別技術（*einzelne Techniken der
Forschung*）上面。在美國方法論的發展則與此大異其趣，而是
將日常經得起驗證的技術加以整理彙編而成的。

4.3 現代科學學說的誕生

自20世紀開頭以來科學學說（*Wissenschaftslehre*）應運而生。
它是由歐洲大陸的實證主義，英國的經驗主義和美國的實用（實
驗）主義發展而成的。科學學說一名科學的哲學（philosophy of
science），或稱作方法論（*Methodologie*），或稱作科學邏輯（*Logik
der Wissenschaft*）（Albert 1967: 38）。

詳細地說，現代社會科學方法論的產生，我們可以把它看成：
現代不同的思想體系兩度接合（接觸與結合）的結果（Scheuch

1967: 195-196）。第一次的接合發生在第一次世界大戰前後。首先在自然科學中，已漸次演展成一種研究學說（*Forschungslehre*），這種研究法具有將經驗加以普遍化的傾向。這類自然科學重視歸納法的學說，終於碰上了哲學中對語文批判的學派，於是自然科學家與語文哲學家（特別是新康德學派）兩種學派的相激相盪，相輔相成，也就產生了新實證學說（*Neo-Positivismus*，像維也納學派、柏林學派、華沙學派等）。這個學說研究的重心，在嘗試解決康德主義者所提的問題，那個問題是：人們應當怎樣來做一個陳述，好讓這個陳述的真實性與經驗事實相符合？結果這派學說在衡量事實與語文間的關係，有慢慢偏向形式研究之嫌。但是分析經驗科學的語句，並判斷其為「有意義」或「無意義」，也算是他們研究的心得。據此，經驗科學的對象僅僅是「闡釋性的陳述」（*explikative Aussagen*），亦即原則上與事實可得證驗的命題。反之，價值判斷為與陳述者無法斷然分離的觀點，它可以應用在規範性學科之上，但在闡釋性的科學（*explikative Wissenschaft*）中，它也就毫無地位了。

第二次的接合是發生在第二次世界大戰之間，因為多數德國學人被迫移居美國，於是在那裡產生了實驗主義——其主要的代表為杜威——與新實證主義的碰頭。自此遂發生方法論的新問題：怎樣把那個從事實驗證出來的陳述，在人際之間發生同等的效準？為解決這個問題，於是有兩方面的努力：一方面由分析哲學派繼續追蹤新實證主義中語文批判的痕跡，而指出只有互為主觀而在人際之間具有效準的陳述，方纔能夠成立，否則便是無意義的陳述。他方面力圖與研究實踐（*Forschungspraxis*）發生密切的關係，亦即在研究過程中不斷地找尋可靠的規則來，俾應用於實際的行動之上。

從上面所述的兩度接觸與結合所產生的現代科學學說，就是把科學當做由一套規則組合而成的系統來看待，人們一旦嚴格遵守這套規則，不難取特定性質的命題。科學學說明白地排斥以形上學的方法將經驗客體加以接納的作法，而視一般自然科學對事實所作的陳述爲假設（hypothesis）。假使自然界與人文界（社會）真正追隨理性化的規則而演變，又假使一切的（自然的或人文的）現象可以還原到少數的原理原則時，那麼遵行科學理論的規則將可獲取具有高度解釋價值的命題來。假使包含在命題中的解釋價值很少或根本沒有時，那麼我們就需要靠著修正的技術來求取更高的解釋價值的陳述。不然的話，可以把這個陳述看作和事實大有距離的東西，亦即事實有異於我們所作的陳述。假使學者能夠嚴格遵守研究規則，由合理的提出問題，到嚴密地按照研究程序而獲致研究成果時，那麼這個研究便算是成功。

4.4 德國方法論的論爭

　　自從馬克士・韋伯提出了「價值判斷」一問題以後，在德國掀起了方法論的大論戰。這個被稱做國民經濟近期的方法論爭[13]，是由韋伯與史末勒（Gustav Schmoller 1838-1917）帶頭引起的。韋伯認爲人們應作超價值（*wertfrei*）的經濟學研究。史末勒卻認爲凡是涉及社會現實的問題底探討，是離不開價值判斷

---

[13] 德國最早經濟學方法論的爭執焦點爲：究竟是用歸納法（Gustav Schmoller 爲首）、還是演繹法（Carl Menger 爲首）來研究國民經濟比較妥當？後來演變爲價值中立之爭。

的。雙方爭執的焦點在於對科學所持的態度完全不同。前者認為建構化的科學目標，在使人們正確無誤地認知及接受專門性的訓練。後者則認為科學的活動無非在改變世界，而不僅止於認識而已，還應該把倫理、藝術、宗教等等的價值容納在科學裡頭。自然我們也可以把「價值判斷」當做研究的客體來加以認知，因為它也是像其他經驗客體一樣，可被認知的。很明顯地，假使價值判斷只是表達陳述人對於客體的陳述物的一份情感，那麼它不能被容納於嚴格的科學裡頭。例如在一個絕對的意義之下，認為某物「比較好」，而又無「好」的標準時（亦即不是相對於某一物，或某一指標時），那麼，這個陳述便是帶有價值判斷的色彩。關於價值判斷的問題，至今仍舊聚訟紛紜，無法獲取定論。像達連朵夫（Ralf Dahrenddorf 1929-）便對社會科學能夠完全超價值的看法，持強烈的懷疑態度（Dahrendorf 1962:27-48; 1967: 74-88; Von Ferber 1959: 21-27；張維安 1989:7-39）。

由於社會學家也是社會成員的一份子，因之，他很難擺脫對價值的看法、無法摒棄價值的信持（或排斥）。換言之，他會受到價值所顯現的利益與意識形態所左右、所影響。更何況社會本身也是由價值所構成，社會學不能不討論價值，社會學家與價值的關連、對價值所持的態度、立場是那般的密切，使韋伯對價值中立的客觀性要求不免落空、或至少大打折扣。換言之，今天一位社會學家為申請教研職位、或研究基金，不能不受到當權派的同僚、或官僚、或企業界的操控。再說社會學研究的對象每隨時代、環境之不同而遷移。社會問題與研究現象在今天似乎是取決於市場與基金會的需要，而較少取決於研究者的真正志趣與能力。再說，今天社會科學者對問題的選擇，與該社會學家的訓練、興趣、以及能否申請到研究基金、找到教研職位攸關。韋伯所強

調對價值的反思，然後才選擇研究題目，顯然已被技術官僚的科學主義所取代。技術官僚已放棄價值的分析，而完全以技術面（重視效率、與「形象」）的考慮，為選人與發放研究基金的標準。韋伯期待社會科學家先反省其研究主題與文化價值有關，然後才去進行研究工作，這在多元價值與官僚理性橫行的今天幾乎是一種奢望（洪鎌德 1998b：180-182）。

　　韋伯除了論及「價值判斷」以外，還提到「瞭悟」（*das Verstehen*）這個問題。認為社會科學有異於自然科學，無法瞭解客體不變的規律，而必須讓社會學者本身置於特定的情境中，亦即設身處地去瞭解社會行為的動機（Weber 1968: 89-93; Inkeles 1964: 6n; Aron 1950; 1965: 104-108）。韋伯這個看法是受著19世紀末狄爾泰（Wilhelm Dilthey 1833-1911）等學者，強調社會（或人文）科學與自然科學應劃分為截然不同的兩種科學說法底影響。根據這派學人的看法，社會科學和自然科學，不僅研究的對象不同，就是認識的過程和研究的方法也大異其趣。自然現象的規律性是客觀並遠離人的意識而存在，人們只需藉著發現的程序，便可「解釋」（*erklären*）它，而在人文的現象中，觀察者常以內心的關懷或內在的參與，直接或間接地促成其發展。亦即人文或社會的現象為人群活動的產品，它的發展與人群（認識的主體）主觀的想法和作法息息相關。因此，在這裡也就產生認識的主體與客體融合為一的情形來，所以為了要認識人文或社會的現象，不能不依賴「瞭悟」一途，於是狄爾泰明白地宣示：「大自然只需要我們加以解釋，但是靈性的生活則有待我們去瞭悟」（*Die Natur erklären wir, das Seelenleben verstehen wir*）（Dilthey 1957, v: 144）。傅萊爾（Hans Freyer 1887-1969）遂倡導實在社會學（*Wirklichkeitssoziologie*），而認為社會學研究的目標在體

認（瞭悟）社會真實的自身而已（Freyer 1964；蔡錦昌 91-94；
洪鎌德 1997a：186-190）。

　　對於韋伯的「瞭悟」學說也有人持異議，亦即現代科學學說，
否認自然科學與人文科學當做經驗客體來研究時，本質上有何絕
對的不同。科學的定義不再是累積的知識底種類及內容，而是看
作經由認識的計畫，配合著研究法而達到研究成果的特定行為。
不管是哪一類的科學，我們只問研究過程的邏輯是否一致，至於
研究技術因研究對象而異，則是理所當然。因此判斷研究過程是
否正確可靠，就要看研究的結果是不是超脫於研究者主觀作用；
亦即研究的結果，不致因人而異，而可被別人所證實、所接受。
由此可知「瞭悟」一法，與研究者的主觀作用與人格是分不開的。
在現代科學學說代表者的眼中，也就不能被視為可行的方法。

　　但是「瞭悟」的方法在研究心理（*Forschungspsychologie*）
方面，仍佔一席相當的地位，因為它是有助於假設的提出，然後
用其他的方法來驗證假設能不能成立，所以「瞭悟」法可以被看
作假設的源泉之一。就現代社會學知識的研究過程來說，瞭悟也
可應用到「前科學的領域」（*vorwissenschaftlicher Bereich*）、
或「詮釋」（*Interpretation*）裡面，因為研究結果的重要與否，
與「瞭悟」的內容有相當的關連。

4.5 近期社會研究法的發展過程

　　以上所討論的方法論問題可以說是涉及所有社會科學的研究
法，至於社會學中的方法論問題還有細加描述的必要。其中尤以
經驗的社會研究（*empirische Sozialforschung*）最為重要。我們

可以把近代社會研究粗略地分為三期（Scheuch 1967: 198-203），這三期剛好和世界政治與社會的大變動碰在一起：

第一期包括19世紀中葉至第一次世界大戰結束這段期間。它的特徵是個別的研究，而缺乏全盤性的策略與目標，同時研究工作也缺乏經常性與一貫性。

第二期包括兩次世界大戰的中間年代。這段期間的特徵是研究範圍的廣泛，及研究法技術的個別與獨立發展。

第三期是1945年以來的發展。它的大趨向在精緻化研究技術，並廣事應用研究的邏輯，目的在使社會研究結構化、日常化。

19世紀中葉以來，社會研究的出發點是分析初期工業社會的種種危機現象。在法國先是有黎博勒（Frédéric Le Play 1806-1882）氏研究歐洲迅速的工業化，對勞工及其家庭的影響。他這個研究很快傳到英倫。浦士（Charles Booth 1840-1916）繼起調查倫敦貧民區的生活情況，俾讓「倫敦的一半市民知道另一半市民是怎樣生活的」。另有比利時學者郎椎（B. Seebom Rowntree 1871-1954）及鮑列（Arthur L. Bowley 1869-1957）也以工業時代的貧窮作為研究對象，而注重城市的特定社區為其研究重心。在丹麥與挪威由祈亞爾（A. N. Kiaer）進行調查下層社會人民生活的情形。在德國受韋伯兄弟（Max und Alfred Weber）影響的「社會政策研究會」（*Verein für Sozialpolitik*），也從事於大工業部門中，工人對職業選擇和職業命運的淘汰，以及適應等問題的深入調查和研究。早期研究和調查所遭遇的困難，是由於大學的漠不關心，甚至橫加阻撓的緣故；因為當時大學儼然以正統學問之

宮的護門神自居，對這批「異端邪說」處之冷然。

　　美國早期（1880年以後）的社會研究多由作家或記者肩負，其中「扒糞者」（muckrakers）揭開了社會的汙濁黑暗，而引起了公眾的注意以謀補偏救弊，尤具貢獻。在大眾熱心社會改革下，社會研究者一躍而成為社會工程師（social engineer）或社會醫生。於是自從1907年以來，美國大城小鎮的市區，紛紛設立社會問題的研究機構。社會研究蔚為一時風尚，而在20世紀20年代達到了最高潮。

　　在第一次世界大戰結束後，歐洲飽受戰火洗劫之餘，社會研究仍停留在個別調查與個別實驗之上，而在美國則發展為建構化及制度化的實驗性研究。由於歐洲大陸所造成社會變動過份劇烈，於是學者在社會改革的理念下，企圖把人類的生存做一註釋，因此存在註釋（*Existenzdeutung*）遂代替社會研究應運而生。其中奧國的學者，特別致力於研究邏輯的建立，並在數個個別的研究案件中，發展出更精密的研究技術來。德國學人（像M. Baum, Alice Salomon, 及Theodor Geiger 1891-1952）的研究，也多少有點成績。

　　不幸自從30年代納粹當權後，採取極權高壓的手段對付異己，社會學者在這方面的努力便被打得粉碎。這段期間值得一提的是奧國人雅荷姐（Marie Jahoda）、拉查士費爾德（Paul Lazarsfeld 1901-1976）和蔡塞爾（Hans Zeisel）等合著的《瑪麗塔工人區的失業者》（*Die Arbeitslosen von Marienthal*）（Jahoda *et. al.* 1960）。這本書後來被當做現代研究法的「經典」作品看待。其後這些社會工作者紛紛被迫棄置故土而移居英、美。

　　就在這段期間，美國的社會研究者已克服早期新聞報導性或社會改良性的研究方向。像派克（Robert E. Park 1864-1944）及

蒲其士（Ernest Burgess 1886-1966）為中心的芝加哥學派，其調查研究的特色為重質而不重量。林德（Robert S. 1892-1910 and Helen M. Lynd 1894-1982）夫婦所進行的《中型城市》（*Middletown* 1929）和《中型城市在轉變中》（*Middletown in Transition* 1937）的研究，也一樣採用這種研究方式。同樣湯瑪士（William I. Thomas 1868-1928）及齊納尼基（Florian Znaniecki 1882-1958），也以重質方面的程序去研究波蘭農民移民美國的社會適應問題（Thomas and Znanickie 1958）。

自從1929年世界經濟大恐慌爆發以來，美國的社會研究獲得一大助力。因為主持「新政」（New Deal）的美國政治領導人，極力引進社會研究者參與危機撲滅的工作。美國政府不僅接受學者的具體建議以作改善社會經濟的張本，尚且鼓勵學者分析社會失調的原因及其影響。於是過去門戶嚴立的不同學科學派，遂不得不全力合作，而在研究技術方面獲得重大的成果。由於社會學者引用統計資料，無形中由重質的研究一變為質量兼顧的研究法。在30年代中期，代表詢問法（*Repräsentativfragung*）乃應時而生。它給社會學家一項研究大眾問題的利器，用以獲取一般消息和驗證與此有關的假設或學說。

及至第二次大戰爆發後，從事社會問題的的研究者被美國政府徵召而服務於國防機構。由於研判敵情和分析敵人的宣傳伎倆，遂產生內容分析（content analysis）的研究法來。在史套佛（Samuel A. Stouffer 1900-1960）等人合著的《美國大兵》（*The American Soldier*）（Stouffer *et. al.* 1949）一書中，訪問法（*Interview*）及標度法（*Skalierung*）已有詳細的研討。總之，因為參與國防建設工作，使美國大多數社會學者獲得嚴格訓練的機會，對於後來破除學科的界限有不少的幫助。此時市場調查及

民意調查（如 Herbert H. Hyman 及 Hedley Cantril 的研究）也開始被採用，而人際關係計量法（sociometry 又譯為社會測量），更以新的方式被應用於社會科學的研究裡（如 Stuart C. Dodd 等人）。

　　第二次世界大戰結束後，美國在社會科學方面研究的成績真是一日千里。在這多方面的發展中值得一提的是，研究機構獨立於大學之外，而大力進行「組織性的社會研究」。其間團隊操作（team work）有取代個人單獨研究之勢。其次由於學科間界限逐漸泯沒，於是科際研究應運而生，其最終目標在於科際的整合。除此之外，以前社會研究所注重的全盤性的問題提出和社會改革性目標，漸由基礎研究來加以充實，而造成原理和經驗的交流。由是社會研究有返回早期研究的趨勢。亦即如同以前穆勒和涂爾幹等，將社會學看成一門建立在比較觀察之材料的基礎上底科學。

　　近來德國從事經驗性社會研究的，除了學術機關、私人經濟研究機構之外，就是工業界。他們研究的主題為：家庭、青少年、政治立場及政治行為、社會階層結構及工人對工作程序的立場等等。過去方法論爭中，曾注重調查技術的改良，現在則轉而重視研究分析。數理統計逐漸被應用到社會學「理論的塑造」（*Theorienformulierung*）。過去人們的理論建構，是立基於有限的變項（variable）之上，亦即由於人類理解力有限，於是從有限的自然或人文現象中，摘取某些因素，而暫時把其他的因素排開。進一步在摘取的因素中決定某些為變項，某些為定項（*Invariabel*、或 *Konstante*），而試行建立起解釋自然或人文現象的種種理論來。這樣做目的在於符合思想經濟（*Gedanken-ökonomie*）一原則。可是在這種情形下所建立的理論，必然需要

將具有決定性作用的因素縮小至有限的數目，而無法任意擴增至無窮數。不過自從電腦與計算機出世後，這個有限變項的困難馬上獲得解決，人們可以任意將無數的變項同時收入研究計畫內，於是研究者便可藉著這個方便，去建立符合其觀點或希望找到的理論來。

4.6 研究過程的原則

現代的社會研究既非素朴的純經驗主義，而又與形上學的思辨（例如歷史哲學或社會哲學）有別。因為經驗與理論並非對立之物，而為社會研究過程中或前或後的階段。經驗與理論各依研究的目的，有其不同的地位，例如在理論建構的情形下，建構是否正確，有賴自個別命題導出的結論及由實驗方式來證驗。在另一種情形之下，只需對事物加以精確的描述即足，俾便利理論的建構。對研究的過程而言，通常適用一原則，即理論與經驗不斷的交相引用，蓋每一個交相引用即含有一決定的性質。

關於研究過程，我們可以簡單地說：先界定研究的範圍，再下運作定義（ *operationale Definition* ），及提出工作假設（ *Arbeitshypothese* ）來。所謂的運作定義是有異於名稱定義（ *nominale Definition* ），亦即為了便利研究操作而為的概念設定。它是具體研究方式的表白。運作定義可能較名稱定義範圍大，也可能較小，或是兩者只有部份疊合（Zetterberg 1967: 76-77）。「運作定義」一詞是由物理學家蒲力基曼（Percy W. Bridgman 1882-1961）首先提出。蒲氏曾指出，一個觀念的適當定義，並非藉該項觀念的本質而獲得，而是該項觀念在實際運作中所顯示

者（Bridgman 1927: 6）。例如：涂爾幹倡說的「異常」（*Anomie*）一觀念，通常是指欠缺社會規則的狀態而言（包括反常的行為和社會解體等），也可以譯為「脫序」。因為要研究「異常」一概念，只好利用官方所登記有關自殺統計數字而得知。這種研究方式便是他為「異常」所下的運作定義。再如金賽（Alfred Kinsey 1894-1956）博士對「性行為」所下的運作定義為「達到性高潮的行為結果」等等便是。

由運作定義而提出的工作假設，乃是對研究所能達成的結果預先陳述。它是對被處理的問題加以描寫或解釋的假定。這類假定一方面可供資料選擇的參考，而定資料的取捨，他方面在進一步的研究過程中，假設可藉資料來加以驗證（Lehmbruch *et. al.* 1968: 49）。一旦運作定義和工作假設都已確定，便可進入經驗的操作程序中：即運用訪問法、觀察法、問卷法、內容分析法、個案研究法、標度法、人際關係計量法等研究技術，來收集資料，整理與分析資料，最後再就整理所得的資料及研究結果的理論，使其發生關連，俾決定事先提出的假設是否正確，或需修正，甚至棄置。假使研究的結果有新的事實出現時，便可提供建構新的理論之參考（洪鎌德 1997a：183-184）。

美國黑人社會學家韋爾遜（William Julius Wilson）在1987年出版了一本介紹美國城市中心的貧民生活狀況之書（Wilson 1987）。他稱這些真正不利者（truly disadvantaged）為下等階級（underclass）的成員。他們住在衛生、設備與安全奇差的國民住宅中，大部份的居民未受良好教育，不擁有謀生的技能，大多仰賴福利、救濟為生，其結果貧窮、犯罪、吸毒，造成惡性循環，而使這些社會邊緣人無法擺脫生活的逼迫。

韋氏由於使用大堆經驗性研究資料，也採用政府與學者統計

數據，故其研究之學術價值不容置疑。但因爲涉及暴露美國社會黑暗面，而所有城市中的貧民絕大多數爲黑人及其他有色人種的美國社會少數民族。因之，該書出版後引發的爭論頗大。政治人物引用他的作品來譁眾取寵，學界則界予獎賞，但批評者則持反對立場，指出該書偏袒黑人與其他有色人種，顯係與作者的出身攸關。不過，韋爾遜在該書所演繹的理論及其所獲得的反應，顯示經驗性研究對社會理解的重要性（Appelbaum and Chambliss 1995：30）。

他指出下等階級的就業機會，必因一般經濟的不景氣而首遭衝擊，首被開刀。這種理論的正確與否，就是引起大家爭執與討論的因由。

社會理解和一般常識性的理解不同，是建立在科學的檢驗與認證的上面。柏波爾（Karl R. Popper 1902-1994）認爲要證明某一事實爲真，需要舉出很多的例子，但例子是無窮盡的、舉不勝舉。因之，他提出另一種證實爲科學的新策略，那就是排除謬誤的原則（principle of falsification），也就是理論的塑造，以能夠證明其爲錯誤，並以能夠排除更多的錯誤，是這項理論好壞的標準。易言之，我們很難找到一個千萬不確的理論，使其放諸四海而皆準，使諸百世而不惑。但我們卻可以找到那種儘可能排除錯誤的理論，其排除錯誤的能力愈高，愈是一個有效的理論（參考 李美華譯〔下〕 714-726）。

不過與自然科學不同，社會學者很難設計成一種符合排除謬誤的理論，原因是社會並不是一個可以嚴格加以控制的實驗室。我們無法任意選擇美國任何大城市，來測驗上述韋爾遜理論的正確與否。換言之，在其他情形不加考慮之後，把某個選定的城市人民就業加以操縱，而看經濟衰退時，下等階級是否首當其衝，

成為首遭解雇的群落。但社會學家不採實驗的方法，而改以間接測查的方式，仍舊會檢驗韋氏的學說。那就是比較美國各大城市，下等階級的大小，而看看職務的供應與下級社會大小之關係。如果城市中的下等階級人數多於可以提供的職務，我們便可以看出韋氏的理論雖不中亦不遠矣。

4.7 可靠性、有效性、客觀性

我們無法先驗（*a priori*）地主張方法是否正確，只能就研究的結果後驗（*a posteriori*）地指出，所使用的方法是否「有用」（*nützlich*），亦即是否有效果（Francis 1962: 438）。

由定義、假設、驗證到結論，總算是研究過程次第的段落。關於結論是否正確無誤，還得運用數項評判標準。首先考慮運作定義與原理之間的關係，再考慮運作定義與經驗資料證明力之間的關係。

衡量研究法正確與否的第一個標準是可靠性（reliability, *Zuverlässigkeit*）。可靠性是衡量的「形式上之精確」，也就是在同一條件下，一個研究的對象，經數次的探測，而所得的結果並無兩樣。換句話說，研究的對象不變，研究的方法也不變，同一人在不同的時間進行研究，最後其獲得的結果卻完全相同。這表示這種研究法不是因人因時因地而異，而是經得起複驗，是精密正確的。像這樣的方法，便具有可靠性。可靠性也可以說是對同一事物或現象所作不同的研究或是不同時刻的同一研究，得到的結果相似的程度。對相同的事物或現象用不同的衡量，其結果卻是相似，那麼這就是研究的可靠。例如1980年代中期，美國政

第四章　社會學方法通論 ─ 一般方法論的問題　91

府企圖計算美國究竟有多少無家可歸的流浪人。但調查結果總是缺少可靠性，原因不同的學者對同一現象的考察、計算，所得有很大的差別，這就說明這些研究結果之不可靠（Appelbaum 1986）。

可靠性涉及的不只是研究技巧、研究過程的可靠，也包括提供研究的資據、訊息是否可靠。可靠性包括可以反覆測試的兩項原則：時間上的可靠性（在稍後的時間裡，同樣的測量可以獲取相同的結果）和比較上的可靠性（不同的測試方式、不同的研究者、不同的取樣，但應用同一方法均可以獲取相同的結果）。可靠性造成社會學家一些困擾，在經過研究者訪問之後，被訪問人是否吸收了訪問經驗，而對下一位訪問者作出稍有不同的反應。可靠性與有效性是有所對照的，不過卻是相輔相成的。例如衡量某人的體重與身高，都有清楚明白的數據，這表示衡量的可靠性。但以人的體重與身高牽連到他的智商（IQ）之大小，卻發現絲毫沒有關連，這就是說體重與身高對IQ大小之衡量的有效性無關（Marshall 1994：446-447）。

衡量研究法是否正確的第二個標準是有效性（validity, *Gültigkeit*），有效性是指學者使用的概念以及其衡量、計算是否與研究的對象相當一致，亦即概念能否有效反映實在（社會現象），也就是研究者對被研究對象的態度、行為為真實的反映（a true reflection）。研究方法有效是指該方法能夠捕捉到被研究的事物之神髓、之原貌。易言之，有效性是指用某一種研究方法去進行研究，會獲得怎樣一種預定的結果（研究目標）。也就是研究方法和預定研究目標之間距離程度的大小。距離愈小，顯示研究方法愈有效，距離愈大，顯示研究方法愈無效。

有效性又可以分為邏輯的有效性和經驗的有效性兩種。前者

是指運作定義和被檢驗的原理的概念一致。蓋蒲力基曼氏等運作主義（operationalism）者要求運作和定義完全謀合。邏輯的有效性又可視為規定運作規範，和指涉定義兩種命題間的關係（Zetterberg *ibid.*, 75）。它是對研究法涉及的語言文字與推論「表面上的有效性」（face validity）之考量。「一個運作定義的完全有效性，是指運作定義所指涉的內容，和名稱定義所指涉的完全相同」（Guttman 1949: 57）。後者（經驗的有效性）則只要求研究法能夠捕捉所要研究對象的本質即足，俾提供預測。因此一個陳述的有效性原則上不致大於其可靠性，蓋有效性事實上是作為可靠性之內容的。

另外，我們也可把有效性分成「表面有效性」（face validity）與「建構有效性」（construct validiy）。前者涉及運作定義企圖要去估量與計算研究對象之程度。譬如前面提及韋爾遜對美國大城市的「下等階級之研究」。下等階級這一概念是否只包括缺乏教育、知識、技巧的人群？還是應該把那些非法、違法的人群也包括在此一概念之中？建構的有效性是涉及社會學者在觀察與計量社會現象時，是否也在建構概念本身呢？例如韋氏提出「下等階級」的概念，而予以研究，他真的研究了下級社會，還是建構一個他心目中的下級社會之概念呢？例如下等階級的成員，不只擁有韋氏所描述的住在擁擠、敗落的市中心平民大廈，沒有固定收入，缺乏謀生技能，還經常滋事犯罪，此外其他學者還能找到其他一大堆特徵特性，使「下等階級」一詞可以成立，那麼韋氏及其他學者就是成生了該概念「建構的有效性」。

衡量研究法是否正確的第三個標準是客觀性（objectivity, *Objektivität*）。由於社會科學家是人，是懷有七情六慾的人，他對事物有其好惡、偏見。這些雜念偏見會妨礙研究的客觀性。所

謂的客觀性是在研究過程中摒棄研究者的主觀偏蔽,儘量就事論事、追求事項得真實情狀,使真理可以接近或顯現。韋伯早便指出社會學家在選擇研究的項目與對象時,早已把其價值、心向做了明確的選擇。不過一旦進入研究過程中,則應當保持價值中立,不要把研究者的心志混雜在學問追求中。

如何可以達到價值中立或客觀性呢?第一、研究者的目標不在證明某些觀點的對錯正誤,而在擴大我們對事物(社會現象)的理解。第二建構研究的策略,使別人按此策略也能夠進行同樣的研究,用來證實或駁倒我們的研究結果。第三就是與別人共享研究成果,讓別人可以進行批判、檢驗的工作,是故研究結果的公開、出版、評論、答覆成為必要的學術歷程。要之,客觀也可以被看作個人之間的可靠性(*Inter-individuelle Zuverlässigkeit*)或互為主觀性(*Intersubjektivität*)。也就是說:由不同的人應用同一方法去研究,而獲得同一研究的結果(Zetterberg, *ibid.*, 78)。

客觀性不只涉及文獻的判讀、剖析與詮釋,也牽連到人際溝通的同情與理解,更涉及心理或精神分析方面的自我澄清。這主要關連到學者治學的冷靜、中立、不偏、不倚和開放的胸懷,亦即學者是隨證據的呈現,「有幾分證據,說幾分話」。這是涉及研究技巧及其結果之認定、宣示、發表。俾作出「本質上的知識主張」(substantive knowledge-claim)。所有方法論的技術、設計都在協助研究者避免陷於蒙蔽、錯誤、偏頗,也就是排除各種主觀上的、或無意識的謬誤。

研究者由於出身背景、教養、人格的因素、以及其立場、利益的取向,要求其完全的科學中立與學術客觀,似乎相當的困難,而不易辦到。是故互為主觀成為求其次的要求,亦即就研究者分享或共享的那部份價值予以突顯,建立某種程度的默契與共識。

由於社會學本體論上的特質（社會行動與社會關係具有文化共同的價值，不易客觀上加以分析；人類的社會生活雖有共通可資辨識的模式，但卻因爲行動者心態的變化，很難捕捉或預測），以及相對論、多元論的影響，使很多社會科學者對客觀性的認定，不敢再存奢望。這種對社會學研究客觀性的拒斥，卻傷害了社會學的科學性質，也使人們對社會學家研究和考察的成果不再信任。是以客觀性的講究，也不可輕言放棄（Marshall 1994：362-363）。

4.8 研究技術及視點

我們在社會研究過程中，要注意藉著系統性和有效被控制的研究法去達到研究的結果。進一步還得在具體的運作和控制（證驗）的原則中去分別研究方法的不同。所謂控制的原則（*Prinzipien der Kontrolle*）乃是指在資料蒐集時應用之（經驗性的）研究方法而言。關於研究的具體手段和工具，我們可稱它爲研究的技術（*Techniken der Forschung*）。此外我們尚應用看法（*Schauweise*）或途徑（approach）等手段，俾確定用什麼方法來進行某一研究計畫，亦即根據研究計畫的內容來定研究方法。馮維史（Leopold von Wiese 1876-1969）認爲，歷史的觀察法（*geschichtliche Betrachtungsweise*）不是一種方法（*Methode*），僅是看法（*Schauweise*）而已。同樣歸納和演繹也是兩種看法。看法可以稱爲認識追求之途（*Weg der Erkenntnissuche*），亦即是視點（*Optik*）（Von Wiese 1956: 635）。我們將在下一章中詳細檢討

各種社會研究的技術，特別是社會學裡頭的各種研究方法[14]。

---

[14] 關於社會學或社會科學方法論可參考：洪鎌德著：1976d 《思想及方法》，
台北，牧童出版社，第十一、十二以下各章。

第五章　社會學方法專論 ——
社會研究的主要技術

5.1 經驗的社會研究

　　我們在前章中已經簡單地討論經驗的社會研究底一般方法論，兼及經驗的社會研究底發展略史。本章則以探討經驗的社會研究之主要技術，或稱研究技巧（*Forschungstechniken*）為主旨。

　　在未討論正文之前，我們不妨把經驗的社會研究加以簡單的說明。所謂經驗的社會研究（*empirische Sozialforschung*, empirical social research）是指各種的科學努力，使用邏輯與實證的方式來理解社會現象，俾達成社會性（*das Gesellschaftliche*）的認識。此種認識有異於玄想或思辨（*Spekulation*），是必須憑藉已存事實的經驗來達成認識的目標。在科學實際的工作中，經驗的社會研究係模仿自然科學，求取研究結果的精確性和客觀性。評判精確性和客觀性的衡量標準是：命辭或概念的可被是證性（*Verifizierbarkeit*）、或可被否證性（*Falsifizierbarkeit*），或研

究結果數量化（*Quantifizierbarkeit*），反覆操作之可能性
（*Wiederholbarkeit*）等等。

　　總之，必須使研究結果獨立於研究的主觀因素之外[15]。也有
人認為，經驗的社會研究，在藉精確又可反覆使用的研究方法來
研究社會的存有（*gesellschaftiches Sein*），這種方法在於衝破研
究者經驗的有限性，並破除其個人的主觀性。這種社會研究和經
驗的社會學一比，顯得範圍較大，因為它使用的不僅有社會學的，
而且有社會心理學的、個人心理學的以及經濟學的觀點。因此，
早期統計學的先驅，便企圖利用統計的方法，把社會的事實和現
象化為公算（蓋然）的規律（Schmidtchen 1962：279）。像法國
的桂特列（Adolphe Quételet 1796-1874）、黎柏勒（Frédéric Le Play
1806-1882），以及德國馮麥爾（Georg von Mayr 1841-1925）等
等，都是統計學的、也是社會研究的開拓者（Jonas 1968, II：3）。

5.2 社會研究的範圍

　　當做經驗科學的社會研究，包括兩個重要的範圍：

　　1. **基礎研究**（*Grundlagenforschung*）：目的在求取新的科學
　　　認知，俾建構新的理論，為純理論之研究。

　　2. **需要研究**（*Bedarfsforschung*）：目的在應用理論於技術

---

[15] 參考Institut für Sozialforschung, Frankfurt a.M., 1956 "Empirische
Sozialforschung", in： *Handwörterbuch der Sozialwissenschaften*,
Tübingen,Göt-tingen: J. C. B. Mohr, Bd. 9, S.419-420.

的（*technologisch*）和預測的（*prognostisch*）目標之上，
滿足人們應用的需求。

　　對於經驗的社會研究之需要，自是受各該社會情境所制約
的，因為各該社會所提供的研究工具之大小多寡，是與研究目標
息息相關的（Atteslander 1969：8）。
　　至於基礎研究就是科學的研究，它的出發點在於提出問題，
由提出問題而產生解釋問題，最後對問題的解釋，提出批評與驗
證。問題的解釋通常是藉暫定的假設為之，此時就要首先檢驗：
邏輯上能否成立？亦即該項假設是否一般而普遍的？是否不相互
矛盾？是否可被檢驗？是否為已存原理的翻版？以上檢驗可被是
證，也可被否證。是為檢驗的第一關：亦即邏輯的檢驗。一旦假
設通過了第一關檢驗，便可進一步檢驗假設與事實是否一致？要
等到這個假設所演繹之部份命辭與具體而微的事實相符合時，方
才可通過檢驗的第二關：亦即經驗事實的檢證。最後一關是考察
假設以及使用之研究法能否因人、因時、因地而異，亦即求取其
客觀性，或稱互為主觀性。因此檢驗的第三關為假設之互為主觀
性。倘若假設通過了以上這三道檢驗，便可被稱為理論了——理
論是被證實了的假設。
　　至於需要研究乃是把理論應用到技術或預測的部門。
首先出現的是技術性問題，亦即達成某一目的所需的情境
條件（*Situationsbedingung*）和工具。在技術應用方面，最開始
是求取邏輯的解決，亦即提供理論與目標而設法尋求達成目標的
情境條件和工具。設若能夠由理論和目標而獲得情境條件和工
具，那麼該問題便算解決，此是第一步邏輯的解決。第二步為實
際的解決，即使用與理論相當的研究法：（1）在各種情境中蒐

集資料,而尋求與情境相符的條件;(2)創造情境條件而引用適當的工具。在此情形下,如目標仍未達到,那就表示理論錯誤,或是情境條件未能展現。

關於預測方面的應用,第一步也是邏輯的解決,第二步也是問題的實際解決。在第一步中,提供的是理論和情境條件,追求的是結果(預測)。假使我們能夠從理論和情境條件中求取結果,問題便算解決,提供的手段和已計畫的解決方式是從屬於當前的情境。在第二步實際解決中,首先使用與理論相當的研究方法,又分(1)求取相關的情境條件;(2)從理論和情境條件中引出預測;(3)比較預測和事實上產生之結果,有無一致。如果預測的結果不發生,那麼不是理論不對,便是求取情境條件時,犯有謬誤(*ibid.*, 10-14)。

5.3 社會研究的對象

粗略地說,經驗的社會研究之對象可分成二組:第一組、在於客觀事實的取得(例如退休者個人之總收入)。第二組、在於被調查群體之主觀狀態(退休者對其收入之感受)。第二點又可分爲下列諸問題:

(1)被調查群體的公開意見,並考慮造成此一意見背後的動機,與此相關的社會結構與心理結構(退休者對退休金的縮水埋怨);

(2)被調查群體的態度(attitudes),此種態度業已凝結成普遍性的看法、反應方式、立場或意識形態(或思想

體系，例如對本群體和對他群體所持的立場之分別等，亦即退休人士集體抗議有關當局對退休金縮水之處理不當）；

（3）交談方式或行為模式（退休者的集會、或組織自保團體）。

　　經驗的社會研究，不僅研究表面化的現實（*Aktualitäten*）（例如被詢問的退休者對某一政黨社會或福利政策明顯的意見），也探討潛藏的內在（*Potentialitäten*）事物（例如被調查者接受某政黨宣傳的可能性等等）。經驗的社會研究有一種傾向，即它愈超越現實之確定，其方法愈趨精微，其結果逐無法滿足客觀要求的初衷。因此一般而言，在經驗的社會研究當中，研究結果精確之企圖，常無法符合測量性、反覆操作可能性、或可被控制性等之要求。但就在這兩者互相牽制與衝擊之下，作為經驗科學的社會研究卻在不斷地往前推進（同註1，*ibid.*, 421-422）。

5.4 研究技巧或處理方法（*Verfahrensweisen*）

5.4.1 觀察法（Observation; *Beobachtung*）

　　觀察是社會研究最早使用的技術之一。它是藉感官有計畫底來攝取社會事實，其間觀察者對被觀察物係採取一種好奇、探察、接受的態度。因為研究者是採取接受的態度，所以這個方法有異於訪問法和實驗法，亦即不藉口頭的或其它的刺激來求取研究對

象的反應。但是研究者，卻應在觀察中，有系統地注意到研究對象所作的口頭或其他的行爲。柯尼西（René König）稱觀察法是對世界的一種體驗（*Beobachtung ist eine Art des Erfahrens von Welt*），蓋吾人藉感官之助力而積成經驗，並與世界（包括自然與社會）發生關係之故 （König 1967, I：107）。爲了使其他的研究者在對同一社會事實作同樣的觀察，而能夠獲取同樣的研究結果起見，研究者宜先提出一套完善的觀察計畫來，這也可當做驗明觀察結果可靠不可靠的控制原則。在很大的程度內，觀察法與田野調查（Field Research）有密切的關連（參考李美華譯〔下〕：442-478）。

　　由控制範圍的大小，以及觀察者對觀察物之間的關係不同，我們可以分成各種不同種類的觀察法：

（1）非控制性的觀察法：

　　觀察者在一般研究計畫的範圍內，可自由選取觀察立場或觀察角度，而進行研究工作，不過仍然需要將觀察過程與結果，作成記錄。

　　局內觀察法（或參與觀察法 participant observation）是非控制性觀察法中的特別類型，亦即觀察者與觀察的對象（人或物）處於一經常的社會接觸中。在進行人種學、民俗學、田野調查、或自成一單位的社群之日常行爲觀察時，常應用這個方法。此時觀察者如果能夠應用韋伯的瞭悟法，設身處地去體會觀察的對象，必可收事半功倍之效。史勞熙（Frederic M. Thrasher）就是加入芝加哥的地下幫會，目的在瞭解黑社會的形形色色。不過，由於觀察者之加入，而在該社群扮演某一角色，對該社群的行爲

之質、量不無影響，而常損害了觀察結果的正確與客觀性。

（2）控制性的觀察法：

在這種方法下，觀察者事先便受觀察格式（*Beobachtungsschema*）的限制，對觀察的過程與觀察的對象，事先都加以限定，觀察者不能有絲毫的迴避或踰越。這種觀察格式的制定，必在非控制性的觀察結果之後，亦即在對研究對象，已有幾分清楚瞭解之後，現在再利用控制性的觀察來驗明結果是否精確無誤。

除了觀察範疇目的性之外，我們尚應當注意觀察單位的選取。以往實驗的社會心理學是藉時間的長短來定取觀察單位，例如觀察者在每隔15分鐘，便作5分鐘的觀察，這樣觀察方式自然是難避弊端。因為觀察者在這樣緊湊的時間中，所作的觀察不無匆促草率之嫌，且對被觀察的事物，有時間上的割裂之弊。因此今日有關觀察單位的選取，係視事物演展的情形而定，並由研究目標的大小，選取相關連的運作程序。為提高觀察記錄的可靠性，常由兩個互不相關連的觀察者，作同一觀察，或藉機械（攝影機、錄音機等）的助力，製成記錄。因此我們又可分為：

（3）實驗室的觀察法：

事先佈置適當的環境，將觀察對象引入實驗室，而觀察其反應。

（4）**現場觀察法：**

藉自然環境，來顯示被觀察項目的狀態或行為。

觀察結果可靠性的大小，是取決於觀察者與被觀察者（或事物）關係的疏密。因此觀察者如何來吸引被觀察者的注意，並贏取其信賴與合作，是非常重要的。在這裡又分成：

（5）**公開的觀察：**

觀察者身份暴露，無懼於為被觀察者所知曉。

（6）**隱藏的觀察：**

觀察者隱藏其身份，避免為被觀察對象所發覺。

所謂的反饋（feedback 或回饋），是指觀察者與觀察對象之間的相互影響，以致最終影響整個觀察的結果。

由於觀察過程的選擇不當，或對觀察結果所賦予的意義不妥，觀察有誤失。特別是當觀察者目標離開日常現實時，或被觀察之事實又非其專長時，這種觀察的錯謬更易產生。

（7）**系統性的觀察法**（systematic observation）：

這種觀察法與控制性的觀察大同小異。先是把觀察的歷程和環境作適當的佈置和安排，再以一工作組（team）代替個人的觀察。組中的工作事先分配清楚，以收集體觀察的效果。這種觀察

法的目的在於描寫和判斷某一社會事實，並常藉數量顯示研究的結果（以上可參考朱柔若譯前揭書 第3章，第46-93頁）。

5.4.2 詢問法（Survey; *Befragung*）

詢問法（又稱調查法）是經驗的社會研究最常使用的方法。它的出發點為被詢問者所作口頭或文字的回答，亦即表達了被詢問者的意見、態度、願望、希冀、憂慮或企圖等等。這種方法能否成功，固然有賴於詢問者的技巧。詢問本身的性質更要看被詢問者能夠不能夠，或願意不願意作答，亦即被詢問者的表達能力和表達意願。

詢問法可分文字的、電話方式的和當面口述的三種：

（1）文字詢問法：

（A）郵寄問卷（mail survey）：

由詢問者把問卷郵寄給被詢問人，而等待其回音。這個方法的弊病，不是收信人根本棄置不覆，便是回答的問題不完整。為了不使被詢問者深覺麻煩，問卷內容不得不簡化，跟著也就縮小了期待的效果。此法目前在歐美已不常使用。

（B）面交問卷（paper and pencil method）：

為著求取答案的完整，或求詢問對象能夠具有代表性，詢問

者會晤被詢問者於一室，而後分發問卷給詢問人，並於答完後，當場收回問卷核查。

（2）電話詢問法（telephone survey）：

此法在美國係由電視或電台於廣播某一節目後，即行打電話給觀眾或聽眾，探取彼等的意見，又稱適時方式（coincidental method）、或「扣應」（call-in）。

（3）訪問法（interview）：

這是訪問人利用語言做交通工具來獲取被訪問者的情報、意見或信念。被訪問者的回答是針對訪問者的問題而發的，有時還需要訪問者對提出的問題，加以解釋清楚，以免答非所問。訪問法是從（a）醫生和病人的會談或診斷，以及（b）心理測驗等兩個來源發展而成的（Maccoby and Maccoby 1962：37-38）。由於訪問法使用有效與否，端賴語言文字的運用，而語文又是文化的產品，因此訪問法是受文化制約至深且大的研究技巧。

訪問的形式由不拘細節的漫談到臚列細目的問卷（questionnaire），樣式繁多。不過由資料蒐集程序中的結構性和標準性的不同，我們暫分成下列數種類型的訪問：

（A）心理分析的訪問：

要求被訪問者有自由聯想，亦即訪問人對被訪問者所提出的

問題（及刺激），不欲多加說明，而任由被訪問人對問題的字義，作自由的解釋，再按照他的想像而作答。

（B）深度訪問（depth interview）：

這個方法多應用在尋獲對方心意初動的旨趣（行為動機），或作調查之前的試探工作。亦即研究者除了把握談話主題外，對所提的問題不詳細列出，而一一追問，反而臨機應變，觀情察色，以自由交談或漫談方式，來求取被訪問者的意見。訪問者除了遵守訪問大綱之外，訪問的細節完全由他個人來決定。

（C）半標準化或半定型化的訪問：

訪問者的問題與被訪問者可能回答之間的程序，預先加以考慮，俾作為提出問題的綱領或基礎。訪問者大體上得在訪問時按照這一綱領進行資料的蒐集，偶然可插入個人的意見，以補充綱領的不足。這個方法所獲得的結果，當較深度訪問為精確。

（D）標準化或定型化的訪問：

訪問的過程必須嚴密遵照訪問計畫，甚至問題的次序及其一字一詞，都得事先細密訂定，事後確實遵行。此法所得的結果可被視為精確，而被認為是科學的印證法（*wissenschaftliches Beweisverfahren*）（Kunz 1969:503-504; 朱柔若譯前揭書 140-151）。

5.4.3　群體討論法（Group Discussion; *Gruppendiskussion*）

　　這是藉群體的集會與討論來研究人們的行爲及其動機。亦即不讓個人的意見或態度遭受孤立或隔絕，反而憑藉人際溝通，來產生相互的關係（*Wechselbeziehungen*）。由此關係及由受此關係影響的社群所衍發的意見或態度，作爲研究的對象。這個方法是列文（Kurt Lewin 1890-1947）在群體力學研究中心（Research Center for Group Dynamics）所作社會科學實驗研究發展而成，它常被使用於市場和意見的調查。此法有異於通常議程已定的會議，而是由討論會的主持人，提出「基本刺激」（*Grundreiz*）作爲討論基礎，並提出正反觀點供大家自由討論。這時討論主持人，既不懸一討論目標，又不支持討論中某方的意見，而完全以一形式上的引論人自居。討論的結果或收入錄音機中或作筆錄，而經由內容分析（content analysis）法來加以計量。有時計量結果無法獲得更進一步的消息，便要藉專題分析，作性質的描寫。參加討論的人數由3人至20人不等，通常以6至10人爲理想。討論時間以1至4小時爲宜，此法又稱群體訪問法（*Gruppeninterview*）（Mangold 1967, I:209,210,224）。

5.4.4　實驗法（Experiment）

　　由上述（C）實驗室的觀察法，再往前推展，便衍生實驗法。20世紀30年代陶德（Stuart C. Dodd）和查賓（Stuart F. Chapin），都曾利用這方法從事社會研究。社會研究中實驗的邏輯與自然科

學實驗的邏輯是相同的，只有實驗結果的檢證不同而已。葛林屋
（ Ernst Greenwood ）認為穆勒的別異法（ the method of
difference ），乃是所有實驗法的邏輯方式，用以肯定因果關係。
它肯定的可靠性大於穆勒所提的另一方法：同一法（the method of
agreement ）。同一法在於便利研究者提出假設，假設的對錯，
卻有賴別異法來加以驗證[16]。

　　實驗法就是藉一個人為的、故意的因素所形成的新情境，同
沒有這個因素之舊情境來作一個比較，俾求取因果關係、或檢驗
假設是否符合。葛氏提出實驗法的定義是：「社會學的實驗為對
一假設的證明，該證明旨在把兩個因素置入一因果關係當中，並
在不同情境裡驗取該兩項因素。此等情境將在與所有因素有關的
情形下受到控制，其唯一的例外，乃為吾人所關心者，該此一例
外因素，若非假設的原因，便是假設的結果」（ Greenwood
1962,2:177 ）。柯尼西將實驗看成為研究方法，旨在（1）將一個
說明因果關係的假設（*Kausalhypothese*），置於（2）相對立的
不同情境（*kontrastieirende Situationen*）中，加以檢驗，同時（3）
將此等情境，藉物理性的、符號性或思想性的操縱（*Manipulation*）
來加以控制（Scheuch 1967:212）。我們又因為控制方式的不同
而分實驗為下列數種：

（1）**實驗室的實驗**（*Laboratoriumsexperiment*）：

　　將一個實驗群體（experimental group）與一個控制群體

---

[16] 關於穆勒的別異法與同一法可參考殷海光：《怎樣判別是非？》，台北，文
星版，1967年三版第71頁以下，以及本書第4章，第78頁。

（control group）分別導入人為的情境中，而看引發因素（在此亦即獨立性變項）能不能產生期待的結果（在此亦即依賴性變項）。人為的情境（有異於日常普通的情境）必須保證不摻雜其他因素，亦即除了我們所擬驗證而對群體有影響的因素之外，其餘的因素必須排除乾淨。而實驗群體與控制群體的差別，僅在控制群體不受獨立性變項所影響，而實驗群體則必須接受影響，然後比較這兩個群體不同的所在，便可證實某一引發因素導致何種的結果。

（2）**現場實驗**（*Feldexperiment*）：

　　不需製造人為的情境，而只需在正常的環境下，比較兩個相異而又對立的群體之不同即可。

（3）**企劃性的實驗**（*Projektiertes Experiment*）：

　　由人造情境推論原因與結果的關係，亦即目前諸種原因的複合體（*Komplex von Ursachen*）足以造成未來某一結果，這是由原因以推論結果的方法。

（4）**回溯實驗**（*Ex-post-facto-Experiment*）：

　　與企劃性的實驗相反，是藉實驗方法由結果推溯原因。也就是先描述當前的情境，把它視為過去一堆因素所形成的結果，再檢驗形成原因的各因素，而證實其因果關係。例如對個人或家庭或某地居民，目前以及從前之種種加以比較，而觀其變化之因果

關係（Chapin 1962,2:237-238）。

實驗的證明價值是以社會現象之因果關係的「明確性」（*Eindeutigkeit*）來決定的。而此一明確性的求得，有賴對因果關係外之任何其他影響因素的有效控制。須知造成原因的因素常不只一端，而因素與因素之間的相互作用（影響），也是不易計測的，這是社會研究中施用實驗法的困難處。一般人尤其反對將實驗方法帶入人文與社會現象的研究中。原因是人造的或人為的情境，破壞了社會的實際（真實），亦即實驗法用在物理界或自然界或無困難，應用在人文界或社會界，則不免有曲解社會現實之嫌。再說因為截至目前為止，社會學的理論尚缺乏精確性，因此對於尋獲的因素（*Faktoren*）底解釋價值，更顯示不高，這也是社會研究中，不常使用實驗法的原因（參考朱柔若譯 第9至第11章）。

5.4.5 內容分析法（Content Analysis; *Inhaltsanalyse*）

拉斯威爾（Harold D. Lasswell 1902-1996）曾主張把社會研究的方法應用到思想結構（或心像）的研究之上。此種主張便與「傳播研究」（communication research）有關。因為傳播，特別是大眾傳播，係企圖將某種內容灌輸到社會某一群體之中。為了客觀認識對這類灌輸於人群的思想底社會性反應，我們得研究傳播之所以傳播的原因及情形。因此內容分析主要在研究發佈消息（傳播人），與接受消息（接受傳播者、視眾、受眾）的意識、動機、心態等。又它研究的項目為：分析各種宣傳的方式，印刷品及視覺、聽覺的傳播，構成這類傳播的語文、語文分析、文章構造和語意等的分析（同註1，*ibid.*,431）。

換言之，內容分析法是把口頭或眼見的或耳聽的陳述（或報告），作客觀而有系統地整理，並作成數量，俾供研究之用。它應用的範圍是電視廣播、報紙、唱片等大眾傳播工具。它的目標是將這種陳述或報告的內容，置於理論觀點下形成的範疇系統（*Kategoriensystem*）裡，不考慮意見的個別性質，也不計較語文中情感的那一層面，而求取一般的想法和意見。內容分析的第一步是確定「分析的單位」：如片語隻字、一段文字、文章或影片的一段落，行動中之一人（傳播員），時間或地區的單位等。由於大眾傳播中資料的龐雜，因此有必要從所有各種不同的單位中，先行選擇某些單位，作為研究的起步。

　　單位選擇妥當後，下一步便是列出分門別類所需的範疇性系統來，俾作為內容解釋或報告（或訊息）的分類底標準。關於內容方面，所重視的陳述或報告中的主題，包括在主題內的評價，以及評價的標準與尺度、建議的行為方式、傳播人群以及接受傳播的人群（受眾）等等。研究者再根據傳播語文的外貌，字眼的選擇，來區分陳述（或報告）的類型。關於內容分析的可靠性和有效性曾引起疑義，不過近來由於電子計算機的運用，可靠性已可大增，只是有效性尚無法掌握。理由是陳述的各層面已被高度抽象化，運作定義和名稱定義遂不易結合統一。結論的有效性事實上也是完全依賴陳述標準化程度來決定的，陳述愈趨近標準，所得結論的有效性也愈高。當代有些社會研究的理論者，已把內容分析看成為語文翻譯（*Sprachübersetzung*），亦即把一個客觀語文所包含的內容翻譯為科學的「後設語文」（*Metasprache*）。

5.4.6 標度法（Scaling; *Skalierung*）

　　有將標度法譯爲尺度的，似乎不甚妥當，所以改譯爲今名。
這是爲求取陳述（研究結論）的精確起見，把人群的行爲樣式、
動機和態度，分解爲上下不同等級的單位（個別因素），俾便利
性質的數量底計測（由質化爲量）。亦即行爲樣式、動機和態度
不僅可加以質的描寫，也可以化爲量的計算。換言之，研究者事
先把引動行爲的激發物（stimuli）和行爲樣式，依其不同的強度
作爲等次顯明的劃分。對於此，標準尺度的反應，便可把受試人
員的回答和反應行爲，依其性質和強度，分別給予分數而隸屬某
一等級。根據此一標準，而定的上下次序，必須與擬進行去測量
的次序完全相似。依據一個受試人員在測量時，所獲得的分數之
評定的不同，可分成各種不同的尺度。例如：

　　（1）**名稱尺度**（*Nominal-Skalen*）：數值反映所處地位的高
　　　　低；

　　（2）**順序尺度**（*Ordinal-Skalen*）：次序反映所求數值的順
　　　　序；

　　（3）**間隔尺度**（*Interval-Skalen*）：數值之間的距離，相當
　　　　於性質之間的級距；

　　（4）**比率尺度**（*Ratio-Skalen*）：數值之間的的比例，相當
　　　　性質之間的比例。

　　不過社會科學方面所應用者多爲順序尺度。例如智商110者
比起智商100者，智慧較高，同樣智商100者又較智商90者之智慧

為高，不過我們不能因為智商110較智商100多了10單位，而智商100的人也較智商90的人，同樣多了10單位，遂認為這前後兩組之間智慧差別是一樣，這種想法自然是錯誤的。

在劃分尺度等級的時候，需留意的是評判標準的選取，因為它將顯示被計量的事實。同時還要依據評判標準的重要性與分段程度，而定那些評判標準應行強調，那些不需強調。此法初期應用的時候，標度的工作，幾乎是研究者任興的結果。因此所標尺度，不能放諸四海而皆準，亦即隨人而異。直到美國心理學者謝士敦（Lewis L. Thurstone 1887-1955）發現了一種相同間隔（equal appearing intervals）的標度法，方才產生比較統一的尺度來。所謂相同間隔的標度法是由研究者按照其自由裁量而舉出一大堆的衡量標準，然後再請數位專家根據這些標準分成等級，而最終的尺度是以數位專家評價總數的平均值來定製的。為提高標度正確性起見，古特曼（Louis Guttman）曾嘗試如何客觀地選取指數（尺度的衡量標準），亦即努力使指數不受直覺的任意裁量所影響。目前標度法研究的主旨在發展多面向的測量工具．

5.4.7 社會關係計量法（Sociometry; *Soziometrie*）

這個方法是莫列諾（Jacob L. Moreno 1892-1955）在1934年所採用的人際關係測量法演展而成。莫氏曾嘗試在一個群體中詢問其成員樂意（正面選擇）、或不樂意（反面選擇）與某一成員合作，由此以測量某一成員在該群體中聲望的大小。後來因為社會研究者多方採用並加擴展，因此社會計量法的意義，便隨著變遷不定。莫氏曾於1943年對聚會討論社會關係計量法的學者，要求彼等研討的結論不要拘束，或限制其所提工具之內容與外涵

（Borgatta 1963：53）。但龍堡（George A. Lundberg 1895-1966）氏認爲廣義的社會關係研究法，乃是任何社會事實的數量計測。狹義的社會關係研究法是個人社會距離和聲望的測量。葉枝曼（H. Jetzschmann）等人所下的定義爲：「社會關係計量法就是用以測量人際與群際的交互關係，及其結構與動態底數量研究法。社會關係計量法是藉社會關係圖表（*Soziogramm*）、社會關係行列表（*Soziomatrize*），或行列計算法，或藉代數及統計的係數等方法，來描寫並分析社會關係以及社會的結構」（Jetzschmann *et. al.*, 1966: 220）。

關於社會關係計量法的材料，是藉觀察法、詢問法，或問卷法等來取得的。依據莫列諾學派的方式，是把取得的資料繪製圖樣，再連結關係線索，則某人在某一群體中受人歡迎或受人排斥的情形，便一目瞭然。反之，陶德學派，卻把獲得的材料製成表格的形式，亦即社會關係行列表，此種行列表初看起來雖不如社會關係圖表一目瞭然，但卻有利於數學方式的演算。在這種方式下，可以知悉某人在某一情境下與何人發生怎樣的關係。此法對於研究謠言的產生與傳佈情形，有相當功效。近來有克利士威（Joan H. Criswell）等嘗試將蓋然率（公算）的計算法，引入上述社會關係行列表中。總之，社會關係計量法尚在不斷發展中，今後似乎以行列的分析和索引的建構，爲社會關係計量法主要發展的目標。

5.4.8 個案研究法（Case Study; *Einzelfallsstudie*）

以往人們把個案研究法看做與統計相反的一種研究法。今日人們已把個案研究法看成：「使研究對象之一貫性得以保存底處

理材料的方法」（Goode and Hatt, 1962:300）。它是特殊的研究方法，用以收集和處理資料，並使研究對象保存其單一性格（unitary character）。在個案研究法處理下的案件，諸如個人或某人的生命史，或某一少年群體，某一政黨或某一社區的歷史段落等，都反映研究者對問題的科學底透視（*wissenschaftliche Perspektive*），也反映了他的理論興趣（*theoretisches Interesse*）；因此個案調查是一種「看法」（*Schauweise*）的表現。所謂「看法」就是研究者對研究的對象所抱持的一種科學態度，此種態度係研究者遵照科學的行為規範來採取的，而不是隨意任興的作法。

楊鮑琳（Pauline V. Young）給予個案研究一個很清楚的定義，她說：「個案研究是探查和分析一社會單位之生活的一個方法——這樣的單位可以是個人、一個家庭、一個機關、文化團體，甚至一整個社區。它的目的是要決定說明該單位的複雜行為模式之因素，以及該單位對其周圍環境之關係。個案資料可從該單位的整個生活週期，或其週期的一特定部份完全收集得來，但總以確定該社會單位的自然史，與它對環境中的社會因素，及所牽涉的勢力之關係為目的。換言之，經由個案方法，社會研究者設法了解，在一社會單位中的各種因素為一整合的全部」（Young 1960:229；龍冠海 1964:8）。亞爾波（Gordon W. Allport 1897-1967）認為個案研究是學者藉不同的研究方法，特別是比較不受控制的方法來研究社會問題。

如同前面敘述的，個案研究主要的對象是生命史（life history），亦即個人或某一群體對其生活獲取的經驗詳細而確實的描寫，是以日記、自傳或傳記，都是個案研究的好材料（龍冠海，前揭文 8-9,19）。不管是傳記，還是自傳，都應當按時間先

後，具體地把資料加以排比，並研究發展過程中來自環境的影響因素。利用蒲其士所倡導的「社會顯微鏡」（*soziales Mikroskop*）方式，來研究環境之各種因素對個人或群體發展底影響。雖然有人（如 John Dollard）企圖把個案研究中之環境因素對生命史的影響，列舉各種標準，並加以系統化，但是由於研究者與研究對象的關係過份密切，以及由於研究環境的單一性，而無法反覆展現，因此要提高此一研究法的客觀性和準確性，不無困難。要之，個案研究的主要目標在於便利假設的提出。除了提出假設的理論價值外，我們尚可在個案研究中發現以下三種一般科學性的價值（Kunz 1969:215-216）。

1. 幫助理論的發展：發現方面的功用（*heuristische Funktion*）。
2. 推動社會科學測量工具的發展，或促進研究計畫籌劃階段的成熟：運作方面的功用（*operationale Funktion*）。
3. 由此方法獲得的研究結果，應用於統計資料的解釋之上：解釋方面的功用（*interpretative Funktion*）。

總之，個案研究，以研究期間稍長爲佳。因爲社會過程和社會變遷，是有賴長期的觀察和分析，才能掌握的。

5.4.9 抽樣法（Sample; *Stichprobe*）

抽樣法是現代社會研究中極具重要的統計輔助手段。例如在實驗中，不可知因素的控制，或是代表性觀察單位的決定，或內容分析的單位的取捨，以及詢問法中具有代表性人物的選擇等

等，無一不依賴抽樣法來加以解決。事實上抽樣法的貢獻，在於把數個有限的、具體的案件，擴大其效力至問題的整個全面，亦即以偏求全，謀取問題解決的一般化（*Verallgemeinerung*）。所謂抽樣法，是就全體中選取相當數目的個體單位（成員）來，好讓這些個體單位在某一錯誤的極限下，足以代表全體，亦即可視為全體的模樣或雛型（model）。必須留意的是全體中的任何一成員皆應具有同等被選擇為模樣的機會。至於何者為全體、為整全的觀念（*Universum*）則必須在進行抽樣法之前，首先加以確定。要之，在進行抽樣法的時候，應首先解決兩個問題，即：

（A）如何選擇，俾所選取之模樣，足以代表整體？
（B）如何來測量抽樣的偏差？

關於抽樣法我們又可分為二種：

（1）偶然性的選擇（*Zufallsauswahl*）：

也稱為蓋然性的選擇（*Wahrscheinlichkeitsauswahl*），係將抽樣建立在或然率或公算之上。它的先決條件是：全宇宙中任何的個人都具有相當的、可知的或然率，可有機會被選做模樣來加以研究。假使滿足了這個先決條件，便可計量抽樣結果的可靠性之程度與精確性之程度了。也就是說：研究者可以宣稱在 100 的抽樣中（可靠性的程度），到底要從幾件中來獲取某一結果，而此一結果又必須處在某一界限（精確性底程度）以內。

（A）無限制的偶然性抽樣：

當整體的成員都列名於一份名單上時，我們不難任意抽取幾名成員(抽樣的大小)以為代表，而推想整體的情形，這便稱為無限制的偶然性抽樣。

（B）層化的抽樣(stratified sample)：

當某一地區(或國度)的人口，可分為大同小異的次級群體時，那麼我們在次級群體的每一階層中，作抽樣研究，其結論可推廣至整個該地區(或國度)的人口，而所得的結果具有高度的精確性。因為這時社會層化的特徵與調查的特徵之間，有相當的比例關係存在之故。

（C）多級性的抽樣（multi-stage-sampling）：

研究者先從初級單位（例如先選擇某些具有代表性的地區）中進行抽樣工作，再在初級單位抽取次級單位（某些代表性地區的某些代表性人物），這些選擇都是依據或然率作偶然性的選擇。

（D）地區的抽樣（area sample）：

原則上應用多級性的抽樣方法，再根據某些特徵來進行分層的抽樣。例如先將研究的地區劃分為初級單位（行政區），再在初級單位中選取次級單位（行政區中的某些市鎮），這樣一直分

割下去，最後算來第二次級單位爲一棟公寓的住宅。再就公寓中的住民名單選擇某幾戶做爲抽樣，由此以研究某一行政區或某一國度居民之情形（宗教信仰，收入多少，政治態度等）。

（2）非偶然性的選擇：

選擇的根據不是或然率，又可分成下列數種：

（A）部份抽樣（*Quotenstichprobe*）：

這個方法的依據是假定在部份的特徵和研究的特徵之間，存著一個比例的關係。例如在選擇某些特徵（像年齡、性別、宗教信仰、職業等）時，先考慮這些特徵與其整體之間的比例。亦即爲全體的幾分之幾，而後決定取捨，而取捨的比例，恰如實際整數的比例。此法使研究者得自由取出一套部份（或成份）計畫（*Quotenplan*）來，其優點爲迅速而省錢，其劣點爲研究的結果精確與否，頗成問題。

（B）隨意抽樣（accidental sample）：

例如研究者任意請某一街市中的行人，作爲訪問對象，而不考慮其是否有特徵？能不能具有代表性？

（C）判斷抽樣（judgement sample）：

研究者認爲研究對象對某一問題能夠提供消息或意見，亦即

向專家、學者提出問題而要求彼等解答（以上參考朱柔若譯前揭書 151-164）。

5.4.10 其他研究技術

　　以上所提出的 9 種研究方法，只是社會研究技術中的犖犖大者，由於實際的要求，常有新的技巧產生，它們或是上述幾種方式的變形，或是數種方式的聯結，例如：

（1）**群體實驗法**（*Gruppenexperiment*）：

　　這是在實驗室的條件下，一個被研究者所觀察的群體，受著有計畫的刺激而展開討論，並由另一連串的刺激（提出正反意見，故意引起爭論等）而使此討論繼續一段時間，觀察者則在旁注意與會者種種的行為和群體活動的情形。

（2）**小組長期受檢法**（panel）：

　　在一段相當長的時間內研究者反覆詢問某一群體的成員，俾瞭解其個人（之態度、立場、觀點等）變化過程與發展傾向。

（3）**投射測驗法**（projective tests）：

　　心理學或社會心理學用以研究人群意見、意識形態和行為模式的動機，特別是無意識的過程，例如某人將其激情、思想、願望和本性投射於別人或週遭事物之上。

（4）因數（素）分析（*Faktorenanalyse*）：

從一連串獨立變數的相互作用中求取特徵的關連（*Merkmals-korrelation*）。亦即在二個或二個以上的變項中求其共同點。例如分析竊盜與惡劣經濟境況之間的關連。

（5）文件分析（*Dokumentenanalyse*）：

這裡所指的文件係泛指一切足以解釋人類行為的資料而言。杜維惹（Maurice Duverger）認為文件分析可約略分為兩種。其一為古典的方法，即個人用全力去解析文件的意義，含有主觀的成份。其二為現代的方法，即客觀地藉數量來分析文件的內容。換言之，即應用內容分析法於文件的解析上。

5.5 經驗的社會研究和社會學的關係

如同前面已經敘述的，經驗的社會研究所應用的方法，超過了經驗社會學方法的範圍。但經驗的社會研究，卻是社會學全部研究對象的一部份，這是因為它有異於社會原理、形式社會學、或討論制度的特殊社會學（政治社會學、經濟社會學、法律社會學、宗教社會學等）之故。當然上述研討社會每一層面（橫剖面或縱斷面），或研究社會制度和勢力的個別社會學，仍然需要應用經驗的研究法。但一如我們所知道的，社會學研究範圍中的分科和駢枝，並不是互相排斥而不相容的。相反地，它們之間的水

乳交融方才能夠促成社會學的發展。不僅社會學內部的分門別類需要加緊合作，就是與社會學相鄰近的學科，如經濟學、政治學、法律學、人種學、文化史、社會哲學等等，也應與社會學密切合作，去共同研究人群活動的情形。

今日經驗的社會學似乎在一般與專門社會學中，佔據一個非常重要的地位。只有當研究成果能夠經得起經驗的證實，該項成果方才含有科學的價值。因此經驗的社會研究，不僅對抗社會學中浮而不實的空洞論調，也對抗天馬行空式的思辨或冥想，它更是針對經典的社會學，如馬克士·韋伯的瞭悟法之籠統而發的。蓋經驗的社會研究是把握實際現存的事物，而處置具體可行的研究問題。以往社會學對社會所持批判態度，將因經驗社會研究之轉變為「實質社會學」（*Realsoziologie*）而受抑制；也就是說經驗的社會研究對現存社會現象不持批判態度，它是做到80與90年前韋伯所希望的科學「不夾雜價值判斷」或「超價值」的地步。

不過因為經驗的社會研究過份模仿自然科學的方式，去求結果的準確，但另一方面又不能如同自然科學的方法與理論密切配合，因此它（社會研究）所掌握的常是局部、有限、短暫的，而無法處理社會整體（*die Totalität der Gesellschaft*）底問題。換言之，經驗的社會研究選擇的研究對象太狹窄，而選擇狹窄的原因，又是由於只顧求取資料的整合與方法的精確，而忽視了理論的建構。林德（Robert S. Lynd 1892-1970）就曾批評這類一味求取細節方面的準確，而忽視大局意義底經驗性社會研究，他在其所著《知識何為？》（*Knowledge for What?*）（Lynd 1945）一書中，極力指摘妄事堆集資料的錯誤。事實上由經驗和實證方式所獲取的材料，並不能滿足一般從事實用工作人員底要求。「從事實際工作的人員所需要的，並不僅是事實或資料……而是建基在這等

事實或資料上業已概括化、一般化的，又含有規則性的理論或原理」（Rosenmayer 1967:447）。今後經驗的社會研究底發展，有賴於它不斷地自我批評，並與理論結合，也有賴於其啓蒙功能的發揮。[17]

在詳細討論各種經驗的社會研究技巧或方法之後，我們提出比較常用的方法，包括實驗、調查、參與觀察和文獻研讀，來詳加說明（Macionis 1993:43-55）。

5.5.1 實驗法

在控制情形下，研究因果關連之社會考察方法，實驗法可以說是一種解釋性（explanatory），探究「爲什麼」，而不是「發生什麼」的技巧。在著手實驗之前，研究者提出假設，這是尚未證實的變項之間的關係底假定。理想的實驗法涉及三個步驟：（1）實驗者測量依賴變項；（2）把依賴變項置於獨立變項之下，處理其影響的程度；（3）再度衡量依賴變項，看是否有所變化。假使期待的變化發生，則證明假設正確，否則把假設棄置另建假設，重新實驗。

實驗理想的場所應是經過精心設計，把所有因素都能加以控制的實驗室。不過這種人爲的環境中分別實驗群與控制群常失掉自然動作，得不出正確的答案，是故很多實驗者改採「現場實驗」（field experiment）。例如艾利生（Kai Erikson）對1972年發生

---

[17] 參考洪鎌德著； 1976b 《社會科學與現代社會》，台北：牧童出版社，第五章、第十章及同作者； 1976c 《經濟學與現代社會》，台北：牧童出版社，第一章。

在西維吉尼亞州 Buffalo Creek 的水災受難區進行實驗，發現天災對社會共同體（社群）的傷害，大於物質財產之損失（Erikson 1976,1994）。

5.5.2 調查法

亦即問卷與訪談方法之綜合，為社會研究最常用之方法，民意調查也是此法的廣為運用，這是描述性（discriptive）的研究技巧，在於表現人們的政治態度、宗教信仰、或私人關係等等之意見。

布魯姆斯坦（Philip Blumstein）和施瓦慈（Pepper Schwartz）曾在1975年研究美國的配偶（couples）怎樣決定日常生活、對性關係如何界定、對金錢怎樣支配等，他們所謂的配偶，便包括結婚的男女、同居的男女、以及同性戀者。其中單單涉及結合久暫與第三者之性關係（「婚外情」），也一一調查清楚（Blumstein and Schwarz 1983:276），成為調查法成功的範例。

5.5.3 觀察法

特別是參與觀察法乃是指研究者進入被觀察者的活動中進行系統性的觀察，這是從社會生活的內部來看待研究對象的動作，而詮釋其意義。文化人類學與民俗學，稱這種研究的技巧為田野工作（fieldwork）法。此法既有描述，也有解釋的作用。研究者既要扮演參與者，也要達成觀察者的任務。

懷特（William Foote Whyte）花了四年的時間波士頓一個義大利移民的貧民區進行參與的觀察，結果這個犯罪淵藪的地區卻

是一個高度組織化的社群，有其價值觀複雜的社會行為模型，當然也有其特殊的社會衝突之形式（Whyte 1981）。

5.5.4 文獻判讀法

又稱二手分析（secondary analysis），是社會學家利用別人收集的資料、報告、文獻、書籍、文章加以整理彙編的技巧。在所有文獻中以政府機構出版的統計資料，包括世界銀行、聯合國的文獻等最為可貴。不過文獻判讀法有其內在的限制，首先資料可靠與否，有賴研究者以批判的眼光來加以分析與引用。例如涂爾幹使用當時官方死亡資料來進行自殺的研究，他無法分辨自殺與意外身亡的資據，因為政府可能把自殺當意外死亡來處理。二手分析的另一缺陷是，原著者之目的與其後研究者之企圖可能有所分別，貿然引用這些資料有可能扭曲資料的原意。

巴徹爾（E. Digby Baltzell）發現波士頓出了不少名人，反之財富更多的費城歷史上的名人數目甚少。他利用20卷的《美國傳記字典》去過濾13000位著名的男女，最後獲得75位，其中麻州佔21位居首，中部大西洋區得12位，除麻州之外的新英格蘭也佔9位，獨獨賓州卻只佔2位。為解答波士頓與費城名人產出的懸差，巴徹爾仿韋伯的作法使用宗教作為自（獨立）變項，而把名人數目的多寡看他（依賴）變項來試圖做出社會學的解釋。波士頓住民多數為清教徒，追求成就與名利一向不落人後。反之費城多數居民為教友派信徒，對名利比較淡薄。此外，波士頓的清教徒所組織的社會比較嚴密堅固，企圖以家庭、教會、學校來控制其子女的行為，認真工作成為宣揚上帝榮光之途。費城的教友派信徒不認為社會制度能夠拯救人間的「原罪」。因之，努力追求財富

之外，不認爲任何人有出人頭地的必要，蓋人人平等，高官厚爵、聲譽並非費城人追求之目標（Baltzell 1979）。

巴氏的歷史資據並沒有使他的結論獲得絕對明確的證明，最多只能說他的理論與其資料一致、符合。但後來的研究者可能會挑戰，乃至推翻他的結論，也說不定，這就是使用第二手資料進行分析可能遭逢的情況。

表5.1　四種常用研究技巧的摘要說明

技巧	應用	好處	限制
實驗法	於解釋之上的研究，俾確立變項之特殊關係；可以產生數量的資據	可以指明因果的關係；此一方法的再應用並無困難	實驗室的設置含有人爲的色彩；除非控制適當，否則研究結果易生偏差
調查法	可以應用於無法觀察得到的資訊（如價值、態度）之蒐集；可應用於解釋和描述的研究之上；也可以產生數量的與質量的資據	藉問卷等抽樣可以對廣大群衆進行調查；訪談可獲深度的答案	問卷必須設計精當，回收率可能不高；訪談費時、費力、費錢
觀察法	在「自然的」的際遇上對人群進行解釋性與描述性的研讀；產生質量（性質）的資據	可以獲得人們自然流露的訊息；花費不高，容易進行	費時費神，重複、進行不容易；研究者必須在參與者與觀察者兩種角色中覓取平衡
判讀法	供考察、探索、增加新知（explorative）的研究法，也有助於解釋與描述事實；只要有用的資料充盈	節省蒐集資料的時間與金錢；可以考察歷史性的社會生活	研究者對資料的精確與否沒有絕對的把握；資料可能不適合特定題目之研究

資料來源：Macionis 1993:54； 經本書作者加以引伸發揮。

第六章　社會學的實用、
研究和理論

6.1 實用性決定社會學研究方向

　　近世由於自然科學發展的突飛猛進，遂導致科學技術
（technology）的高度發達。今日核子時代中，人類已能應用精
確的理論與細密的器械於太空的征服、宇航的開拓和深海的探
測。這種自然科學與技術的飛躍進步，實在是人類歷史上最絢爛、
最輝煌的一章。自然科學這方面的成就，刺激了社會科學的進程。
社會科學家也急起直追，放棄傳統性代代相傳的老套，而企圖擴
張現存社會知識的總範圍。不僅社會知識的範圍應當擴大，甚至
應當把所獲得研究結果，再度應用於研究與實際需要之上。要之，
像18世紀物理學的發達，產生工程師；19世紀社會科學的突飛猛
進，也就產生了社會實際工作者。彼等利用社會科學的知識，去
解決社會問題。因此研究結果的實用性（*Praktikabilität*）底考究，
乃成為社會科學努力的新方向。因此追求實用性社會科學的經驗

性社會學（*empirische Soziologie*）遂脫穎而出。曾任早期西德社會學會主席的阿多諾（Theodor W. Adorno 1903-1969）乃指出：

> 今日人們在對人文科學和形式上的社會學感受失望之餘，遂傾向於承認經驗性社會學為現存社會科學的主體。經驗性社會學的直接應用可能性以及它與行政方面的密切關係，都促成這個發展的傾向（Adorno 1962：207）。

另外，曾任德國曼海姆大學社會學教授的亞伯特（Hans Albert）也指稱：

> 〔社會科學〕置其重點於預測兼技術（*prognostisch-technologisch*）的功能方面乃是最近的現象。這種重視預測兼技術的功用底作法，使社會科學將其注意力完全灌注於應用之上，而忽視了影響社會生活的其他事項（Albert 1964：69）。

社會科學愈朝向應用性方面發展，也就愈顯示該項科學用途之有無的重要性；作為衡量思想成果的有無價值底標準，也就不再是認識的增加與否，而是看該項成果有用抑無用。例如社會學的構想不僅應當在應用於社會的事實之上，取得實證，甚至認識兼邏輯底運作（*erkenntinslogische Operationen*），也要在研究過程上有所應用時，方纔能夠取得證實。

可是要判斷某些社會科學在某一社會現象上具有應用價值一點，卻不是普通人可以辦到的，而是有賴社會科學專家的實驗與

證實。再說，研究機構的科學活動，不僅在判斷業已獲得之真知灼見底應用價值有無，尚且在決定，在何處始能有意義地獲取這項真知灼見。今日我們就是想要在某一問題方面有所研究，有所發揮，也得首先在該項問題已經下過相當的苦工之餘，而比較理論與實際之後，方纔能夠定取研究的目標[18]。

現時一位社會科學的工作者所以選取某一社會現象（而放棄其他社會現象）作為他研究的對象，這並不表示他可以無視於社會一般的要求，而任憑一己的興趣，個人的性情，做海闊天空的悠游。相反地，他做這一決定，其背後乃有其人生觀、世界觀、或思想系統在支持，在敦促，而其正面則為一般大眾（或某一團體）的期待慇懇，甚而政府或壓力團體的干涉壓制，使其不得不朝某一方向去發展（Messelkern 1966：13）。

當然不是所有的理論都在解釋社會現象，也有企圖對社會現象做仔細的描繪，提供人們的瞭解：像楊柯斯基（Martin Sanchez Jankowski）《街道上的島嶼》，係花10年時間在觀察美國大城中不同種族或由不同國度前來美洲的移民所形成的群落與幫派，這涉及愛爾蘭裔、牙買加裔、多米尼加裔、拉美裔、普多里各裔與非洲裔美國移民與後代成群結黨的幫會之胡作亂為。楊氏只蒐集豐富的資料，來提供其他社會學家加以詮釋（Jankowski 1991：17），這也是一種學術對社會的貢獻。

---

[18] 關於研究目標的選取，可參考Zimmermann, H. 1966 "The Treatment of Imprecise Goals：The Case of Regional Science", *Regional Science Research Institute Discussion Paper Series* No.9, Philadelphia.

6.2 由社會事實至社會理論——

研究與方法學的問題

　　一位社會學家首先遭遇到的困難是社會現象的多樣性和複雜性。例如家庭問題、社會變遷、勞資問題、宣傳、輿論、犯罪、居住問題、城鄉的互變、種族歧視（或隔離），以及由宗教、經濟、教育、市政、大眾傳播等衍生而來的種種問題，常使社會學者眼花撩亂，目不暇給。過去有一段時間，社會學家曾妄想解決社會現象的所有層面，以後隨著對社會本質認識的與日俱增，人們乃知研究社會事象，絕非任何一種單獨的科學可壟斷的，對社會的研究遂成為歷史學、經濟學、政治學、人口學、社會學、人類學、地理學等等的共同事業。

　　社會學一方面企圖研究全部的社會現象，他方面社會學又只是諸社會科學中的一種，這真是一項矛盾的現象，亦即認識目標的多樣性與專門化的需求，兩者造成一種矛盾的困局。

　　不過，這個困局的解除，原則上是沒有問題的，因為事實上，世上沒有任何一門學科可以處理研究對象的全面，而人類常依其常識把研究對象看成為「唯一」的現象。社會學的專門化是指其注意力集中於社會問題、或社會制度的某一層面，而不是在某些社會問題或制度方面，進行徹底無遺地研討。

　　由芸芸眾生所交織的社會關係網，是既複雜而又變動不居的，這不是常人可以瞭解的。因此社會學家的任務在於把這種眾生相加以「轉型」（*Transformation*），俾變為一套簡明而可被

認識的系統，不過這樣做是不是能充份把握型變的過程，而不致犯著走樣的毛病？爲了處理這個問題，方法學的分析遂告而產生。拉查士費爾德（Paul F. Lazarsfeld）因此便認爲：社會學家在考察人在社會中的作用；而方法學家則在檢討並評估社會學家的工作情形（Lazarsfeld 1959:40）。

自從愛因斯坦（Albert Einstein 1879-1955）的相對論產生以後，自然科學中對方法論有一個嶄新的看法和重要的評價。社會科學的方法論則是肇始於涂爾幹（Émile Durkheim 1858-1917）所出版的《社會學方法的規則》（*Les règles de la méthode sociologique,* Paris,1893）以及巴雷圖（Vilfredo Pareto 1848-1923）所著《一般社會學論著》（*Trattato di Sociologia Generale,* Firenze,1916）的序文。德國早期與近期社會科學方法論戰（洪鎌德 1969：3），對社會科學工具的精緻化，尤具貢獻。其中值得注意的是馬克士・韋伯（Max Weber 1864-1920）所著《經濟與社會》（*Wirtschaft und Gesellschaft,* Tübingen, 1921）一書，及其《宗教社會學論文集》（*Gesammelte Aufsätze zur Religionssoziologie,* Tü-bingen, 1920）和《科學學說論文集》（*Gesmmelte Aufsätze zur Wissenschaftslehre,* Tü-bingen, 1922），對社會學方法論的建構產生極大的推動作用。其後出生於蘇俄而執教於美國的沙羅鏗（Pitirim A. Sorokin 1889-1968）更將當代社會學理論有關經驗方面的研究成績系統性地加以描述，並予以批判而收於其所著《當代社會學原理》（*Comtemporary Sociological Theories,* New York/ London, 1928）及《今日社會學理論》（*Sociological Theories of Today,* New York, 1966）二書中。關於原理與研究之間的關係，近時有梅爾頓（有翻譯爲墨頓， Robert K. Merton, 1910-)的闡述，貢獻卓犖（Merton 1957,chap. 2 and 3）。

6.3 概念的界定——闡明工作

一如卡納普（Rudolf Carnap 1891-1971）所指稱，科學理論家首急之務，在於進行邏輯的分析，或稱「闡明」（*Explikation*）工作。所謂的「闡明」，係表示：

> 從概念通常的定義出發而將概念的有限性、歧異性以及矛盾性縮減，並還原於日常語文的本意之中。為達此目的，乃給概念以一新義，俾提高概念含義內容的明白程度，以及精確程度，進一步設法使此等概念於形成假設和理論時，能夠具有更大的解釋力與預測力（引自 Hempel 1952：12）。

例如我們將「權力」、「人格」或「家庭」等字眼從日常生活運用中，提出而應用於科學領域時，則必須賦予此等字彙，以特定的意義，方才不致人言言殊，而莫衷一是。因此一字一詞清楚地予以界定其範圍與實質，是非常重要的。它不僅是便利邏輯的是證或否證，亦即不僅涉及對錯，更是涉及能否達成研究目標的問題，亦即有效無效的問題。作為社會科學研究者，我們要求陳述與陳述物的一致，並要求彼等經得起經驗的證實，以符合現代科學學說的要求。

6.4 模型的建構

　　社會學如果想要與其他社會科學並駕齊驅，共求進步，則必須建立起一套分析概念的系統來。社會學利用這套工具應用於社會現象的研究，俾獲取新知。分析概念（*analytische Konzepte*）可被理解為分門別類的配置樣式（*taxonomische Schemata*）。配置樣式的作用是在某一社會形勢（*soziale Konstellation*）中，確定概念的相互關係，並於排除其瞬間呈現的歷史性（只此一度出現，而無重複可能）特質之後，求取該特定社會現象底概念的普遍化及一般化，俾可應用（轉用）於將來發生（或他處業已發生）的同樣形勢，而有利於假設的提出。像這類的樣式，有時可被目為模型（model）（Rapoport 1961:44）。齊特堡（Hans L. Zetterberg）引用齊默爾（Georg Simmel 1858-1918）的話，指出：

　　　　一旦吾人收集不同內容的社會現象，而確認此種現象內容儘管有所殊異，而仍有其共通性，則吾人不難發現社會形式的規律。

齊特堡繼稱：

　　　　此乃假定：社會學終究可提出少數命題來，而此類命題在不同的社會制度與文化體系中，乃具同等效準。....因此社會學家的另一任務，係提出適用於不同制度的結構（*institutionelle Strukturen*）底命題來。

此類命題與命題之間的聯結而形成的體系,可被稱做模型(Zetterberg 1967:66)。

亞爾屋(Martin S. Allwood)稱「模型」爲:

原來的社會過程所形成觀念的綜合,此種綜合一旦被描述過,便傾向於反覆出現。在復現時,每每展示其相同的精神,相似的邏輯關連,及相等的外貌,一如其原來的樣子。一個模型乃是概括的活動(generalization),因此是一種理念類型(ideal type)。就看人們強調模型的那一個樣相,而決定稱模型為體系(system)、或模式(pattern)(Allwood,45;洪鎌德1976b,第十二章)。

很顯然地,模型只是便利於社會學家對社會現象的分析與解釋,它是研究工具。社會學家只有在與經驗性的素材發生密切的關係後,才能繼續發展這種工具,使它更趨精密確實。不過,他方面這種工作與材料,也要分別清楚,俾需要時能夠再事應用。就像社會的經濟力量端視其生產工具發展的情形來加以判斷一樣,社會學當中,也以分析概念發展的程度來決定社會學可提供的成績。

6.5 理論的塑造與批判

由於自然科學中首尾連貫的理論俯拾皆是,因此自然科學所

重視的自是理論的闡明與批判。反之社會科學中尚未發展成足以放諸四海而皆準，俟諸百世而不惑的理論（或原理）來。因此社會學者如帕森思所致力的無非是概念系統的建立，而談不上嚴格意義的理論底建構。亦即隨著社會學演展方式的觀念底改變，人們對理論也有不同的看法。當前，社會學者認為理論是一串工具的組合（set of tools）（Parsons 1954:219），亦即一連串互有關連的概念之綜合。過去理論則常由一位思想家或其奠立的學派，就某一社會現象以理論來加以解釋。因此這種理論脫不掉個人與學派的主觀色彩，而堵塞客觀討論之途。只有當理論去掉人的因素（entpersonisert）而使其獨立成為分析的工具，社會學方才可藉其方法的完整，而顯示其客觀性。

社會學的原理（soziologische Theorie）和社會一般理論（Allgemeine Theorie der Gesellschaft）是個別成長的，兩者並非同一事物。蓋社會的一般理論，在某一意義上無異於歷史哲學或社會哲學，都是嘗試去解釋社會全體為何物；而社會原理的陳述，卻侷限於社會的某些層面、某些現象、或某些過程，亦即擷取社會現象或過程的一部份，融入一般規律中，而加以抽象化。如前所述，社會學目前的發展，仍舊停留於「描寫」階段，而不及於「解釋」的程度。一般而言，是就研究實際中發展成概念，使此等概念在有限的範圍中發生關連，由此概念關連產生局部理論，我們稱為權宜理論、或因應理論（ad-hoc theory），將許多權宜理論予以聯繫而形成帕森思所設計的一般理論（general theory）。

不過帕氏的一般理論卻遭梅爾頓的反對，他認為社會學尚未發展到這種首尾連貫、封閉系統的程度，勿寧是界於權宜理論和一般理論之間，為此他提出「中程理論」（theory of middle range）來。亦即社會學集中其視線於日常研究的假設與首尾一貫的概念

系統兩極端之間，例如有關人事組織、或官僚體制（bureaucracy）、或社會階級的理論等便是屬於中程理論。至於一般理論的建立，有俟一般或普通社會學（general sociology）的繼續發展而冀求完成[19]。

不過，社會學的理論仍脫不掉語文的影響，這是因為塑造理論時，需藉語文來表達的緣故。語文又是歷史、社會與文化的產品，語文的表達裡頭，已含有解釋社會現象的先科學部份。如何將這種先科學（先於科學而存在，即不屬於科學的）部份加以澄清，亦即如何使世俗的語文，轉化為科學的技術語文，是一個值得商榷的問題。自曼海姆（Karl Mannheim 1893-1947）以來，社會學方法論者所致力的目標就是怎樣來解開，一方面使概念意義範圍廣包，他方面使概念精確，所形成的矛盾。拉努夫（Svend Ranulf 1894-1953）認為目前社會學理論所研討的因果關係，僅可被看做具有高度可靠性的猜測（plausible guesses）而已（König 1967:306）。因此自涂爾幹、韋伯等人以來，社會學家已放棄建立一般社會學定律（*soziologisches Gesetz*）的努力，至多只求取社會現象的傾向規律（*tendenzielle Regelmässigkeit*）而已。涂爾幹進一步表示，構成社會學理論的先決條件在提出一套「社會類型」（*sozialen Typen*），也顯示形成某一社會現象規律性的條件。

---

[19] 美國社會科學學者深受帕森思的影響，但對發展一般理論仍持戒慎恐懼之心。此中原因與美國實驗主義哲學的傳統有關：「因為對於實驗主義者而言，一個科學理論的實用性，在於藉假設之被是證，而取得證明。實驗主義者無耐心去研究一般理論，因為此種理論的主旨在開展出一套普遍的解釋規律來」。這是費時而又費神的事情，而為美國學者所不取（Rapoport 1969: 32）。

運作主義（operationalim）的奠立者，蒲力基曼（Percy W. Bridgmann 1882-1961）曾特重科學理論的批判精神。他說：

> 不是當做理論家的物理學者，而是當做批判家的物理學者，必須嘗試去理解為什麼某些類型的理論能夠證明為成功？反之，其他的理論無法成立？作為批評家的物理學者所需材料存在於物理學的理論之中。反之，作為理論家的物理學者的材料則存在於經驗的知識裡（Bridgman 1936）。

蒲力基曼認為，教育加強批判精神，是絕對必要。近世原創精神的衰頹，乃由教育不重啟發與批判之過失。因此，我們不僅對自然科學所設定的理論，要持批判態度，如楊振寧、李政道對於愛因斯坦對等律的批判與修正，而且對於社會與人文科學的理論——或稱證實了的假設——更要不斷地批評、檢討，而設法提高其解釋的力量。

6.6 社會理論的性質與種類

至今為止尚沒有一個放諸四海而皆準，傳諸百世而不惑的普泛的、寰宇的社會學理論。就算馬克思對社會演進企圖加以解釋的唯物史觀，也許可以稱做大理論（grand theory），但卻無法視為顛撲不破的真理。在這方面韋伯就質疑唯物史觀作為寰宇理論的有效性（Weber 1973：167）。反之，社會學中各種理論雜陳，

最著名的有衝突理論、功能論、結構論、象徵互動論、民俗方法論、結構兼行動理論等等，可謂是一個理論典範眾多的科學（multi-paradigm science）。

造成社會學理論眾多莫衷一是、莫尊一宗的原因，或說是由於社會學發展較遲，不若自然科學起步較早，所以具有極高解釋力的理論尚未出現之緣故。另一原因為社會學研究的對象為人群，為具有理智、情意、心向的高等靈性動物。人的行為隨主體、環境的變遷而有重大的變化，要對其集體的社會生活作出客體性、或互為主觀性的研究極為不易，更何況要由研究的發現彙聚綜括而成為一項理論，尤屬困難。

不過如果我們把理論不看成為自然科學、物理科學、或生物科學那樣嚴格意義下的解釋模型，或顛撲不破的規律、規則的綜合，而是彼此有關連的論述（propositions）之體系，目的在為問題領域作出描繪，那麼這種的理論應當是社會科學（社會學、政治學、經濟學、社會心理學、社會人類學）特有的解釋工具，也是社會學中充斥的各種理論之原型（proto-type)。

涂爾幹和賴德克立夫‧布朗（Alfred Radcliffe Brown 1881-1955）在社會學和社會人類學中所主張的理論，顯然就與狄爾泰強分自然科學與精神科學使用不同的理論（前者在介紹因果關係，後者在瞭解社會事象）之主張有異。對涂氏與賴氏而言，社會科學為概括化的科學，其研究主旨與自然科學相同，都在建立起理論體系，儘管這種理論體系尚在起步發展的階段。

至於發現社會生活中的規律、規則一事，是否作為社會學科學性的目標，向來便引起爭議。依柏波爾的看法，學者有必要分辨「規律」（laws）與趨勢（trends）之不同。規律或許涉及因果必然的理解，但趨勢則可以看做「凡有某些條件 c 的出現，

便有某些趨勢 t 跟著發生」。在這種說法之下，縱然拒絕社會的演變規律（如唯物史觀）之存在，但社會變遷卻可由趨勢來加以解釋。譬如說韋伯對新教倫理與資本主義精神之間的關係，便可以說只要有喀爾文教的社會倫理（世俗勞動觀念的強調、不講究奢侈豪華的生活、反而主張禁欲）、配合某些經濟條件（工業的興起、自由貿易的推行、貨幣與勞工市場的存在、法政制度的健全），則兩者的結合會造成一種理性的經濟生產，俾花費最小代價獲取最大利潤（資本主義制度）。於是韋伯的理論可謂為趨勢說，也就是他所說的選擇性之親近（*Wahlverwandschaft*），而非嚴格意義下的理論之典型表現（洪鎌德 1998b: 26, 89, 99, 107, 140；翟本瑞 1989: 85-103）。

再說，即便是有社會規律的存在，其與自然規律不同的原因，為後者乃為一閉鎖性的天然規律，而前者卻是人為的，有可能加以改變的趨勢。馬孤哲（Herbert Marcuse 1898-1979）就指責孔德企圖在社會學中尋找不變的規律，也企圖把社會與自然兩種科學統合為單一的科學，此舉會把人類的自由與理性掃除乾淨。在這種理解下，社會學或被視為歷史的解釋，也被當做批判的哲學來看待，其最終不是化約為心理學加上歷史的知識，便是把它做做規律受到限制的概括化的科學（Bottomore 1987：17-21）。

正如前面所述，理論是從資據（資料、訊息、證據等）歸納引伸、綜合而得，而資據乃是有關社會經驗的事實。因之，理論與事實是互為因果、牽連在一起。原因是沒有事實作為根據的理論是空洞的理論，而事實的認定卻要另一理論做基礎。沒有理論做基礎、做根據，事實無法確定下來。一般都認為理論是把各種事實串連起來、概括起來、歸納起來的抽象思維與解釋模型。沒有事實固然無法建構理論，只有事實而不加有意義的串聯，也不

會建立一個理論。不過上述強調理論完全建立在經驗事實的觀察之上底主張，在最近卻受到一些科學哲學家的質疑與挑戰，他們認為理論也包含一些經驗概括化之前的「非事實」（nonfactual）因素在內，包括學者的世界觀、人生觀、意識形態和對學界傳統的接受（或排斥）之成分在內。

哥倫比亞大學教授亞歷山大（Jeffrey C. Alexander）就認為理論產自兩部份：其一為從非事實、非經驗的過程中抽取，其二從「真實世界」（real world）的結構中演繹而來。前者為尚未與真實的世界（有待考察、認識的社會問題、社會現象、社會生活）有所接觸的思想源泉，包括學院的教條（出身某一學派）、知識的社會化（求學的過程、以某一派為學問的基礎、取向）、學者的創思、奇想、思辨、他個人的特質與他對世界、對實在的理解、看法、立場等等。在建構理論時，所有這些個人、學派、社會化的程序完全跑出來，儘管這些學者個人或其學派的觀點會受到研究的真實世界（研究的主題、方法等）所修改。因之理論與事實的關係是雙面的（Alexander 1987：6）。亦即理論與事實是構成社會思想連續體的兩端，理論出現在形而上學的、非經驗性的一端；反之，事實則居思想連續體的另一端。有時理論與事實接近，例如科學的分門別類和發現規律、規則。大部份的時間，兩者是分開的。

亞歷山大稱呼科學工作和理論建構中，源於非經驗、非事實的部份為先驗的因素，先驗因素是靠學界的傳統來支撐、來傳承。社會學雖是一門經驗科學，卻是遵循學說傳統，把前人的概念、理論奉為圭臬的科學，學者一般對前人的傳統都會信以為真，很難把它們置於經驗的檢證之下。

在社會科學裡頭構成這些科學最基本的要素，都靠代代的社

會學者傳承下去、散播下去。也就是社會科學的傳統中究竟以何種要素最重要，每每有所爭論。但這些要素仍舊可以看成爲一個科學的連續體（scientific continuum）之環節，以圖來說明：

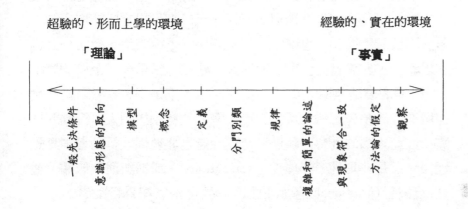

超驗的、形而上學的環境　　　　　　經驗的、實在的環境

「理論」　　　　　　　　　　　　　「事實」

一般先決條件　意識形態的取向　模型　概念　定義　分門別類　規律　複雜和簡單的論述　與現象符合一致　方法論的假定　觀察

圖6.1 科學連續體及其構成要素圖

資料來源：Alexander 1987：7；經本書作者略加修改。

社會理論中不同的學派、或不同的傳統對這門科學的連續體有不同的強調，有人主張意識形態的取向，亦即學者的政治理念，是形成理論最重要的因素，例如把社會學理論家分爲保守的與自由的派別，或是1960年代新左派抨擊學院的社會學爲替「建制」（establishment）、替既得利益集團（階級）服務的社會學等等，都是這種看法的延伸。

有些社會學家則強調：以「模型」爲層次的社會學看法，對社會學思想具有決定性的作用，例如把社會當成身體的生理學體系，還是內燃機的機械性體系，都在強調社會體系的功能。與功能論模型不同的是制度論的模型。這些模型論者居然主張學者究

竟是採取功能模型，還是制度模型影響了他們的政治立場。譬如功能論會接受保守的意識形態制度，而衝突論則會接受激進的意識形態。

至於方法論的層次上，也因為選擇重視數量，還是重視質量（性質），而產生不同的學派和主張。至於把世界當成是均衡的、還是陷於矛盾衝突，也使理論傾向於保守、或激進。總之，上述非經驗的、非事實的假設，對理論的建構非常重要。至於亞歷山大在上面簡圖左側使用的「先決條件」，則是指研究者對社會實在所採取的預先想法，預先假定。例如他會預想到人類行動的性質、究竟人類的社會行動是符合理性還是非理性、行動者本身是理性、還是非理性。非理性（non-rational，或稱與理性無關）並非反理性（irrational 違背理性）。社會學家認為行動者的理性是能夠衡量身外的勢力對行動者影響；反之，非理性則顯示行動只受到本身動機的影響，不牽連到理性的運作而已。

社會學者在其先決的條件、或其預設的想法中除了考慮到行動，他也必須考慮秩序。秩序也就是外頭社會的結構。於是社會學家便因為行動和結構（秩序）孰先孰後、孰重孰輕，而形成個人主義的觀點、還是整體主義的觀點。西方的社會學理論便是徘徊在個人的行動與社會的結構那一樣重要，以及個人的自由與社會的約束（秩序）何者優先之間。

對整個社會體系（帕森思的社會體系功能論），乃至人類社會的變遷（馬克思的唯物史觀）企圖加以解釋的理論一般都稱為大理論（grand theory）。對於這種大理論提出批評的人很多。梅爾頓為最早的批評者之一，他在20世紀中葉一度主張「中程理論」（theories of middle range）的建構。他認為中程理論是界於日常研究必然產生出來的工作假設（working hypotheses）與解釋社會

整體的系統性努力，亦即發展一項統一的理論之間的中間性解釋模型。它沒有統一的理論企圖要解釋社會行爲、社會組織、社會變遷的雄心，但也不像日常研究的操作假設那樣簡單、那樣瑣碎。他說

> 基本上在社會學裡，中程理論之使用在於指引經驗研究，它是緊接在社會體系的一般理論之旁。蓋社會體系的一般理論對社會行為、組織和變遷的某些情況未免太生疏、太遙遠，以致無法對觀察所得有所析述，特別是那些尚未概括化的特殊情況無從描寫解釋的緣故（Merton 1967：39）。

像馬克思以生產方式及其變遷來解釋社會階級的兩極化，進一步解釋社會的進化、歷史的變遷、人類的解放，是屬於大理論（grand theory）的一種。傅柯（Michel Foucault 1926-1984）在分析權力現象無處不在、權力的主體去中心化之後，便與馬克思的大理論決裂。就是布希拉（Jean Baudrillard 1929-），李歐塔（Jean-François Lyotard 1925-）等後現代主義者，也把馬克思的大理論看做是「後設敘述」（meta-narrative）。後設的敘述使用工人解放與理性進步之類的大題目來解釋歷史的運動。鑒於權力與抵抗的零碎化與無所不在，這些作者主張以在地的、局部的小理論、小敘述來處理當代的社會問題（Layder 1994：103-106）。

紀登士反對「貫穿歷史」（trans-historical）——對不同代的歷史變遷予以詮釋——的理論，因之他倡言的結構兼行動理論（theory of structuration）只能視爲一般理論（general theory），而非大理論（洪鎌德 1998：151）。更何況他近年間的著作涉及

現代化與現代性的討論，他討論的議題已突破社會學的框架，不再是社會學的理論（sociological theory），而發展爲社會理論（social theory）。他的社會理論涉及三項原則：

第一、由於社會的理論與研究牽連到常人與專家對社會生活的雙重詮釋，因之，社會理論是以人爲中心的雙重詮釋之建構體；

第二、在注重結構與制度研究的同時，社會研究者應該對行動者的能知與技巧熟識能詳；

第三、社會工作者應當體認社會生活少不掉時空的因素，時空對社會起著建構的作用。因之，社會學家應當熔冶社會學、歷史學和地理學於一爐，才能徹底理解社會生活（洪鎌德 1998a: 147）。

6.7 實用、研究和理論的交融——團隊操作的必要

　　齊特堡認爲把理論當做思辨或冥想（*Spekulation*）的時代業已過去。現代社會理論家必然較經驗研究者，對經驗研究的成果更具有深一層的認識，原因是理論家所作的事情是把收集的工作，加以系統化，他的成績立基於對過去發現的結果底綜合，以及對未來事情的演進所作的預測（Zetterberg 1967:64）。是以現代社會學業已消除理論家與經驗研究者之間森嚴的壁壘，進而填平理論家與從事實際工作者之間深邃的鴻溝。社會學一旦發展到

能夠建立理論的程度，亦即綜合過去研究成績，揭示未來發展方向，則從事實際工作者，可應用此等理論於現實問題的解決（Atteslander 1969:34-41）。從社會學家在行政、工商業、教育、慈善等事業方面所扮演的顧問角色來看，則這一發展已具端倪，社會學顯然將追踵自然科學，求取理論、研究與實用三者的融合。

　　早期社會學的發展，有賴少數思想超邁的天才，作興之所至的遐想來加以推展。今日的社會學的活動，則由社會學家分工合作，各就能力之所及，作有系統的及持續的努力，俾促進這一科學的行程。米爾曼（Wilhelm Müllmann）曾指出：

　　　　早期，吾人在社會學中所遇見的是具有理念的赫赫人物，他們偶然也作經驗的觀察。今日，我們則擁有研究專題的專家所形成的團隊（teams），他們聯合為結實的工作單位，而致力於確立的社會問題之研究，他們偶然也懷有理念（Mühlmann 1957:694）。

　　是以團隊工作（team work）乃爲現時社會學發展理論、推動研究和致力實用所不可或缺的工作方式[20]。

---

[20]關於理論研究與實用等問題，請參考作者所著：1976a《政治學與現代社會》，1976b《社會科學與現代社會》，1976c《經濟學與現代社會》，1976d《思想及方法》（上述四書俱由台北牧童出版社1976-1977出版）與 1997a《人文思想與現代社會》諸書。

第七章　經濟社會學

7.1 經濟社會學的定義和任務

　　一位從事經濟活動的人，總是衡量現有手段與目的之間的大小，企圖以最小的代價獲取最大的報酬，俾其生存得以延續，其生活的供應不虞匱乏，進一步使生活豐富圓滿。例如農夫的種田，廠主的推出新產品，商人的推銷貨物，他們不僅考慮到費用和收益，還想到顧客和零售商，想到業務的聯繫、負有義務的契約、一般交易習慣、衙門的應付，以及他們家庭的需要等等。因此對任何從事經濟活動的人們而言，經濟的行為與社會的關係是不容分開的，更何況經濟行為是錯綜複雜的社會關係底一環。社會的其他活動必待經濟、或民生的問題解決，方才能夠談到。一個社會的樣式和面貌，無疑地受其經濟制度所決定。像西方資本主義的經濟制度，賦予其社會以自由開放的形式，而共產國家的經濟制度，卻賦予其社會以中央計畫與調控的色彩，這些都足以說明經濟對社會制約的關係。

　　既然經濟事實對社會的建構和形成，具有如此重大的關係，

因此，撇開經濟因素的考究，是無法瞭解全盤社會的情況。同樣，我們無法分析整個經濟的現象，而可以不考慮到與此經濟現象相關連的社會部門；特別是現代的社會，乃是建立在分工精細、市場關係複雜、物資和金融、科技、資訊和管理方式廣泛被應用的經濟體系上。經濟社會學（Economic Sociology, *Wirtschaftssoziologie, sociologie économique*）就是應這種需要而產生的一門特殊社會學（*Spezielle Soziologie*）。這個學門的名稱首次在19與20世紀之交，出現在經濟學者與社會學者的著作裡（Swedberg 1996：ix）。

作為特殊的社會學，經濟社會學跨越經濟學與社會學的兩個學門。經濟學將人當做善用理性、錙銖必較、追求自利的「經濟人」（*homo oeconomicus*）看待，其研究的旨趣集中在貨物與勞務的生產、流通與交換之上。反之，社會學把人當成經營集體生活，受到社會勢力左右的「社會動物」（social being）。經濟人是講究理性，能夠按其偏好（preferences），做好選擇（choices），而增大快樂減少痛苦的理性動物。因之，經濟學所設想的人，便傾向於理性決斷與理性選擇。

反之，社會學設定的社會人，固然也充滿理性，但其行為卻也常受非理性的勢力（本性與社會力量）所影響、所支配。韋伯把人的行動分辨為目標合理性（*zweckrationale*）、價值合理性（*wertrationale*）、感情用事（*affektuelle*）和傳統例行的（*traditionale*）四種。只有第一種才是經濟學設定的人類行動。社會學則把四種行動，全部列入其研究的範圍中（Weber 1956, I：17；本書第一章，1.5 節）。

除了以理性和非理性來區別經濟學與社會學對人的行為之假設以外，在方法學方面，經濟學傾向於以方法論的個人主義

（methodological individualism）來處理經濟事項。所謂方法學的個人主義是認爲經濟主體的個人、或社團（公司、行號、企業、工業等）是科學分析的單位，任何集體或社會現象都可以化約爲組成該集體的個別成員之行爲。反之，社會學家（除韋伯之外）都採用方法論的整體主義（methodological holism），視個人的行爲基本上都受到社會壓力（結構）所左右的結果（Boudon and Bourricault 1986：139-140）。

經濟社會學的定義究竟如何？馮維史（Leopold von Wiese 1876-1969）指出它是屬於經濟活動中人們行爲的學問。換言之，人們在講求生存或生活當中，彼此如何行爲的一門科學（Von Wiese 1965：249）。

就學問的關連來說，經濟社會學的職責，主要把經濟現象融化於社會生活當中。從而經濟社會學旨在把特殊社會學，整合於一般社會學裡頭，原來經濟所牽涉的不僅是家庭、社區、社群、法律、統治、國家等關係，幾乎是涉及社會的每一部門。

熊彼得（Joseph Schumpeter 1883-1950）說：

> 所謂的經濟社會學是指涉與經濟有關連的制度之描述與解釋。這包括習慣與一般行爲各種各樣的形式在內。像政府、財產、私人企業、慣習的和「理性的」行爲。至於經濟學則指涉經濟機制之描述與解釋。經濟機制係在既存制度如市場機制中扮演重大的角色（Schumpeter 1989：293）。

史美塞（Neil J. Smelser）爲經濟社會學下一定義。他稱：

經濟社會學係應用社會學的一般參考架構（frame of reference）、變項（variables）、闡釋模型（explanatory models）於一連串活動之上。這類活動所涉及的是有關稀少貨物與勞務的生產、分配、交換和消費（Smelser 1963：32）。

　　因此經濟社會學首先注意到的是經濟活動本身：即這類活動怎樣在角色和集體中結構著？受怎樣的價值所認可？以及受怎樣的規範和制裁所規整？又這些社會變項如何交互活動？其次應注意的事項為：研究在經濟與非經濟的情境下社會因素底關係，例如家庭角色與職業角色怎樣隨同變化等等。

　　史美塞進一步又認為經濟社會學，在於研讀經濟變項與其他社會的──政治的、法律的、教育的──等變項之間的關係。此種關係的研究可分三層來說明：

　　在最具體的層面上，經濟社會學家，應用社會學的標準工具來研究經濟活動中特有的角色和組織。例如：他可以考察某一工業機構（公司）熟練工人的聘用來源，這類工人的就業典型、生活方式和角色格調等；或是探究該機構（公司）的組織情形，分析其地位系統、權力與權威的關係、偏差模式、小集團和上述諸現象的關係（Smelser 1968：500）。

　　在第二層面上，經濟社會學者分析經濟結構和其他結構。例如研究西方工業資本主義所興起的歷史背景，亦即研究環繞在經濟現象周圍的其他制度結構之模式。

在第三層，亦即更抽象的層面上，經濟社會學家把經濟變項和其他的社會變項視為好幾套分析體系，這類體系與具體的社會結構相交接。經濟社會學家係致力於這些體系之間關係的研究。例如經濟體系包括生產者與消費者，他們不被目為特殊的社會結構，不過他們卻在市場的交織下，造成互動的關係。再說經濟支援其他的社會體系，如家庭、教育和專門訓練方面的結構等（*ibid.*, 501）。

在1994年刊行的《經濟社會學手冊》中，史美塞及另一位編者史偉貝（Richard Swedberg）認為經濟社會學簡單地說是「社會學觀點應用到經濟現象」之上，詳細一點的解釋為：

> 社會學的參考架構、變項和解釋模型應用到複雜的
> 活動之上，這些活動包括稀少貨物與勞動的生產、分
> 配、交易與消費在內（Smelser and Swedberg 1994：3）。

當史氏在早期（Smelser 1963：27-28；1976：37-38），提出這一定義時，他重視的是個人與群體的互動，社會結構和社會控制之社會學觀點，但在最近的學術發展中，卻發現社會網絡、性別、文化脈絡與國際經濟變成研究者的重點。因之，有必要修正其早前為經濟社會學所下的定義。鑑於生態的破壞與失衡，以及其恢復與保護成為當務之急，則經濟社會學也應該包括生態學的觀點。是故史丁孔布（Arthur Stinchcombe）也提及：「就經濟生活的社會學觀點來說，重心應該是每個生產方式都是與自然的交接（transaction with nature）。因之，它〔生產方式〕同時是受到社會怎樣使用特定科技與自然交接所決定，亦即社會在自然中的關係所決定」（Stinchcombe 1983：78）。換言之，經濟

活動是在社會與自然的互動中展開，只重社會是不夠的，還要考量自然、或生態所提供的方便與限制。

在粗略地瞭解經濟社會學的定義之後，我們應當知道一項事實：即經濟社會學之有系統地發展成為獨立的科學，乃是「純」理論形成之後的結果。因之，我們不妨討論一下它的演展史。

7.2 經濟社會學的發展史

19世紀以前的歐洲學界，對科學的分工尚不算精密，同時也由於社會問題彼此糾葛，因此當時所謂的「國家科學」（*Staatswissenschaften*），便是包羅萬象的社會科學，尤其是社會學、經濟學和法學的概念和理論，都統屬在國家科學的名義下，由一位學者予以貫穿發揮。就是德國19世紀的「政治經濟學」（*politische Ökonomie*）也是包羅甚廣的社會科學。其後由於個別和具體案件的研究，以求獲得與事實更相符合的知識；並且為了社會科學企圖避免和政治立場相混淆，於是包羅廣泛的大型體系底研究慢慢消失，代之而起的的是科學的分門別類（Fürstenberg 1969a：260；洪鎌德 1976c: 第2、3、5章）。

當人們對經濟過程的功能和流變所持傳統的看法，無從解釋事實上所形成的經驗時，以及經濟理論的架構亟需修正時，經濟社會學的問題和意見便產生了（Fürstenberg 1961：12）。重商主義者也好，重農主義者也好，都曾一度觸及經濟社會學的問題。就是古典國民經濟學的奠基者亞丹・斯密（Adam Smith 1723-1790）的主要著作「國富論」（或譯為「原富」*An Inquiry into the Nature and Causes of the Wealth of Nations,* 1776），無異為一部

帶有經濟政策意味的社會理論，目的在將社會事實與一般社會哲學相印證。可是，其後古典的經濟學家，將經濟學建構為首尾一貫的體系時，他們慢慢擱置經濟社會學的問題，而將這類問題（例如企業家的動機）束諸高閣，當做自明的和超驗的先決條件來看待。這樣便把社會事實的研究排除於靜態的理論之外（而這類靜態的理論又聲言要解答各種現實的，包括動態的問題），遂招致19世紀──一個石破天驚、旋轉乾坤的工業化時代──社會學家的批評。由於經濟的自由主義日漸趨向教條化、僵硬化，於是引起社會學家的不滿。他們配合此時方興未艾的歷史學派，大力撻伐片面解釋人類經濟行為的不當。經濟是受歷史與社會制約的人文現象，乃無可置疑，於是社會學的創立者聖西蒙（Claude Saint-Simon 1760-1825）和孔德（Auguste Comte 1798-1857），便因此與古典經濟學家亞丹‧斯密，以及亞氏在法國的闡述者薩伊（Jean-Baptiste Say 1767-1832）展開論戰。

　　雖然聖西蒙和孔德一開始便充分瞭解這門新興的科學──經濟社會學──的意義重大，但直至1819年以後，他們方才給予經濟的自由主義以廣泛的批評，由之使經濟社會學脫穎而出。他們這類批評與當時亞當‧米勒（Adam Müller 1779-1829）有關經濟的自由主義底批評大致相同。只有一點是彼此相異的，即聖西蒙和孔德不像米勒主張返回帶有幾分羅曼蒂克的早期階級社會裡去，而是企圖把經濟的問題，置入於現實社會的現象裡頭去加以研究。由此，這兩位社會學的創立人乃提出歷史的研究法來，以資對抗古典經濟學的抽象之方法論。這一爭論較之德國經濟學中的歷史學派，如克尼斯（Karl Knies 1821-1898）、希爾德布蘭（Bruno Hildebrand 1812-1878）、羅雪爾（Wilhelm Roscher 1817-1894）的早期方法學論戰，還提早了30年。聖西蒙和孔德的經濟社會學，

由後來日內瓦經濟學者席士蒙地（Simond de Sismondi 1773-1842），加以擴充發揮而益臻完備。席氏於1819年發表其經濟學的「新原理」，此乃構成經濟思想史上首次論及的「危機理論」（*Krisentheorie*）（König 1967：340-341）。

近期歷史學派的方法論戰，係由史末勒（Gustav Schmoller 1838-1917）和維也納邊際效用學派創立人孟額（Carl Menger 1840-1921）所引發。前者主張歸納的方法，後者主張演繹，以研究經濟現象。換言之，史末勒和孟額各視國民經濟的本質，究竟為歷史兼社會學的（*historisch-soziologisch*）學科，抑為一抽象的、形式邏輯的（*formal-logisch*）科學？由於後一觀點的得勝，遂使經濟科學思想方法獲得輝煌的進展，但同時也從經濟學中，剔除了社會學的分析方法。

上述經濟及社會學早期和近期的方法論之爭執，引起了人們的一種看法，即純經濟主義（*Ökonomismus*）的觀念是行不通的。原因是經濟乃是社會構成部份之一，是隸屬於社會；脫離社會以研究經濟現象或本質，是捨本逐末。再說，社會這一觀念，只有從經濟的效用想法（*Nutzvorstellung*）出發，才能夠建立起來。例如黑格爾（George Wilhelm Friedrich Hegel 1770-1831）和馬克思（Karl Marx 1818-1883），便曾視社會為一種「需求的制度」（*System der Bedürfnisse*），社會與經濟是密不可分的。

總之，有關方法學之類的討論，幾乎貫穿了整個19世紀。參與者除了社會學家之外，主要為新與舊的經濟學當中之歷史學派，其結果促成經濟理論的發達。同時，古典的經濟學理論當中，有關人性心理學方面的一些被視為天經地義的公律，也慢慢銷聲匿跡。例如18世紀亞丹・斯密所揭示的「交換的傾向」一觀念，目的在把「交換的傾向」當做人類經濟行為的本性等等。這類觀

念到了這個時候已成為明日黃花。就像個人、社會與文化之不容分割，經濟的基本因素也是彼此互相關連，而不是超越時、空的定項（Konstanten）——非變項。反之，它們是廣泛的社會演變過程中之結果，是一種變項（Variabel）。

然則，反對古典自由主義的經濟理論之學者，逐漸固執其態度，這樣19世紀中，乃成為自由主義與社會主義兩種思潮的相激相盪。一方面倚靠抽象兼邏輯的方法，他方面倚靠經驗兼社會學的說詞，彼此針鋒相對，互不相讓。可是這兩大思潮卻有其共通之處，都是首尾一貫閉鎖的體系，且含有倫理與自然法的基本設準。

馬克思「揭開」一項事實，即現代的經濟絕非「自然的制度」，而是勃興中市民階級的社會情勢（soziale Konstellation）使然底產品。馬氏的批評只對了一半，原因他自己也迷失於羅曼蒂克的社群（Gemeinschaft 又譯為共同體）之烏托邦中。在這種團體裡頭，人被視為「萬有的本質」（Universalwesen）（洪鎌德 1997c：253-289）。他方面馬氏的社會概念與亞丹‧斯密和黑格爾的社會概念，並無絕對的不同。顯然，馬克思是企圖熔化上述各種理論於一爐，俾有效地解釋資本主義的經濟社會。此外，馬氏的著作尚標示為一種社會運動的策略，亦即一種政治的理論。

根據馬克思的看法：不管每個社會發展的階段是前是後，都是建構在經濟的基礎之上。馬氏稱這個社會的基礎為「生產方式」（Produktionsweisen）。「生產方式」是由「生產力」（Produktivkräfte）和「生產關係」（Produktionsverhältnisse）構成的。所謂「生產力」，是指經濟活動中物理性和科技性的安排。「生產關係」乃指人們在生產中的關係，換言之，這種關係在法律中為一種財產的關係。馬克思稱「生產方式」的整體為「社

會的經濟結構」（*Ökonomische Struktur der Gesellschaft*），亦即社會的「下層建築」（*Unterbau*）。社會是由「下層建築」和「上層建築」（*Überbau*）合成的。什麼是社會的「上層建築」呢？馬氏指出：法律的、政治的、宗教的、藝術的等等社會現象皆是。一言以蔽之，凡是意識形態的或觀念的（*ideologisch*）體系之屬，都是上層建築。馬氏接著稱：

> 生產關係的整體構成社會的經濟結構——亦即實質基礎。在實質基礎之上，矗立著法律和政治的上層建築，而這類法律和政治的上層結構乃與某一社會的意識形式（*Bewusstseinformen*）相當。生產方式決然地制約了社會、政治、和精神的生活過程。但並非人類的意識決定其存在，而是社會的存在決定人類的意識（Marx 1947：12ff.；華譯 洪鎌德 1997c：25-26）。

馬氏跟著分析市民社會（*Bürgergesellschaft*）中的小資產階級（*Bourgeoisie*）和無產階級（*Proletariat* 普勞階級），彼此為著經濟利益而發生政治衝突，最後無產階級聯合起來推翻資產階級，而導致資本主義的崩潰。馬克思就從這裡分析政治和經濟的關係。在無產階級和工人覺醒之後，政治勢力不再為小資產階級的經濟利益服務。在這種情形下，政治勢力不但不生作用（functional），反而產生了反作用或破壞作用（dysfunctional）。在這種破壞作用之下，工人階級經由革命而摧毀資本主義。因此在馬氏眼中，一個經濟制度處在蓬勃生長的過程時，政治的安排在於鞏固經濟的體系；及至經濟制度走下坡而趨向衰亡之途時，經濟和政治勢力彼此發生衝突，而這種衝突必然導致整個經濟制

度的崩潰（Smelser 1963：8；洪鎌德 1997b：293-301）。

在民生主義第一講中，孫中山對馬克思有所批評，只是這種批評流於形式與膚淺。倒是沙羅鏗（Pitirim A. Sorokin 1889-1968）指摘馬氏以經濟因素解釋一切社會現象之不當，認為這是一種單元論。蓋忽略了社會生活各種因素的互相依存關係，是以偏蓋全的偏見（引自 謝康 1961）。

在馬克思的影響下，宋巴特（Werner Sombart 1863-1941）與馬克士·韋伯（Max Weber 1864-1920），都致力於資本主義的歷史性系統底分析。至於德國「社會政策研究會」（*Verein für Sozialpolitik*）（洪鎌德 1969a：4；1969b：174），有關經濟問題方面的研究，也算屬於早期經濟社會學的研討。

馬克士·韋伯應用李克特（Heinrich Rickert 1813-1936）有關「理念類型」（*Idealtypus*）的方法，而予以拓展發揮。他認為：

> 理念類型獲自一個或數個觀點（*Gesichtspunkte*）單方面的提昇或強調（*einseitige Steigerung*），以及經由一連串渙散，而毫無關連的個別現象（*Einzelerscheinungen*）之凝集，而此類個別現象，乃附加於被強調的觀點上，由之形成統一的思想形象（*Gedankengebilde*）。這種思想形象的概念，單純性是無法在現實中找得到，它只是烏托邦而已。歷史性的研究工作之課題，厥為在每一個別的案件中，確定這種理念類型與事實之間或大或小的距離，（例如）某一城市必須具有怎樣的經濟性格，方可被視為『城市經濟』云云」（Weber 1924, 1951：191；洪鎌德 1997a：188）。

韋伯這種理念類型的方法，固然有助於科學概念與體系之建構，但容易形成抽象概念的象牙之塔，而與事實脫節。因此關於經濟社會學精確的理論──它是一組純粹的形式底概念體系──必須在假設階段，印證經驗的研究。就如同倭鏗（Walter Eucken 1891-1950）所主張：從理念類型轉換為「實質類型」（Realtypus），對研究的作用會更大。

　　馬克士·韋伯對經濟社會學的另一貢獻為問題的提出（Problemstellung），在有關他那個時代的經驗性研究裡頭，韋伯曾致力於諸如股票市場、農村之脫逸（Landflucht）、工業勞動之動機等等的研究。只是這類研究與他的歷史性和科學性的研究比較起來，對後世影響不大。韋伯較有名的貢獻，為他對現代資本主義產生的社會背景底分析，特別是研究刻苦耐勞的新教，尤其是喀爾文教派對西方資本主義的形成和發展的關係，最為各方矚目（Smelser 1963：15-16；1968：501；Weber 1934；張漢裕譯 1960；張維安 1995：31-36；45-51）。

　　此外馬克士·韋伯認為人事與官僚制度（Bürokratie），提供社會結構以理性的形式，有助於工業資本主義的延續（金耀基1966；洪鎌德 1969d：13）。蓋政治與法律對財產的規範，對金融的規定，對契約的保障，在在有利於工業資本主義的成長。

　　韋伯的後繼者，只集中全力從事歷史兼社會學（historisch-soziologisch）的研究，而忽視了韋伯對當代有關問題的考察，特別是像經濟動態（Wirtschaftsdynamik）的探究等。因此，他們的研究不超過實際行為的微視社會學底分析，也不超過德國「社會政策研究會」所演展出來的一套性質描寫或分類方法。至於全部經濟現象的巨視社會學底分析，仍舊停滯在理念類型所形成的玄

想底泥沼中，而不克自拔，這都是對韋伯學說缺乏了解的緣故。

　　以上所述的經濟社會學演展，是屬於接近國民經濟中的「歷史學派」之說法。此外尚有注重人種學兼社會學的田野研究，如涂恩瓦（Richard Thurnwald 1869-1954 又譯為湯華德）、馬立諾夫斯基（Bronislaw Malinowsky 1884-1942）、費爾士（Raymond W. Firth）、莫士（Marcel Mauss 1872-1950）等人。他們研究自然或原始民族的經濟行為和經濟設施，有助於對整個人類經濟活動底功能的理解，亦為現代經濟制度的社會意義提供一個嶄新的看法。

　　第一次世界大戰之後，德國的社會科學之再度觀念體系化、或再次意識形態化（*Reideologisierung*）使經濟社會學重新陷入兩分化的窠臼中，亦即成為現狀的保護或「衛護之科學」（*Rechtsfertigungswissenschaft*），或為現狀的批判或「反對之科學」（*Oppositionswissenschaft*）。正當某些枝節方面（諸如經濟形式）的研究頗著成效之時，卻有一些社會學的原理仍舊浸淫於歷史哲學的玄想裡。及至納粹黨攫取政權，便徹底壓抑有關當代經濟問題之研究，而僅容忍社會政策或社會史方面，一點有限之社會知識的存在。就在此時，全世界的經濟思潮深受凱因斯（Maynard Keynes 1883-1946）總體經濟思想的影響，而集中注意力於經濟理論的發展。

　　匈裔美國學者柏蘭尼（Karl Polanyi 1886-1994）是1940年代一位重要的經濟社會學家。他認為美國人經濟問題可以大半解決，假定他們能夠放棄以市場為導向的經濟思維。美國人過時的經濟觀，把物質利益與市場看作經濟的核心，這是「經濟學家的謬誤」（economistic fallacy），而忘記經濟附屬於社會，經濟活動是人類社會活動的一環，人們必須採取整體的與人本的觀念來

看待經濟（Polanyi 1971：59-77）。

在第二次世界大戰期間所出版的《大轉變》（1944）一書，柏氏不只反覆說明市場觀念的落伍失時，還進一步以歷史演變的眼光來看待市場心態的變化。英國1834年貧窮法之頒佈，使自由的勞動市場得以建立。這種沒有規範的勞動市場之出現，對英國工人階級的損害是難以估計。事實上，允許市場機制的自由操作，無異讓市場變成指揮與操控人類的命運，其最終的後果會使保護人民的文化制度虛廢、犯罪、飢餓變成橫行，社區與景觀的破壞，河川汙染、軍事安全堪慮，最終導致社會解體（Polanyi 1944: 73）。19世紀的歐洲便是市場自我規範力量的展示，是獨立於國家之外的經濟活動，人們無力阻卻市場活動的浮濫，卻造成法西斯的崛起與第一次世界大戰的爆發。

柏蘭尼概念上的更新與貢獻表現在1950年代中期哥大其同事編輯《早期帝國的商務與市場》（1957）一論文集，其中題為＜當成制度化的經濟＞的一篇文章，首先引進入經濟有所本、有所依據，「嵌入」（embeddedness）的字眼，對後世影響重大，他說：

> 人類的經濟是....有所本、有所依據，也就是嵌入、嵌進（embedded）與羈絆（enmeshed）在制度中，這些制度有經濟的、也有非經濟的。在非經濟的制度包括在[經濟活動中]內是非常重要的，對經濟的結構與活動而言，政府與宗教的重要性，不亞於貨幣體系和使勞動減輕痛苦的工具機器（Polanyi, Arensberg and Pearson 1970: 250）。

柏蘭尼分辨經濟意義的形式與實質的不同。前者為經濟學家以合理的行動來分析經濟，只取得經濟的表面，是浮表的與錯誤的。後者則為制度上看得見，而集中在解決民生問題的社會活動之上。經濟活動包括「相互關係」（reciprocity）、「再分配」（redistribution）、「交易」或「轉換」等等。要之，柏蘭尼認為不可把經濟簡化為市場，看成為市場的機制。就是市場本身也「嵌在」社會當中。

自1945年以後，西德有關經濟社會學的研究顯得分散零亂，除一般問題的討論之外（計有下列社會學家：Hans Albert, Gottfried Eisermann, Walter Jöhr, Woldemer Koch, Friedrich Lenz, Gerhard Mackenroth, Gerhard Weisser, Werner Ziegenfuss, Friedrich Fürstenberg），關於個別問題的研討，似乎不如以前踴躍。及至施默德（Günter Schmölder 1930- ）倡導社會經濟之行為研究，於是經驗性方面的考察，諸如財政社會學（*Finanzsoziologie*）以及企業的決斷等事實，開始步上研究的正途。

在法國方面，有關經濟社會學的考究，深受涂爾幹（Émile Durkheim 1858-1917）方法論的影響。除了方法論之外，涂氏最大貢獻厥為社會分工的研析。

早在1890年代中期，涂氏便把經濟社會學（*sociologie économique*）引進到他所主編的《社會學年鑑》（*Année sociologique* 1893-1987）裡，當成一個特別的部門來處理。由於他倡導的是方法論整體主義，所以對經濟學界大量使用方法論個人主義不很欣賞。他曾多次表示，經濟學應當被社會學所收編，而成為社會學的一個分支（Durkheim 1970: 103; 151）。原因是他把經濟學當成為太重玄思，充滿了形而上學的學問。他說：「政治經濟學……是一種抽象的和演繹的科學，其注重的〔方法〕不是對實在的現

象，而是建構或多或少理念〔的模型〕，蓋經濟學家所討論的人，是體系內自私自利之人，是個理性的小人物，也是一個捏造的人物。我們所知的人卻是一個複雜的、真實的人、受到時空的制約，屬於某一國度、某一家庭、擁有宗教信仰和政治信念的人」（*ibid.*, 85）。

在其名著《社會裡的分工》（1893）中，涂爾幹矯正經濟學家的偏頗，把社會分工只描寫爲創造財富與提高效率的工具，其實社會分工尚具有更廣泛的功能：使社會凝聚與產生連帶關係的手段。這就是社會由早期機械性的連帶關係，發展爲當今生機性的聯帶關係之因由。現代人的權利與義務之交織，而造成人人之間的相互依存（interdependency），係由社會分工所促成的。工業社會中經濟的突飛猛進與社會規範進展的緩慢，造成重大的落差，這就是「脫序」（*anomie*）的現象。對現代社會產生解體因素固然包括脫序在內，也包括人們對經濟活動給予太大的比重。對涂氏而言，社會凝聚的力量，並非來自經濟，而是來自於道德。爲了補偏救弊，他主張商業與工業組成專業團體而滲透到社會各部門，藉由儀式、慶典和其他機制增強社會的團結與連帶關係。

涂爾幹的學生蒲格烈（Charles Bouglé 1870-1939）和辛米讓（François Simiand 1873-1935），曾主持涂氏所創刊的《社會學年鑑》中有關經濟社會學的部門，貢獻至巨。其中辛米讓藉經驗統計的方法，考察報酬與金融問題，尤具卓見（謝康 19: 105-106）。辛氏指出，即使人們在經濟範疇中，一般而言，所追求的是自利。可是進一步加以具體的解析，我們不難發現，就是個人想要追求自利，也得配合經濟發展的情勢，而這種經濟一般的趨勢卻是社會的現象。因此，求自利者仍必須考慮到整個社會的共富共榮。此外，霍伯契（Maurice Halbwachs 1877-1945 應音

譯阿爾布瓦希）著重於家計之探討。莫士注意原始民族交易行為的考察，都有卓越的成績。當前法國社會學家集中於勞動之研究（如 Georges Friedmann 及其學派），另外有人（如 Jean L'homme 及 Jean Weiller）也從事經濟有關的廣泛問題底提出。

英倫有關經濟社會學之研究，係由倫敦政經學院（London School of Economics and Politics）主其事，側重民族學與社會學。此外尚著重社會史的探究。他們頗受德國移入的社會學家曼海姆（Karl Mannheim 1893-1947 又譯 曼漢），及羅偉（Adolf Löwe）等之影響。

在美國則由韋布連（Thorstein B. Veblen 1857-1929 又譯為韋布倫）肇其端，他討論到古典經濟學的「先決條件」，兼考察美國資本主義的社會結構。此外有人從事經濟行為的動機之研究（如 Z. C. Dickinson, William F. Whyte, A. Lauterbach）。因為人們向來便知道，人類的經濟行為斷非自利（*Eigenuntz*）一項所能左右，而是受其他一連串的想法、看法所影響，諸如社會的公認、或表彰底追求，此類追求與各該社會的層化之種類攸關。關於這方面的觀點之考察，近時的工業與企業社會學，都曾留意及之。事實證明祇以報酬（薪水）作為工人勞動的激發物（incentive）是不足的。反之，人們必須考究企業的社會組織和地位系統（*Statussystem*）等有關問題。此外在美國帕森思（Talcott Parsons 1902-1979）、穆爾（Wilbert Moore）以及史美塞則致力於討論經濟與社會之關連，從而拓展經濟社會學的一般理論（Smelser 1968: 501; Parsons and Smelser 1956, 1966）。

在舊蘇聯和過去東歐共黨世界中，一度勃興的馬列主義的底社會學也討論經濟與社會的問題。不過在共黨教條中只能奉馬、列的思想為圭臬，而排除客觀的研討。具體地說，在共黨世界中

經濟社會學和經濟學是溶爲一體，名爲「政治經濟學」（*politischeskaya ekonomiya*），亦即不容許經濟社會學單獨的存在（Puschmann 1969: 345-351）。

目前經濟社會學的研究所遭受的困難，一方面爲渙散的細節研究，與體系形成的假設建構之間缺乏連繫；他方面歷史兼個別研究法，同比較兼典型化研究法，以及同非歷史性兼公準的研究法之間的相互競爭，乃至彼此排斥，而造成方法學的紊亂。因此關於經濟社會學定位的工作（*Standortsbestimmung*）至爲重要，因爲經濟社會學常與鄰近的社會科學發生界限不清的混淆。所以目下有系統性的經濟社會學者著作畢竟較少。反之，討論經濟理論或經濟政策而非體系的論述較多。

總之，在經濟社會學的發展史上，除了個人學者的貢獻之外，基本上幾個學術傳統的影響。其一爲經濟學者方面的貢獻，其二爲社會學者方面的影響。後者方面又分爲德國經濟社會學（1890-1930）、法國經濟社會學（1890-1930）和美國「經濟與社會」（1950-1970）三個傳統，加上美國最近的新經濟社會學（1970至今）才銜接早期的社會學研究，重振經濟社會學的雄風（Swedeberg 1996: 1-26）。

7.3 經濟社會學與鄰近科學的關係

經濟社會學一如其它的科學，係受到科學的三個基本條件所制約：即問題的提出、考察的對象和研究的方法，考察對象和研究方法是與鄰近科學共通的。至於經濟研究的範圍所包攝者，計有經濟理論、經濟政策、經濟歷史、經濟地理、經濟法律等等。

所謂嚴格社會研究的方法學，則指應用社會心理學和社會統計學而言。經濟社會學與其他科學主要分別的所在爲其問題的提出。換言之，就在問題的提出方面，使經濟社會學成爲一門獨立不阿的科學。

關於經濟社會學與經濟理論的關係，一直是聚訟紛紜，莫衷一是。一般說來，共有三種看法。一批重視經濟生活形象與結構的層面之學者，視經濟理論和經濟社會學爲同一物，其主要代表人物爲宋巴特。宋氏稱：

> 若是社會學被視為人類共同生活的科學，而經濟所牽涉的正是人群的共同生活，那麼經濟學無異為社會學…。經濟社會學家為經濟理論家，以有別於經濟經驗家、或經濟歷史家。況且所有的經濟理論毫無例外地屬於經濟社會學（Sombart 1930: 11-12.）。

同樣地，韋舍（Gerhard Weisser）也把經濟學看成爲特別的社會學，原因是經濟的利益是派生的、間接的；因此世上並無經濟活動獨立的範圍，經濟活動總是附麗在社會活動之上。

帕森思的看法與此大同小異，他曾試圖把經濟理論，置入於社會的理論體系之中。他的目的在建構一套「行動的一般理論」（general theory of action），俾能包括整個社會學的總範圍。

對上述觀點持有異議者有寇赫（Woldemar Koch）氏。他認爲經濟理論凌駕於經濟社會學之上，原因是經濟理論已發展至相當精微的地步，而經濟社會學卻處在起步學走的境界，自感落後。不過經濟理論與政治社會學同爲「理性的社會學」（*rationale Soziologie*）之一環，而理性社會學乃爲一廣包且具有更高價値

的社會學。

　　與上述二種觀點均不同的，是另外一派社會學底看法。他們不以爲經濟活動的社會學觀點必須與經濟理論相提並論，也不必高於或低於經濟理論。他們更不贊同馮維史區別兩者異同的方法。馮氏指出：經濟理論探討之對象爲「人與事物的關係」（*Mensch-Ding-Beziehungen*），而經濟社會學則涉及「人與人的關係」（*Mensch-Mensch-Beziehungen*）（Von Wiese 1956: 248）。其實即使是「人與事物的關係」，也構成社會學研究的目標，而不僅限於「人與人的關係」。再者，馮維史認爲經濟理論是假定「經濟人」（*homo oeconomicus*）作爲「理念類型」（*Idealtypus*）來加以考察，因此它所涉及者無非是模型之類的東西。反之，經濟社會學所研究的，卻是從事經濟活動的人底事實上之行爲（*tatsächliches Verhalten*），是一種「實質類型」（*Realtypus*）。因之，經濟社會學特別重視個體（自由主義）經濟與集體（社會主義）經濟的對立（Von Wiese 1956: 248, 249）。

　　我們可以確定的是當代的經濟理論，和社會學的研究彼此分開進行。不過爲求取進一步的知識，這兩者——經濟理論和經濟社會學——實有密切合作的必要。雖稱合作，但無需融合兩者爲一體。我們僅能希望不久的將來，人們可以發展出一套廣泛的社會學理論來，能夠包含經濟生活的諸樣相，進而闡明經濟與社會的關連。當我們將經濟理論與經濟社會學作一個比較之後，至少可以獲得兩者根本上不同之點。

　　理論的國民經濟學集中其視線於一個基本問題之上：理智的經濟活動如何可以用理論來解析？這時分析的重心係放置在模型之上，該項模型的論據則爲公準的陳述，在這個模型的範圍內，數量的功能關係是導引自有限的變項。因此經濟理論的基本方

法，就是孤立的、抽象的，只藉分析陳述的精確賴以建立，但同時卻與可被感受的現實，保持一段距離。經濟理論的首急之務，係在理想的經濟行為之前提下，描述經濟活動經過的情形。從這些經過情形中，獲取經濟措施的結論。在形式上，經濟理論具有與機械性的技術結構相似的性質。這種類似技術的關連在實際的經濟活動中出現的程度，決定了經濟理論的知識之應用可能的大小。

與此不同的是經濟社會學的基本問題。它所研討的對象是經濟過程實質的呈現樣式（*Erscheinungsformen*），這種樣式表現在社會關係當中，或影響社會關係的形式。經濟社會學不像經濟理論倚賴數學的模型，而是倚賴建基於現象之上範例型的結構分析和功能分析（*Struktur- und Funktionsanalyse*）。就算是有關數量的分析，也是以社會影響因素為主。因此在經濟社會學中，無從把「資料」與「問題」強行分開。

雖然經濟社會學和經濟理論有上述的分別，可是它們應該密切合作，俾獲取更大的研究成果。經濟理論必須先找出每一個理性行為的「偏差」（*Abweichungen*）來，然後才能夠塑造嚴格理性的經濟行為底模型。就在經濟理論描述這類抽象的功能底關連下，它能夠藉假說之提出，而豐富社會學研究的內容。反之，經濟社會學對經濟理論也有所幫助，就在解決問題時，即在聯繫理論與實務之際，提供貢獻。其方式計有左列數種（Fürstenberg 1961:10）：

1. 以變項（*Variabel*）所具有的社會重要性之大小為斷，來加以選擇，並建構模型；
2. 在分析模型中變項的功能關連，俾獲取社會學對社會反應

方式的認識。例如應用社會學的方法，來分析消費者的行為，俾有利於景氣理論的架構；

3.藉經驗中獲取的社會事實之印證，而考驗理論所具有的陳述價值；

4.應用知識社會學有關意識型態（*Ideologie*）或教條（*Dogma*）的批判，以瞭解經濟理論的真義。

以上爲經濟理論和經濟社會學歧異的所在。至於經濟社會學和經濟政策的分別，比較顯明。經濟政策係講究經濟理論應用於社會事實的手段或方法。經濟社會學則不以直接應用、直接改變或形塑社會事實爲首急之務。反之，它是提供可被驗證的知識。只是研究者在分析社會問題時，由於親自接觸事體，而混淆了理論和實務的界線。在此情形下，結論的陳述價值是有限的。就長期的觀點而言，一個成功的經濟兼社會政策，是不可與立基於僞社會學底主張之上，且帶有意識形態色彩的一廂情願相提並論。經濟社會學家爲經濟政策和經濟社會學的益處，而保特本身在社會公眾前的地位，並力求保持最大的客觀性。

就方法學的觀點而言，經濟社會學和經濟史，一度界限不明。原因是一批喜用歷史材料爲研究主題的學者，忽視了這兩種學科的分野，而將經濟史視爲經濟社會學。事實上，經濟社會學所追求者爲具有一般性效準的陳述，而有異於經濟史之重視個別事件的前後關連之描寫。固然在經濟生活中的社會事實之具有歷史性是不容否認，否則，必導致與事實不相符合，甚而違背事實的形式陳述來，不過我們不能因此而抹煞經濟社會學和經濟史的不同。

經濟哲學的部門，比較少有人問津，因此它與經濟社會學也

不致有太多的瓜葛。雖然如此，在所有社會學的部門中，都能夠找出哲學的影蹤。尤其是形而上學和倫理學的影響，較爲顯著。具體地說，當社會學在考究某些行爲模式，事情的演變或制度等等的「本質」（*eigentliches Wesen*）時，或是求取這類事實的「意義」（*Sinn*）時，必須要以某一現存的「價值秩序」（*Wertordnung*）爲衡量標準，此時便容易滋生玄學與倫理學的困擾。因此，就算是要解釋本質或意義的問題，也應力求觀察得到的事件和關連作一客觀的描述，或是一開始便指出意識形態和信條的所在，俾作相關的解析。

　　以上爲經濟社會學和經濟科學有關部門的比較。至於經濟社會學的本身，我們還可以進一步區分爲更小或更專的駢枝，像職業社會學、勞動社會學、組織社會學、工業社會學、企業社會學、工廠社會學（Smelser 1963:33）、財政社會學和稅務社會學等等。

　　要之，經濟社會學脫胎自主流派的經濟學（mainstream economics），因之，它與主流派經濟學之同異可用**表**7.1略爲說明。

表7.1 經濟社會學與主流經濟學的比較

比較項目 兩種學門	經濟社會學	主流經濟學
行動者的概念	行動者受其他行動者的影響，他本身是群體與社會的一份子，除擁有理性，還重感情與慣習；注重共同價值（目的）。	行動者也是受其他行動者的影響（方法論個人主義），不過具有獨立自主的理性，可以獨立判斷、行動、選擇；注重有效的手段。
經濟行動	使用經濟行動的各種類型，包括理性的行動；合理性是一種變項（variable）。	所有的經濟行動都被假定爲合理的；合理性是一種設準（assumption）。
對行動之限制	經濟行動被資源短缺所限制，也被社會結構及意義結構所限制。	經濟行動只被個人的嗜好與資源、或科技的短缺所限制。
經濟與社會之關係	經濟爲社會不可分的一部份；社會成爲基本的參考項。	市場與經濟爲基本項目；社會被視爲「既存」（given）的事物。
分析之目標	描述與解釋；殊少預測。	預測與解釋；殊少描述。
使用之方法	各種方法。多指歷史與比較方法；資訊由分析者所產生。	形式的，特別是數理模型的建構；不常引用官方的資訊。
知識的傳統	馬克思、韋伯、涂爾幹、帕森思、史美塞；古典作品不斷的詮釋。	斯密、李嘉圖、穆勒、馬歇爾、凱因斯、薩繆遜；強調目前理論與研究成績。

資料來源：Smelser and Swedberg 1994: 4; Swedberg 1996: 經本書作者重加修改。

7.4 經濟社會學研究的對象和範圍

依據奧國教授傅士騰貝（Friedrich Fürstenberg 1930-）氏的看法，經濟社會學研究的課題計有下列四組問題（Fürstenberg 1961:20-111;1969a: 268-291）：

1. 經濟行為的決定因由（ *Bestimmungsgründe des Wirtschaftsverhaltens* ）；
2. 經濟生活的社會結構（ *Sozialstrukturen des Wirtschaftslebens* ）；
3. 經濟動態與社會結構（ *Wirtschaftsdynamik und Gesell-schaftsstruktur* ）；以及
4. 有關經濟的秩序模型之意識形態批判（ *Ideologiekritik wirtschaftsbezogener Ordnungsmodelle* ）。

茲詳細分述如下：

7.4.1 經濟行為的結構

自亞丹・斯密和穆勒（John Stuart Mill 1806-1873）以來，經濟學家總是假定人們在經濟活動中的行為，合乎理性，因而提出「經濟人」的概念來。

所謂「經濟人」，乃是指遵循經濟的理性，而不受其他因素

影響行事的人。此為自由主義盛行的時代，經濟學家的口頭禪。後來曼徹斯特的自由主義（*Manchester Liberalismus*）勃興，遂將經濟的理性易之為經濟的利益。於是經濟人便成為追求本身的利益（且是最大利益），並擁有自求多福的權利的人。及至自由放任（*laissez faire*）政策的經濟原則施行，便確認個人能夠藉其理性，以競爭的方式來追求本身的利益。蓋每個人都知道自己利益的所在，而會作最有利於自己的打算。再說每個人如果能夠獲取最大利益，就無異整個社會都得到了最大的利益。原來當時的人主張：個人與個人之間的利益並不相互衝突排斥的，而是彼此協調融通的（施建生 1963:17）。這種自由主義的思想，推到極致，便會發生種種流弊，特別是這種自由放任各行其事的經濟兼社會政策，導致了失業與階級鬥爭的惡果，並形成嚴重的社會與經濟危機。馬歇爾（Alfred Marshall 1842-1924）遂指出：這種「經濟人」只是便利經濟科學的研究，而遠離道德與倫理的控制，其結果只是一個自私自利的人。事實上的人則必須顧慮其家庭的幸福，從而其經濟行為，不單蘊含利己的初衷，也包括了利他的動機（Marshall 1907）。

關於「經濟人」這種理性的原則推到極致，就是邊際效用學派的「選擇行徑」（*Wahlakt*）。可是這類脫離事實的假想或理論模型，只有藉經濟社會學的落實化與具體化來加以補正。原來傳統經濟學中的理性原則，是假定個人必能認清：何種手段會達成何種結果。但現實的人在某一具體的情境中，卻難毫無偏差地做此種理智的抉擇。這是賽蒙（Herbert A. Simon）氏分析後得到的結論（Simon 1954:104）。

事實上，經濟主體（人或法人）的行為是由於與情境（*Situation*）發生交接折騰後的結果，而此類情境無疑地又受到

社會因素所決定。換句話說在這種情境中經濟主體與其他經濟主體有一互動（*Interakion*）的關係。這類互動又非事先可得預定或預測者。這表示有關經濟過程的實際描述，乃是必須與具體的情境分析連結在一起。只有當這種分析業已備妥，方才可以提出可供各個事例引用的決斷模型來（Fürstenberg 1969a: 270）。

顯然，從事經濟活動的人們底行為，乃為其主觀的態度與客觀的情境交互作用的結果。這類行為的展現並非自主自發，而是與個人在某一群體中的社會底角色之遂行攸關。換言之，從事經濟活動人們底主觀態度，繫於其「動機結構」（*Motivationsstruktur*）之上。

所謂動機結構乃是指：個人在目標取向下（在某一目標的指引之下），行動的推動力及其呈現的模式（pattern）；且這種推動力在長期中乃呈現穩定性而可資識別。每人從事經濟活動的目標常是不同，有人追求社會的地位，有人追求名利、或表現本身的才幹等等，不一而足。儘管動機結構是心理學的概念，可是它不僅表現於態度，而且也在社會的行為模式中流露出來。因此不僅是全社會價值，藉著社會化或教育而潛藏於經濟活動的人們底下意識中，就是某一階層社會的價值觀，也使從事經濟活動的人們潛移默化。由於動機結構一向是穩定而少變化的，因此從事經濟活動的人群，在面對一連串的目標以定取捨時，常可以不假思索而遽作決斷。再則動機結構並不常是合乎理性，反之卻常受偏見或其他激情所左右，且常是變為老套習慣的行為。

無疑地，經濟的行為是與情境牽連（*situationsgebunden*）的行為。情境的挑戰性表現在直接發生關係的個人或人群（買者與賣者，生產者與消費者，僱主與僱工等）交互關係之上。有時則表現在財產的分配、收入的分配、市場影響的傾向等等社會結構

之上。情境固然可使經濟主體瞭解或體會，但常有主觀看法與現實情況不相配襯、不相符合的情事發生。經濟行為的分析底起步，是要瞭解決斷過程（*Entscheidungsprozess*）。蓋每一經濟活動不啻為一決斷過程。然則由於經濟主體不可能無所不知或未卜先知，因此，決斷過程是難免滲入非理性的因素，其結果無法作出完全合理的決斷來。只有當經濟主體能夠徹底控制環境時，方才能夠達到百分之一百的理性決斷。因之經濟社會學有關經濟行為的研究，不以個人為起點與終點，而是討論超個人以上的群體彼此的關係與實際的行為。此種行為係建構化於經濟的社會關係之上，從而與規範或制裁發生關連。此種行為建構化深淺的程度，是以各該社會統治結構作為依據。由是經濟社會學有關經濟行為的分析，就得涉及此等現象，以及此等現象對經濟生活的影響。

7.4.2 經濟生活的社會結構

每一個社會裡，總有一連串屬於經濟性質而又反覆出現的經常性任務，此類任務有賴制度——社會規範——的作用來加以完成。屬於這類組織較嚴密的經濟生活底基本前提計有：分工（根據從事經濟活動者的功能而作的分殊），貨物與勞務交易的組織、組織的衡量標準和分配的原則等等。

分工雖屬於經濟兼技術性質的社會現象，但分工的程度卻反映了社會的價值系統和社會的組織形式。分工的現代樣式決定了勞動與職業的生活，並用以衡量工作的績效。分工的現代樣式，無疑地是廣泛的合理化程序（*Rationalisierungsprozess*）底結果。所謂合理化乃是為增加生產效果，而將生產因素符合目的地加以運用之經濟活動。嚴格地說，國民經濟中有系統的合理性努力之

出現，係在工業化已趨積極階段之時。這是指生產因素、特別是勞動力，不在一時之間徹底耗用淨盡，而是藉科學的指導，有計畫將這類生產因素投置於生產過程中，俾獲取更高更大的效果。

其次，談到交易組織（*Tauschorganisation*）以及貨務（貨物與勞務）交易有關的評價標準（*Bewertaungsmassstäbe*），此本為經濟理論研討的主題。根據文化人類學所獲得的資料來加以研判，原始的民族的貨務交易是強烈地儀式化的，即貨務交易的過程係藉象徵性的符號來表現（衛惠林 1968:214）。現代社會貨物的交易則是依賴金錢為媒介，而使交易成為合乎理性的事體。作為交易的媒介與價值衡量的標準底金錢，無疑地是人類最偉大的社會發明之一。原因是金錢成為交換（易）者動機和目標最普通的象徵（Simmel 1900：19; Gerloff 1952）。

經濟主體在從事貨務交易時，並不是處於孤立無依的狀態中，而是在廣泛社會的「關係場」（*Beziehungsfeld*）裡進行的交換行為。這種關係場即一般稱呼的市場。

馬克士・韋伯給市場下一個定義，即：具有交易興趣的人（*Tauschreflektante*）競求交易機會（*Tauschchancen*）之場所（Weber 1964, I:58ff）。在經濟生活中市場具有取向和統合的功能（*Orientierungs- und Integrationsfunktionen*）。蓋對從事經濟活動的人群而言，市場提供貨物與勞務價值的訊息，也就是藉著價格的作用，使需要與供給發生連結而形成交易的關係。因此經濟社會學對市場結構的變動乃特加留意。譬如有關市場的形成、擴大、交織、控制和消失等結構的變動，便有詳加研究的必要。

另外一個有關經濟生活的結構最重要之問題，是指「分配的原則」。每一社會中，對於貨務的佔有和利用底方式是不盡相同，而是隨社會結構的不同而變化。在這類分配的問題當中，最重要

的是對經濟財所佔有的財產關係。由於西方國家私有財產制度的存在，使從事經濟活動的人群獲得法律的保障。在法律許可下，個人與團體獲得經濟活動的特定範圍，從而激發他們對經濟新構想的提出和本身負責任的精神。不過對於無法任意擴張的財貨的持有，容易造成持有人在社會上的特殊權勢，而形成壟斷或獨佔的地位。因此對生產資料的佔有，乃構成社會和政治的問題。例如對生產資料無從持有的人，只好以勞工身份而被僱傭，並成為財產特有人的倚靠者。是以這類財產形式屢遭歷來學者的批評。

　　與此相關的改革措施，見之於私有財產權的限制、或公營事業的興起。在比較高度發展的經濟體系中，我們不難見到財產形式和財產結構有日趨分歧的傾向。事實上與財產關係相連的社會問題，乃為社會的權勢地位（*Machtposition*）、或在一社會中的壟斷地位。改變財產關係並不能消除這種權勢或壟斷的地位。原來人們乃是藉著自立（獨立）或僱傭（非獨立）的勞動關係而獲得報酬，藉著報酬以參與經濟活動，獲取貨物與勞務。因此所得的分配底社會意義是非常重大的。蓋所得不僅反映個人對貨務的不同需要，同時也顯現個人的生活情況和社會地位。經濟社會學有關所得分配研究的重心，係置於工資的決定或形成（*Lohnbildung*）和勞工市場所發生的事上。在勞工市場上不僅是貨物及勞務的交易，尚且是分工繁細的經濟過程中人際關係。它不僅使經濟活動的人群得以統合，而且也決定了彼等的生活情況。影響工資形成的社會過程中，不僅包括有制度化的範圍秩序——如勞工法、社會法等——同時還有大型社會團體——如工會——的介入。因之勞工市場上交易對手的關係，已不限於經濟性質者，而是攙入制度化的規範，傳統的行為規則以及自動自發的行為等。如前所述，在經濟活動中活動的人們並非孤立無援，而是在

社會的關係結構裡，與其他的活動主體發生複雜的關係。

　　經濟生活最重要的單位有家計（以家庭為單位的經濟活動）、企業組織和國計（國家的財政收支）以及經濟底壓力團體（工會、商會、農會、漁會）等等。其中尤以企業之成為財政上和法律上獨立的營利團體，對經濟生活的影響至深且鉅。經濟社會學在這一方面研究的重心是分析企業的內在結構，以及其獨立的生產單位（Fürstenberg 1967）。當然經濟社會學也留意家計、國計和經濟團體等所牽涉的問題。

7.4.3 經濟動態和社會結構

　　一國的經濟結構是隨著社會變遷的過程而變動。此項過程一方面表現在經濟強度方面定期的變化（景氣），他方面則形成為長期性的成長過程。

　　游欣生（Reimut Jochimsen）為市場經濟的發展階段提供三個衡量的標準：（1）經濟活動的水準（可被視為全部生產出來的貨務之總成績，亦即國民總生產量）；（2）在衡量營業與家計所牽涉的市場關係下，這類經濟活動統合的程度；（3）貨物供應給國民的比例或程度（Jochimsen 1966:88）。經濟社會學在分析：不同的經濟發展水準之間底影響關係，以及每一發展階段對全社會結構的影響。我們且以工業化過程為例做一具體的說明。

　　早期人們便知道生產水準、供應程度和經濟統合，不可能由市場的現象直接來加以解釋，而是認為生產力的發展和社會結構的變動發生基本上的關連。馬克思曾指出社會的組織程度和貨務

之間交互適應的情形，只能從物質和技術的因素（生產手段）、社會制度（生產關係）以及全社會盛行的文化關連體系（上層建築）底依存關係（*Interdependenz*）來加以說明。

從農業社會轉型為工業社會是需要充足的社會條件的。具體的說，只有當部份從事農耕的勞動力自農村解放而轉投入工業部門時，工業化方才有起步的可能。此中的原因無他，係由於死亡率的降低和出生率的抬高而使人口增加。此一部份被解放的勞動力藉社會遷移性的作用，由農村而湧入城市，並為工業生產機構所吸收。工業生產手段的結合有賴於技術發明（機器）、適當資金的運用和市場銷路的打開。達成工業化所需的社會先決條件是相當複雜的。它與發明家和企業家的行為模式（動機和紀律）有關，也與勞動者追求報酬、成就或昇遷有關。此外，社會的基本設施（*Infrastruktur*）——經濟發展所需的社會基礎——也是必要的。例如規範經濟活動的法律之穩定性、便利貨務交易所需的交通和傳訊工具之建置，發揮國民勞動力所需的教育和訓練之推行等等。

在工業化的最初階段中，如果隨著社會變遷而產生的經濟情況不穩定和混亂時，那麼在工業化次一階段中，趨向穩定的因素便會逐漸佔上風。這是由於在生產力擴大下，人口增加漸趨緩慢所致。此時隨著生活程度的提高，大眾對消費品的需求也與日俱增。其結果又促進更新更大的工業性生產方式之採用。跟著市場的擴大和交織，乃有多餘設備之建置，以增進經濟的效能。到了這個時候，有關經濟方面的法律之演展、教育與訓練機構之擴充、交通和電訊傳遞之興建，乃至包羅各階層利益的社會政策之釐訂，在在顯現其重要性；就是政治的和文化的領域中，也可以體會到這類結構的動向。在進步的國家中，工業化的第三階段，最

典型的特徵爲政府廣泛的措施，俾有計畫地促進經濟的成長，並促成全社會的統合。勞動與經濟機構之大量採用自動化原理和設備，導致社會政策性的活動。在這種高度理性化而又極端分殊的過程中，經濟活動之間的相互關係，以及經濟活動與社會活動的過程之間的依存關係至爲明顯。從而產生了經濟事項中社會統合的問題。

我們再以汽車工業爲例，來加以說明。關於大量製造汽車所需的技術和企業組織之類問題，早已獲得解決。一般市民對汽車的需要也相當大。照理說汽車的大量生產和大量供應不成問題才對。可是事實並不盡然，原來與汽車相關連的事物，如人們的生活習慣（有人喜歡「安步以當車」）、道路是否寬大平坦、汽油供應是否不虞匱乏的問題，首需解決。而這些問題又和國家財政是否寬裕，自然蘊藏是否豐富、對外貿易是否發達等等牽連在一起。由是說明經濟任何一部門，都和社會其他部門息息相關。

不僅經濟成長的過程，作爲經濟社會學研究的對象。就是經濟落後的現象和影響因素，也值得經濟社會學家的注意。此類問題屬於發展地區社會學研究的主要目標（Behrendt 1965; Eisermann 1968）。發展地區的國家之經濟落後乃是受各該社會結構內在與外在力量所形成的。經濟的欠缺發展，與社會生活的其他部門之落後有關，特別是與社會的權力與統治運用關連密切。其結果，經濟生活常與規範性事物（價值態度、組織形成等）混在一起；而阻礙了理性經濟活動的展開。在此種情形下，經濟的落後只有隨著其他社會生活的改善，特別是現代化而求克服。發展地區經濟落後所產生問題的嚴重性，卻不可使人們忽視了工業高度發達國家某些地區或某些經濟部門的病態。需知在經濟結構的變動中，總有部份的人口或職業群體遭受奚落，乃至遭受損

害，因此經濟社會學，對於經濟生長率高的地區所產生的結構問題和適應困難，也有加以注意的必要。

7.4.4 有關經濟的秩序模型的意識形態之批判

由於經濟生活乃是一種合乎目的性手段的應用，俾以最小的手段達成最大的目的，而滿足人類的慾求。因此經濟社會學家自來便討論經濟活動過程中的結構及其變動。不過我們知道任何經濟行動，背後總蘊含特定的目標想法和價值想法（*Ziel- und Wertvorstellung*），它們構成了社會秩序的模型。

影響當今經濟生活的秩序模型（範式），無疑地是19世紀以來社會的意識形態（*Ideologie*）。意識形態是一種思想與信念的體系，它在法國大革命時，曾經簡化為自由、平等、博愛的口號。其後因為重點投置的不同，而衍變為自由主義、社會主義和階級保守的思想。

在自由主義的秩序模型中，經濟活動的中心觀念為自由。這種自由的觀念底實現，有賴從事經濟活動的人群從政府的干涉和束縛之下，獲得徹底的解放。亦即讓人們在經濟範圍中，自由活動，自求多福。在自由主義思想的瀰漫下，這種自由的要求，俾個性得以發揮的想法，是與社會演展過程之自我調節的觀念攸關的。自由主義實現的基礎，在於堅持法治和市場經濟足以保障社會的和諧發展。因此自由主義有關經濟的秩序模型，是建構在經濟發展過程的自動底圓滿和諧（*Autoharmonie*）之上。

社會主義的秩序模型，則是強調平等的理念。原因是經濟主體所享有的自由，顯然是虛有其表。固然，在法律形式的跟前，人人皆稱平等，但在實質方面卻為不平等。職是之故，社會主義

者遂強調經濟生活起步平等。這種觀念亦即孫中山所主張的：立足點的平等，以有別於齊頭式的平等。對社會主義者而言，不管是自由的問題，還是倚賴關係的問題，都是屬於不平等的問題，亦即社會權利和情勢不相同所派生出來的問題。社會主義者遂稱：自由與平等只有在一致——劃一平等——的社會中，也就是在不平等被剷除的社會中，方才有實現的可能。要達此目的，或遵循馬克思的無產階級專政，或須遵循民主的社會主義者，所主張之限制私產的擴大，增強集體的力量，從事社會改良，實施部份的國有化政策，順序以進而臻於完成。

社會主義者不認為人們應讓社會的或經濟的秩序，自由自在地、圓滿和諧地發展；相反地，主張有系統地加以改變現狀，提出計畫，進行調控。個人便不許任意地追求自利，而必須參與經濟生活的民主化，亦即藉政治的意志構成，而使其生活需要選取適當的滿足。社會主義的思想體系，在於深信個人需求的「社會化」可以奠立平等的基礎，公共福利的保障導致了社會的行為的同形性或隨波逐流（*Verhaltenskonformismus*）。這種行為的同形性或一致性，乃由於少數居領導地位的人物所倡導的。社會主義的秩序模型如對現代社會有所貢獻，那麼它的貢獻是在機會平等一觀念的強調。蓋這種平等與公民的自由為不容分割的相關體（*Korrelat*），且個人只有在獲得團體或國家的支持下，方才有自由發展的餘地，國家可以掃除或減少個人的種種危險，且能夠運用政治的力量來化除經濟生活中滋生的利益衝突。

階級而又保守的秩序模型（*die ständisch-konservativen Orduungsmodelle*），在今日仍有值得留意的所在。這類模型的出發點為否定個人主義和集體主義，他方面也可以說是折衷這兩種主義的優劣，即由個體之承受團體的意識和價值，來達到個人

主義和集體主義的結合。這種價值並不是由各該社會隨意決定的，而是由具有自然法定性質超時空的秩序來決定的。階級而又保守的秩序模型，照例是出現在身份主義（*Personalismus*），或團結一致的連帶關係（*Solidarismus*）之形式中。其基本要求為：個人對團體應負有道義的職責，以及在團體中之人人的互助。因此份子之間道義的講究、集團對份子的擔保，以及團體的操作種種觀念，被看做天經地義。不僅在社會政策方面，就是勞動生活中，這類團結互助的精神一再被強調。因此這類帶有幾分羅曼蒂克意味的保守思想，所重視的是法國大革命中的博愛。在經濟生活中，人們宜遵循傳統而不可另闢蹊徑。不過以我們今日的眼光來觀察並非每個傳統都是完美而無懈可擊。因此這種遵循傳統的要求，常是泥古不化，而無助於真正經濟福利的實現。

上述三種──自由主義、社會主義和保守主義──的秩序構想各有所偏。或側重自由、或側重平等、或側重博愛。如何將這三者熔於一爐，擷其所長去其所短，是經濟政策學者的任務。第二次大戰結束以來，西德推行了「社會的市場經濟」（*Soziale Marktwirtschaft*）之政策，似乎頗奏成效。蓋此種經濟政策提供甚多解釋的可能性，而不致囿於一偏之弊。

自19世紀以來上述三種秩序模型的解釋，都不免有偏頗之失，其原因不外誤視經濟生活自身為一超價值（*wertfrei*）的、符合目的性的有效工具。其實這種技術化的經濟至上主義（*technizistischer Ökonomismus*），仍與價值牽連，而為高度理性化的經濟社會之意識形態。蓋人們為求取這種經濟至上主義的實行，常需排除其他的價值系統，也可能導致非人化（*enthumanisierende*）的結果來。因此，「只求對物質環境或社會環境產生功利關連的這種思想，是再野蠻不過的了」（Von

Ferber 1965:212）。

經濟社會學由於經驗的研究和理論的演展，俾印證思想體系的解釋和經驗實際的關係，其結果有助於批判精神的發揮。它並且使各種觀點相對化，而有利於在經濟政策形成中作正確而又合理的決斷（洪鎌德 1976c: 第12、13、14與15章）。

7.5 經濟社會學最近的動態

在1950年中期帕森思與史美塞發現大部份社會學家缺少經濟學的知識，而經濟學家對社會學興趣缺缺，經濟學與社會學缺乏交流（Parsons and Smelser 1956:xviii）。這兩門學科的疏離是由於經濟學者一心一意關心經濟技術面的解析，而社會學家的理論層次還停滯不前的緣故。經濟社會學還雞零狗碎地化解爲其次級學科，像工業社會學、消費社會學、閒暇社會學等。

1960年代與1970年代學界出現新馬克思主義和新韋伯的流派，隨之階級與政治概念大爲突顯，於是宏觀的社會學崛起。在其後10、20年間經濟社會學有復興的跡象。經濟學與社會學的界線逐漸打破。過去20年間著名的經濟學者（如Albert O. Hirschman，Kenneth Arrow，Gary Becker，George Akerlof 和 Robert M. Solow 等）企圖在其經濟學論著中採用社會學的觀點。

與此相關的是，新制度經濟學（New Institutional Economics）的勃興，企圖恢復韋布連（Thoestein Veblen）、米契爾（Wesley Mitchell）和康孟思（John Commons）對經濟的看法（洪鎌德 1997a：258-260）。韋氏嘗試使用進化論的概念與譬喻來建立制

度的重要性。康孟思也以爲經濟制度會受到自然選擇與淘汰的影響，只是這種選擇與淘汰含有自然的因素少，含有人爲的色彩多。米契爾對貨幣經濟與景氣循環有極佳的詮釋和引用廣泛的資料，不過如同韋布連和康孟思一樣，並沒有建構理論體系。這裡所提及的制度，並非指社會組織而言，而是指經濟主體（行動者）在一個社會或社團中共享的、和不斷加強的習慣、想法，亦即在某一時期中這種想法、看法、習慣會使行動者對其行動有個確定性的範圍，也爲其行爲加上某些形式。這種主張與社會學家強調制度同文化價值、同文化規範連結在一起，是相似的（Hodgson 1994:64）。

不只制度派的經濟學家採用社會學的觀點來詮釋經濟行爲，就是社會學家（如 James Coleman 和 Michael Hechter）也持理性選擇與方法論個人主義應用到社會學的分析當中（Coleman 1990; Hechter 1987）。

柯勒曼（James Coleman）在1989年創立《理性與社會》（*Rationality and Society*）一刊物。艾其歐尼（Amitai Etzioni）也於1989年成立「社會經濟學促進社」（Society for Advancement of Scio-Economics，簡稱 SASE），都在推動經濟學與社會其他制度之整合。造成經濟社會學振興的因由，一方面爲1970年石油危機和經濟衰竭而又通貨膨脹（stagflation）所困惑，也是受到1960年代與80年代女性主義的抬頭，以及少數民族爭取其平等的權益之社會運動，以及隨後盛行的新保守主義的出現之影響，這些都是促成學界檢討反省的動力。

賽蒙（Herbert Simon）企圖以心理學的分析來研討人的決斷（decision-making），他倡導「行爲經濟學」（Simon 1987）。其實重視人的經驗與行爲對經濟之作用，早在1950年代貝克（Gary

Becker）便提及。貝氏在1976年再度強調人類行為的經濟研究
（Becker 1976），並由其他學者寫成這方面研究的教科本（Tullock
and McKenzie 1975）。這一行為研究途徑不只涉及經濟學，也
分別研討人口學、社會學、法律學、政治學和經濟史。

　　由於新制度經濟學企圖越界、擴張其研究範圍，而引起社會
學家的反彈。視此為經濟學者的霸權心態。自1970年中期開始懷
特（Harrison White）便嘗試發展市場的社會學（White 1981）。
其傑出的學生葛拉諾維特（Mark Granovetter）在1985年發表一
篇重要文章，追述自柏蘭尼以來經濟社會學的發展（Granovetter
1985）。他批評經濟學者企圖應用新古典經濟於非經濟的領域，
他特別批評新制度經濟學把「效率」當做經濟制度出現與結構之
關鍵詞彙。詳言之，新制度經濟學家排開社會學、歷史與法學的
論述，只以有效率或無效率來解決經濟問題，是造成他們對制度
的結構無法確實掌握的原因（Granovetter 1985:505）。取代效率，
應是經濟中的網絡（networks、或譯網路），葛氏說：「社會關
係的網絡以不規則與不同的程度侵入經濟生活的不同部門中」
（Granovetter 1985:491）。網絡的概念可以幫助吾人理解在經濟
運作中信託所扮演的角色，以及經濟制度實際運作的情況。葛氏
可以說是經濟生活新社會學研究的（new sociology of economic
life）倡導者之一。經濟體制在結構上是有所本的，是「嵌入」
（embedded）在經濟結構的網絡中。

　　要之，在1980年代以來經濟社會學討論的主題與過去相比並
沒有重大的改變，只是有幾個新方向的出現。在理論方面傾向於
折衷與多元，而沒有任何一個理論途徑獨占鰲頭。馬克思與韋伯
的影響仍舊不衰，而柏蘭尼的觀點仍受尊重。他對資本主義的批
評、對經濟等同為市場的「經濟學家之謬誤」（the economistic

fallacy）之抨擊，備受注目。他對經濟應有所本、有所根據「嵌入」（"embeddedness"），逐漸爲學界所重視。換言之，經濟乃是更大的、更寬廣的制度結構之一環。葛拉諾維特把「有所本」、「根據」、「嵌入」限制在更縮小的範圍內。對他而言，經濟的根據與所本是指經濟行動在社會網路上展開，社會網路建構了一個社會結構。但有人則主張經濟行動的所本與根據不在社會結構，而在社會文化（DiMaggio 1990）。爲此社會學家對經濟之所本分辨爲認知的、文化的、結構與政治之不同種類（DiMaggio and Zukin 1990）。

目前研究的重點擺在網絡之上，它應用於人與公司，個人與產業，甚至個人與經濟之關連（Burt 1983；Mintz and Schwartz 1985；Nohria and Eccles 1992）。由於網絡的定義不明，有些人把它當成制度結構來看待，引進此一詞彙的葛拉諾維特認爲縱使大部份的經濟互動在網絡上發生，但經濟制度仍會分開發展，因之有時把經濟制度之產生原因看做是特殊的網絡「鎖在」一個單一的制度性類型當中（Granovetter 1992）。

當今經濟社會學研究的焦點爲市場，市場按其性質可分爲產品市場，還是產因（勞動、資本、工地）市場，而各有不同的社會結構。例如資本市場充滿變動彈性；反之，勞動市場就欠缺這份活力。此外，學者也留意公司行號的運作。新制度經濟學的範圍內的著作如韋廉遜（Oliver Williamson）之《市場與上下主從關係》（*Markets and Hierarchies*, 1975），引起之注目與爭議（Williamson 1975）。蓋有人認爲市場與公司的分別並非如韋氏所說的清楚明白。其他學者則研究大公司、大財團的興起，他們不認爲這些大公司只是拜受新科技之賜，而是考察大公司背後的權力與國家之支持。

最近經濟社會學之研究強調性別（gender）之角色，其中研討兩項主題：其一爲女性勞動薪資僱傭的待遇；其二爲無酬的家計勞動。前者在指明與解釋基於性別待遇的落差與工作的隔離（segregation of work）。主要的成果，可從幾位作者的研究發表可知（England and McCreary 1987；England 1992）。後者則涉及女性包攬家庭絕大多數的雜務，而女性一旦外頭有專職與全程的工作時，男性甚少協助家務的情形。另外一項研究爲分析女性的薪酬與家庭中的權力關係。一般的結論是指：在戶外能夠賺錢的女性，比起全職擔任家務的婦女，在家中的地位要高得很多。此外，婦女在公司行號中的角色也成爲有關性別研究的主要項目（Kanter 1977；Biggart 1989）。

　　最後，文化在人們經濟活動上所扮演的角色，也成爲學者關懷的重點，他們認爲不當使用狹義的文化定義，而是把文化擴充到包括市場、消費與工作場所的互動之上，在這方面卜地峨（Pierre Bourdieu）及其助手布爾坦斯基（Luc Boltanski）以及齊爾惹（Viviana Zielzer）的作品，討論人的價值與市場的關係，值得吾人注意（以上參照 Smeler and Swedberg 1994：17-19）。

　　從北美主要兩個學術流派：新制度經濟學與經濟生活的新社會學的活動，看出過去四分之一世紀中，經濟社會學發展的動態主要以美國爲中心；歐陸方面，首推德國對制度感覺興趣的經濟學者長久以來，藉《制度與理論經濟學刊》（*Journal of Intitutional and Theoretical Economics*）之推動，進行經濟社會學的研究。其次，法國卜地峨、布爾坦斯基，德國魯曼（Niklas Luhmann）等社會學家，也有理論上的貢獻和經驗性研究的表現。最後則提及其他歐陸學者與第三世界學者在國際社會學會（International Sociological Association）的分支「經濟與社會」都熱烈參加活動。

連前蘇聯與解體的東歐集團，其學界致力經濟與社會之解析者，也日漸增多。要之，經濟社會學再度活潑起來，其前景是被看好的（Swedberg 1996：21）。

第八章　工業社會學

8.1 工業社會的產生

　　由於人類生產方式的變更，所以社會結構也跟著發生變化。
18世紀英國首先出現了蒸汽機和紡織機，也就促成了工業革命的
誕生。其後工業革命延伸至西歐大陸，在過去200多年間更由歐
陸蔓延到北美、東歐、俄國，乃至東亞的日本，甚至港、台、星、
韓、馬、泰幾個重要的都會，不久全世界重要的都市都成為工商
業薈萃的地區。所謂工業社會也隨著產生。現代工業社會的特徵
是大城市的崛起、工廠的建立、人口的集中、人類生活的機械化、
傳統大家庭的解體、資本家（企業雇主）與工人間摩擦衝突的發
生等等（Bolte und Aschenbrenner 1964:7）。

　　由於工業社會的形成，遊牧、農業、手工業等社會逐漸次萎
縮，於是現代社會的特質，就是人群與工業密切不可分的關係。
今日在西歐、北美、舊蘇聯和日本等工業高度發展的地區，幾乎
每兩個成人中，就有一人和工業發生直接或間接的關係。個人或
是在工廠或企業中做工或任職，或以企業者姿態參與生產程序，

而且成為工業品的消費者。無論是消費或生產都面臨不斷的和急遽的變化，造成了高度的遷移性（*Mobilität*），也促成了現代社會的多樣性、複雜性與危機重重。總之，工業在在影響個人的經濟生活與社會生活（Gehlen 1957）。

工業與企業（工商管理）一方面是社會變遷的原因，他方面也是社會變遷的結果[21]。在18世紀下半葉，人們開始將自然科學的知識應用到生產技術方面，另外又將手工業時代早已發展的分工方法，擴充到生產組織裏，便造成了工廠制度。工廠的誕生，使從事贏利為生的人群獲得一重要的工作場所。後來，企業愈趨發達精密，企業的技術、經濟以及社會諸方面更形合理化，企業的效果也大增。另一方面由於國家、工會和私人不斷地推動社會政策，所以在現代社會裡，企業一躍而成為生產部門中最靈活和最具韌性的部門，同時工業社會也因為各種弊端重重與社會問題層出不窮，而成為社會改革的重要目標之一。

8.2 工業社會學的發展

在工業革命的初期，人們對於工業與企業所關心的只有兩項事實，即：技術的改良（特別是注重分工）和經濟組織的改善（著

---

[21] 蒸汽機、紡織機等的發明，化學品與電腦的使用，不但成為生產程序破天荒的里程碑，而且造成新的工作環境。由於技術的進步，受生產方式改變的社會也開始懂得提出新的要求與新的滿足方式，工業成為人們生存不可缺乏之物；他方面因為工業的存在而產生緊張情勢，有危害人群共同生活之弊（Gehlen und Schelsky 1966: 159-160）。

重於資本問題）[22]。可是與工業有重大關係的社會問題，卻是一直遲到19世紀初才被發現，在此之前，最先談到工業社會產生的社會與道德問題的人，無疑地是《國富論》（1776）撰述者的亞丹・斯密。他認為社會分工與反覆進行的勞作，可以提高生產力，儘管工人的心身會受到傷害。雖然社會問題發生，但整個19世紀中社會思想家所注意的也不過是「工人問題」和「資本主義」這兩個事體，而對於工廠或企業中的組織，卻缺乏具體的研究。當時，雖然也討論並採行某些社會政策的措施，諸如女工、童工、工作時間的限制，工廠工作條件的改善，或是工作時間的調整等等，但對工業或企業的社會層面，無人加以剖析。

他方面對於工業或企業的社會性質，卻產生了某些意識形態的模式[23]，其中最顯明的就是馬克思對於市民階級社會激烈的批

---

[22] 社會學者對工業革命造成的社會影響持三層看法：

（1）認為工業與技術的出現，毀壞手工業與階級性的社會秩序，造成家庭、社會、國家、文化的崩潰，危機觀念隨之而生。

（2）為圖挽救上述社會秩序的崩潰，社會學者產生一連串改革與計畫的願望，企圖使人群與其制度能適合技術工業的變遷。

（3）努力的結果，使過去的緊張關係獲得緩和，人們對技術，對工業社會的關係已有所改善，亦即社會的穩定作用復現。此種穩定作用即目前致力於工業與企業社會學家的共同責任（Schelsky 1966: 160-161頁）。

[23] 謝士基氏將工業社會的基本結構簡化為四大問題（Schelsky 1966: 161-165）：

（1）工廠，（2）機器，（3）工作的他人決定權，（4）階級社會：

（1）工廠：使工作場所與家庭分離為兩個單位。家庭成為工業生產品的消費單位成為工人休息和緩和緊張的所在。又工作場所（工廠、辦公室）慢慢變成只為工作而設置的，卻喪失了原來家庭手工業時代的生氣和

評。馬克思繼承黑格爾，視人類為勞動動物（*animal laborans*）。
人是靠勞動來成全自己，每個人幾乎是靠勞動、靠生產來形塑他
自己，來完成人生的歷程，是故阿蓮德（Hannah Arendt 1918-）
指出馬克思有褻瀆神明之嫌：不認為是神明創造人，而是勞動創
造人，不認為人與其他動物的相異之處為理性，而是在於人會勞
動（Arendt 1958: 86）。勞動既然是人的種類特徵，但卻無法順
利展開，其原因為社會典章制度的束縛。特別是在資本主義時代
中，人的勞動變成了為求取薪資而被逼迫的勞動，成為既非自由，
也非理性的勞動。這就是勞動的異化（*Entfremdung der Arbeit*）。
馬氏是從黑格爾那裡，承襲異化的概念，然後把這個概念從哲學、
神學、人類學應用到社會學與政治經濟學之上。他認為：一方面
人們雖然發明了機器，卻為機器所奴役，也就是說：心為形役

樂趣。

（2）機器：由於企業中機器設備的擴張，使工人的工作行為標準化與專業
化，加上工廠管理與組織形式的層層束縛，使工人感受禁錮與窒息。

（3）與工業生產發生關聯的精神和社會方面的病痛，就是指馬克思所倡說
的「乖離論」或「異化論」或是「工業勞動中個人受外在勢力左右的
說法」。此種說法暴露了企業生活中缺乏社會連繫之弊，也指出企業
單純目標只在贏利，而非早期手工業時代師徒關係的水乳交融。加上
機器的改進，個人的勞動價值與精神，無從表現於生產品之上，於是
造成工人在企業中喪失安身立命的安全感。

（4）儘管馬克思曾斷言階級社會的產生，必強調兩大階級之間的鬥爭，但
大量生產發達的現代社會，階級的對峙，顯然受著社會組織的變更而
沖淡；中產階級崛起，反而成為今日社會的穩定力量。

（*Entseelung*）；他方面，工人在社會上和經濟上卻遭受企業僱主或資本家的層層剝削，一旦利用價值被榨取乾淨，工人的工作與生存也跟著一併喪失。於是人們乃被異化或疏離，而成為陌生之人。換言之，馬克思在《資本論》中強調人創造事物的生產勞動，由快樂轉變為痛苦，這是由於勞動成果為資本家剝削的緣故，工人是為資本家獲取利潤而受苦受難。

除了馬氏這種工人被「疏離」或「異化」的看法之外，當時還通行一種唯物的看法：視個人不過是機械性的和純理智性的「經濟人」（*homo oeconomicus*）。人為了追求利潤以維持生活，遂不得不從事勞動，因此工資就成為驅使工人進入工廠或營業場所的動機。除了上述異化與強迫勞動觀之外，還流行第三種看法即一個兩分化的社會觀：認為社會已發展成為不可挽救的分裂體，分裂為工人階級與資產階級的對立（馬克思與恩格斯的學說）。與此同時有呂爾（W. H. Rühl）氏則乾脆認為工人階級已淪落為「第四階級」，不再受社會秩序的保護。有了上面這些社會思想與觀念的瀰漫，也就促成了人們將企業或工廠看作「階級鬥爭」或社會改良的場所。

自此以後，人們儘管不瞭解工業與企業獨特的社會發展規律，卻企圖藉社會政策的行動綱領、經濟的民主制度、工人參與工廠政策的釐定、人際關係的改善、經營政策的合理化等措施，以排除和解決種種的社會衝突。這種缺乏系統性，且不分清企業內與企業外的衝突，而妄事改革整個社會的企圖，自然是徒勞而無功的。

直到20世紀初（1914年），亨利·福特（Henry Ford 1863-1947）採用輪帶（裝配線）的作業方式以後，對於工業或企業的社會層面，方才有新的認識與研究。最初人們的注意力不過集中在機械

性、技術性、功利觀念與人性等方面的改善，因此戴勒（F. W. Taylor 1856-1915）乃首創「科學的經營法」，於1911年出版《科學的管理》，主張經濟上的鼓勵與誘發（economic incentives）可以克服工人對生產之不力。並與吉爾伯勒士（Frank B. Gilbreth 1868-1924）合作致力於工人的疲倦、情緒和動作等問題的研究，兩人也就成為「工作的科學」（science of work）之前驅者。詳細地說，戴勒想藉著濃縮工作程序，使勞動的程序趨向高度合理化，並增加生產效率。由生產效率的提高，而增加工人的工資，從而抬高工人工作情緒，並使工人與企業雇主融合成一個利益集團。此種方法也可視為「激發或獎勵工作的制度」（incentives）之濫觴。其結果利弊參半，利者就是抬高工人生活程度，弊者就是造成工人惡性競爭而危及他們身心的健康。

另一方面，開始有人（如 Hugo Münsterberg 1863-1916）研究企業與勞工心理學，用以克服機械性的動機說。此說後來發展為梅約（Elton Mayo 1880-1949）之企業的社會心理學。至此戴勒學說也慢慢成為明日黃花了。

工業與企業社會學最初研究企業的社會結構，亦即首先以企業本身中的內在工作關係為研究對象，漸次擴展到超企業的衝突之上（例如工人與企業雇主的衝突），最後伸展到工業與社會交互關係的研討。最先以營業為主的企業社會學，終於演變為工業社會學，也就是從工業化過程的角度來研究整個社會。

德國的「社會政策研究會」（*Verein für Sozialpolitik*）[24]，曾

---

[24] 德國「社會政策研究會」係1872年德國經濟學者與社會學者在 Eisenach 奠立的，以科學方法從事社會問題的研究與改善之機構。參與者計160人，最著名的有 G. Schmoller, L. Brentano 等人。宋巴特也一度任該研究會的

在1908年至1951年之間，從事「在大工業部門中工人對於職業的選擇與適應」一問題的研究。其理論基礎是馬克士‧韋伯的學說。這是有計畫的實驗性的工廠社會研究之始。其後在1922年至1934年之間，由游士德（Walter Jost）與卜力夫士（Götz Briefs）所領導的德國社會學者，曾致力於企業中社會過程的形式研究。他們的思想路線仍脫不掉馬克思「疏離」或「異化」說的窠臼。後來甚至有企圖藉群體的生產（如 Willy Hellpach 1877-1955），或工廠特別區的設置（如 Eugen Rosenstock）來造成新的「勞工共同體」（Werkgemeinschaften），以圖剷除工業社會中的諸種弊端，尤其是消弭各種的衝突和鬥爭。

以上這種心理兼物理性的研究方向，一直到梅約氏調查報告公諸於世以後，方才克服過來。自此以後，研究的方向已爲社會心理學或社會學的觀察法所取代。梅約與羅特力士伯格（Fritz J. Roethlisberger）與狄克遜（William Dickson）在1939年出版《管理與工人》，聲稱雇員的工作態度與行動受著工作場所的社會情境之影響。同僚的和諧工作有助於工作量之抬高與工人之歡愉，而管理層應仔細聆聽工人之抱怨，力加安慰解決。在此之前梅約、羅氏及懷特海（T. N. Whitehead）曾於1927至1932年之間，在芝加哥的霍桑（Hawthorne）工廠從事實地觀察與調查，並作了多種的實驗。該項調查包括工廠光度的變化、工作時間的增減、休息時間的調整，而發現工作效率固然部份受心理影響，但其影響畢竟不大，真正影響重大者，乃是工人成群結黨所形成之工作能力，受社會與文化要件的制約這個事實，亦即是「非正式群體」

主席，1936年該機構因恐受納粹濫用而自行解散。

（informal group）[25]的發現。

　　「非正式群體」不僅影響工作效率，甚且影響整個企業的社會結構。霍桑調查報告指出，機械性和組織性方面的工作條件並不是當做客體的事物和主體的工人敵對的，而是透過了「非正式群體」的作用，使工人對上述機械性和組織性的工作條件有新的評價，新的看法，從而將它溶化入勞動者的社會生活之中。簡言之，工人之於工廠並不是以被隔絕、被疏遠的個人身份來面對壓頂優勢的技術、或缺乏人情味的工廠組織，而是經由社會接觸和群體關係，以造成一個適合於其生存，而又具有保障的工作環境。總之，霍桑調查報告具有革命性的意義，它一方面以實驗的科學方法推翻先前妄事猜測的勞動動機說，和推翻人們在工業勞動環境中被疏遠、被隔絕的說法；他方面卻發現了企業和工業之社會的特有規律。在同樣的研究條件下，人們也就發現了公司行號中辦事處如同工廠一樣，具有「非正式群體」的存在，其結果自然也抬高了霍桑調查報告的科學價值。

　　在美國有一批社會工作者應用梅約氏上述研究心得，而致力於「人際關係」（human relations）的改善，有人（如 George C. Homans; Dorwin Cartwright; Mason Haire 和 William F. Whyte）

---

[25]　「非正式群體」（*informelle Gruppen*）是有別於工廠或企業贏利目標為主而形成的階梯組織，亦即在同一工作場所中，工人與工人之間，職員與職員之間，經理與經理之間，或工人與職員、經理之間，由於相互信賴或共同趣味（對運動、政治或娛樂）而組成的團體，或是由於彼此交換意見、訊息或工作支援而產生的團體。例如工廠中屬於同一政黨的員工，便自動組成一個非正式群體。參酌 R. M. Lepsius 所著 *"Industrie und Bertieb"*，在 R. König 出版的《社會學辭典》，頁138-140。

應用「群體學說」而注重企業中「非正式群體」的研究。有人（如 Ch. I. Barnard; Herbert A. Simon 和 Amitai Etzioni）考察企業的形式組織。有人（如 Arthur Kornhauser; H. L. Sheppard 和 Herbert Blumer）則專事研討企業的層層組織裡，各種群體的社會地位，尤其注重臨時工人的調查，俾分析工業中的社會衝突等問題。另有人（像 C. Kerr; Robert Dubin; F. H. Harbison 等）則從事工業關係（industrial relations）的研究，即有計畫地考察經理與工會之間的關係，也就是致力於勞工關係的調整。最後甚至有人（William E. Moore; William L Warner）研究企業或工業與整個社會的關係。穆爾（W. E. Moore）、米勒（Delbert C. Miller）和傅姆（William H. Form）參酌卡普洛夫（Theodore Caplow）的勞動社會學的研究，而建立工業社會學的體系。近期有人（如 Reinhard Bendix, Bert F. Hoselitz; W. E. Moore 和 David C. McClelland 等）承繼馬克士·韋伯及宋巴特等人的傳統，研究了工業化的前提，亦即考察產生工業的社會條件。

自第二次世界大戰結束後，歐洲致力於工業社會學研究的人日漸增多。在法國繼承涂爾幹與杜布列（H. Dubreuil）的研究，計有傅利曼（Georges Friedmann）、葛羅齊（M. Grozier）、那威爾（Pierre Naville）和杜赫尼（Alain Touraine）諸人。在西德則由研究礦工著手，亦有相當成績，其中尤以柏匹次（H. Popitz）、巴爾特（H. P. Bahrdt）、于列士 (E. A. Jüres)、柯列士丁（H. Kresting）、皮爾克（Theo Pirker）、卜勞恩（B. Braun）、盧志（Burkhart Lutz），以及法蘭克福大學社會研究所的研究，卓然有成。其後由於自動化與電腦的採用，於是人們轉而研究技術改進的社會影響（如 H. Schelsky, Th. Pirker, B. Lutz, O. Neuloh等）。另外有人尚從事下述問題的調查研究：如工人群體的結構、職業

轉換與陞遷、上司地位及企業組織法等。又英國、波蘭也有類似企業與工業社會學的研究。

從上面簡短的歷史敘述,可知工業社會學討論的主題數目既多、範圍也大,包括職業的變遷、收入的分配、工作場所性別與種族的差別待遇、人們如何求職、工作的意義、工會與勞工關係、僱傭關係、工作與家庭、各國勞動的組織之不同,學者對勞動展開歷史性的探討。雖然這些問題涉及的範圍相當大,但仍有其核心之所在:像反覆操作的勞動對心身的戕害,包括對人自尊的打擊。在這種情形下,勞動是否可以重加組織,而不致使其生產力喪失或減低成為研究的重點。近年研究在於如何激發個人的勞動意願,亦即重新結構勞動,使勞動的動機與物質的鼓勵不再掛勾,進一步重新界定良好工作的意義等等(Tausky 1994:961)。

8.3 工業社會學的定義

顧名思義,工業與企業社會學研究的對象是人群在工業或企業中的社會行為。達連朵夫(Ralf Dahrendorf 1929-)[26]指出:「社

---

[26] 達氏係目前德國著名社會學家(1929年出生於漢堡),曾留學英倫政經學院,曾任康士坦茲大學社會學教授,並曾任(1968-1971)德國社會學會主席。一度任西德布蘭德政府的外交次長及西德駐歐經濟委員會代表,也曾任倫敦政經學院院長職。著作有 *Gesellschaft und Freiheit* (1962); *Homo Sociologicus* (1958, 1964); *Die angewandte Aufklärung* (1963, 1967); *Industrie- und Betriebssoziologie* (1965); *Pfade aus Utopia* (1967); *Gesellschaft und*

會學目的在致力於一般社會行為的描寫與解釋,而工業與企業社會學也就是研究與工業生產發生關連的那部份的社會行為」(Dahrendorf 1965:5-6)。穆爾所下的定義是:「應用社會學(或社會科學)的原理,俾從事社會關係之具體事實之分析」(Moore 1964:4)。不過,這裡所提及的「應用」兩字,並不意味工業與企業社會學旨在改變現狀,而成為提供解決問題的方案或政策之類的東西,而是指系統性的社會學的一般原理被應用到社會事實的個別部份或特殊事實之上。因此,為了避免誤會,謝士基(Helmut Schelsky)[27]認為有將工業與企業社會學當做「專門或特殊社會學」(*Spezielle Soziologie*)的必要(Böhrs und Schelsky 1954)。

依據達連朵夫的看法,工業與企業社會學之所以無法從社會學之總範圍中分割出來,因其產生乃社會歷史發展之結果。而工業與企業之出現則為近250年來之新猷。兼之今日世界多數地區仍停留於遊牧或農業社會階段,其性質不足以涵蓋整個人類社

Demokratie in Deutschland (1968); *The New Liberty: Survival and Justice in a Changing World* (1975); *Life Chance: Approaches to Social and Political Theory* (1979); *A New World Order: Problems and Prospects of International Relations in the 1980s* (1979); *Law and Order* (1985)等書。

[27] 謝氏亦為當代德國著名社會學者之一,1912年出生於哈茲(Harz),1931年就學於科士尼堡與萊比錫,受教於 H. Driesch, H. Freyer 與 A. Gehlen 之下,先後教學於漢堡與閔士特大學。其重要著作有: *Wandlung der deutschen Familie in der Gegenwart*(1953); *Aufgaben und Grenzen der Betriebssoziologie*(1954); *Die Sozialen Folgen der Automatisierung*(1957); *Einsamkeit und Freiheit, Idee und Gestalt der deutschen Universität und ihrer Reform*(1963); *Ortsbestimmung der deutschen Soziologie*(1959)等等。

會，其理至明，故工業與企業社會只能視為「工業社會中的專門或特殊社會學」(Dahrendorf 1965:6-7)。

馮維史（Leopold von Wiese 1876-1969）則把工業與企業社會學隸屬於經濟社會學之下，因為經濟社會學乃為「計畫性謀生活動中，人際生活的學問」（Von Wiese 1938：627, 628, 630ff.），而工業與企業社會本為人類經濟活動的駢枝，對其加以研究自宜隸屬於經濟社會學之下，而達到「專門特殊社會學」名實相符的目的。

不過，德國的學者常將「企業」視為「物資與人員的管理，俾便利工作程序的進行」(Geck 1955:55)[28]，是即企業也包括農業與手工業在內。如此一來，工業與企業社會學是否可單獨成立為一門學問，便發生疑問了。依據達連朵夫之意，科學的發展經常是獨特的，即不應顧及企業包括農業、手工業與一般工業等系統性原則，而置於一般工業之上。因此，數十年來一直有工業與企業社會學的存在。它是參酌社會組織形式的規律性，而集中於現代工廠之社會結構研究之上。

至於「工業」兩字的定義，是「應用機械力量從事原料的獲取與加工的活動」（Moore 1964:5）。它有別於金融與商業的活動，因此工業與企業社會學係專門社會學，其研究對象乃礦場、冶金廠、工廠等機械化，貨物生產的特定問題。

---

[28] 見Geck, L. H. A 在 W. Bernsdorf 與 F. Büllow 所編 1955《社會學字典》（*Wörterbuch der Soziologie,* Stuttgart, p. 55）中對「企業」所下的定義。在經濟學上企業或營業是有計畫的及長期的調度人員（如係一人，則稱一人營業，如係多人，則稱團體營業）與生產物品，俾達到經濟財貨的生產和銷售的目的。

在英、美等國家，不分工業與企業社會學，而逕稱工業社會學（Industrial Sociology），在德國則一直慣用企業社會學（*Betriebssoziologie*）。雖然其間有「把企業社會學擴展至工業社會學之勢」（Maus 1955:313）。但有人（如 L. H. A. Geck）則主張企業社會學與工業社會學的分離。他認為企業社會學目的在從事「由於企業而產生的社會現象之社會學」。而工業社會學卻是研究「作為社會組織的單位工業及由工業而產生的社會現象」（Geck 1955：55）。在此種觀點下，葛克（L. H. Adolf Geck）氏甚至將企業（或營業）擴大於工業或經濟範圍之外，而把行政活動（公營事業等）也包括在內。事實上，營業一字的範圍有時較工業為小，有時又較工業為大，因此吾人將工業社會學與企（營）業社會學分開是有道理的。不過，不管是英文的 Industrial Sociology; Sociology of Work，或是法文的 *Sociologie Économique du Travail*，抑德文的 *Industriesoziologie; Betriebssoziologie; Arbeitssoziologie*，其研究的目標可視為相差無幾。此處暫採用德文的稱呼：工業與企業社會學，簡稱工業社會學。

由於社會學不敢自認為是無所不包的學問（*Universalwissenschaften*），用以研究社會中整個的人群現象，因此作為專門社會學的工業與企業社會學也無法概述在工業或企業中勞動者的種種問題，它是有賴其他科學來輔助的；其中包括勞動科學、勞動衛生學、勞動心理學、勞動教育學、特別是工業心理學和勞動心理學最為重要。

8.4 工業社會學研究的範圍

龍冠海教授認為：工業社會學研究的範圍大致分為這三方

面：

      （1）工作群體與工作的關係；

      （2）工人在工作團體中的地位與職務；

      （3）工作場所的社會組織（龍冠海 1964：148）。

    依據奧國社會學家駱仁麥（Leopold Rosenmayr）的意見，工業與企業社會學研究的範圍約可分爲五大部門，即：

      （1）職業的結構；

      （2）勞動的社會學；

      （3）自由時間（閒暇）的社會學；

      （4）組織的社會學；

      （5）機關衙門化（官僚現象或人事關係）的專題研究（Rosenmayer 1961:203）。

    謝士基則討論三個問題，即：

      （1）企業中的兩大社會群（企業主與勞動者）的研究；

      （2）技術進步的社會層面與人性層面的探討；

      （3）現代社會經營中的社會分析（Schelsky 1966：165ff）。

    達連朵夫氏也將研究的範圍歸納爲下列五組問題，即：

      （1）工業社會的演展史；

      （2）工業經營的社會結構；

（3）企業性與工業性的衝突；

（4）工業勞動的社會學；

（5）工業與社會（Dahrendorf 1965）。

我們在此暫且採用達氏的觀點來加以分析敘述，間亦參酌龍氏、駱氏、與謝氏的說法。

所謂工業的社會演進史，並不以敘述工業革命後的經濟發展為限，而是將社會學的範疇與理論，應用在工業的發展過程上，目的在闡明發展過程中典型的線索。蓋企業結構的每一個橫斷剖析，將隨時間的移動而變化，所以有把歷史貫穿其間的必要。再說，人類的社會本來就是不斷之歷史演變的社會。

就像一般社會學一樣，工業與企業社會學的分析，可由兩個觀點來進行：一方面是工業或企業統一與整合的部份，他方面是工業或企業的內在緊張和衝突的部份。就整合觀而言，工業與企業社會學可補充工商管理中的組織學的不足，亦即研究工業與企業中的社會結構。其中要詳細考察社會地位（*Soziale Position*），以及與此據點相關連的社會角色（*Soziale Rolle*），非正式群體的形成，勞動者對其角色所持的態度（這種態度足以改變企業的結構），以及企業經濟目標以外的社會結構等等。上述這一切現象可視為企業組織的功能，亦即以組織平衡的觀點來觀察企業，此處企業正顯現為社會制度的一環。

至於研究工業與企業內在的緊張和衝突，可以說是工業社會學的特別任務，這不是其他社會科學可以越俎代庖的。據達連朵夫之意，過去數十年中社會學者多忽視工業衝突的原因、經過與解決的可能問題，直至最近，這種情勢方才扭轉過來，「工業的關係」乃成為工業社會學研究的重心。

過去半個世紀中，從事工業與企業社會學的研究都不出上述兩種觀點（即企業的統合與企業的解組）。甚至社會學家向來便將其研究的傳統的對象置於下述重點上，例如考察「技術和工業勞動」的關係，「消費者與生產者的行為」比較；「機械化程度和報酬的樣式」、或「勞動快感、勞動趣味和勞動滿足」、或「工作效率的激發和營業環境」等等。總之，研究在工業企業中的經濟行為，特別是致力勞動社會學（*Arbeitssoziologie*）的研究者，在在有人。

　　關於工業與社會兩者關係的研究，在過去注意的人很少。謝士基認為工業與企業社會學不當視企業為一孤立的社會單位，而主張徹底研究工業與其相關之社會的結構等問題，他這種看法是很正確的（Schelsky 1966:194）。因為工人、職員與企業家不僅在企業中各有所司，各有職能，且在社會中也有其地位與角色。於是，在企業內與企業外的權力關係，企業內與企業外的社會情境，乃至企業內與企業外的利益分配情形，都是密切關連的。

　　對工業所下的價值判斷會影響對社會的評價；反之，對社會的評價同樣也會影響到對工業的看法。於是工業與社會，無論在經濟、法律、政治和文化各方面無不緊密結合，互相聯繫。工業與社會學的另一重大課題，就是研究這種交錯關係所呈現出來的樣式與規律。在完成此一課題時，工業社會學無形中由專門社會學而變成研究社會結構與社會變遷的一般社會學。

　　正如前面所提及的，重覆的操作，沒有變化的工作，對勞動者而言，會影響其身心的健全發展，至少對其自信自尊有所減損。長期從事於反覆不斷操作的工人之自我意識，比起工作經常有新意，甚至具有挑戰意義的工作者來顯得低下而猥瑣。艾利生（Kai Erikson）在1985年美國社會學會主辦「工作或不工作」的研討

會上所發表的會長致詞，就指出工作或職業條件對個人人格影響
重大，他指出一個人的工作愈是獨立自主，愈是由工作者主動去
發揮，對工作者之人格愈有正面積極的效果；反之愈是例行的工
作，愈是受人監視的工作，其影響變成更為負面、更為消極
（Erikson 1990：2；Kohn 1990：40-44）。

在工業的垂直上下關係中，酬報的分配有各種不同的層次。
這包括權威、收入、威望等，但其中影響勞動者自信與自尊的莫
過於他自己對工作之評價。像生疏與半熟練的工人可以經由訓練
而操作較為複雜的工作，來提高他對工作的興趣與評價。可是對
小公司、小工廠而言，花費鉅額的金錢去訓練勞工，變成賠本的
投資。因之，工人視良好的獎勵與良好的工作攸關。良好的工作
提供受僱者大量的、不同的獎賞（從加薪、假日到趣味盎然的工
作）。在工作的上下隸屬關係之位階上，擔任高職是獎勵中最具
吸引力者，這一方面表示該職務的社會重要性，另一方面顯示工
作不拘泥於日常無聊而富有挑戰性，最重要的則是高職的高薪為
職務持有人帶來安全的保證。眾多的社會學家（馬克思除外）仍
舊相信工作是謀生的手段。一旦人類不需為謀生而自動自發工作
時，人類對工作必須重加界定。馬克思則視工作為個人的客體化，
為個人才能志趣的表現，是故對他而言，工作無異是自由的創造，
是賞心悅目的實踐。

在1970至1990年這20年當中，美國工業社會學家所關注的問
題，包括科技的改變對工人使用技術的影響（Spenner 1979, 1983;
Atwell 1987, 1988; Zuboff 1988）；有人則研究在經濟的各行各業
中工作操控之形式及其變遷（Burawoy 1985, Baron *et. al.* 1986;
Cornfield 1987）；有人解析勞動市場的組織，和公司的特徵造成
收入的差距與工人待遇的不平等（Baron and Bielby 1980）；此

外，有人考察社會機制使工作場所性別的隔離與性別的歧視更為深化、更為久（長期）化（Cockburn 1983, 1985; Milkman 1987; Reskin and Padevic 1988），更有人致力工人參與的動態（Zipp *et. al* 1984; Fenwick and Fenwick 1986; Fantasia *et. al.* 1988），以及不同的國家對工業組織的不同作法（Gallie 1978; Hamilton and Biggart 1988）。

由於外國商品不斷湧入美國市場，而美國製品輸往世界各地日增，於是1980年代的工業社會學家開始緊密地考察外國廠商的運作。他們企圖學習他國生產技術，俾改進美國同業生產的品質與提高生產力。日本廠商的做法引起廣泛的注意，這是由於日本廠商每週至少花一小時讓工人形成小組討論其產品與生產過程所滋生的問題，一般稱做「品質圈」（quality circles, 簡稱 QCs）。柯爾（Robert Cole）在其著作《學習的策略》（*Strategies for Learning,* 1989）指出，日本廠商也紛紛效尤，他們稱此為「工人參與計畫」、或「僱員參與群體」對美國企業的振興有助。不過林肯（James Lincoln）和卡麗貝（Arne Kalleberg），在他們合著的《文化、控制和承諾》（*Culture, Control and Commitment,* 1990）一書中，卻發現美國廠商的工人對工作滿意度要大於其日本同僚，就是他們對公司的忠誠也不比日本人低。但何以日本產品呈現高品質和勞工表現高生產力呢？兩位社會學家的結論是認為：勞動生活的態度與行動是分開的，以致有美國與日本工人不同的表現。總之，這類的研究，雖涉及勞動的基本問題，卻是以寰球的觀點來分析美國經濟與他國經濟相互依賴的情形，以及生產效率大小之比較。

這些研究雖是成果豐碩，但卻各說各話，研究者分析單位都缺乏一致的看法，有人把分析單位看成為企業組織、看成為行業、

或者成爲職業、甚至視爲階級關係之次級體系。這就說明由工業社會學發展到勞動社會學，再發展到職業社會學（occupational sociology），研究愈專精，但研究意見卻更爲分歧的原因（Vallas 1990：343-344）。

8.5　工業社會的主要矛盾

20世紀下半葉，世界大部份地區與國度都採用工業主義（industrialism）作爲政府施政的目標。所謂的工業主義就是以發展工業作爲社會改革的首要目標，這包括工業化、城市化、現代化等一連串的過程與措施，俾現代人的物質生活更爲富裕、更爲舒適。可是工業主義帶來幾種重大的價值衝突，也造成現代人生活的矛盾重重。米勒與傅姆所著《工業社會學》第三版（1980），對現代生活的矛盾，歸納爲五種，我們略加參考（Miller and Form 1980: 777-784）予以引伸闡釋：

8.5.1　生活的目的：工作抑休閒

傳統上，人們相信生活的意義，在透過勞動展示人生的目的：成就個人、光宗耀祖、裨益社群。但隨著物質生活的改善與生活水平的抬高，繁榮與閒暇成爲很多人追求的生活目的，他們遂視工作爲一種手段，甚至認爲認真工作與追求利潤是以往根源於社會的匱乏。一旦先進的工業社會如美、歐、日進入富裕而不虞匱乏的境界時，勞動的減少、乃至廢除，又成爲人們另一種的夢想，由此展開工作多寡與閒暇長短之間的爭論。

由於先進的工業社會已由生產為主導的經濟進入以消費為導向的經濟。因之，勞動群眾的主要收入之薪資，含有「富裕的金錢」（affluent money）和「匱乏的金錢」（scarcity money）的雙重意涵。首先富裕的金錢表示，人們的收入應當用以消費之上，俾刺激經濟的活用與流通，不只收入的現金應該大量用盡，就是銀行的信貸之提款卡（塑膠貨幣）也要經常使用，而視儲蓄為落伍陳腐的觀念。另一方面現代人的收入也可以說是含有匱乏的金錢之意味，這是指在時機不佳（例如經濟疲軟、通貨膨脹、金融危機、大量失業）的情形下，每塊錢都視為以血汗換回之所得。這時公家機關也好、私人廠商也好都會鼓勵個人勤儉持家，不可浪費，把勤勉工作視為美德。

　　在工作與閒暇成為先進工業社會人們的魚和熊掌難以兼得之際，社會學家呼籲大家不妨在工作與遊戲之間選擇一個平衡點，既不盲目工作，也不沈溺於遊戲。從而使享受閒暇的自由與感受壓迫的工作獲得新的調整，如此以來工作的組織不再是經濟的組織，而是社會的組織之一環。

8.5.2 民主的理念對抗經濟權力的集中

　　先進工業社會大都是採用西式民主政治的社會，講究的是人權與人尊嚴的平等。不只在政治上人人應該平等，就是經濟方面也應享平等的待遇。但這種民主的理念與社會現實卻有很大的差距。這是由於先進工業社會同時也是資本主義的社會，由於資本主義鼓勵私人發展其才華、能力、創意、自由地去發揮冒險犯難的精神、追求利潤與財富，而又以法律保障私人的財產，以致造成人人的不平與貧富差距的擴大。不僅此也，先進工業社會，經

濟權力或是掌握在少數財團手中，或是權勢極大的政府機關（例如「五角大廈」）的官僚手中，於是私人企業與政府公營事業的對抗也成為不爭的事實。

　　以美國為例，在其立國之初，每20個人有16人靠本身的創業而擁有私產，並靠此產業以謀生。但經過200年的發展，如今每20個美國人當中，居然有17位家無恆產而靠僱傭為生者。這就造成現代美國人不再「製造生活」（make a living），而是「掙錢生活」（earn a living）。大公司行號像吸塵機一樣，將小企業、小買賣、小販、小商人大小通吃一一吸入其機關中，於是個人獨立自主擁有的小產業完全變成大公司龐大資產的部分。從而政治權力與經濟權力之間的關係劇烈改觀。經濟權力的集中被視為民主制度的重大威脅。隨著工業與企業的不斷成長，美國人寧願廠商的擁有權大增，而不願看到政府擁有權的擴大，這是美國民主傳統中，對政府坐大的擔心所造成的結果。從大公司的私產制對抗政府的私產制發展到私人排斥公家的種種管制，成為美國政治爭論的主要話題。這說明經濟權力的集中固然威脅了民主的理念，但用政府的力量來控制經濟權力又會造成自由企業精神的受損。要之，造成此種的困境和美國人的想法與環境之落差有關，也就是說美國人的心態是在地的、地方的（provincial），但其所處的社會卻是寰球的、萬國的（cosmopolitan）。這就是指文化造成的混亂與困惑。

8.5.3 鄉巴佬的心態對抗大都會的生活

　　美國人相信靠著本身的努力與辛勤工作，可以出類拔萃，也可以騰達富貴，也相信通過競爭而使產物的品質提高、價格合理，

這都是大小公司面對的問題。由人們居處的地方社區所面對與解決的問題，可以理解整個社會、整個國家所面對與所要解決的問題。可是今天美國人所處的社會不再是一個自給自足、鄰里存問的社區，而是一個關係複雜、人種薈萃、牽涉萬國的寰球都會。地方的問題常有國際勢力的影子，畢竟人們生活在一個相互依存、禍福與共的地球村上。換言之，以鄉巴佬的心態來看後萬花筒的世界，其不眼花撩亂，困惑迷失者幾稀？

李普曼（Walter Lippman）在討論公共輿論時，就分辨人們「看得見」的世界和「看不見」的世界。所謂看得見的世界是每人每日在處理日常事務時，與其本人發生密切關連，但卻是狹窄的現實，這時一般人的心態只侷限於看的見的範圍，但影響與決定我們的生息者，卻都是那些廣泛的、看不見的世事（Lippman 1922）。美國人傳統的想法是受其工作與休暇的場域所塑造的，所圍限的，這是地方的、鄉下的、社區的觀念。其與外界的隔絕，造成其孤立而自足。但隨著工業主義的來臨，現代通訊與交通之方便把世界各地各族的理念與生活方式呈現在美國人的眼前，加上經濟生活造成人人的相互依賴，關係緊密。可是這種鄉巴佬的心態要應付複雜繁亂的現代經濟生活，其不發生矛盾是不可能的。

查賓（F. Stuart Chapin）就指出經濟生活中的矛盾重重，是造成常人無法理解經濟過程的主要原因。他說，在經濟活動的整體裡就出現一條原理：「個人在進行[經濟的]決定與[選擇的]行動，每個人做這點決定與選擇時，都是獨立在其他人之外，也就是在[狹窄的]鄉下人的習慣之基礎上，達致[經濟]體系的建立，這些體系企圖在世界交通網路下運作」（Chapin 1935:5；1973:1-75）。總之，美國的社會乃是鄉下的、地方的心態與生活之道（folk ways），與大都會的變化萬千的外在影響勢力之接觸碰撞所造成的結果，一般稱此爲社會變遷。在面對外頭勢力的侵逼下，美國大小社會，大城小鎮，難逃時代潮流的衝擊。在一波波的潮流衝擊下，這些城鎮連成一體有如鎖鍊，鄉下心態與大城生活方式的矛盾益形加強，社會非理性（irrationalities）表現在生活心態與結構衝撞之上。

8.5.4 合作對抗孤立

由於現代科技的發達，交通與電訊縮短人與人的距離，特別是戰爭的陰影，天災的頻生（例如近期東南亞的霾災、臭氧層的破壞、氣候的反常），都迫使不同地區與國度的人群必須緊密合作，共同防阻災難與禍害對現代人的威脅。但社會都把人群分裂爲不同的、絕對的群落，不管是以財產（生產資料）有無而分化的階級，還是以地區分別的核心與邊陲之住民，還是基於人種、宗教、文化分別的多數民族與少數族群，乃至以性別而分開的男女、同性戀者、整個社會（過去以國家爲疆界的國民社會、國家社會）都有分崩離析的趨勢。同一種族、宗教、語言、文化群落也因爲住在大都會中，隸屬不同職業團體，而成陌路，甚至成爲生存競爭潛在的敵人。

因之，工業主義把人群團結的臍帶割裂，亦即使分裂、敵對的勢力潛長滋生。一方面人被組織起來合作，經營共同的組織性生活；他方面每個人也被隔離孤立，而原子化、雞零狗碎化。工業社會導源於游牧與農業社會，其生產方式是集體的、社會的、繁雜的，必須以有機的分工取代機械性的分工，使眾人發生聯帶的關係。不只生產部門是這樣緊密連繫在一起，就是交易、分配

與消費部門，也顯示工業社會經濟的凝聚。不僅如此，在市場已擴大至全球之後，各國經濟關係更是相互依存，畢竟我們已進入世界經濟體系中。

工業化帶來城市化，今日先進國家的大部份人民生活在城市中，比生活在鄉下荒郊者人數更多。城市生活的特色就是雞犬不相聞，人人經營孤立忙碌的日常生活，城市居民生活步調的快速緊張，人際接觸的頻繁膚淺，使他們喪失了與社區或社群的連繫。加上社會層化、種族隔離、教育與文化差距，造成人與人的疏離，個人生活在鬧熱滾滾的大城小鎮中，內心卻是孤獨的、寂寞的、無助的。

8.5.5 同情友善對抗侵略囂張

現代人是孤獨寂寞的，他追求的是愛情、友誼、關懷，但得到的是失落、無助、絕望。他的道德與宗教信條，要他把別人當成兄弟姊妹來看待，可是在忙碌庸俗的日常生活中，卻不時把別人當成競取金錢、地位、同伴、權力的潛在敵人。不只在學校、在公司、在工場、在教會、在公共論壇，競爭大受鼓勵，就是在家庭中夫婦對家計的控制、兄弟姊妹為爭寵獲利，也展開各種有形無形的競爭。幾乎在先進國家中，一個人無法不進行競爭，假使他在社會中要贏取一席地位的話。

競爭必然帶來成功的喜悅和失敗的挫折，其結果造成每個人在一場遊戲中爭勝的決心，這也導致他侵略性更形擴大更為囂張的原因。結合著侵略性與佔有慾，人又恢復其弱肉強食的動物本性。這種接近動物本性的侵略性格與佔有慾之發揮，使西洋人兩三世紀以來發展為爭服世界的野心，在很大程度下，殖民主義、

帝國主義、世界大戰，都是這種霸權思想的制度化、落實化。

　　在西方工業社會中，物質的累積、私產的擴大，成爲個人在社會上地位升高、榮譽突顯的標誌。爲了攀爬社會的階梯，勤勉工作固然是捷徑，但大膽、野心、無節制的侵略性，也是登高的手段，以致社會隨時要爲競爭訂立各種各樣的遊戲規則。當大衆還能以理性恪守規則時，社會的競爭不致惡化爲紛爭。這時法律、宗教或道德尚能扮演其角色。是故工業社會是否更需同情的、博愛的、忍讓的精神力量來阻止社會的紛爭，抑止個人的囂張，這也許已超過工業社會學家的研究範圍之外，而爲人文學者、宗教工作者、哲學家主要加以認真檢討的所在。

8.6 工業社會學研究的方法

　　龍冠海氏參酌米勒和傅姆所著《工業社會學》（*Industrial Sociology*，New York： Harper and Brothers, 1951，原書494頁）一書，提出工業社會學研究勞工關係的五種方法（龍冠海 1964：149-150），即：

1.訪問法：研究者親自到處去訪問工人，向其索取答案，而詳細地記錄下來，然後加以分析而尋獲結論；
2.統計法：即分析工業的記錄，工人的申請書，考績單及工人的控訴記錄等，然後以數量方法來表明其問題的所在；
3.觀摩法：即親自到工廠或工作團體中去觀摩工人日常工作行爲，而詳爲記錄之，然後整理分類比較，以發

現其問題之所在；

4.個案法：即以一個工廠或工作團體爲研究對象，而從各方面去詳細考察它的發展過程和組織狀態，然後下達結論；

5.實驗法：即在有控制的情境下多次觀摩，也發現影響工人行爲各種因素之間的關係。在上述這些方法當中，比較深入的當然是最後兩種（以上參考 李美華等譯〔上〕359-433；〔下〕445-676.）。

儘管我們可以肯定地說：工業與企業社會學的研究方法與一般社會學的研究方法無大分別，但工業社會學較一般社會學更注重實驗方法，也更接近經驗科學。作爲經驗科學的工業社會學，係致力於概念的一般化，亦即普遍原則的建立；又要致力於有關企業中聲望結構，工業衝突的解決勞工對於機器適應等的觀念與名詞的建構，自然得以要求符合科學的原則，即依賴系統性的觀察以作中肯而具普遍效準的陳述（原理、假設、規律的架構）。凡是經不起驗證的陳述，就無法被採用於工業與企業社會學中。達連朵夫認爲這種事實研究的方法約有下列數種（Dahrendorf 1965:14-17）：

1.文件的研讀法（*Dokumentenstudium*）：亦即歷史的研判法。這是近代被忽視的研究法，以致大堆文件未能發揮作用。所謂的文件是指：就業表、組織計畫、人事資料、會議或薪資談判的記錄等等。

2.參與（局內）觀察法（participant observation）：此係社會學家直接參加勞動行列，深入企業的各部門，以便去考察

其內在情形。此法唯一的毛病是受考察的對象，因爲社會學者的加入而發生變更（例如觀察者加入生產隊伍後，其中原有的「非正式群體」不得不有所變化，甚至有新的「非正式群體」產生）。不過這種觀察法的所得卻是由直接參與的氣氛中獲取的印象，比較深刻有力。

3. 非直接參與（局外）的系統性觀察法（*systematische Beobachtung*）：這是比較富有科學性的研究法，目的在使企業中的工作程序獲得客觀呈現的機會。

4. 統計調查法（*Statistische Erhebung*）：即就已有的統計資料，作完整的調查，凡有統計之處必然可儘數被查及，不過，通常在企業中提出統計資料者大多有限，此爲其瑕疵。

5. 訪問法（*Umfragen*）：此爲近時經驗社會學研究中流行的方法。這種訪問法包括民意調查（表格、問卷）、抽樣調查，及對個人的詢問。對個人的詢問又可以分閉鎖式或開放式兩種。前者係將詢問的題目事先擬就；並將回答簡化爲「是」、「非」或「無意見」數種答案，讓被詢問者選擇填寫。後者則不限定回答內容，而由被詢問者自行按其旨趣答覆。今日每一本談及研究法的社會學專書，多半要涉略到這種訪問的技術問題（König 1956）。此法的好處在於能夠依照查問人的意思求取所要調查的事物的結果。然則考慮到此法施行所花費的金錢、時間與人力，也會令人裹足不前。

6. 群體討論法（*Gruppendiskussion*）：此爲二次大戰後新發展的查問法。這種方法不以單獨訪問爲主，而是將個人的意見藉群體討論表達出來；通常一群以12至15人最爲適當。儘管此法近來常受研究者所應用，不過其有效性如何，

至今尚無法斷言。

7. 社會計量法（*Soziometrie*）：此法宜應用在特定問題之上，為莫勒諾（J. L. Moreno 1892-1955）於1934年首先試驗應用者，其目的在藉社會（人際關係）圖（Soziogramm）來表明某一工人在某一特定情況下，受其餘團體份子歡迎或排斥的程度，亦即有計畫的探查與描寫特定社會情況下人際的關係。工業社會學家利用此法以考察「非正式群體」的組織。

8. 實驗法（*Experiment*）：在企業中有關人員經常而緊密的關係，有利於實驗的進行。亦即圈定企業中的某一團體，將其餘影響變化之因素暫時予以控制，而變動某一因素，然後觀察由於此一因素之變化所引起的後果。梅約氏曾應用此法於霍桑工廠研究，收效甚大。

就像普通社會學一樣，工業與企業社會學至今尚未發展出一套理想的研究方法來，通常是視所研究的對象而斟酌採用可行的辦法（König 1967:194-224）。

8.7 工業社會學及其應用

由於工業與企業社會學研究的對象，是人群在勞動場所的社會行為與關係，因此它與實際應用之間有很密切的關連。很多企業雇主也就聘用工業社會學家當顧問，以便有效控制勞工，便利生產，而實現廠方謀利的目標。經濟團體更想藉工業社會學家的鑒核而作有關經濟活動的決定。身居重要地位的人（企業家、經

理、高級職員），更想獲得有關問題的專家意見，以為採擇遵行的參考。凡此等等，都足以說明工業社會學在理論分析與應用之間牢不可分的關係。然而這種過分倚重工業或企業社會學家的意見，卻也有它的流弊。

原來工業與企業社會學乃是使我們經驗的世界趨向合理化的一門學問，它是有異於法律學或工商管理學，不是一種規範的科學（*normative Wissenschaft*），因此工業社會學家既不能提供何種營業方式為較優的意見，又不能為其研究下達任何類似性質的價值判斷。儘管吾人不一定完全接受馬克士‧韋伯氏有關社會經濟科學「超價值」（*Wertfeiheit*）的看法，但工業社會學家是不可囿於實際價值的主見，而喪失了科學判斷應有的客觀效準性。

再說，工業社會學家有異於工業心理學家，後者將其研究重心放在個別工作人員的心理研究與輔導之上，前者則不僅注意個別的工作人員，尤重視其工作崗位（也即其社會位置 *Soziale Position*）與人際關係。工業社會學研究的問題對營利為目標的企業雇主只有間接的利益而無直接的利害關係。原來企業雇主（或經理人員）所關心的並不是企業衝突的結構因由，或非正式群體的作用。此種忽略的部份，正是工業社會學者研究的目標。如果社會學家就這一方面的研究成果，提供工業家參考，未始不是由理論走上實際的新方向，而有利於營業的判斷。所以在一企業場所或一工廠中設置專門工業社會學研究的部門，固屬多餘，但是如果能夠讓主管經濟工業等部門的首腦人員研讀工業社會學的著作，卻是有百利無一害的。作為科學的工業與企業社會學所能提供實際應用的，並非指示之類，而是知識。這類知識是有助於廠商主管人員下達決斷時的參考（Dahrendorf 1965:19）。

顯然，工業社會學研究的結果可以應用於各方面，包括對經

理人才的教育與訓練，讓他們獲得工商管理的碩士（MBA）的學位。未來的經理人才對廣大雇員與工人的管理知識有待加強，譬如康特（Rosabeth Moss Kanter）所撰《大公司的男女》（*Men and Women of the Corporation*,1977），提供詳細的分析，指出婦女如何在一個以男性爲主導的公司中，其成就不受肯定與升遷困難的原因。賈卡爾(Robert Jackall)的《道德與迷失》（*Moral Mazes,* 1988）則指稱經理層人員爲討好上司，而偏離道德行徑。另外哈列（David Halle）則在《美國工人》（*America's Working Men,* 1984）一書中，指出一個化學工廠的工人，對生產過程中節省開銷與省卻時間的技巧當成秘密來保持，不讓其上司知道，俾享受更多餘暇。

康特在《改變的頭目》（*The Change Masters,* 1983）一書中指出：美國有些公司行號企圖改變生產與管理方式，以提高成效，但改革困難重重，其原因無他，乃是公司行號垂直層級（hierarchy）業已僵硬，藉延宕決斷，壟斷消息，蒙蔽上司，而阻擾改革的推行。她建議改善之道爲採涉及的問題直接交給有關雇員，讓其快速決定，亦即採其引進決策過程中。

大部份的工業社會學家都受僱於大學與專科學校，從事教育大學生與研究生，研究發現的理論，可藉這些未來有機會擔任工商管理層的學生之傳播與應用讓實踐來檢驗學理的實用與否。要之，使學生或學員感受工作場所的問題，提供給他們看待與處理問題的觀點與技術，講授經驗性觀察的技巧，來指陳最新研究的發現，都是工業社會學家之職責。

第九章　政治社會學

9.1 政治社會學的主旨與方法

政治是管理眾人的事，也是公民在國家範圍內涉及公共領域的事務，更是政治人物為了追求權力、地位、利益所展開的競爭與決戰。政治是涉及每個人日常生活的重大事項，拿破崙、俾斯麥甚至視政治為吾人的命運。以日常社會的經驗來看待政治，無疑為政治的社會學觀（sociological perspective on politics）（Schwartz 1990:1-2）。事實上，如以社會學的理論來闡述政治現象，吾人便得到政治社會學。

從前擔任過西柏林自由大學教授史丹默（Otto Stammer），在1955年為政治社會學所下的定義為：政治社會學（*Politische Soziologie*）是一種現代的科學，它所涉及的為社會的先決條件與結果現象（*Folgeerscheinungen*），並且尚涉及現存世界各民族與各國政治秩序的結構，與政治秩序的影響關係。它所專心致志的是對社會與政治的現實作仔細的分析，並盡力指出結構的（*struktuelle*）與功能的（*funktionale*）變動，這種變動乃現今政

治生活的特色（Stammer 1966:277 ff.）。

　　到了1969年，史氏爲《社會學辭典》所撰寫「政治社會學」
一文時，其觀點已略有修改，他稱：政治社會學所涉及的是政治
行爲的社會性或社會心理方面的前提，以及現世各國不同政治體
制的結構與影響關係。其旨趣在於考察：（1）社會群體的經濟
措施、社會結構、意識形態和行爲模式；（2）政治秩序與政治
事象之間的關係〔即政治社會學之主旨在考察上述（1）與（2）
的關係〕（Stammer 1969：815）。

　　依據李普塞（Seymour Martin Lipset 1922-）的看法，政治社
會學所要致力研究的重點是：造成民主政治的社會條件底分析。
民主政治不僅是政權和平轉移的一種政治，亦即各種社會勢力相
輔相成的政治，而且是社會利害不一致的團體間相激相盪的政
治。在民主政治當中，權力的轉移不需藉流血革命來完成。相反
地，是政黨間和平地輪替執政，在野者固然應該服從在朝者的政
策決定，在朝者也應該尊重在野者的意見，彼此在和諧中求取協
調一致（consensus）。

　　但另一方面，民主政治卻保障個人或團體有發揮才能和抱負
的機會，讓人民有經由合法的競爭而獲取權力的可能。人與人之
間固然發生競爭，而政黨與政黨之間更爲了獲取政權實現政綱，
不能不發生抗衡，這種爭執（conflict）、或分裂（cleavage）不
僅無損於民主政治的穩定性，反而是推動民主政治進步的動力，
也是醞釀社會與機構的統合（integration）不可或缺的酵母。事
實上，協調一致乃是在爭執之後，大家互相妥協讓步的結果。因
此政治社會學不僅研究民主政治的社會條件，尚且更進一步把它
的注意力放在爭執與協和這兩個問題上面。換句話說，亦即研究
民主政治之社會因素的相激相盪和相輔相成（Lipset 1960：21-

22）。

　　雅諾維茲（Morris Janowitz 1919-1988）也認為政治社會學的著作中，有兩個顯然相反的知識傳統。廣泛地說，政治社會學所研討的：在社會各個建構的部門中「權力的社會基礎」，亦即社會層化（social stratification）及社會層化的結果之模式[29]，這是闡明社會組織和社會變遷特殊的研究途徑。另外一種相反的研究傳統，亦即比較狹義的看法：是把政治社會學的焦點，集中於政治群體和政治領導的組織性分析上。依據此一觀點，政治社會學的核心，是在研究有形與無形的政黨組織，以及這類組織和政府的人事制度或官僚體制（govermental bureaucracy）的關連，或政黨和法律體系，或政黨和利益團體以及與選舉的關連等等。這個研究法無異為制度的或組織的觀點之表現。因此在雅諾維茲的眼中，政治社會學的主旨隨研究方法之不同，而分為「社會層化的」以及「制度的」兩種，而以卡爾·馬克思和馬克士·韋伯，為這兩派政治社會學的鼻祖。後來這兩派各有所修正，如社會階層說變為「利益群體」（interest group）說，政治制度說變為「社會緊張」（societal strain）說。前者以群體追求利益發生衝突而

---

[29] 依據古鮑(John F. Cuber) 和康克爾(William F. Kenkel), 社會層化為「各種不同特權層層相疊之模式」。此種層化包括一社會各份子間不平等的權力和特權，以及職務和責任之分配。換言之，所謂社會層化，如梅耶（Kurt Mayer）在《階級與社會》一書中所說的，乃是一種差別體制，包括「社會位置高低層系，各社會位置的佔據者，在社會性的重要方面，彼此以上下或平等相對待」。社會層化有兩種主要形式——階級和喀斯德（class and caste）。科尼格博士著朱岑樓譯：1962，《社會學》，台北：協志工業叢書，第209-210頁。又參考本書第3章。

形成政治；後者認為政黨乃是適應社會緊張情勢的機制（Janowitz 1968, 12:298-299）。

事實上，政治社會學所要檢討的對象是對政治生活作宏觀社會學（macro-sociology）的剖析，研究政治體（polity）內外各種勢力的運作，俾限制、促進、改變社會的變遷（Lehman 1977: ix）。

政治社會學所使用的方法除了舊式評估文件的方法之外，就是使用經驗社會研究的技術，俾達到精確與客觀的地步。儘管培根（Francis Bacon 1561-1626）極早便倡導觀察法與實驗法，但其後數世紀中，人文與社會科學鮮少應用他這些方法。直至20世紀初葉，湯瑪士（William I. Thomas 1868-1928）、派克（Rober E. Park 1864-1944）和杜威（John Dewey 1859-1952），方把經驗的研究技巧發展成為精緻的工具，特別是1930年代的市場調查和意見調查，給予經驗的社會研究一大推動力。

政治社會學因為藉經驗的社會研究技術之助，而豐富其內容。過去為科學所無法探測的事物，現在已可求得，例如對政治行為的心理決定因素之探測便是。經驗的社會研究之技術（洪鎌德 1969： 7），能夠獲得有關個人主觀的事實之訊息，例如意見、態度、知識、動機、一般看法、反應方式、立場與意識形態等；也可以提供社會行為、生理及物質的資料。當政治社會學者在探究選民的行為時，便可應用詢問法，當他想要瞭解黨團的本質或人事制度時，便可應用觀察法。至於瞭解政治的思想體系或意識形態時，便可藉內容分析法之助以完成之（Lange 1966：19-22）。

9.2 政治社會學的發展史

　　李普塞認為，政治社會學是在宗教改革和工業革命的危機呈現時產生。17世紀時專制君主與新興市民階級的裂痕愈來愈深，隨著傳統社會的崩潰，社會與國家的不同，普通人與公民的分別，也漸漸為人所知。關於社會與國家的不同，普通人與公民的分別，乃是對於國家的正統或法統（legitimacy）發生懷疑的結果。當時有人開始懷疑國家正統的存在，有人則根本否認這正統本身。

　　布丹（Jean Bodin 1530-1596）在16世紀末首倡國家主權說，認為在國境內，沒有任何制度比國家更具威權的，也就是說：國家的主權為超越於國家法律之上，對市民與下屬而言是至高無上的權力。布丹嘗試在國家與教會爭執中支持國家的觀點。

　　其後霍布士（Thomas Hobbes 1588-1679）、洛克（John Locke 1632-1704）及盧梭（Jean Jacques Rousseau 1712-1778）等，各嘗試以其特殊方式去解決一個基本問題：即怎樣填平國家與社會之間的鴻溝？18與19世紀政治社會學的開山鼻祖，像聖西蒙（Claude Henri Saint-Simon 1760-1825）、普魯東（Pierre-Joseph Proudhon 1809-1865）和馬克思是站在社會立場，主張限制國家的權力，或把國家置於社會的控制之下，甚至取消國家。但另外一批思想家像黑格爾（Georg Wihelm Friedrich Hegel 1770-1831）和馮士坦（Lorenz von Stein 1815-1890）等，卻主張將社會隸屬於國家主權之下。

　　當然初期的政治社會學者不管是站在社會的立場，或站在國家的立場，在解決這一問題時都犯有錯誤。他們的錯誤在於曲解國家與社會為互不相關，彼此相互獨立的組織體。今日的政治社

會學者卻認為國家為諸種政治制度之一，而政治制度又為社會制度之一。研究這類制度之間的關係，就要應用一般社會學，而研究政治制度與其他社會制度的關係，則有賴政治社會學之助力。儘管國家與社會孰重孰輕的問題已成過去，但直至今日，政治社會學卻把爭執和協和看成辯論的主題（Lipset 1965：81-83）。

在政治社會學史上，開拓這門學科最早的思想家除了前述人物，特別是馬克思和韋伯之外，還有托克維爾（Alex de Tocqueville 1805-1859）和米歇爾（Robert Michels 1876-1936）比較突出。

9.2.1 馬克思和托克維爾討論階級的衝突與協和

自從法國大革命之後，關於階級之間的關係是否鬥爭或協和一問題，成為聚訟紛紜的爭論焦點。當時的革命者自然是主張階級鬥爭，而保守份子則主張維持社會的穩定。馬克思是把鬥爭看成研究政治的主題；反之，托克維爾則視民主政治包含衝突與協調兩種勢力的均衡。對馬克思而言，一個複雜的社會其特徵或為經常的衝突，或為經常的妥協，而不可能是兩者的合一。他視衝突和協調是互不兩立的排他事項，看不出這兩者有走向均衡的趨勢。在他的眼中，原始的人類以及未來烏托邦的世界（所謂的共產主義之社會）是和諧的、圓滿的。但目前的世界卻仍舊充滿矛盾和鬥爭。他理想中的未來世界並不是建構化的民主，而是一種無政府的狀態，甚至國家的角色也告消亡，社會分工的原則也完全失效。人們可以各盡所能各取所需，既可逍遙漁獵，又可以當牧人或批評家（Marx 1939：22；*CW* 5：47）。顯然馬氏是企圖藉這種學說來解決人與自然的對峙，也想藉此來解決人與人之間的衝突（Gurvitch 1948：25）。

馬克思對經驗的政治分析如有所貢獻，那麼他的貢獻並不在倡導階級鬥爭或社會層化之上，亦即不在生產方式決定社會關係一觀念之上，而毋寧為他對政治制度的看法。他認為政治制度是從社會層化的模式中衍生出來的，研究政治社會學等於研究社會結構，或等於後世所稱的「巨視社會學」（macro-sociology 或譯為「總體社會學」），與「微視社會學」（micro-sociology）相對立。不過他這種把政治事素簡化為社會的產品，而無視於政治制度對社會變遷的影響，頗遭後來政治學家與社會學家的批評（Janowitz 1968：299）。

由是可知馬克思主張，凡在共產主義的統治下，沒有民主存在的餘地或必要。因為社會不是充滿爭執，便是充滿和諧。充滿爭執的社會固然不符合人的尊嚴，故必須剷除；反之，充滿和諧的社會，既化除了爭執，自然也無需民主制度，亦即無需對抗政府專權的制度，也無需三權分立，無需法治，無需人權憲章，只需無政府的狀態即足。這些論調反映了馬氏的素朴與憧憬（姜新立 97-100）。

初看起來，托克維爾的理論與馬克思相似，都是強調社會各單位的團結一致，以及各單位之間爭執的必然性（對馬克思而言，社會單位為階級；對托克維爾而言，社會單位為地方團體或自動的組合）。可是托氏有異於馬氏的地方為：主張社會單位之間既可維持政治分裂，又可同時維持政治協調。例如美國的聯邦政府與各邦政府之間，總統與國會之間，他們各有其獨立的職權，但彼此卻常陷於對立或緊張的狀態，而不得不互相倚賴，甚至經由政黨的協調而連繫在一起。總之，他們之間存有一種機械作用，目的在創設和維持協和，俾使民主體制得以維繫不墜。

托氏對於多元政治制度的研究，係源之於他對現代社會傾向

的理解，儘管托氏爲19世紀前葉的人物，但他對世界潮流的認識和預想，竟是毫厘不差，十分精確，這不能不令後代的人萬分驚佩。他認爲工業化、人事制度化和民族主義的興起，可使低層社會的民眾走入政治的門檻，從而參與政治的活動。但同時，也促成地方權力中心的崩潰，而使權力慢慢集中於國家巨人的身上。托氏甚至懼怕社會的衝突，會慢慢隨著一個權力中心——國家——的崛起而消失。因爲屆時恐怕再也沒有強而有力的制度，足以與此具有絕大權力的國家相抗衡了（De Tocquiville 1966： 9-11）。

托氏也擔心：隨著群眾社會的來臨而使協和一致慢慢消失，因爲個人一旦孤立地成爲全社會的一個原子，而不再隸屬於任何具有政治勢力的社會單位時，便會喪失對政治參與的興趣，而單純地接受政權所下達的命令。漠然不關心（apathy）破壞了協調一致，而漠然不關心又必然是工業化與人事制度的社會產品，它是群眾對國家所抱持的必然態度。這點與雅諾維茲的看法一致，蓋雅氏稱收入低微的社會階層，對政治常抱漠然的態度。在托氏有關美國的考察裡頭，他發現有兩項制度可以對抗這種國家集權的弊端，亦即：地方自治與自動結合的團體。這兩種制度中隱然包含有維持民主政治趨向穩定的因素。這兩種制度阻止了權力的集中而創造嶄新的，以及自主的權力中心，並訓練未來的反對黨領袖，使他們具有政治技巧（*ibid.*, 321）。

馬克思談到宗教問題時，視之爲受苦受難的勞動階級之呻吟，也是「民眾的鴉片」，是欺騙低層社會與貧苦大眾的手段，是一種機械作用，目的使他們麻醉，使他們安份認命，並且阻止他們看清社會的不平，也阻止他們認識本身真正的階級利益。托克維爾相反地卻認爲隨民主政治的自由，宗教信仰的需要會愈來

愈迫切。政治制度愈少強迫或獨裁,人們愈需要一種精神慰藉,一種神聖的信仰,用以限制統治者和被統治者的逾越行為(參考本書第12章)。

9.2.2 韋伯與米歇爾討論人事制度和民主政治

在考察社會的分裂(或衝突)與協和時。我們提及馬克思和托克維爾。可是當我們把注意力轉到人事制度(官僚體制)的研討時,就要想及馬克士‧韋伯和羅伯特‧米歇爾。原來社會的協和或分裂,與人事制度之間的關係是相當密切,因為人事制度是創造並維持協和關係的主要手段,但它同時也是瓦解統一,形成衝突的重要源泉。

馬克思和托克維爾對階級衝突與協調方面意見的分歧,如同韋伯和米歇爾(對經由人事制度而產生的價值底實現和破壞)的意見之不一致,反映了工業革命以後一段時間裡,社會思想的分歧,也反映社會思想力求與社會事實相適應的情形。19世紀有很多社會哲學家,擔心工業革命對社會可能會產生分崩離析的作用。很多人如同馬克思,相信政治與社會的穩定不可能蘊涵或固著於城市化的工業社會之中。蓋工業社會中經濟的競爭與利益的追求是那麼劇烈,以致社會或政治的安定成為不可能。是故這些社會思想家,希望能建立一套更具道德效果的社會體系來。

反之,20世紀的社會思想家特別是韋伯與米歇爾,已撇開討論經濟制度和社會制度的關係,亦即不把資本主義的修正或摧毀看成解決問題的關鍵所在,而是把注意力集中於人事制度,或社會及政治底條件之上。由於很少人相信我們可以返回資本主義形成前的小生產者的社會裡,因此20世紀討論的問題為:在人事制

度盛行的社會中，哪一類的社會設施能夠屹立不倒？換言之，韋伯發現現代國家的興起有使政治擺脫經濟與社會結構之勢，亦即政治設施可以直接而單獨成為社會學研究的目標。因此雅諾維茲認為政治發展到韋伯時代，儘管可以被視為社會層化鬥爭的結果，但進行鬥爭的「利益群體」（interest group）已不限於經濟的；而是職業的、組織的、種族的，乃至宗教的利益群體之爭。政府的人事制度與官僚以及政黨，以新階級的姿態出現，而成為利益群體的一種（Janowitz, *ibid.*, 299）。韋伯與馬克思意見相左的地方是他強調社會的結構，以備政治分析之用（洪鎌德 1998b：26-39）。

早期反對馬克思學說的人曾指出，社會主義縱然有實行的可能，也無法消滅社會主義所攻擊的種種社會弊病。韋伯與米歇爾為這群批評馬克思主義中的先鋒。他們兩人指出：研究現代政治最重要的，不是重視資本主義或社會主義的問題，而毋寧為研究人事制度和民主政治的關係。韋伯認為，官僚與人事制度（*Bürokratisierung*）為現代理性生活秩序中不可或缺的要素，並且它是潛存於現代社會制度的形式之中（Weber 1964：703-738.1059ff.；Weber 1924：492-518；洪鎌德 1998b：34-37, 91-93, 164-183；高承恕 140-143；張家銘 16-20；吳庚 81-91）。

韋伯對人事制度的興趣主要不在政治方面。由於他相信官僚與人事制度的茁壯，為造成高度工業化社會的先決條件，因此他把官僚制度看成制度變化中最重要的源泉之一。帕森思（Talcott Parsons）遂稱：「粗略地說，人事制度之於韋伯，何異階級鬥爭之於馬克思，也不啻是競爭之於宋巴特（Werner Sombart 1863-1941）」（Parsons 1937：509）。無論如何，韋伯是認為，官僚與人事制度化對民主社會的統合與集成，具有正面的作用，

不過卻也因這樣講究理性化，造成現代人陷身於理性化的「鐵籠」中。例如人們在法律與官署前的平等，和以能力與貢獻作爲選拔人才與升遷人才等等的標準，都是官僚制度可取的一面（洪鎌德1998b：33-37, 92-94, 125；黃瑞祺 1996：192-193）。

在談及民主社會的實際運作時，韋伯認爲政治家——贏取選民支持的從政人物——所面臨的最大問題是如何控制法律的施行。因爲「日常的政務是操在官僚手中，甚至競選的勝利或議會的辯論，乃至政策構成（decision-making）都會化爲烏有，假使吾人不能有效地控制行政實踐的話」（Bendix 1960：433）。

但另一方面，韋伯對於建立在民主和自由之上的人事制度底日漸茁壯，不免憂心。他像托克維爾一樣擔憂超國家權力的產生，必然造成法治的沒落。就算社會主義有實現的可能，也必然是官僚權威的伸張。官僚政治勢必深入社會每一角落，造成「官僚獨裁」的結果，而不是什麼「無產階級的專政」。

米歇爾指出寡頭政治——政府由一群少數人把持，並由他們指定繼承人——必然出現在比較大的團體裡，這就是他所稱的「寡頭鐵律」（das eherne Gesetz der Oligarchie）。他在分析政黨與工會時指出：規模較大的團體有些內在的因素，這些因素造成它們在技術上，脫離絕大多數的成員的控制（Michels, 1957）。這是由於「群眾缺乏機動性」（Immobilität der Massen），而領導者具有「權勢慾」（Geltungsbedürfnis）的緣故。新的領袖人才由於善體察時勢而俟舊領袖沒落時乘機崛起。他早看出社會黨統治的社會中，此一政黨裡頭的寡頭統治，如何伸展其勢力至整個社會的每一角落，並緊密地控制社會中的成員。

另一方面，他又指出：第一次世界大戰前的德國社會民主黨，由於缺少上層社會的領袖，致中產階級不把該黨看爲合法的反對

黨。由此說明政黨的領袖應該來自社會的各個階層,而不能只反映或代表某一階級的利益,這是維持民主的政治制度所必須的(Michels, 1925)。米歇爾在他1927年米蘭出版的《政治社會學講義》(*Corso di sociologia politica,* Milano,1927)一書中,主張一個由代表民意而具有「卡理斯瑪」能力的(*charismatisch*,或稱「魅力的」、「神賜的」,此名詞為韋伯所倡用)領袖來推動代議政治,他這一思想不啻為法西斯主義鋪路,實令人不無遺憾。韋伯與米歇爾對人事制度兼官僚體制分析的理論,加上馬克思與托克維爾對衝突及協和的看法,便構成現代政治社會學的主幹(Lipset 1960:24-30;Lipset 1965:84-91,Bendix and Lipset 1957)。

9.2.3 政治社會學的近期發展

郎額(Max Lange)則與李普塞的觀點有異,他認為政治社會學當做專門性的社會學是在20世紀30年代,已發展至相當程度的產品。不過他也指出,在政治社會學誕生以前,社會學並非不致力於分析政治現象;相反地,當社會學於工業社會初誕生時,由於企圖解釋社會發展的規律,而賦予政治活動以新的意義。當時社會學者不僅視社會為自我發展之物(*etwas Sich-Entwickelndes*),而且他們懷抱有改變社會的意願。因此早期社會學與社會主義有密切的關連(特別是社會學的鼻祖孔德 Auguste Comte 1798-1857)。而第二代的社會學家如史賓塞(Herbert Spencer 1820-1903)則衛護資本主義的價值,至於馬克思所主張的「科學的社會主義」,更是激進的政治思想。總之,早期的社會學是一種「全體的社會學」(*Totalitäts-soziologie*),企圖解

釋並改變社會的整體。在這種全體社會學盛行下，部份學科的政治社會學自然無從誕生。因此，嚴格地說，只有當社會學被視為經驗的個別科學（*empirische Einzelwissenschaft*）時，政治社會學方纔有獨立發展之可能（Lange 1966：1-4）。

在20世紀30年代初，由於世界經濟危機的發生，以及羅斯福總統大力撲滅危機而採用「新政」（New Deal），美國的社會科學特別是政治社會學，乃大為發達，這不啻是對當時情境的一種反響。蓋當時福利國家的思想以及日漸顯明的人事制度，以雷霆萬鈞之力改變了美國傳統的民主政治之面貌，新大陸的這種情勢，剛好產生在舊大陸法西斯獨裁思潮橫決氾濫的時代。當時美國自由主義之知識份子毅然迎擊時代的挑戰，力圖挽狂瀾於既倒，遂有拉斯威爾（Harold D. Lasswell）為代表的美國政治學派的興起，彼等力求政治社會學與政治科學的合流。拉氏有異其師梅廉姆（Charles E. Merriam 1874-1953）而轉向政治實際，並挑起當時美國社會學界理論與經驗研究的論爭。他的作品＜政治，何人獲取何物，何時以及如何？＞（"Politics：Who Gets What, When, How？ in：*The Political Writings of H. D. Lasswell, Glenco, Ill.:Free Press,1951*），對於社會學的影響（較勝於對政治學）至深且鉅！及至希特勒掌權，德國的知識份子備受荼毒，很多社會學家與政治學家被迫棄置故土，而移徙英、美，於是產生實驗主義與新實證主義的結合（洪鎌德 1969a：2,4），為此我們進一步要討論政治社會學與政治科學的關連。

9.3 政治社會學與政治科學的關係

9.3.1 政治社會學與政治科學的異同

　　史丹默視政治社會學爲社會學與政治科學的聯繫橋樑，它一方面是社會學的一支，應用社會學理論與系統性的觀點；他方面又因其研究的對象爲政治現象，遂進入政治科學複雜的研究範疇中（Stammer 1969：815）。

　　李普塞把政治社會學看作和政治學（political science）不相同的科學。它們各有其歷史淵源。如前所述，西歐16、17世紀隨著專制王朝的式微，學者首次發現國家與社會之間存有一大裂痕。因爲袒護國家或社會的意見分歧，而轉成對政治學和社會學的不同看法。換言之，支持國家與支持社會的學者底分別，轉變成今日政治科學與政治社會學的分別。政治科學成爲專門研究國家事務的學科，它肯定政治制度存在的價值；另一方面社會學——特別是政治社會學——則強調社會的衝突與變遷。進一步來說，政治科學所牽涉的爲「公共行政」，或如何使政府的組織發揮更大的效果。政治社會學則重視「人事制度」（或官僚體制），而特別強調制度內存在的緊張與壓迫的現象。政治科學家雖然討論意見一致或分裂，但社會學家至今仍多注意造成分裂的條件，而比較少注意造成政治協和的條件（Lipset 1965：83-84）[30]。

---

[30] 以上參考 Lipset, 1965: pp. 83-84；關於國家與社會之不同尚可參考 R. Bendix

又政治科學考察權力的分配與行使，而政治社會學則視此等制度（權力結構）為既存事實。前者出發點為國家；後者的出發點為社會。我們尚可以說政治科學包括了政治社會學，蓋政治科學的主要部門有：（1）政治哲學；（2）政治社會學；（3）內政與比較政治；（4）國際政治；（5）社會政策與經濟政策；（6）文化政策與政治教育學（Kindermann 1963：20 n）。

與李普塞意見相反的是法國政治學者杜維惹（Maurice Duverger），他認為政治科學與政治社會學兩個名詞，「一般而言為同義字」，亦即相同的意思（Duverger 1967：24）。

沙托里（Giovanni Sartori）則持異議，他認為社會科學的進步，在於社會科學知識的擴張和專精，亦即政治科學和社會科學各有其研究的對象和領域。科學的圖像就需藉一些「既存因素」（givens）的配合來展現。所謂的「既存因素」，是指一些固定而附屬於問題的本身中，對研究的問題沒有緊密的（proximate），而只有些微的（distal）影響力。例如經濟學者要假定政治的結構為既存的事實；同樣地，社會學者也把政治的結構看成既存事實。反之，政治學者則把社會結構當做既存事實看待。不管是經濟學、社會學、或政治學，都將其觀點貫注在特定的一組變項（variables）之上，而將其他的因素（factors）假定為外在的、無關宏旨的事物，這便是所謂的科學分工策略（division of labour strategy）。因此社會學的獨立變項（原因、決定因素或動力）主要是社會的結構；政治科學的獨立變項（原因、決定因素或動力），主要為政治的結構。儘管有這種分別，沙氏希望政治學與

（ed.），1968, *State and Society, A Reader in Comparative Political Sociology,* Boston 一書。

社會學仍舊能夠密切合作，互相援用。

9.3.2 由政治社會學邁向政治性的社會學

　　要使政治學與社會學合作無間，就要有一座橋樑來化除他們之間的鴻溝。這座橋樑沙氏提議為政治性的社會學（political sociology），從而使它有別於政治的社會學（sociology of politics）。政治性的社會學為科際的混血兒（interdisciplinary hybrid），嘗試去連繫社會的與政治的解釋變項（ex-planatory variables）；而政治的社會學，則是把政治加以「社會學的濃縮或還原」（a sociological reduction of politics）。政治性的社會學是一種規範性（normative）的科學，它的成果有賴於今後社會科學者的努力開拓。過去的政治社會學多無視於政治科學的重要，是有所偏頗的（Satori, 1969：195-200）。依據他的意思，過去有關政治社會學的著作十之八九都是涉及政治的社會學，而不是政治性的社會學。前者（政治的社會學）是將政治加以社會學的濃縮或還原，都是像葛拉哲（Nathan Glazer）所指稱的研討「人們在政治生活中何以如此行動的『非政治性』底理由」（sociology of politics deals with the non-political reasons why people act the way they do in political life）」（Glazer, 1967：75）。

　　反之，後者（政治性的社會學）卻只是「在社會學與政治學交叉點上，兩種研究法連結的產兒」；（political sociology is only born when the sociological and politological approaches are combined at their point of intersection）。政治性社會學是研究人們在政治生活中，所以如此行動的「政治性」理由，它應當是結合社會學與政治科學的方法來研究政治現象。過去政治的社會學

只用社會和經濟的變項（socio-economic variables）來解釋政治
現象；現在的政治性社會學，則主張除了社會和經濟的變項影響
政治外，政治本身也影響了社會與經濟的環境。例如開發中的國
家，由於政治體制之爲民主（孫葛爾 Léopold Sédar Senghor 的
塞納加爾）或獨裁（恩克魯瑪 Kwame Nkrumah的加納），而大
大地影響了社會與經濟體制。更何況吾人所居住的世界是一個政
治化的世界，蓋政治的參與（political participation）也好，或政
治的動員（political mobilisation）也好，都是舉世皆然的現象。
又國家的權力——亦即權力的權力（power of power）——藉科學
技術的進步，飛速在膨脹、在擴張。它不僅可以隨意操縱，也可
以隨意鎮壓國民。因此政治權力的伸張，已處處主宰個人的命運。
對這種龐大權力的未知數——過去有人指稱國家爲一隻「沒有顯
現的手」（invisible hand）——之研究是刻不容緩。是以單靠社
會學來研究是不夠的，還需大大藉政治學來予以處置。沙氏遂主
張吾人應由政治的社會學，進入政治性的社會學之境界中（Satori
1969：195-214）。

9.3.3 政治社會學的理論

不僅政治學與社會學就研究政治現象一事應通力合作，就是
社會心理學也分析政治程序的心理層面，而促成科際的整合。於
是政治的「行爲研究」（behavioral research）應運而生，其主旨
不似舊式政治科學只注重制度或政策的研討，而是分析個人或群
體的政治行爲。事實上，行爲的研究也不限於政黨、利益團體或
選舉的分析，而毋寧爲經驗的政治科學所研究的全部範圍。不過
行爲研究不是百利而無一弊，像美國行爲學者過份注重細節方面

的事實，並力求這種事實的量化（求取數值或統計資料），其結果雖可獲取某一個細微事項的精確答案，但卻有「明足以察秋毫之末，而不見輿薪」之譏。因此純描寫性的經驗主義，應代以經驗實證了的理論。亦即政治行為的理論應考慮到制度的事實，並力求理論建基於政治行為的概念（例如「角色」）之上，而在「政治系統」（political system）裡求取結合。亦即今後的研究重心，不再置其重點於量化、或對抗舊式重制度少重行為的研究之上，而是注意理論的結構（Lembruch 1968：155-156；洪鎌德 1976，第1章與第3章）。

　　一般來說，政治社會學至今尚缺乏統一的理論基礎。儘管卜狄克士（Reinhard Bendix 1916-）與李普塞企圖藉政治行為精煉化的利益學說（*verfeinerte Interessentheorie des politischen Verhaltens*），來解釋政治的社會條件。只是政治社會學唯一的目標，可以說是研究「社會中權力的分配與行使」。不過以權力作為研究的主要目標，不僅政治社會學，就是政治學也是作如此要求（Lasswell 1949：6）。

9.3.4　對政治社會學的批評

　　艾翁士（Edmund Ions）也指出，用社會學來研究政治制度和理論，是最近的現象。其實對政治的研究早在希臘城邦存在之前，如古代尼羅河和幼發拉底河流域，有關法律秩序和權威的研究，都曾盛極一時。反之，社會學的誕生為近世之事。乃歐洲人在工業革命與城市化過程出現後，對社會問題的試圖解決。過去政治脫不了哲學、神學、法律的糾纏，現代則落入社會學的陷阱中。艾氏懷疑政治行為特別是政治的意見，可由社會學的方法來

求得，從而不信政治社會學對政治現象有任何解釋功能（Ions 1968：171-191）。艾氏這些觀點，可以稱是對政治社會學作為一門科學的批評。

9.4 政治社會學研究的對象

在論述政治學研究對象之前，我們有必要先理解政治社會學的基礎：社會秩序的問題。所謂的社會秩序是指在一定的時空交叉點上，每一社會在一段時期中所呈現的井然有序與穩定而言。這是便利生存於該社會中的個人或團體得以進行社會生活，而這類的生活有其穩定性與可資辨識性、以及可資預測性。談到社會秩序時，常也要談及其負面：社會動亂、社會不安、秩序與動亂可能是一個銅板的兩面，一部手推車的兩輪，缺一不可。

為了要使社會穩定的生活可以持續一段時間，社會契約論的思想家（霍布士、洛克、盧梭等），都主張先民運用理性，排除暴力之下，訂定社會契約，從此由自然狀態進入文明社會。馬克思主義者則以階級鬥爭的社會衝突說，來說明國家的緣起。不論是契約說、是衝突說，國家為了維持社會的秩序與穩定，成為其主要的職責。由是可知，秩序不是天生的、自然的，而是人為的、社會的。

構成與維持社會秩序的是社會成員的人，依馬奇也維里與霍布士的說法，人是自私、忘恩、享樂與權力的追求者，人在目前若不追求更大的權力，下一刻間便無法安心與舒適地生活下去。是以人性的貪婪，在社會生活中無法根除，但卻可以多少加以節制。這就是利用公權力來壓制個人的暴力傾向，套用佛洛伊德的

說法，是以「超我」（*superego*）來抑制「本我」（*id*）：社會成為壓迫個人的機制（coercive mechanism）。易言之，社會環境制約個人的人格發展。這種說法傾向於把心理因素（人性、人格、抑制）當成社會衝突的緣由，馬克思則視社會衝突是由於向來的社會結構及其安排，導致佔有多數的社會下層群眾居於不利地位──不擁有生產資料，卻變成第一線生產者的階級。馬克思對社會秩序的看法可以包括他對社會的層化（亦即兩大階級對立的觀點）、社會組織（包括在進行生產過程中社會的形式）和社會體系（上下層建築與社會階級的鬥爭）的觀點（Orum 1989：13-18）。從霍布士到馬克思到佛洛伊德都視社會秩序的維持是靠暴力、剝削、壓制而促成。亦即握有暴力武器者，也就是握有社會的權力者，由他們發號施令壓迫群眾接受，而造成社會一時的穩定。

由衝突與壓制的理論，演展為菁英學說。菁英為社會中操盤的少數權勢份子，他們因出身背景、教育、訓練之特別，而形成內部凝聚的少數秀異份子，但是其權力的來源常是群眾的降服、默認、乃至消極抵制。至於菁英份子本身的才華異稟也是他們能夠管理群眾的因由。

另外，解釋社會秩序的理論為利益說。這是強調人人在其生涯中不時都在追求特定的利益。如何擺平追求利益所引發的爭執，如何促使社會和諧共存，便成為社會秩序維持的方式的問題，是故採取和平合作的方式可稱為利益說中慎重行事的一派（the prudential variant）。主張人人以其本領從事競爭，而社會秩序乃產自人人的互動之結果，這便是競爭說的另一派。

最後，對社會秩序加以解釋的還有價值共識理論（value-consensus theory）。這是強調社會成員在追求私利之外，更應該

服膺或承諾全社會共同的利益，從而使大家獲得維持社會秩序於不墜的共識。要之，政治社會學的基礎在於社會秩序、社會穩定如何達致，以及對社會穩定的負面──社會動亂、社會不安──如何處理、如何看待的檢討（Dowse and Hughes 1986：19-40）。

我們從前述政治社會學的主旨和發展史裡頭，不難窺見這門學科研究的主要對象來。詳細加以條分縷析，就要參考現代著名的幾位學人意見：

史丹默認為政治社會學研究的主要目標，計有下列四組問題（Stammer 1966：277-333）：

（1）現時代的民主政治；
（2）極權的統治制度；
（3）政黨與利益團體；
（4）議會和政黨的國家。

卞狄克士與李普塞在1957年為聯教組織所編《現代社會學》一書，所撰的一篇文章中，臚列政治社會學所研究的對象，約有下列數端（Bendix and Lipset 1957：79）：

（1）社區與國家中選舉人的行為；
（2）經濟與政策決斷的集中現象；
（3）政治運動與利益群體的意識形態；
（4）政黨、團體、寡頭政治問題以及政治行為心理方面的相關事物；
（5）政府體制以及人事制度的問題。

及至1959年李普塞部份修正其先前的觀點，而主張政治社會學應以研究民主政治的社會條件為主旨。蓋民主政治是一種社會的機械作用，目的在解決社會之決斷構成（societal dicision-making）——政策形成與執行——所衍生出來的問題。而這類問題又存在於利益相反而互相爭執的群體之間。不過民主政治的特徵，便是以最小的暴力及最大的協和來解決這類問題。李氏感覺到美國的政治社會學，多注重在衝突或分裂的研究之上，而少注意到協和的一面，亦即美國的政治社會學多半留意馬克思指出的問題，而忽視了托克維爾所提到的觀點，同時他們似乎也未重視韋伯與米歇爾的主張。為矯正此一偏頗的現象，李氏以下列數個問題為政治社會學的主題（Lipset 1965：92-112）：

　　（1）選舉人行為與選舉研究；
　　（2）極端的政治運動；
　　（3）官僚與人事制度的政治之研究；
　　（4）自動組合的團體之內在結構；
　　（5）權力的觀念。

　　另外他又建議對正統或法統（legitimacy）加以研究，以及對正統與有效統治（effectiveness）加以分別。進一步考察家庭、社會化、學校制度、宗教等社會制度與政治之關係，尤重政治生活中出類拔萃的人物（elite 菁英）底瞭解等等。
　　雅諾維茲認為政治社會學應行研究的主題為（Janowitz 1968：299-305）：

　　（1）相激相盪與相輔相成的政治權力底社會基礎：包括選

舉制度，中產階級爲主的政治、輿論、意識形態、「異化現象」（alienation，此字源於德文*Entfremdung*，有譯爲「疏離」或「疏隔」者，原意是：心爲形役，勞動僅爲生存的手段，勞動成果被剝削等等）、政治社會化（political socialization）等之考察；

(2) 菁英與政治組織的分析：包括領袖人才的出身、甄選、徵調、更迭、黨內決策的形成，領導階層與經濟壓力團體及軍事機構的關係之研究；

(3) 全社會的研究（巨視社會學）與社會層面上政治的變遷：包括現代化對代議政治的影響，工業化與發展地區社會之比較研究，極權主義和資本主義的分析。

柏托謨（Tom Bottomore）認爲政治社會學研討的主題不外下列幾點（Bottomore,1979,1993）：

(1) 民主與社會階級；
(2) 社會運動、政黨與政治行動；
(3) 社會體系的類型；
(4) 社會變遷與衝突；
(5) 新國家的形成：民族主義及發展；
(6) 20世紀寰球政治。

柏貝羅格魯（Berch Berberoglu）則以比較和歷史的進程，把政治社會學的討論標誌爲國家的分析，這些國家又有重大的分別，計爲（Berberoglu 1990）：

（1）國家的理論：多元主義與菁英學說；

（2）馬克思主義派的國家觀；

（3）國家的生成與發展；

（4）資本主義的國家：其本質與矛盾；

（5）先進資本主義國家的危機；

（6）第三世界的國家；

（7）社會主義的國家。

　　寇維他里（George A. Kourvetaris）則以結構過程，來討論下列幾項重大的政治現象（Kourvetaris 1997）：

（1）權力與權力結構；

（2）選舉政治與政治同社會運動；

（3）世界政治的發展。

9.5 政治社會學最近的動向

　　1959年國際社會學學會（ISA）第四屆大會在義大利的史特類沙（Stresa）召開，會中曾決議成立政治社會學研究委員會（Research Committee on Political Sociology）。該委員會擁有會員18名（每會員國最多只能派二名代表參加），曾舉行幾次會議，目的在鼓勵政治社會學者致力研究有關選舉、政黨以及社會結構變遷中的政黨制度等問題，並希望此一研究不管是理論或經驗的考察，都能為未來國際間的比較研究與合作提供一個理論基礎。其間產生了亞拉德（Erik Allardt）及李普塞等所編纂的兩本論文

集，對政治社會學的發展有推動的作用[31]。

1968年1月15日至20日，該委員會曾在西柏林舉行第三屆學術討論會，由史丹默教授主持，參加者有來自西方國家22位政治社會學家與政治學者。包括該委員會主席李普塞（哈佛大學），總幹事羅坎（Stein Rokkan 卑耳根大學）及亞宏（Raymond Aron 巴黎大學）、沙托里（翡冷翠大學）、瓦冷（Henry Valen 奧斯陸大學）等。

此次討論的結果，顯示學者們對理論趨向的看法仍極歧異。但他方面卻表現了大家對經驗研究，對國際性問題的比較研究具有高度興趣。例如羅塞（Richard Rose, Strathclyde大學）與科隆（Steven Cohn 哥倫比亞大學），準備從事10個國家選舉的比較研究，另外羅坎將進行歐洲11個小型民主國家政治制度的比較考察。

此次柏林集會的重要議題為：

（1）群眾政黨的社會學；
（2）學生與政治（高等教育政策）；
（3）社會結構、政黨組織和選舉的比較分析。

在大會中宣讀的論文計有22篇，其中沙托里提出應由政治的社會學邁進政治性的社會學。除了片面以社會經濟事實來解釋政治現象（制度與程序）外，尚應留意政治化、政治秩序與決定關

---

[31] 參考 E. Allardt and Y. Littunen (eds.) 1964 *Cleavages, Ideologies and Party System*, Helsinki; S. M. Lipset and S. Rokkan (eds.) 1967 *Party Systems and Voter Alignments*, New York.

係等問題（請參考前面的敘述）。

在選舉的分析中（上述第三組論題），學者們已較前留意到選民與黨的認同關係，認為對此一關係的研究應網羅下列因素在內。即：政治程序、政治制度和政治組織。對於這些有關選舉的分析研討，可以看出由於方法學的一致，而使經驗研究趨向穩定，從而為國際間的比較研究奠立良好的基礎。影響選舉的變項（如年齡、性別、職業、教育、地區、社會地位等等）慢慢可以求取一致的標準。會上謝歐希（Erwin Scheuch 柯恩大學）提出角色的理論（*Rollentheorie*），俾解釋選民行為與政治制度或與政治程序的關係，也引起大家的注意。

至於有關群眾政黨的社會學（第一組議題）問題，又分為四個小題：

（1）關於選民與政黨的認同關係；
（2）低層黨部黨員的角色；
（3）黨內的決定程序與政府形成；
（4）政治領導人物甄選問題。

關於學生問題（第二組），與會者討論最為熱烈[32]。一般看法認為寰球青少年的擾攘不安，乃由於政治制度不能滿足某些民眾階層的要求之故。羅坎指出歐洲40年來社會經濟的變動如此劇

---

[32] 關於學潮的分析可參考：貝克教授在中國文化學院的演講稿：＜哥大學潮始末＞（朱立譯），刊於《中央副刊》，1968年5月24、25日及洪鎌德：＜德國大專學生騷動的分析＞，《東方雜誌》，復刊第二卷第六期，1968年12月1日，臺北，第12-15頁；洪鎌德1976 b:143-153.

烈，而現存的政治制度卻殊少變化，致堵塞了青少年求變之途，是以釀成學潮。亞拉德認爲在過去的政黨制度下，不但發生民族革命，甚至產生產業（社會與經濟）革命，最近的學潮可以被視爲一次教育革命，它爲政治制度帶來許多難以解決的問題。沙托里綜合大家的論點而化約爲以下數項：

(1) 由於大眾傳播術的迅速傳播功能，使美國的學潮很快地波及整個世界，造成無形的「少年國際」（*Internationale der Jugend*）；

(2) 「少年國際」的特色爲含有意識形態的趨向，而這種趨向正是政治制度力事擺脫意識形態時發生的；

(3) 這種學生運動之具有意識形態的色彩，可由學生們「末代心理」（災禍心態 *katasrophische Mentalität*），以及對現存政治與社會制度的破壞感兩事看出。此種運動對整個社會是否已構成絕大威脅一事，目前尚難斷言。因此吾人對目前的青少年可以稱之爲：「具有原始樂觀主義者的一代」（*Generation ursprünglicher Optimisten*）。

顯然由於政治的領導階層與政黨，忽視了青少年對民主的意志形成和決定底參與，並且對他們的切身利益不加留意，致使青少年感覺到被孤立、被遺棄的痛苦而激起巨變。

儘管與會者對此問題的觀點大體一致，但一提到採取何種政策或手段——對意識形態的批判？心理分析？社會心理治療？改善政治與社會的關係？——來解決青少年困擾的時候，大家的意見又是紛岐而莫衷一是（Lenk 1968：162-164）。從柏林討論會

的議題，我們不難理解今日政治社會學研究的主要對象和演變的趨向了。

9.6 過去30年間政治社會學的動態

自從在第二次世界大戰結束以來，寰球政治社會學最發達的地區首推美國，其次為西歐。歐美的學術傳統明顯地受著韋伯對馬克思幽靈的挑戰與對話（Salomon 1945：596）底影響，而產生四派的主張[33]：（1）馬克思主義者工具論；（2）韋伯學派的多元理論；（3）米爾士以降的菁英理論；（4）新馬的結構主義或後結構主義的理論。這四派的爭議焦點為政治權力與權威的社會基礎究竟在何處？亦即權力與權威的據點在那裡？它怎樣運作？（Sahu 1994：1414-1406）

9.6.1 馬克思主義者的工具論

馬克思與恩格斯在《共產黨宣言》中，指明在現代資本主義

---

[33] 有人主張當代政治社會學的研究途徑應擴大為五派，即（1）結構功能主義；（2）衝突理論；（3）菁英學說；（4）多元主義；（5）馬克思派的理論，見 Kourvetaris and Dobratz (eds.) 1980: ix；稍後，Kourvetaris又提出政治社會學五種研究模型包括：（1）菁英模型；（2）多元主義模型；（3）馬克思主義階級模型；（4）現實主義模型；（5）組合（Corporatist）模型，見 Kourvetaris 1997: 9-35.

的社會中，國家是社會的上層建築，受著下層建築的生產方式與經濟基礎所制約。由是國家成爲統治階級的工具，藉著國家這部統治機器的控制與操作，統治階級在大力增加其本身和資產階級的利益。因之，兩人遂宣稱：「現代國家不過是一個委員會，其目的在管理全體布爾喬亞的共同事務而已」（*CW* 6:486；洪鎌德 1997b:334）。

馬恩進一步視政治不過是階級爲衛護或爭取利益而引發的階級鬥爭。階級鬥爭是從經濟因素（物質利益）和社會關係所引發的。至於馬克思所認爲的社會關係不過是人們擁有或不擁有生產資料（資本、土地、勞動、管理技術等）所造成的法律關係（財產關係）之化身，都是受到特定時期、特定社會的生產方式所形塑。換言之，資本家對生產資料的控制，擴張到他們對國家權力的控制，馬恩及其黨徒其後便圍繞著這個所謂的歷史唯物論的觀點來闡述資本家怎樣串連統治階級把現代國家轉變爲階級統治，乃至階級宰制的工具，並且以國家之掌控而剝削無產階級的工人，而維持資產階級的優勢（洪鎌德 1997b：333-336）。

9.6.2 美國社會學主流派的多元主義

美國社會學主流派在受到韋伯的影響下，批評了政治的階級基礎，亦即不同意馬克思視階級的對立與敵恃是政治的源泉，更反對社會的層化（分歧爲各種階級、階層），可以化約爲經濟利益之爭。要之，也反對正統馬克思主義者的經濟決定論。美國社會學主流派，採用韋伯的權威與理性的概念，認爲現代社會是由各種利害關係犬牙交錯的利益群體所形成，政府或國家不能偏祖某一階級，反之，卻要扮演諸種社會勢力的調解者，或排難解紛

的掮客之角色，目的在促成大家的妥協合作。因之，權力並非集中於某一階級、某一族群、某一個人，而是分散於社會各層面、各個群體當中，從而沒有任何一個人或一個社團可以掌握所有的權力。

在這種權力多元而分散的看法下，達爾（Robert Dahl），在《現代政治分析》（1984）中，指出權力是某甲對某乙的影響作用，由於某甲對某乙有這種的權力關係，使得某乙會做出符合某甲期待的行為，這樣把權力界定為人際的關係，便可以使權力的概念不再是抽象、而是具體，不再是靜態、而是動態。達爾認為權力可以劃分成三種：（1）權威；（2）強制；（3）操縱。某乙對某甲的自動降服出於某甲擁有合法的權力，這就是涉及權威。某甲利用威逼利誘使某乙屈服，這就涉及強制。某甲對某乙既無合法權力，也無權威，但某乙仍盲目服從，這就是涉及操縱。

早在1961年出版的《誰在統治？一個美國城市的民主與權力》一書中，達爾便對康涅狄克州新港（New Haven）一市進行經驗性的研究，他利用決策分析來研討該市權力的運用，發現市政權力分散於市府、議會、城市重建委員會、公共教育機構等群體中，亦即多元民主的權力為競爭的群體所瓜分與共享（Dahl 1961）。

9.6.3 菁英理論

自從米爾士發表《權力菁英》（Mills 1956）一書，而強調資本主義橋頭堡的美國，其政治權力為「高級軍人、財團金主和行政高官」這些菁英份子所壟斷與掌控之後，菁英理論成為1960年代與1970年代挑戰多元主義的兩大理論之一，另一為新馬克思

主義的結構主義。菁英論者駁斥多元論者的主張，不認爲工業化的民主國家之政治權力分散在彼此相互競爭的社團手中，菁英論者也拒斥正統馬克思主義者把權力視爲敵對階級進行鬥爭的目標，亦即把權力當做階級關係的函數看待。菁英論者的理念來自於米爾士、巴雷圖和莫斯卡，認爲所有的社會，包括工業化的民主國家在內，只有少數的菁英在進行重大的決策，並統治龐大的群眾。不像馬克思主義派視統治階級爲布爾喬亞的代言人，菁英論者認爲菁英的出身不限於某一階級、或階層，其所謂衛護的利益，也不限於某一階級或階層，完全視情勢的調整而變化。社會的變遷動力促使本來非菁英者在吸收與合作之下，變成菁英的一環。凡菁英者都會審時度勢，擁抱社會的基本價值，接受社會權力的遊戲規則，而對群眾行使權力。

應用菁英理論董霍夫（G. William Domhoff）、戴伊（Thomas Dye）、費爾德（G. Lowell Field）、海格列（John Higley）、朴列維（Kenneth Prewitt）、史統（Alan Stone）進行經驗性的研究，以反駁達爾多元民主理論。董霍夫在《誰統治美國？》（Domhoff 1967）一書，藉米爾士權力菁英的概念與巴徹爾（E. Digby Baltzell）企業貴族的理念，研究美國公共領域與工商企業界最有權勢的人物，如何藉特定的教育與訓練機構（貴族學校），而使其份子持續更新，而形成美國歷久彌新的統治階級。

董霍夫另一著作《真實的權力》（Domhoff 1979），藉權力結構的分析指出美國頂尖階級，在全人口爲數只佔0.5%，但居然控制25%的私人財富與年薪。頂尖階級的經濟權力支配其他階級與主宰政府各部門。在《權力菁英和國家》（Domhoff 1990）一書中，他應用米開曼（Michael Mann）的社會權力之概念去分析美國重大的政策怎樣倡議、怎樣制定，而得出菁英在統治美國的

結論。

戴伊則在《誰在運作美國？》（Dye 1976）一書中，利用傳統資料，對美國著名的政界與商界領袖進行分析，其結論也是認為美國政商的大權只落在少數菁英手中。他發現有限的幾大公司，透過財團的連繫，也與政府形成利益共同體，互換成員。他的結論是美國的權力集中在最大的幾個機構中──白宮、國會、華盛頓的官僚、軍事機關、著名律師事務所、基金會、大學、大公司行號、銀行、保險公司、公用（水、電、瓦斯）事業。

1980年代與1990年代海格利、布爾頓（Michael Burton）、費爾德在綜合菁英論與階級論之後，企圖營建新的分析架構，來發揮菁英說的效果，海格利與布爾頓研究自西元1500年以來，西方民族國家中國家菁英、菁英轉型和政治穩定之間的關係。研究的結論顯示在瑞典、英國和美國「凝聚共識、趨向統一的國家菁英」是產生穩定政權的主力，這也是促使其國家能轉變為現代民主的原因」（Higley and Burton 1989）。

9.6.4 新馬的結構主義與後結構主義

在受到阿圖舍（Louis Althusser 1918-1990）結構主義的馬克思主義（簡稱新馬）的影響下，西歐與英倫重燃對馬克思主義「科學的」重估。新馬立論的焦點是資本主義社會中的政治權力，資本累積和階級鬥爭。相對於正統的馬克思主義，新馬不把國家只當成為階級鬥爭的機器；反之，給予國家更多的自主權，而非為階級利益服務的工具。原因是現代資本主義的社會中，國家權力有其特性、也有其限制，不是工具論可以解釋清楚的。阿圖舍、

朴蘭查（Nicos Poulantzas 1936-1975）、歐斐（Claus Offe）、拉克勞（Ernesto Laclau）、穆佛（Chantal Mouffe）都可視爲新馬或後馬克思主義(簡稱後馬)的代表人物(洪鎌德 1995：187-200；1996：97-119)。他們都同意葛蘭西（Antonio Gramsci 1891-1937）的看法，國家的功能受到社會結構的制約，這種制約關係包括意識形態的實踐與政治實踐在內，而不只是受到個人在國家權力機器上的位置或偏好所影響。

朴蘭查《政治權力與社會階級》（Poulantzas 1973）是一本引起廣泛討論的著作，在該書中朴氏認爲國家透過政治與意識形態的設施，造成社會的凝聚，這也變成國家必須的與客觀的功能。有此功能國家相對於資本家階級而言，享有「相對的自主」，由是可知國家是複雜社會關係的結晶，而非簡單階級統治的工具。藉此書之出版，朴氏企圖把國家從多元主義研究者的忽視或漠視中重新帶回政治社會學的中心。賴特（Erik Olin Wright）在《階級、危機與國家》一書（Wright 1978）中，考察階級與國家之關係，俾對馬克思主義者所提階級與國家之關係做出經驗性的檢證。（洪鎌德1996：82-84）

後馬的拉克勞與穆佛，在受到後結構主義與後現代主義的影響下，企圖聯合各種弱勢團體（學生、婦女、有色人種、失業者等）推行「社會主義的策略」，來達到奪權稱霸（hegemony）的目的（Laclau & Mouffe 1979；洪鎌德1996：97-119）。

要之，新馬的轉型、後馬的崛起，都是由於世局的劇變，第二次世界大戰結束以來兩大陣營的冷戰進入美蘇與美中的和解、美軍撤出越南、水閘醜聞的爆發等迫使社會科學者必須致力世局變遷的新解釋。在此情形下，新馬不只批駁老馬的僵硬教條，更針對菁英論的囂張，提出國家相對自主的說法。但自從雷根、柴

契爾主政之後新保守主義抬頭，新馬的理論漸漸遜色。1980年代與1990年代菁英衝突論與新菁英的典範取而代之，這與1980年代部份獨裁政權的崩潰與威權轉型民主的研究有關，特別是地中海與拉丁美洲幾個威權政府的轉型為民主國家，引起學者研究的興趣。隨後東歐的民主化與蘇聯的崩潰重燃學界對民主研究的炙熱。1990年代學者注意東歐與俄國重建的「新民主」是否能夠擺脫過去半個世紀共產集權的夢魇，而使民主的成果得以保持、成長，乃至開花結果（Sahu 1419）。

　　自從大眾傳媒出現之後，在西方，特別是美國由20世紀初至1950年代末，一直成為學術研究的寵兒。拉查士費爾德及哥大學人在1940與1950年代對媒體的研究造成以個人的心理的研究途徑來理解傳媒的社會效應。之後隨著1970年代拉丁美洲獨裁政權的轉型與1980年代末東歐的民主化，以及1990年初舊蘇聯的解體，傳媒的政治角色備受矚目，這也使社會學家對大眾傳媒的研究重新恢復（Nimmo and Swanson 1990）。美國選戰中媒體的角色、社會問題與政治領袖與媒體之關連，乃至媒體科技的演進，令人耳目一新。要之，政經社會重大問題的分析，以及重大問題如何受到媒體的報導，都造成媒體對政治的民主化有促進或阻卻的功用。是故當代的政治社會學不能不注視與研討媒體（Wasburn 1995:1-12；Kourvetaris 1997:99-110）。

　　隨著「蘇東波的變天」，整個世界的政治局勢有了極大的改變，世紀杪的世局受著三股重大的力量所左右：其一為東西冷戰的結束；其二為西歐由經濟統合邁向政治統一；其三，過去或目前共黨政權統治下國家的經改與政改的推行（Denitch 1990；Kourvetaris 1997:2）。這些情勢與力量演變不只將對歐美產生重大的衝擊，更會影響寰球政經、社會與文化的走向，亦即國際與

區域政治的寰球性之變化。

　　這包括東歐、獨聯體成員國、東方共產國家走向資本主義化、民主化、現代化轉型所滋生的困擾，也包括了種族民族主義、宗教與文化之歧異所產生的社會衝突、和後冷戰時期世界新秩序重建的困難諸問題。要之，這將是跨世紀政治社會學的新課題（Kourvetaris 1997:217-262）。

第十章　法律社會學

10.1 社會規範與法律秩序

　　人是社會的動物,他不能離群索居,營魯濱遜式的孤獨生活。
一個人從出生至入死,不是生活在家庭中,便是生活在其他的社
團裡,因此他與別人總要發生或親或疏的社會關係,社會學家稱
人與人之間的這種關係為「生死的相互關連」(*vitale
Interrelation*)(Hirsch 1966:25)。既然個人必須與他人發生關
係,經營群體的社會生活,那麼在一個社群中,個人的意見、目
標和利益,便與他人的意見、目標和利益發生犬牙交錯的關係,
他們有相同的地方,也有相反的地方。相同的意見、目標和利益
固然需要一定的規範來加以規整,使朝共同的方向邁進;就是相
反的意見、目標和利益也有賴一定的規範來加以疏導,以免距離
過大,造成混亂衝突的局面,而導致公共生活的解體。

　　換句話說,所有的人類總是或多或少依賴他人,這種人類間
的彼此依賴之關係,蓋格(Theodor Geiger 1891-1952)稱做社會
的相互依賴 (*soziale Interdependenz*)(Geiger 1964:46ff.; 83ff.;

86ff.; 95, 113ff.）。總之，為實現人類共同的生活起見，亦即為維持社會共同體成員的共存共榮起見，不能不首先維持社會的秩序，而社會秩序的維持有賴規範的作用。是以人類社會（其實營群居生活的動物社會也一樣）有賴規範來約束成員的行為。社會規範包括風俗、道德、禮儀、宗教信仰及法律等。

先秦時代的中國，即以廣義的禮來作為約束人們行為的規範。《荀子》〈禮論〉稱「禮起於何也？曰：人生而有欲，欲而不得，則不能無求；求而無度量分界，則不能不爭；爭則亂，亂則窮。先王惡其亂也，故制禮義以分之，以養人之欲，給人之求；使欲必不窮於物，物必不屈于欲；兩者相持而長，是禮之所起也」。《禮記》指出「夫禮者，所以定親疏，決嫌疑，別同異，明是非也。道德仁義，非禮不成。教訓正俗，非禮不備。分爭辨訟，非禮不決。君臣上下，父子兄弟，非禮不定。宦學事師，非禮不親。班朝治軍，涖官行法，非禮威儀不行。禱祠祭祀，供給鬼神，非禮不誠不莊」。

在古代中國人的心目中，與禮相關的社會規範為「刑」。《論語》：「道之以政，齊之以刑，民免而無恥；道之以德，齊之以禮，有恥且格」。《左傳》稱：「刑以正邪」。《尸子》云：「刑以輔教」。《尚書》稱：「刑期於無刑」。都是以懲罰來抑制人性之惡，亦即用以控制人的行為。刑為法的狹義；廣義的法則為社會制度，如《管子》稱：「法者所以一民便天下也」（〈任法〉四十第五）；「法者所以興功懼暴也」（〈七臣七主〉第五十二）；「法天下之儀也，所以決疑而明是非也」（〈禁藏〉第五十三）。此外復有律、令、刑、政等四名，與法名稱不同而意義差不多。他們甚至被概括在法之內。因為「律者所以定分止爭也。令者所以令人知事也」（〈七臣七主〉第五十二）；「判斷五刑各當其

名，罪人不怨，善人不驚曰刑」（〈正〉第四十二）；「正之，服之，勝之，飭之，必嚴其令，而民則之曰政」（〈正〉第四十三）。

顯然得很，法律因爲是建立在公平觀念上邏輯嚴密的一套規範體系，而且由具有強制性的機構來加以施行，所以是社會規範中最重要的一種。

不過法律和其他的社會規範，除此之外到底還有什麼不同呢？馬克士‧韋伯（Max Weber 1864-1920）認爲「法律乃是一種秩序」，必須藉「強制的機構」（Zwangsapparat）──法律的執行機關，採取「強制的手段」（Zwangsmittel），亦即「法律強制」（Rechtzwang）來保證秩序的維繫不墜（Weber 1964：34ff.; 61ff.; Weber 1960：57-60, 67ff.）。換言之，法律是具有機會可供一群執法者來加以適用的。

他方面韋伯也知道單單靠著生理上的威脅，不可能就構成法律的行爲，因爲強制性不僅存在法律當中，也常常在公共的指摘、譴責、制裁和抵制裡頭[34]。韋伯界定法律爲規範與制度用以調控行動者有意義的行動，行動者不限於個人、也包括團體在內，他視法律爲規範與規則之體系，是同意與壓制之結合，法律「在群體中被同意地當成有效」，是靠「強制的手段」來達到保證法律的效力（Weber 1968：312-313）。因之受到群體同意的規範，其執行之程序與執行之機關（司法機關）都是民眾所信服的社會

---

[34] 韋伯以一位社會思想家的身份，對法律進行解析，係受到德國法律教育的傳統之影響，也是對此影響（特別是耶林 Rudolf von Ihering 1818-1892）的叛離，這造成了他建立不帶目標性的社會學（anti-teleological sociology）之因由，參考 Turner and Factor 1994.

制度——國家及其合法性的運作。韋伯尚分辨公法與私法（Weber 1968：641-643）。公法係由國家、或官署所公佈施行的法律，在於規範國家機構與人民的權利與義務，這與私法規範個人與個人之間的關係不同。

韋伯進一步提出研究法律的三條途徑：其一為道德的途徑，集中在分析法律的道德基礎，討論法律與倫理和道德價值的符合與否；其二為法哲學的途徑，集中在法律之獨立自主、研究法律與其本身原理與原則之一致與否；其三為社會學的途徑，研究法律與社會行動之關連，討論法律對社會之作用（Turkel 1996：8-10）。

塞爾茲尼克（Philip Selznick）不認為法律的性質為強制性，而卻認為是權威性（authority）。原來法律產自對權威的敬畏，而法律的適用也是權威的功能。人們所以遵守法律，並不是由於良心、習慣或懼怕違法時受懲罰使然，而是由於對一個具有權威性的秩序所表示尊重的決心。法律乃是對於權利與義務的規定。此項規定原則上應符合社會的共同要求，方才能夠作為團體成員行動的指針。為推行法律的工作，自當有機構的設置。這等機構不一定必須專門化，也不一定會產生強制的力量。但這個機構所作有關權利與義務的決定，卻必須被其成員接受而且具有權威性。因此一道權威的法令要求人們遵守，而這個要求所及的程度，必是該法律制度有效的範圍。因之，一個建立在人們有限的同意之上的法律，雖然可以動用各種威脅的手段，迫使人們服從，但它卻是一個弱小的法律秩序；反之，強大的法律秩序乃為贏得更多人民支持與同意的產物。這種法律秩序自然也容易獲得更多人自願的遵守，也就不需再靠強制來加以執行了。顯然強制性雖是法律重要的源泉之一，但這正像教育也往往是訴諸於強迫性的。

總結一句，法律秩序固然產生自強制性，但卻與權威性、同意（consensus）和合理性（rationality）具有不可分的關係（Selznick 1968：51-52）。

　　法律的目的在保護人民的自由，也是「在解決人們的正義、福祉以及社會和平等具體底問題」（Ves Losada 1967：497-512），它不是少數人恣意的決斷，而是獨立超然不偏不倚的法律工作者（法官與法學者）的努力，彼等相信在尋找法的正義，而不是在創造法律（當然有人認為法官與法學者在創造法律，詳細情形參考本章以下第二節）。因此法官在作審判時，只是就正義的一般原則引用到具體的實例之上，而不是接受任何統治者的命令。因此，幾世紀以來政治思想家都同意：人們雖然服從法律，卻不是屈服於統治者的意願。這裡所指的法律無他，乃為正義的普遍原則，此種原則或產生自獨立的司法傳統，或產生自法學者的作品，而不是那死硬的法律條文。是以狄里波（Heinrich Triepel）稱「神聖的不是法條，神聖的只是法律，而法條係在法律的統屬之下」（*Heilig ist nicht das Gesetz, heilig ist nur das Recht, und das Gesetz steht unter dem Recht*）。不幸近世極權政治興起，極權統治者無視人民的意願，卻假借法律的手段——法條來謀害追求自由與民主的仁人志士，亦即實行司法謀殺（*Justizmord*）的恐怖政治。海耶克（Friedrich A. Hayek 1899-1992）遂感嘆：「法律保護自由，而法條卻謀殺自由」（*Recht schützt Freiheit, Gesetze töten sie*）（Hayek 1963：11-12）。

　　1969年7月初，一位因為替反對黨人士辯護，致遭希臘軍事獨裁政府逮捕的雅典大學法學教授孟卡奇（Georgios Mangakis），在其最後一堂的法律講課上沈痛地告誡其學生們：「在法律科學中僅有一個偉大的真理，即：法律的道德價值在於保障人們的自

由，假使法律不能達到保障人們的自由底目的，法律便要淪為強力者壓迫人民的工具。當做學者而又是人的法律家，應該要有勇氣皈依和信持自由的價值。否則的話，法律家只成為一個技匠，他只知使用法律的技巧，而成為強力者的僕役」（*Neue Zursche Zeitung*, 8.7.1969, S.2）。由此可知考察法律與政權的關係，是非常必要的。不僅法律與政治，就是法律與經濟，特別是法律與社會——因為政治、經濟、宗教等都是社會現象——的關係，也應該值得我們來加以研究的，法律社會學便在這種要求之下誕生。

10.2 法律社會學的發展史

如果我們把孟德斯鳩（Charles Louis de Secondat, Baron de La Bred et de Montesquieu 1689-1755）的《法意》（*De L'esprit des lois*, Paris, 1748）看成一部法律社會學的著作，那麼法律社會學的產生比一般社會學還要早一百多年。雖然孟氏用氣候、地理、土壤、位置、人口、政府形式、商業、宗教、習俗等自然與社會因素來解釋各地法律制度的不同，但它還不能被視為真正的法律社會學底作品。促進近世歐洲法律社會學的誕生底思想淵源，應當推溯到孔德（Auguste Comte 1840-1890）的實證主義。由於孔氏要求將人類的文化業績與形上學分家，而由經驗科學的方法來解釋其因果關係，因此過去把法律視為神聖而不可侵犯的觀點，乃一改為藉科學方法可以獲取認識的社會事實（*Soziales Faktum*），不過孔德不把法律現象視為特別顯著的社會現象，因此在他的一般社會學之外，沒有論述——特殊的社會學——法律社會學（Gurvitch 1947：12）。

隨著19世紀的自然科學，特別是數理科學的突飛猛進，遂產生以自然科學或實證科學研究法律的傾向。這種傾向一方面使法律本諸形式的法規（法律條文），或形式的概念而求其真義，由之產生法律實證主義，他方面探取隱藏在法律背後的社會事實。這也就是塞爾茲尼克所稱的工具主義（instrumentalism）。工具主義的代表人物像邊沁（Jeremy Bentham 1748-1832）、耶林（Rudolf von Ihering 1818-1892）以及其後美國的龐德（Roscoe Pound 1870-1964），都認為法律是一種維持公共秩序和排難解紛的工具，它也是為便利意志的交流，並為賦予政治法統、增進教育及提高公民參政權的利器（Selznick 1968：50）。

另外在此以前已甚發達的歷史科學，也由研究單一性而無法反覆展現的現象，漸漸改變其觀點，轉而注意到一般而在歷史中反覆出現的典型現象來。換言之，法律史學家，追蹤法律理念和法律制度於歷史根源之中，而發現法律演進的樣式係社會勢力的產品，其中比較出色的有：梅因（Henry Maine 1822-1888）的《古代法律》（*Ancient Law*）、霍姆士（Oliver Wendell Holmes 1841-1935）的《不成文法》（*Common Law*）、涂爾幹（Émile Durkheim 1858-1917）的《社會分工論》（*De la division du travail social*, Paris 1893-1960）。

涂爾幹認為社會與法律是從簡單而演變到複雜，這是由社會組織的成員之社會互動顯示出來的，道德與法律也同樣經由單純而趨向複雜。由於個人受社會分工精細化的影響，而日趨專業化、專門化，法律也愈來愈擴散、愈來愈專門。隨著社會組織由簡單變成複雜，社會連帶也由機械性變成有機性，法律也由報復性轉變為補償性（Turkel 28-30）。加上馬克士·韋伯有關法律方面的著作。韋伯認為古代的法律本來操在天縱英明（*charismatisch*）

的祭司或先知的手裡，以後由於法律專家的興起，法律的制訂和行政的措施，都有專人負責，遂由原始的巫師底形式主義進化爲現代功利性的理性主義了。與法律史相當的是法律比較，亦即後來比較法學的濫觴。這門科學目的在比較不同的法律團體之法律制度的同異，並研究其同異的原因，此種研究方式，誠然已大大邁進於法律社會學的領域中。

除此之外，馬克思（Karl Marx 1818-1883）的歷史唯物論，主張研究社會上層建築受經濟基礎所制約的關係。早在1842年，馬克思就著文檢討盜林的法律問題，當時他便認爲收集殘枝枯葉不可與砍伐綠林相提並論。蓋前者依習慣法不是盜林的行爲（Marx 1842；*CW* 1：224-239）。在他與恩格斯合著《德意志意識形態》（*Die deutsche Ideologie*, 1845/46）一書中，尤其強調法律的兩項先決條件：第一、對於財產的持有，不得視爲任意的、自由裁量的（*ius utendi et abutendi* 使用與處理的權利），而是發生在人際交通當中的事件。由是馬氏給法律的財產關係以某種程度的社會限制。第二、就一般情形所顯示的來說，法律乃爲市民階級的社會之一部份。如果視法律爲建立在個人的自由意志之上，而脫離社會現實的羈束，則爲一種幻想。反之，馬氏認爲法律如同國家一樣是「組織的形式用以保障資產階級彼此間的財產和利益」（*CW* 5：90, 91-92）。

與馬氏法律觀點相接近的有龔普洛維茨（Ludwig Gumplowicz 1838-1909）的學說。龔氏嘗試在國家的起源中探討法律的功能，蓋國家係產生於農耕民族受畜牧民族征服與同化之後，統治階層爲推行其政策，追求其目標，且爲避免被統治者之反抗計，遂訂定一套法律來強迫被征服者接受，由是法律可被視爲社會鬥爭的產品（König 1967：253ff.）。馬克思等的法律觀點對非馬克思

派的法學家，也有相當的影響，他們一反向來的概念法律學（*Begriffsjurisprudenz*），轉而積極主張利益法律學（*Interessenjurisprudenz*），或稱自由的法學（*freie Rechtswissenschaft*）。此為20世紀初反對把法律單單視為邏輯謹嚴的結構，而代之以心理學、社會學的方式把法律視為社會勢力相輔相成相激相盪的產品。正式用法律社會學為書名者，是義大利的法學者安齊洛蒂（Dionisio Anzilotti 1869-1950），其作品為《法律哲學及社會學》（*La filosofia del diritto e la sociologia*, Firenze: A. Meozzi 1892）。

至於正式以社會事實為法律的基礎並加以系統性的研究，則有艾理希（Eugen Ehrlich 1862-1923）氏。他於1913年出版了《法律社會學的基礎理論》（*Grundlegung der Soziologie des Rechts*, 1913, München u. Leipzig, 1929 und 1967. 此書有華文節譯本，即楊樹人編譯之《法律社會學原論》，華國出版社出版，漢譯今世名著菁華第10種，似為1951年出版者）。在這本書中他反對法律的形式主義。由於法條是抽象，而法律的應用卻是具體的，於是在法條與法律應用之間乃發生裂痕，也就造成「法與現實的乖離」。

顯然地，把法律從其社會環境中加以抽離，不僅有過度尊崇法律之嫌，甚至有排除法律接受外界批評之弊。須知人是依賴社會的支持，而且社會制度自有其內在維持秩序的力量，因此忽視法律與社會制度間的關係，是無法瞭解法律真象的。艾理希甚至不認為法律僅僅是國家——立法機關——所制訂的而已，卻認為法律為內蘊於社會機構、或社會習俗之中。換言之，在人群的生活中，在人群的行動裡，自有「活生生的法律」（*lebendes Recht, lebendiges Recht*）來規範團體的生活，這便是法律社會學的「多

元主義」（pluralism）。原來表面上由國家機構所制訂或適用的法條，都可以在社群生活的實際中尋覓其根源，這也就是艾氏所稱的「社團的內在秩序」（*die innere Ordnung des gesellschaftlichen Verbandes*）。

艾氏倡導這種自由法的思想，係受到康托洛維茨（Hermann Kantorowicz 1877-1940）學說的影響。康氏認爲自由法爲法官自由心證所創造、或法學界所公認的法律思想，而不限於實證法中的條文。康氏遂認爲自由心證法律爲「規定人們外部行爲，而被認爲是合乎正義的規範」（Kantorowicz 1958：21）。綜上所述，法律社會學的淵源有工具學說、歷史學說、反形式學說以及多元主義等等。

此外在法律理論或法律實務之中，人們開始再度重視「事物之性質」（*Die Natur der Sache*）[35]。此乃用以彌補法條中的缺陷。這裡所稱的「事物」（*Sache*）是指社會事實（人際關係、上下主從與統屬關係）而言的。至於「性質」或「本質」（*die Natur*）乃是可供社會學分析之物。因爲一旦有這種社會事實出現時，必然會產生與此相關的社會過程、反應及自動自發的或是規範的行爲模式。事實自不限於社會而已，它可能是科技的

---

[35] 可參考：G. Stratenwerth, 1957 'Das rechtstheoretische Problem der *"Natur der Sache"* (*Recht und Staat*, Nr, 204), Tübingen; W. Maihofer, 1958 "Die Natur der Sache" in: *Archiv für Rechts-und Sozialphilosophie (ARSP)*, XLIV/2, S. 145-174; N. Bobbio, 1958 "Über den Begriff der 'Natur der Sach'", in: ARSP XLIV/3, S. 305-321; Fr. Wieacker, 1958 *Gesetz und Kunst: zum Problem der aussergesetzlichen Rechtsordung*, Karlsruhe; O. Ballweg, 1963 *Zu einer Lehre von der Natur der Sache*, (Balser Studien zur Rechtswissenschaft, Bd. 57), Basel.

（*technologisch*）、醫學的、氣候學的或其他的事實（Trappe 1964：18）。對於「事物之性質」的研究，可以視爲對法條的基礎——社會事實——的考察。因此法律的根源不再是「抽象的理性」（*abstrakte Vernunft*），而爲「社會的實在（實相）」（*soziale Wirklichkeit*），亦即研究社會過程底未成形性（*Vorgeformtheit*）或規律性（*Regelhaftigkeit*）之程度，俾作爲法律秩序的出發點。

總之，法律社會學之產生，乃是由於法律不能適應近世科技的進步，而無法控制工業化與城市化所帶來的反面影響（負效果）。換句話說，法律社會學淵源於近世各國的文化失調（cultural lag）。

10.3 法律社會學在社會科學中的地位

狄馬雪夫（Nicholas S. Timasheff）稱社會學乃是因爲對法律學採取一種敵視的態度而產生（Timasheff 1939：24）。因此一開始，社會學便與法律學站在敵對立場，作爲連結法律學與社會學的法律社會學，乃爲近世科學發達、分工精細的產品。因此，它作爲一門科學常遭受學者的懷疑，乃至否定。

一方面有些法學者，深恐法律社會學將法律貶抑爲規範，化約爲調節社會關係的價值系統。像柯爾生（Hans Kelsen 1881-1973）的純粹法學（*Reine Rechtslehre*）強調是然（*Sein*）與應然（*Sollen*）的嚴格劃分。是然的科學——社會學——係描寫現象的因果關係；規範科學則以應然爲研究的對象。因此在柯氏眼中，社會學因爲描寫社會現象的因果關係，所以當列入自然科學的範疇中。柯氏視社會中的法律現象爲一種「歸屬」（*Zurechnung*）。

所謂「歸屬」乃是藉聯繫詞「應該」（*soll*）把一項事實（*Tatbestand*）與一項法律結果（*Rechtsfolge*）聯繫在一起，而這種法律結果卻是強迫的結果（*Zwangsfolge*）。因之，他心目中所謂的「法」，是：當某一事實（T）出現時，應該（*soll*）產生一強迫的結果（Z），亦即凡是T（不管內容如何）就應該產生Z的結果（Kelsen 1960：77, 81, 83ff.）。基於這種「法」的觀點，柯爾生逐害怕法律條文的規範性，會因社會學的研究而喪失其純粹的性質（Kelsen 1912：601-604）。這是他否定法律社會學存在的理由。康托洛維茨也認為法律學在研究人們的價值；社會學卻在研究事實，兩者應分清界限（Kantorowicz 1962：126ff.）。又自然法學派的學者，則擔心法律社會學把法律與倫理的、或形上的關連解開，而將法律降格為一連串的事實，因此否認法律社會學的價值。

　　他方面有些社會學家，懼怕將討論規範性問題的法律學，引進社會學領域中，而再度滋生價值判斷的爭論。他們認為法律社會學，有可能把純粹研究社會事實的社會學，塗上一層好不容易抹掉的價值色彩，或是把法律社會學推廣至社會控制（social control）的研究範圍中，而造成喧賓奪主之局。因此，這批社會學家不以為有設置法律社會學的必要。

　　儘管反對的聲浪這樣大，法律社會學仍舊排除萬難，企圖發展。只是因為它的生長比起其他特殊（專門）社會學（宗教社會學、知識社會學、政治社會學、工業社會學、城市社會學、鄉村社會學等）來較遲，而發展的時間又甚為短促，所以成績不如其他特殊社會學的彰著。是以居維治（Georges Gurvitch 1894-1965）乃說：「法律社會學由於尚處在童年階段，因此犯著缺乏清楚的

定義與清楚界限等毛病」（Gurvitch 1940-41：197-215）[36]。不過我們知道對社會的關係理解愈清楚，愈能夠應用該項知識來改善社會生活的秩序。這也就是孔德所說的「知識爲預測」（*savoir pour prévoir*）之意。所以我們不能因爲法律社會學尚處在開始生長的階段，便剝奪其發展的希望。

實際上，法律社會學爲社會科學中的特殊部門，它是法律學不可或缺的輔助科學。研究社會現象而竟將社會中主要的法律現象加以排除，自然是一個絕大的錯誤。進一步說，研究法律現象如果不藉社會學的方法，就不能獲得完整的知識；更何況把法律規定的實質（material）——社會生活——加以排除，一定會使法律成爲空洞的具文，是以法律社會學仍有其存在的理由。再說法律學與社會學的結合所產生的法律社會學，不啻爲科際整合的產兒。正當今日科學分工過細而每一學科有陷於孤立絕緣的毛病時，法律社會學的出現，應當有補偏救弊之效。在這一意義下，法律社會學一方面有異於一般社會學而爲特殊社會學，他方面由於把法律看成爲各種不同文化體系下「應然命題」（*Sollen-sätze*）的總結，而成爲文化社會學，因此法律社會學乃是把法律當做可被觀察的事實，而這種事實又爲各種社會現象之一，用以形成廣泛的文化模式之一部份（Friedmann 1964：681）。如果把法律視爲權力政治或經濟勢力的象徵，因而把現存秩序歸結於社會實際

---

[36] 關於法律社會學發展之三階段可參考Ph.Selznick, 1959 〝The Sociology of Law〞, in R. K. Merton *et al.*（eds.）, *Sociology Today: Problems and Prospects*, vol.I,New York, pp.116-117. 中文摘要見：涂懷瑩：〈美國法律社會學的發展及其展望〉，刊：《東方雜誌》，復刊第四卷第四期，台北1970年11月1日出版，第29至33頁。

的關連上，則為實際社會學（*Realsoziologie*）（Fechner 1964：763-764）。

以上是法律社會學與其他社會學的關係，至於法律社會學與廣義的法學之間也有同異的所在。首先，法律社會學不像法學把法律界定為一串規範，而是把法律當做一樁社會事實來看待。因此法律社會學所研究的：第一、產生、改變與推翻法律底人的行為；第二、符合與違反法律底人的行為（Recasen-Siches 1967：189-210）。

其次，對於法律秩序作有系統的科學研究，俾理性地（rational）解釋法律的制度是屬於法律科學（狹義的法學）的範圍；把法律當做一套由邏輯嚴謹的「應然命題」所組成的體系來看待，則可由法律決斷論（*Rechtsdogmatik*，或譯為當做教義學的法律學）來加以闡明；考究法律的本質，而認為它為不同法律環境下對「正義」、對「自然法」等最高價值所抱持的想像，則可藉法律哲學來加以慎思明辨；追蹤法律的遞嬗演變，窮究法律制度的興衰原委，則為法律史的課題。如果比較近世各國或各地域法律的不同，則應用法律的比較研究或比較法學；求取法律在未來的社會中得以適用，俾保障公共生活的秩序與增進社會的福祉，則採用法律政策。由此可知法律可以用不同角度與觀點，以及方法來加以探究。如前所述，沒有法律的秩序，就不可能有持久的社會生活。反之，沒有共同的社會生活，也就無需法律秩序。由於法律和社會有這樣密切的關係，因此研究法律秩序和社會實際之間的相互依存關係（*Interdepedenz*）是法律社會學的主旨。至此，我們可以粗略地瞭解法律社會學和廣義的法學底分別。此外，下列幾點也值得我們留意：

第一、法律社會學不是社會學的法律理論（*soziologische*

Rechtstheorie），儘管兩者關係密切，而彼此界線卻不易劃分清楚。原來社會學的法律理論，不研討法律與社會生活事實間的關連，而是探究法律的本質。再說，法律社會學也不同於社會法學，蓋後者由社會本位出發，務使法律的訂立與適用，能夠適合於社會的福祉，以改變舊日由個人本位出發，只注重於維護個人權利之弊端。就法律社會學與社會法學共同之點而言，都是注重社會，但法律社會學有異於社會法學之處，為注重事實，亦即所研究的是社會變動的事實（林紀東 1963：447）。

第二、法律社會學不是法律實證主義：也就是說，法律社會學既不同於費理（Enrico Ferri 1856-1929 刑事社會學之創立者）以社會因素為犯罪實證研究底對象，又有異於狄驥（Leon Duguit 1853-1928）的社會連帶說、或杜賓根學派（*Tübinger Schule*）之重視利益法學。

第三、法律社會學也不是比較法制史，也不同於馬立諾夫斯基（Bronislaw Malinowsky 1883-1942）的法律人類學，也有異於龍布洛索（Cesare Lombroso 1836-1909）所創的刑事人類學。蓋此等人種學或人類學與社會學不同，也不求與社會學相同之故。

艾理希認為，法律社會學為「獨立的科學，它在追求認知，這種認知不涉及（法條的）文字，而是涉及（社會的）事實」（Ehrlich 1913：1）。實際的法律學說：「在滿足法律生活的需要，是一種藝術，而與法律科學（法律社會學）有異」（*ibid.*, 198）。未來的社會學之法律科學，在於為實際法律科學提供科學基礎（*ibid.*, 273）。因此，艾理希認為，法律社會學為法律學中唯一可能的科學，原因是它不泥陷於法條「文字」之中，而將其眼光投向法律基礎的社會事實之上。

當做社會學之一分支的法律社會學視法律為可被觀察的事

實，也是構成文化模式之一的社會現象。它是描述性的科學而不涉及價值的判斷，但卻研判社會中價值之有效性（Friedmann 1964：681）。原來法律社會學在當做一門事實的科學（*Tatsachenwissenschaft*）時，對法律與社會之間的關係加以考察後，所獲得的知識（純粹法律社會學的知識），儘管可以做為參考的資料，供法律有關人員（立法者、行政機關、法官、檢察官、律師、契約當事人、法學者等）完成彼等職務之參考（應用法律社會學等）。是以辛茲海麥（Hugo Sinzheimer）視法律社會學為立法之科學，亦即指示立法者如何立法的實用科學（Sinzheimer 1935：13）。但是法律社會學這方面的認識（提供資料）並不要求此等人員「應當」遵守，因為它所提供的「只是什麼」，而不是「應該怎樣」，也就是說法律社會學只把利害得失一一指明，至於應該怎樣做，或不該怎樣做，便讓法律有關的人員自行決定或選擇，這就是法律社會學不涉及價值判斷的意義所在。

10.4 法律社會學的定義和任務

至此我們對法律社會學的定義和任務多少有點概念。現在再綜合各家之言，俾能更進一步瞭解法律社會學的本質。

法律社會學（legal sociology, the sociology of law, *Rechtssoziologie, sociologie du droit, la sociologia del diritto*），又名法社會學[37]。日本法學者關口晃為法社會學所下的定義是：

---

[37] 林紀東 1963 前揭文，第446至447頁；關口晃：〈法社會學〉，載：

把法律當做歷史的社會現象，並追究法律的形成、發展和消滅之規律性底經驗科學（關口晃 1958：227）。

林紀東氏稱：

法社會學是以法律為社會現象之一，用社會學的方法，就它和宗教、道德、政治、經濟等鄰接社會現象；以及家族、社會、國家等鄰接社會形態的關連來研究，以發現法律的成立、變化和發展消滅的法則。它是社會學的一部門，也是法律學的一部門（林紀東 1963：446）。

曾在西柏林自由大學擔任法律社會學與法律事實研究所（*Institut für Rechtssoziologie und Rechtstatsachenforschung*）所長的希爾士（Ernst E. Hirsch）教授稱法律社會學為：

描寫與解釋法律的社會事實，亦即研究藏在法條、法律公式、技巧、符號、價值心像與目的心像背後的社會因素；並研究此類因素對價值與目的心像的產生、存在與消失底決定關係；他方面因為法律的適用而導致社會因素的變化，法律社會學也研究此類變化的情形（Hirsch 1966：320）。

《世界大百科事典》（編輯兼發行人：下中彌三郎），平凡社，東京，1958，第26卷第227至280頁。

史統（Julius Stone）稱法律社會學在研究：

　　法律與社會的、政治的、經濟的以及心理的事實之
間底關係。蓋此類社會的、政治的、經濟的與心理的事
實對研究社會的次一基層關連密切（Stone 1956：65）。

　　希爾士在1969年為《社會學辭典》（*Wörterbuch der Soziologie*），所撰有關法律社會學的定義為：

　　法律社會學為一種科學部門的稱謂，此種科學部門
不把法律當做一套規範的體系，而藉邏輯之助來加以解
釋或理會，卻是把法律看成社會生活的調節器
（*Regulatoren*）之一來加以研究，其目的在追究、決
定、認識和描寫社會的種種因素（勢力、機能、流派等）。
蓋此種因素對當前的、現行的、具體的法律秩序及法律
秩序的變動具有決定性的作用（Hirsch 1966：877）。

　　須知我們訂立一條法律，起草一份規章，設計一紙條約，頒
佈一道命令，下一番判決、或作一個法律鑑定，並不僅僅是受過
法律思想的薰陶而作的技術，而是在顧慮到有關的因素下作「一
樁社會問題的解決」。居維治遂認為「法律家如果不同時兼做社
會學家的工作，或是不援引法律社會學的知識為助力，便無法解
釋其本身的問題而往前邁進」（Gurvitch 1958：184）。
　　因為凡是想客觀地評定法條、命令、條約、文字、法庭判決
等等的意義，就非把此類法規所涉及的社會群體弄個清楚不可。

每一種社會事實的法律規定可以反映爲某一社會、或某一社會階層的生活條件，就是說它是某一社會或某一社會階層，在某一時間中影響最大而具有決定性的宗教、道德及精神主脈，也是政治的統屬關係或是物質的生活條件（Hirsch 1966：878；1969：155）。在法律社會學家的心目中法律並不僅是一套法條或規範，用以安排、測量或判斷社會的關係而已，它還是社會的現象之一。也就是說，除了把法律看成爲具有邏輯完整性而彼此不互相矛盾的概念體系之外，或看成法律理念的體現或歷史事實之外，它還是一種社會現象。

　　法律當做社會現象的三個先決條件爲：（1）法律係建基於整個社會生活當中；（2）法律與社會生活之間存有功能方面的關連；（3）法律的存在係依賴於集體的想像和評價（亦即大眾對法律有什麼看法、有什麼想法，就構成法律存在的理由）（Hirsch 1969：154）。法律產生在共同生活之中，而共同生活是有規則性地建構者。凡是共同的群體生活，不管是人還是動物，都顯示著秩序。蓋無論是和平相處或參與鬥爭，群體生活的成員總得遵守有形或無形的規律，也就是遵守著一套遊戲規則。

　　在早期的秩序中摻雜有巫術、宗教、權威、風俗、習慣或其他目的性事物。及至法律演展爲特殊的秩序權力，並且這種權力成爲大家可意識的事物底時候，社會與法律秩序之間也就產生交互作用，這種交互作用並不是抽象的規範與社會事實之間的對立，而是特殊的社會現象（法律）對待其他的社會現象。這種交互影響不僅是樣式繁多，而且只有一部份是可加以系統性地把捉和瞭解。法律不是從法律邏輯的本有規則性地產生出來，還附帶法律以外的理想權力以及社會某種勢力底特性。他方面在某一社會中流行的法律大大地影響到社會關係，進一步地塑造生活於該

社會關係中的人群。由於現實力量塑造了法律制度，因此遊牧民族與農耕民族或工商社會的法律便大不相同。

再者，對於某種宗教或某一道德底觀念或想像，還會影響到法律的形成。不過此類觀念和想像常可被權力者所操縱。例如在自由經濟為主的國家中，經濟力雄厚的群體，或其他藉利益而結合的團體，不僅以其觀點和利益做為訂立法律、適用法律的起步，甚至在不惜犧牲經濟弱小社會階層的作為下，追求與保障其本身利益。換句話說，這種群體的影響力，不僅及於立法機構，甚而延伸到行政或司法的部門。反之，在一個專權的國家中，權力勝過一切，儘管權力者在形式上仍舊表示尊重憲法所賦予的各種自由權，卻在事實上使憲法裁判權和行政裁判權歸於癱瘓無效。從以上各例可以看出，社會上的諸種勢力，不管是政治權力、經濟勢力、宗教教義，還是人生觀、世界觀，在在都足以造成法律演展中的變遷或停滯，甚至對法律的存廢——實質而非形式的存廢——都會發生相當的作用（Hirsch 1967：10）。

另一方面，社會關係卻是藉著法律來形塑的，通過立法的手續，社會關係就被建立起來。當然不是每一立法都能在法律適用時收到預期的效果，有時常是造成相反的結果。例如限制離婚的法律愈苛細，愈容易導致尋找法律的罅隙而造成非婚同居，或表面上繼續維持夫婦的關係。又如法律對醫學上的墮胎限制愈嚴，愈容易造成營業性質違法的墮胎等等，也可以看出法律對社會關係的作用是很大的。

法律社會學能夠提供人們認知，俾瞭解對社會勢力的相激相盪和相輔相成。明顯地，法學所觀察的法律為靜態的法律，法律社會學所觀察者則為動態的法律。同時法律社會學企圖把個別的事實加以系統化，並對發展的規律性加以確定。有異於法律哲學

的提出理想，法律社會學乃指出實際力量的界限，並以批判意識形態（*Ideologie*）而闡明藏在現行道德與理想背後的利益關係等等，因此它能不諱言事實，而坦白指陳濫用法律和破壞秩序之弊。法律社會學進一步指出，法律概念常是目的概念，應隨時代社會的變遷而變動。

以上為歐洲大陸法系的學者對法律與法律社會學的任務底看法。至於英、美法系的法律社會學者，認為法律的目的「在使人們的行為納入法規的統屬之中」（Fuller 1964：106）。亦即法律之目標為達成道德的成就。所謂道德的成就即是合法（legality）、或法治（the rule of law）的意思。法律之貢獻在於減少實證法或實證法執行時的專斷與濫用。法律社會學的範圍不僅在指陳「正義的要件俾供執行者界定合法的原則」而已（Hart 1961：202），尚且在研究法治，與實行法治的社會條件。關於法治與實行法治的社會條件底考察，詳言之，又可分為下列四組問題來討論（Selznick 1968：53-55）：

1. **正統與合法**：合法的先決條件為執法機構與人員的權力是正統的（legitimate）。所謂正統是指這種權力來自神授、民選、私產、繼承關係、尊老敬賢等等源泉。現時代正統的權力有漸漸接受限制的傾向。這表示統治者的意願不是完全自由而不受拘束的。從正統演進到合法，表示具有權威的統治者所頒佈的法律或下達的命令，必須符合公眾的要求，亦即必須含有理性的成分，而能夠經得起民眾的批評與估價。因此統治者賢明與否——所謂「領袖英明論」——並不重要，重要的是彼行使權力是否來自正統，是否可被視為正當（justification）。

2.**合理的同意和公民的權能**：法治的社會基礎爲公民的同意，同意係建基於真正的公共意見之上，而不是建基在操縱、威脅、控制或愚弄的妥協之上。蓋合理的同意乃爲合法的支柱，這是由於執行者對於合法的理念之維持和擴展，不能不受民意的影響底緣故。民意一旦能夠理解法治下的自由爲何物，就無異擴張其權能，亦即擴張公民的權能至參與法律事務之中。因此公民對法律的遵守，不該是盲目的，而必須是該項法律與執行者有被批判之可能，而事實上又經得起批判之後。

3.**制度化的批判**：對於法律或命令的批評和估價，必須安置在立法或行政的機制裡頭，亦即一開始便在政治或法律制度中規定法律或命令之可被批判性。換句話說，能夠藉制度的助力，達到批判法制的效果。在英、美法律傳統中，爲達此目的，乃任由辯護人員陳述與法律訟訴程序相反之觀念，並任由法官之自由心證的裁判來求取公民權益的伸張。有效的法律批判必須藉群體的力量以資完成，原因是個人之力量甚微，不足以改正法律之弊端。

4.**制度化的自我約束**：執法者的活動足以牽涉或損害公民的權利，因此應受相當限制。此時單靠制度化的批評是不夠的，而是需要執法者的自我約束，這種自我約束乃爲社會機械作用下，所衍生的行爲底規則和價值。歷史上這種自我限制，建基在公眾對權威的本質和界限的同意上，也是建基於執法者底專業化，以及其社會角色的變遷之上。不過，現代所要求的自我約束，不是靠社會化（socialization）一項而已，卻是靠組織性與群體性的作用。

綜合上面的敘述，我們可以根據法律社會學的任務，把研究

範圍區分爲發生的（*genetisch*）、系統的（*systematisch*）、方法的（*methodisch*）及差異的（*differentiell*）法律社會學（Gurvitch 1940-41：228ff.）；也可以根據研究的目標而區分爲描述性的（*beschreibend*）及功能的（*funktionell*）法律社會學：

1. **描述性的法律社會學**，以描寫法律事實爲主，亦即依照艾理希的方法研究「活生生的法律」。它使用的有文件、統計資料和問卷，其間特重下述事實的查明：與法律相關的社會生活如何進行？人際關係怎樣形成？人際關係怎樣影響到別人的行止？法律團體（法人）怎樣產生、維持和消滅？根據什麼樣的標準，決定人們的行爲合法或違法？以及什麼樣的因素構成合法或違法的要件？那類社會生活不受法律的牽涉？各種不同的社會秩序之間有何等的關係？不同種類的法律之間如何發生關連？法條、法律制度、法律想像如何演變？司法審級制度怎樣發揮作用？總結一句，由法律教義或稱法律決斷論，根據現行法所加工演展的一套「理想」法律體系（*"ideales" Rechtssystem*），與社會事實相當的「實際」法律體系（*"reales" Rechtssystem*）之對比，也可以說是憲法條文與憲法實際之對比；法定訴訟手續與實際進行的訴訟手續之對比；刑法規定與刑法執行的實際之對比等等。在這種意義下，法制史與比較法學也可以被看做廣義的描述性法律社會學。

2. **功能的（或稱因果關係的 *kausal*）法律社會學**之目標爲尋求法律演展的規律性，特別是研究法律的理想秩序與實際秩序的關係。此時所討論者，主要問題是社會生活和法律秩序間的相互依賴關係。特別是檢討在何種條件下，社會

生活可藉法律來加以操縱或規定。在提出此一問題的時候，就須注意到描述性法律社會學提供的研究結果。因為規定的手段，只有在充份瞭解被規定對象的特質之後，方才能夠產生作用。艾理希早看出靜態的法條無法及時應付動態的社會變遷，因而立法者常落在社會變遷的後頭。只有當社會的變動必然地導致法律的修正時，「活生生的法律」方才盡了規範社會生活的功能。因此研究這等功能方面的關連，也是功能的法律社會學之職責。是以經驗的研究應與理論的分析相結合（Hirsch 196：880-881；1969：156-157）。

10.5 法律社會學的研究方法和流派

由於對法律的定義和研究方法意見不同，法律社會學乃有不同的流派產主。例如霍瓦特（Barna Horwath）視法律為刑罰的代替及權力的限制（Horwath 1934）；狄馬雪夫則視法律為倫理與不必然發生衝突的權力底結合（Timasheff 1937-38：231）。居維治不同意霍瓦特和狄馬雪夫的看法，他認為界定法律的意義是屬於其他科學的工作，蓋「社會學的任務不在為法律下定義，也不在提出一套法律範疇或法律價值的體系來」（Gurvitch 1947：150, 153-154）[38]。

---

[38] 對居維治法律社會學批判可參考：Renato Treves, "La sociologie du droit de Georges Gurvitch", in: *Cahier Internationnaux de Sociologie*, vol. XLV, 1968, pp.

一般言之，由於法律社會學是社會學的一部門，因此它的研究法自然以社會學的研究法爲主，特別是應注意經驗社會學研究的一般方法及各種技術。艾理希曾指出法律社會學應該「像其他真正的科學」，藉歸納法之助，即藉「對事實之觀察，對經驗之收集，而增加我們對事物本質的瞭解和認識」(Ehrlich 1929：6)。他既認爲法律社會學爲事實的科學，遂不主張應用馬克士·韋伯的「瞭悟法」(*verstehende Methode*)去加以研究。

希爾士所提出的研究法，主要分爲兩部份(Hirsch 1966：322-323)：

1. **爲確定研究的對象**，亦即確定涉及法律的社會生活之層面，必須採用經驗研究法——藉測驗的方式爲之，以及立基於比較之上的觀察法，俾瞭解社會的過程和事實。
2. **爲闡述研究的對象**，亦即闡述社會的過程和事實，便須採用功能研究法(*funktionale Methode*)。蓋法律社會學所感興趣的過程、事件與事實係以具有概然性而經常出現者爲限。不過在應用功能的方法時，應注意物理性和生物性原因之分別。

詳細地來說，有系統性地去研究人群的共同生活，共同生活的群化(*Gruppierungen* 成群結黨)和層化(*Schichtungen* 形成不同的階級或社會階層)，共同生活的行爲等，亦即人群結合模式的產生、流傳和運作等等。關於社會事實可藉統計或詢問法來考察，其所得的資料先加蒐集、整理、分析和製成卡片檔案之後，

51-56.

藉註釋和解說的方法來求取「規則性」。由於當做法律社會學研究材料的法律較爲特殊，因此在方法上不無困難，因此法律社會學在基本上即與其他特殊（專門）社會學，如家庭社會學、工業社會學、鄉村或城市社會學，乃至政治與宗教社會學不同。因此它（法律社會學）雖也涉及社會結合關係（*Vergesellschaftung* 社會形成化），但主要地所涉及的爲規範對社會性（*das Gesellschaftliche*）的影響。

在方法學方面，法律社會學僅在研究法律規範的功能時，方才研究到社會性的本身，因此必須像艾理希一樣，在法庭判決或案卷中去尋求具體的法律。另外，在法律專業人員的日常生活習慣中，或條約的施行中，尋求「活生生的法律」。再者，合法與違法行爲的原因與影響也要詳加考察。因爲從這種行爲中，可以產生力量或影響力，而最終窒礙原來的法律之施行，且便利新的法律之產生。此外，法律社會學尚應發展理論基礎，俾構成法律與社會互相交織之關係底理論。自然這種理論不可與政治哲學或社會哲學相混雜，更不能剝奪政治哲學或法律哲學的職責，而僅在提供法律現象以更深邃的觀點而已（Van der Ven 1961：682-683）。

如同前面所敘述的，法律社會學是在19世紀末與20世紀初方才誕生，當時有四個法律社會學的研究派別，分別在歐美等國家流傳。即：在德國爲艾理希、馬克士·韋伯；在法國爲涂爾幹和歐立屋（Maurice Hauriou 1856-1929）；在美國有龐德和列衛林（Karl L. Llewellyn）；在瑞典有賀格士壯（Axel Hägerström 1868-1939）。

1.在德國繼承艾理希和韋伯的有辛茲海麥、霍瓦特和柯拉夫

特（Julius Kraft）；他們以討論方法學問題為主。另有努士邦（Arthur Nussbaum）倡立法律事實的研究（*Rechtstatsachenforschung*），俾探討「活生生的法律」。

2.正當德國的法律社會學在二次大戰期間遭受納粹政權的摧殘，在美國所謂「社會學的法理學」（sociological jurisprudence）接踵而起，盛極一時（代表者有 Roscoe Pound, Benjamin Nathan Cardozo, Louis D. Brandeis, Felix Frankfurter, John Dickinson）；另外又有「法律現實主義者」（legal realists）之興起（代表人物有 Karl L. Llewellyn, Jerome Frank, Thurman Arnold, Underhill Moore, Max Radin, Hessel E. Yntema, Herman Oliphant, Huntington Cairns, William Seagle）；此外尚有所謂實驗法學（experimental jurisprudence）的崛起（代表人物為 Frederik K. Beutel, Thomas Cowan），企圖建立立法的經驗性社會學；還有貝特拉士基學派（Petrazycki-Group），力求理解法律行為者的精神狀態（代表人物有Nicholas S. Timasheff, Pitrim A. Sorokin, Georges Gurvitch）。

3.在法國方面我們所遇見的是涂爾幹學派（代表人物有狄驥， Emanuel Levy, Paul Huvelin, Paul Franconnet, Georges Davy），以及歐立屋，Henri Lévy-Bruhl, Georges Gurvitch 及 Jean Carbonnier 的作品。

4.北歐烏普沙拉學派（Uppsala-Schule）的創立者為賀格士壯，其重要人物有 Alf alf Ross, Anders Vilhelm Lundstedt, Karl Olivecrona, Ingmart Hedenius, Otto Brusiin, Bujörn Ahlander 及 Osvi Lahtineno。蓋格（Theodor Geiger）因為接受此派學說的影響，並在與其相互切磋中完成了《法

律社會學試論》（*Vorstudien zu einer Soziologie des Rechts*）
一書，對德語區的法律社會學者影響深遠[39]。

10.6 法律社會學最近的動向

以下分別就法、美、德、日、台等國，近年來有關法律社會
學研究的情形，作一簡單的報導：

曾任巴黎大學法學院法律社會學教授卡本涅（Jean
Carbonnier），近致力於「理論法律社會學的假設」（發生的假
說）底提出，因而主張參酌進化論的原理，來求取「法律在時與
地變動」底真象。藉著這種社會變遷因而決定法律變動的理論。
我們不難獲知法律不是一成不變的「存有」（*Sein*），而爲變動
不居的「成長」（*Werden*）（Eisermann 1967：71ff.）。此種學
說可以改變法律決斷學（當做教義來看待的法律學）的觀點，使
它不把法律的概念看成靜態的，而是看爲動態的，並且爲這些法
律的概念下一功能的定義。

爲了達到把握動態的法律之目的，除了這種「發生的假說」
（*Geneses-hypothese*）之外，還需要一套「結構的假說」
（*Struktur-hypothese*）。亦即除了一般公認的法律源泉之外，尚

---

[39] 以上參考 Hirsch 196：881; 1969: 158-159. 其中 Hirsch對各流派代表人物，
僅舉姓（*Familiennamen*）而不稱名（*Vornamen*），如此查起來甚爲不便。
本書筆者曾詳細考查各種流派學者之本姓與前名，俾供有興趣研究者進一步
探尋資料之用。

得在社會的結構中尋覓其它的法源。原因是法庭所涉及的法律，其性質多爲病態的（*pathologique*），亦即發生糾紛或是違反常態而後訴諸於法的行動。不過法律的規範應不局限於這類病態的規範。再說法律關係僅是人際關係中的小部份。我們不能單以法律一項來規範整個社會生活，這樣做便是犯著「泛法律主義」（pan-jurismus）的毛病。原因是個人的行爲也好，群體的行爲也好，雖然悠遊於法律規定的氛圍之中，卻有部份行爲始終不爲法律所接觸，這便是卡氏所稱的「非法」（*non-droit* 這與違法或犯法之意不同）或稱「不是法律所涉及的情況」。例如夫妻未經法定離婚手續而實行的分居，或未經法定結婚手續而進行的同居，或是所謂君子協定等等，不爲法律所牽涉而對當事人卻有相當的拘束力等等，都是「法以外」的現象。

美國學者對法律社會學的研究動向，可從1964年創立的「法律與社會聯合會」（Law and Society Association）看出一點端倪。該會設立的目的在爲法學者與社會科學家提供一座科際連繫的橋樑。美國西北大學前任社會學教授施瓦慈（Richard D. Schwartz）希望藉此機會瞭解法律如何創造、支持與規定現社會中之種種制度。法律的機械作用如何影響其社會中之地位？在何種情況下，可以導致法律制裁之合法性與有效性？反之，這類影響和輿論或壓力團體，或與政府機構底勢力發生何等的關係（Schwartz 1965：1-3）？其後引發了社會學家史可尼克（Jerome H. Skolnick 加大社會學教授）與法學者奧爾巴哈（Carl C. Auerbach 明尼蘇達大學教授），有關法律社會學課題之爭論。依史氏之意，法律社會學應研究何者爲法律或合法？並研究法律在社會中之功能。奧氏卻不以爲然，認爲社會學僅可提供法律實務者，有關如何完成其職務的資料而已（Skolnick 1965：4-38；Auerbach 1966：91-104）。

一般來說，最近美國法律社會學的發展著重於經驗的研究，特別是與新發掘的社會問題底分析有所關連。近來關於法律社會學的著作，少有涉及法律與其他社會控制的方式——社會規範——之分界，而多涉及專門性問題的檢討。因此未來法律學將更形肯定法律的價值，而不是貶抑其地位。於是對法庭與行政機構的研究，乃能融合法律的理念與實務於一爐，而實現「法律的道德意義」（Lon L. Fuller 之主張）。在這種思潮澎湃中，乃產生：對司法行政之研究（Harry Kalven 及 Hans Zeisel, Rita Simon），法律的實施模式（Alfred R. Lindesmith, J. H. Skolnick），少年犯罪（Paul W. Tapan; David Matza）等之分析。

　　近年也有人強調犯罪的社會意義，或是社會的乖離行徑。顯然地，在一個高壓的政權下，許多不同意政權的人，會參與政治行動，他們很容易被套上「反政府」的罪名，無形中這類「犯罪者」便與日俱增，於是法律乃產生桎梏公民自由、侵犯公民權利的違法現象（illegality）（Becker 1963；Schur 1965）。其他尚有人研究輿論與法律之關係（Julius Cohen 及同僚）、法律形式和經濟實態（Adolf A. Berle, Stewart Macaulay）、法官的價值與觀點（Glendon Schubert）、公司行號的組織和規定（Richard Eels）、發展地區的法律制度（James N. D. Anderson, Daniel Lev）、公民事務機構（法律救濟機構）和法律制度對貧民之法律求助之關係。由於公民收入與社會身份的不同，反映他們對法律事件的看法，也決定他們與義務辯護人接觸的情形（Mayhew and Reiss 1969：309-318）。

　　自從「法律與社會聯合會」成立以來這34年間，美國學界恢復了古典社會理論家敏銳的觀感，俾能把理論應用到經驗研究之上。不只法律社會學關心法律與社會組織的關係，就是法律哲學

也在檢討同樣的問題。法律實踐者一向視法律為抽象的概念與律則合成的自主體系（法律形式主義），但這半個世紀來美國法哲學卻也看出運用的現實法律與立法機關制定的法律，以及與法庭的判決之間的偏差，從而由法律形式主義（legal formalism）邁向法律現實主義（legal realism）。

此外，法律之外的社會因素對法律制定與施行的影響也值得注意（Hunt 1978），這便是批判性的法律研究。要之，法律社會學與批判性的法律研究對1960年代以來產生的美國民權運動，其起因與結果，都加以研究。他們也同樣研讀法律服務商業化，法律訴求過程之政治影響。在這種研讀過程中，常常把馬克思與韋伯學說引入參考。批判性法律研究利用上訴法庭的裁判當成司法體系的資訊來源，也引起爭議（Trubek 1984）。這裡看出社會學的法律研究偏重統計資料，而法哲學（批判性的法律研究）則偏重文獻的解讀，顯示兩派方法論方面之歧異（Klare 1978；Wallace, Rubin and Smith 1988）。

過去美國的法律社會學比較注重刑法，而對民法、行政法卻較為忽略。這點倒是引起法學界的注意，而予以匡正，後者對「訴訟的爆炸」（litigation explosion）進行考察與分析（Friedman 1989）。此外，法律社會學也討論經濟的管理與規範（Jones 1982），另外對工人補償法條的擴散進行經驗性的研究（Pavalko 1989），以及對工資與鐘點立法之考察（Ratner 1980）。

如以平等作為社會公平、正義的原則來看待，則美國社會的階層化（stratification）乃為對司法制度的挑戰。為此社會學的法律研究，便在分析階層化的勢力怎樣使司法人員偏離平等的法條，以及評估平等的法條如何使執法人員改變財富與權力的不平等（Baldus and Cole 1980）。法律專業者階層化以及市場勢力對

司法服務的影響，也成爲研究的對象（Abel and Lewis 1988）。法律行動對社會資源的重新分配，或分配的修正有很大的作用，是故民權與訴訟的事件的增長，對婦女與少數民族造成一定的影響，這也是美國法律社會學研究的課題之一（Burstein 1985）。

美國法律社會學界還關心司法程序（legal procedures），亦即排難解紛的訴訟過程。一般而言，在美國司法程序最重要的三種：（1）正當的司法程序（due process）；（2）答辯協議（plea bargaining）；（3）非正式司法（informal justice）。美國最高法院推行各州刑事訴訟的一體化、標準化，以及華倫法庭對各州政府警察權力的使用限制被稱爲「正當訴訟程序之革命」（1953-1969），這固然對人權的保障大增，但也導致犯罪率的高升，成爲社會學檢討的對象。至於答辯協議與庭外和解相似，造成美國95% 欺騙罪犯獲釋、逍遙法外，也引起學界與司法界之爭議。造成在尋求答辯協議的因由與操作之後，社會學家也擴張吾人對官僚機構的知識（Abel 1979, McIntyre 1987）。要之，美國法律社會學這半個世紀來尚無重大的發現，足以闡釋法律與社會組織之間的辯證關係。

德國方面的研究先是1964年在西柏林自由大學有「法律社會學與法律事實研究所」之設立，並由希爾士任所長。該研究所把世界各國有關法律社會學的著作分門別類製成檔案，俾利於進一步的研究。繼而有1965年波昂大學社會學教授艾塞曼（Gottfried Eisermann 1918-）之主張。彼認爲應大力研究作爲社會職業之一的法官專職，特別是分析法官的社會背景及生涯，法官之理想與心像，一般公眾對司法機關的態度和行爲模式，司法行政社會性兼經濟性的影響，以及「在社會制度之下不經官方的手段以實現正義的方式」等等（Eisermann 1965：5ff.）。達連朵夫（Ralf

Dahrendorf 1929-）及其合作者曾經在康士坦茲大學致力於法官之出身和社會地位的研究。不過達氏等人的研究，主要是在分析職業，俾瞭解社會層化的意義，而不能被看做嚴格意義下的法律社會學底考察。

近年來北歐法律社會學界全力研究方法論問題，其貢獻亦極卓著（Treves 1967：141-164）。

戰後日本對法律社會學的研究也頗有成績，這是因為：第一、否定戰前一味盲從國家訂立的法律，而使法律不致再成為政治權力的婢女；第二、由於修訂民法、制訂勞工法而援用社會學的知識，因而產生法律社會學的意識，其結果遂產生三個努力的方向：

第一、經驗性的調查和研究，以分析意識形態（思想體系）的實質：其間重要的著作有磯田進的《村落構造『類型』的問題》、川島武宜的《農村之身份階層制》、潮見俊隆之《日本之農村》及《漁村之構造》。另有就農業水利權底行政判例，與其思想體系之關係為主題的研究，計有渡邊洋三的《農業水利權與構造》。日本法社會學會編集的《家庭制之研究》及戒能通孝的《法庭技術》等作品。

第二、方法學方面，係重新評估艾理希的作品，研究「活生生的法律」與市民社會的構造底關連：計有川島武宜的《就法社會學論法之存在構造》，並介紹龐德的社會法學。另有民主主義科學者協會出版的《法社會學之諸問題》，收集馬克思主義者對法律社會學的批判，法律社會學者的答辯等論文。

第三、介紹西方的法律社會學作品：川島與三藤正合譯艾理希的《權利能力論》，以及川島早期所譯艾理希氏《法社會學之基礎理論》之付梓。另有潮見俊隆與壽里茂合譯的居維治之《法社會學》，石尾芳久和小野木常及川村泰啓聯合編譯之韋伯的《法

社會學》。另外龐德的作品都被譯述介紹，也頗有成就（關口晃 279）。

就筆者孤陋寡聞而言，僅知半世紀前台灣只有一位楊樹人先生，曾經努力嘗試過介紹德國的法律社會學。如前面所述，楊先生曾翻譯艾理希（楊氏譯爲：艾立義）的主要著作。在艾氏大型版本的原著四百零八頁中，楊先生只摘譯爲八十頁（小型版本，五十六開版式，五號字排印）。不過艾理希《法律社會學的基礎理論》（楊先生譯爲《法律社會學原論》）底精華，差不多已爲楊先生所採擷。尤其難能可貴的是楊先生把艾氏蕪蔓冗長的引例濃縮爲簡明可讀的譯本，並且在〈譯序〉中引用了龐德的說法來介紹法理學的社會學派，可算是盡了編譯者的職責。至於楊先生對艾理希全書所作提要勾玄的一段說明，尤有畫龍點睛之妙。茲抄錄如下以供參考：

　　　　艾氏本來對於西洋古今的律條法典有淵博的研究，其對於羅馬法、德意志法、英吉利法、以及近世幾部聞名的法典的精闢的知識，在他的著作中，都隨處流露著。他畢生研究的結論是：人類的法律行爲範圍甚廣；法律條文只涉及這種行爲的一小部分；而法官斷處的根據，匙爲法律條文，可以說是自由的尋覓法律；所以研究法律的科學不應當以法典和法律條文爲對象，法律的真理要向社會本身去尋找。他在本書寥寥數十字的序文中說，如果要以一句話概括其全書的意義，這句話應該如下：「法律發展的重心，在我們時代和一切其他時代一樣，既不在於立法，亦不在於法理學，亦不在於司法，而實係在於社會本身」。他甚且取消傳統的法理

學代表法律科學的資格；他要指定那以社會本身為研究
對象的法學為真正科學的法學：這也就是他命名《法律
社會學》的原意（楊樹人 頁6-7）。

除楊先生這冊譯本以及林紀東先生前揭文之外，其他中文方
面有關法律社會學的譯著，當推林山田教授的著作較為突出。彼
係以犯罪學、刑罰學的途徑來闡述刑罰社會學的精神（林山田
1975, 1976a, 1976b）。

10.7 法律、民權、社群與後現代主義

10.7.1 世局的演展以及社會與文化的劇變

為了進一步瞭解20世紀下半法律社會學所扮演的角色，吾人
有必要對過去50年間先進社會與文化的演變做一番鳥瞰與勾勒。
在先進社會中，當推邁入後工業社會的美國之社會變遷最受各方
所矚目。自從第二次世界大戰結束以後，寰球進入美蘇兩霸爭雄
的冷戰時代，美國以自由民主陣營的龍頭，在對抗以蘇聯及中國
為首的共產主義陣營。「美國式的生活之道」（American Way of
Life），成為推銷西式自由與民主的意識形態，用以阻卻共產主
義、或社會主義在世界範圍內的蔓延與擴散。

1950年代與60年代雖是美蘇冷戰的高峰，但美國社會的群
眾，卻在感受大公司、強力政府和社會流動的沖擊下，發現個人

與集體的無奈、無力,開始體會熱鬧中的孤獨、和日常生活缺乏中心意義。這便是李斯曼(David Riesman)與懷特(William Hollingsworth Whyte)著書立說,倡言群眾的冷漠孤獨之因由(Riesman 1950;Whyte 1956)。

其後,隨著越戰所掀起的學生、工人、少數民族之學潮、工潮、暴動,震撼了反共橋頭堡的美國社會之穩定與寧靜。陷於動亂中的美國,其人民在對政府強力干預不滿之餘,展開如火如荼的爭取民權之運動。於是黑人激進與緩和的民權運動,帶動其他亞裔,拉丁美洲裔(墨裔)等之有色民族,以及原住民(印地安人)民權運動的興起,也帶動性別歧視所引發的女性主義之爭權運動,導致美國社會的紛擾難安。要之,1960年代,一般美國大眾,個別的性格逐漸形成,每人在關注本身利益之外,也已較能適應龐大的人事組織之要求,屈服於同僚的壓力,而變成更能隨波逐流的同型者(conformist),其興趣、口味完全受到大眾媒體、廣告、電視肥皂劇、流行音樂等的形塑。

在1970年代與1980年代間,社會批評者如謝內特(Richard Sennett)和拉希(Christopher Lasch),把美國典型的個人之性格描繪為懷有自戀癖者(narcissitic)。原因是美國人民受到其日常生活諸勢力,也受到傳媒的征服,以致人人「視其生存的世界不過是他自己鏡中的影像而已」,而對外頭發生的事件興趣缺缺,唯一的例外是當這些事件「對自己的影像起著反射作用之時」(Lasch 1979:96)。要之,此時美國的社會與其文化呈現著矛盾的緊張關係。一方面美國人民經由民權運動的獲得的成果,例如社會安全(Social Security)、教育機會與各種保險得一一落實,使個人的生存與工作得到保障,此是積極的一面。但另一方面,美國人又對本身的無能無奈,而必須倚靠政府與私人社團來

落實這一連串的「社安」或「社福」計畫，極感挫折與憤怒，這是消極的一面。這種倚賴關係所產生的文化與情緒的緊張，卻促成了個人對權力、財富、美麗與青春等追求的幻想（Turkel 222）。

隨著雷根1980年代初的執政，美國社會重趨穩定，新保守主義的精神瀰漫社會各階層、各角落。貝拉（Robert Bellah）以歷史的與詮釋的方式，探討立國才兩百餘年的美國社會觀念之變遷，亦即藉歷代奠基者和觀察家的理解來解釋個人主義、法律、政治文化之遞嬗。貝氏指出，歷代立法者與執法者儘管看法有異，但其用心相同，企圖為人與人之間的互動、來往建立共通的意義。例如清教徒透過《聖經》傳統的道德信仰，堅信個人法律、社會可以合而為一；主張共和主義（republicanism）者（如哲斐遜），則相信一種平等的文化、公民的參與工作的尊重，把個人、社會與法律加以統合。可是當代的美國社會、共同的意義業已毀壞，其原因為消費社會與消費主義的興起，大企業商社、寰球經濟、民族國家等衝破了地方的共同體（社群）的凝聚方法，而更嚴重者為「極端的個人主義」之推行，使共同意義難以取得，也難以受到公共的支持（Bellah 1985：84）。上述這些社會勢力（大公司、寰球經濟、民族國家等）使個人、家庭、地區（社區）的意義牽連到遙遠的政治、法律、經濟之上。因之，社會科學的當務之務，便是要設法排除人們對現世理解的斷裂，俾個人同社會、法律的聯繫得以恢復。

10.7.2 民權的擴大與公共領域的縮小

上述諸問題，牽連到法律的層次，曾引起傅立曼的注意。他指出當代美國人對個人主義的禮讚，已把「自由的、公開的選擇」

視為個人主義的巔峰，而強調個人在「特別的、優勢的地位上之自我選擇權」，此時法律已不只在規範公共的行為，而變成帶有個人色彩，亦即重視身份的權利（personal right）（Friedman 1990：3）。人們把不斷擴大的身份的、個人的選擇權，看成是其個人的自由，於是動態的觀念遂告產生：集體的安排，包括法律與政治制度之設立，完全是以法律的權力之形式來界定與推進個人選擇之擴大，支持個人選擇的法律與權利，如今反而造成人們不再受到法政機構的羈絆限制。

易言之，個人的自由與選擇愈來愈跳脫社會與國家的規約，而變得愈來愈獨立。這種邁向獨立的動力反而減損了權利與義務之間的聯帶關係。個人主義與法律權利聲張結果，便是權威形式的減弱。不只地方官署權威消失，就是家庭中與學校裡的權威也大減。權威的存在本來在釐清團體成員的身份、地位、權利與義務，如今隨著權威的減損、個人只享權利，而不盡義務，其責任感也大為萎縮。責任感的減失並不表現在人際關係上，而是在個人進行選擇之時，亦即個人在選擇行動時，常常沒有顧慮行動的後果，也不想對其後果負責。

傅立曼認為美國人愈來愈喪失分發責任給別人之能力，特別是當人們的行為造成傷害時，要其負起責任比登天還難。但人們一旦受到傷害卻不斷計較賠償，對他們而言，賠償要求權是天經地義，不容絲毫的忍讓（ibid., 193-195）。要之，美國人只重視個人的選擇與行動，而很少計慮選擇與行動的後果，也無意為此後果負責，其最終的結論是美國人忘記生活在現代，每個人與他人息息相關，人畢竟是社會人，也是道德人。在美國人這種法律觀之下，其道德關連與社會關係不但沒有增進，反而轉趨鬆散，而這兩者卻是法律秩序的基礎。

為了矯正美國人極端的個人主義權利與責任的鬆綁，社會學者強調社群（共同體）的理念，也強調個人主義與自我中心來自於社會的，而非自然的、天賦的（Etzioni 1993；Selznick 1987）。

　　學者這種新研究途徑在於澄清人身（person）是透過與別人的互動而建立的。易言之，個人脫離不了社會，其選擇與行為是與社群的選擇與行動密切關連。人們的生活場域與工作所在形成一個共同體，與共同體的聯繫提供給個人認同與承諾。個人與社群之間形成共同的理解，對個人而言，社群是一個共享的世界，也是個人可以信賴，而肯負責的場域。可是1990年代，美國學者卻發現社群的聯繫愈來愈薄弱，無論是公共生活的競技場，還是公共政策，還是法律都逐漸喪失其被重視與尊重。這和涉及公共範圍之地位衰落有關。例如：

> ‧‧‧‧公共醫院成為人們尋求醫療救助最後的機
> 關，也成為惡名昭彰的地方，而非人們關懷的場域。一
> 向被視為「民權搖籃」的公立學校，比起私立（商業化）
> 的學校來矮了一大截，以致「私人財富、公家齷齪」的
> 說法再妥切不過。公園更是人們裹足不前的危險地帶
> （Fraser and Gordon 1992：46）。

10.7.3　公民身份與社群意識

　　造成美國社會公共領域的式微原因眾多，但最主要的因由在於公民身份是由美國法政機構泡製初來的怪胎。公民身份（citizenship）本來是涉及市民的社會地位之保障，係由法律與

政治之文化形塑的。所謂的公民身份是認爲個人通過法律所制定的穩固關係（像私產的擁有與契約的締訂），可以自由追求其自訂的目標和利益。在這種理解下的公民身份注重的是私人與身份的範圍，因而也忽視了公共的領域、公享的制度與集體的義務。

英國倫敦經濟學院早前著名的學者馬歇爾（Thomas H. Marshall 1893-1982）曾經將公民身份按時代之不同分爲三種：其一爲市民身份（civil citizenship），這是18世紀，公民爭取財產與身家生命安全的權利；其次爲19世紀政治公民身份，人們爭取參政權，包括選舉與被選舉爲官（議）員之權利；其三爲20世紀社會民權，此時爭取的爲經濟安全、教育、衛生、健康與參與公眾事務之權利（Marshall 1964）。馬氏的學說應用到當代美國社會的結果，使學者發現市民身份權（第一期）之擴張，反而減損了社會民權（第三期）之落實。其原因爲第一，歷史上市民身份權便把婦女與少數民族排斥在權利主體之外（Frazer & Gordon 1992：55-56）：婦女與少數民族形成的社團很少具有法政的形式，因之，在公共生活中，地位甚低。第二，市民身份權削弱社群意識，把財產與家庭之外的活動與關係，當成志願的、自願的事物來看待。因此，這類的活動與關係便沒有「應享的權益（entitlements）或責任」可言（*ibid.*,59）。

在法律文化與政治文化薰陶下，當代美國人看待公家機構，也有輕重不同的差別，像辦理社會安全制度的機關，涉及到人們納稅而獲得的社會保障（建立在契約關係上），其所受的支持與尊重就較高。反之，辦理社會福利的機關是拿全體國民的稅金來補助老弱傷殘（建立在慈善的觀念），其所受國民支持度就不算太高。其他涉及公辦學校、公園、公共電台等，都類同慈善事業，遂無法獲得以講究財產與契約的市民民權者之熱烈擁護。

鑑於當代美國人太講究個人權益，而忽視公利，學人遂主張以社群的觀點來重振法治的觀念。法治的觀念是建立在依法行政與依法統治之上，亦即以法律的理性演繹，來落實實質上與形式上（訴訟程序）的公平。可是美國社會由競爭的市場經濟轉變爲公司行號、財團資本家的經濟，使生活理念的推行，只便利某些集團，某些份子的獲利，使後者的利益與特權大增。

　　換言之，公共領域不同程度的收縮，對法治落實的結果影響重大，也就是當數目更大更多的人群變得愈來愈依賴他人之際，而當他們大部分靠公共制度如學校、醫院、公家機關、或廣告等維生時，社會秩序和社會穩定的問題日趨嚴重。於是家庭也好，藥物檢驗也好，刑法也好，經濟政策也好，到處都要求立法與執法的徹底有效，俾保障公共安全與社會穩定。這種要求對司法機關是一大挑戰，因爲司法機關與法律思想逐漸轉變爲社會問題、經濟問題。人們期待法律制度解決其個人及集體的問題，但法律一旦涉及社會與經濟問題，其應用範圍便由一般而轉向特別，法律的普遍性遂告式微，司法機關也淪爲行政機構。行政機構一旦擴權，人民又感無力。官僚權力的增大也使法治理念隱晦不彰。這就是進入後資本主義、後工業主義的美國社會之特徵。由是吾人有談談法律社會學與後現代主義的必要。

10.7.4 後現代主義與法律社會學

　　後現代主義的理論家，主要在批評現代社會已發展到歷史的終端，歷史的極限（Best and Kellner 1990；Dickens and Fontana 1990； Kellner 1990； Lyotard 1984）。所謂的現代時期乃是立基於工業發展、科學與理性和個人主義的時代。現代的特徵在於

強調進步的主題：藉由工業的振興個人與社會改善其生活提高其境界。在法治之下，個人的權利與自由增長；也因為科技進步與講究理性使文化提昇。後現代主義者則排斥這種盲目地讚頌人類的進步，在他們眼中，現代的文化不只是立基於科學與理性，更是受到科技、知識、資訊、電腦、通訊方式的左右。後現代主義者認為知識、溝通、訊息的科技，形塑了當代社會與法律。現代並沒有使人類更為解放、自由與進步，反而造成20世紀人類的災難重重：極權主義與偏激運動的勃興，核子武器的製造、競爭乃至威脅世人的安全，工業主義擴張所造成的環境污染與生態破壞等等。要之，後現代主義大力批判現代化主張者的中心概念與假設，例如個人主義、民權、法治等等。

在幾位著名的後現代主義理論家中，應屬傅柯（Michel Foucault 1926-1984）對現代社會與法律的批評，最引起學界的矚目，這位在1970年代參與法國囚犯爭取人權運動的健將所討論的主題是：科學進步、法律理性和個人權利的增長所顯示的並非人的自由與解放增大，而是社會的權力與控制的步步升高。易言之，現代社會並非標誌自由與進步，而是突顯制度性的控制之加強與有效。

傅柯指稱現代社會中，法律的作用在於擴大社會的控制，也在增強社會的知識、制度的權力，使其凌駕於個人之上，俾達致社會目標的完成。法律制度與法律知識在結合其他的制度與知識之後，企圖界定每個個人，把個人的資料形成其身份證件，分辨良民與莠民之區別，而便於管制。

傅柯的參與社會運動，使他考察的對象，不限於監獄，也旁及醫院、精神病院。在《規訓與懲罰》（1977）一書中，他討論了18與19世紀刑法、刑事學與處罰的變革。從而指出現代人有關

人身（人的軀體和個體）之知識，來自於監獄與法律。法律學說與社會科學的演展，把監獄看成爲界定與控制社會成員的有效方法。

過去對死刑犯的公開凌遲與刑求，在於彰顯王權的高漲。這點與現代行刑的不公開成爲對比。同刑罰的方式由公開到隱蔽相反的，卻是訴訟程序的改變：由祕密審判轉變爲公開審訊。過去要懲罰的是犯罪者的身體，今日要矯正與控制的卻是犯罪者的心靈及其行爲。易言之，現代懲罰的方法是療治、也是控制。

隨著現代刑法和處罰的發展，社會科學的知識也被廣泛引用，目的在爲犯罪與罪人的定義與判斷，提供客觀的標準。由於刑罰的目的在治療與矯正，也就是改變犯人的心靈與行爲，是故心理學、社會學、心理分析的知識紛紛納入法律斷案中，俾達到毋枉毋縱，回歸社會正常的地步。特別是對犯人精神狀態的診斷爲其刑責大小的依據。對於現代犯罪者所遭受的處罰，傅柯並不以同情個人的新道德的關懷來加以解釋。反之，他把當前的刑法與處罰看做是社會與經濟膨脹下對個人動機與行動趨向精緻的控制之社會現象。對他而言，刑法與處罰乃爲軀體「政治性科技」（political technologies）和「權力的微視物理學」（microphysics of power）之一環，這類科技與物理學在達成對人細緻的理解，俾增強社會的控制（Foucault 1977：23-26）。

正如前述早期對罪犯的公開刑求，在展示君王的無所不至的權力。但由於圍觀的群衆逐漸由好奇轉變爲同情受刑者之後，抗議公開行刑之呼聲削弱王權，迫使君王改以囚禁的處罰取代斬首示衆。此外，對財產的侵犯多於對他人身體的傷殘，犯罪的形式有了很大的改變；於是犯罪不再是社會的重大事故，這也是處罰由報復、嚇阻，而轉向矯治、補償的因由。同時，司法的改革要

求，也隨時代的腳步甚囂塵上，迫使君王的讓步。改變刑罰與處罰最重要的因素，則是經濟與社會的巨變，亦即工業資本主義的崛起。

傅柯指出，投資於工廠企業的資本成為財富的新形式之後，對勞動的控制和有產者私產的保障成為生產過程基本的要求。從前在封建領土工作下的勞動者，可以把部份生產成果當成報酬的部份帶回家中，資本主義的生產關係中不允許勞工如此做。於是新的法律規定之頒布，使勞工受到更不利的影響，反之，資本家卻得到更大的保障之好處。

上述社會的變動，產生一種新的需要，亦即需要一套更常用的，更排除個人恣意妄為（arbitrary）法律，特別是刑法與處罰，俾能適應勞動生產新關係的要求。新的刑法與處罰則在產生了一種新的政治與法律文化，其重點不再是罪犯與國王的對抗，而是強調社會的和諧運作，有利於投入生產過程的勞資雙方。新文化也鼓吹犯罪者的改過自新符合人道精神。這套新的法律觀指出每個個人都是擁有理性與意志的法律主體，由於自由締結契約，從事生產與勞動，而使社會與個人均蒙其利。個人一旦接受法律，當然也接受違法時應得的懲處。

在這種情況下，刑法與處罰變得更富理性與富有功利的色彩。處罰的痛苦常大於犯法的僥倖，人們對犯法得失的評估，使他們不致成為累犯，也脅阻別人去效尤。在此情形下，刑法遂形成法條，一一指明何種的犯罪得到何種的處罰。監獄完全成為適應這套新的刑法與罰則而建立的制度。它也成為「知識的機器」，用以觀察受刑人怎樣改變其心態與行為，而接受社會的規訓。就像學校、醫院、兵舍、工廠一樣，監獄不只限制囚犯的自由，更治療、矯正其偏差，並藉訓練與教育，使受刑人有朝一日，從監

獄釋放後，重返社會。由於受刑人在獄中的一舉一動都有記錄可查，而其身心的變化也長期遭受追蹤，是故現行的刑法與處罰可視為制度化權力的一環。

由是可知制度化的權力與知識，把個人建構為社會裡一個遵守規矩，也接受控制的工具。要之，傅柯不認為監獄設置的目的在於成功地矯正罪犯，而是監獄的設立與擴大在於顯示權力與知識的關連，也是法律與社會科學的結合。監獄只是現代生活受到監視與控制的表徵。在此意義下，法律的作用有二：一方面使個人屈服於愈來愈大的控制；他方面個人的法律權利與法律尊嚴變成社會與法律的主要原則。事實很明顯，在現代社會中，法律的平等，個人的權利，代議的民主和法治都在支撐同一權力體系，也就是那個把個人孤立化而嚴加控制的權力體系。法律下的平等權利和個人自由的原則，究其實際是靠著法律、權力和知識的關係來支持的，而這類的關係卻把個人置於制度之下，而遭受制度的規訓與控制。

第十一章　意識形態批判與知識社會學

11.1　知識社會學的定義、範圍和研究方法

　　人類的思想是怎樣產生的？我們對於宇宙和人生的認識從何處得來？什麼是實在？人們是否不受生活的樣式所影響？還是與社會的變遷相推移？什麼是真知正識？什麼是邪說謬論？知識的內容和形式到底是怎樣？要窺探這些問題的堂奧，我們可以遵循哲學、心理學和社會學不同的途徑（approaches）來追究。本章主要地嘗試走社會學的研究途徑，並試行介紹和闡述西方有關知識社會學的內容和動向。

　　什麼叫做知識社會學？這是我們首先要談論的問題。曼海姆（Karl Mannheim 1893-1947）稱：「關於我們這一方面研究的專題是在觀察：在某一歷史片段中理智的生活如何，及以怎樣的方式和當時存在的社會勢力和政治勢力發生關連」（Mannheim 1966：237-260）。

貝克（Howard P. Becker 1899-1960）和達爾克（Helmut Otto Dahlke）為知識社會學所下的定義則為：

　　　　知識社會學在分析（A）社會過程和社會結構與（B）
　　知識生活底模式的功能性相互關係，包括分析（A）社
　　會過程和社會結構與（C）知識的形式底相互關係〔即
　　分析（A）與（B）以及（A）與（C）之間的關係——筆
　　者附註〕（Becker and Dahlke 1941-42：310）。

　　德國波恩大學教授艾塞曼（Gottfried Eisermann 1918-）稱：
「知識社會學是社會學的一部門，目的在分析思想、認識和知識
的內容，蓋此等認知的內容是當做社會存有（*soziales Sein*）而
呈現的」（Eisermann 1969：512）。
　　美國學者史普洛特（Walter John Herbert Sprott）認為：「知
識社會學‧‧‧‧所涉及者為思想的諸體系受‧‧‧‧其他社會
事實的制約方式」（Sprott 1954：141）。
　　德國科隆大學社會學教授柯尼西（René König 1906-）視：

　　　　知識社會學在考察有關實在的想法（*Vorstellung
　　über die Wirklichkeit*）與社會結構及社會過程底關
　　係。亦即探究對實在所作的想法底社會條件，和這類想
　　法在社會生活中的結果。換句話說，知識社會學在探討
　　「知識」和社會實在之間相互影響的關係（König 1967：
　　352-353）。

　　綜合上面的敘述，我們可以把知識社會學看成為：「一門研

究思想與社會事實的關係，進一步考察價值想法、思想結構、思想內容以及社會的情況、階級、階層和制度等底科學」。關於知識社會學的研究，我們必須注意到下列數點（Stark 1964：680）：

（1）知識社會學必須嚴守客觀的立場，而排除主觀性的價值判斷。它的首急之務在於瞭解理念的效準（validity）（Stark 1959 chap.2）。當然對這點也有人持異議，我們在下面還要加以詳細的敘述。

（2）知識社會學應當排除形而上學和本體論的玄想。因為這類玄想企圖分析社會的下層建築和上層建築之間的關係。知識社會學也應避免對思想的命定、或對自由之類問題作教條式的斷言。反之，它應該是一種解釋的方法，目的在闡明理念在特定社會環境下的意義。

（3）知識社會學在提供有關「社會基礎結構」底清楚的定義。所謂的社會基礎結構（social substructure）乃是指社會環境而言。在這環境中理念得以產生，同時在這一環境下理念遂獲得詮釋。

　　知識社會學在社會學中的地位如何，是一個聚訟紛紜的問題，一時尚不易弄清楚。因為它可能是屬於一般或普通社會學的範圍，也可被視為專門社會學之一種。就它所研討的題目而言，知識社會學超過了專門社會學，亦即不如政治社會學、法律社會學、經濟社會學、市鄉社會學或家庭社會學研究範圍和對象的確定。此中的原因無他，乃是由於知識社會學研究的對象為：「思想」和「社會行為」的關係。這類關係的研討本來是屬於一般或普通理論社會學的工作，知識社會學既然討論到這類問題，便是

涉及一般或普通社會學討論的範圍。

再說知識社會學既然是以社會和知識的相互關係作為研究的對象，那麼它無異為「社會學的社會學」（*Soziologie der Soziologie*），其目的在保證知識社會學的陳述能夠具有效準，並且對知識社會學之社會地位和社會任務能獲得真知灼見（Lieber und Furth 1965, 12：337）。在這層意義下，知識社會學不能單單討論歸屬的程序——討論思想與社會之間的歸屬關係——為已足，而必須也同時檢討真理的問題；並且指出：在何種社會情境中人們的思想是正確無誤、抑有所矇蔽謬失。由是知識社會學便要涉及意理（意底牢結、意識形態）的批判（*Ideologiekritik*）[40]。知識社會學一旦被賦予認識的理論、或基礎底批判之使命時，本身很容易地沾染意識形態的色彩，蓋批判不能不有所依據，而這個依據的標準便含有意識形態、或思想體系的色彩。至此，知識社會學也要藉批判性的方法來指陳受社會因素制約下思想的謬誤。

此外，知識社會學也可以被目為認識論（epistemology）的一部份，它在於考察思想結構的效準，以及思想結構的詮釋。原來思想和認識有所限制，蓋每一認知都是從某一個先決條件出發的。換言之，我們要檢查或確定一種理論的知識，就不能不先從這個理論所根據的知識開始分析。為了認知，我們必須首先建構概念、模型和理論。因此，每一個認知都是受到認知的主體之世

---

[40] 關於 *Ideologie*, ideology 華文譯名，計有思想體系、意識形態、意理學、意理、意諦、意諦牢解及意底牢結等數種。最後四項譯名為殷海光教授所首倡。今哲人已萎，個人為表示對殷先生哀念之意故略加說明。本章以下引用概以意識形態為主，意底牢結、或意理為副。

界觀和人生觀所影響。研究思想所受社會條件的制約，便是知識社會學、或認知社會學的任務。在這一意義下，知識社會學遂被視爲認識論之一部份。

至於知識社會學對於認識論底批評，計有下列數點（沈國鈞 1958：6-8）：

第一、知識社會學不以傳統認識論中靠冥想或靜思所獲得的知識──純粹知識──爲唯一可靠的知識。反之，曼海姆稱：人類大部份知識，是在動作和行爲底傾向──歷史社會的情境──中產生，從而在認知者之環境中求取其認知的客觀性。

第二、知識社會學否認柏拉圖以來超驗知識之真實性。蓋捨棄經驗、捨棄環境無知識之可能。「知識社會學之所以持此意見，就因一切有效的知識，乃是用來給與某種生存條件下，爲一種應付境地〔環境〕生活的工具」（上揭文頁7）。

第三、知識社會學指出認識之所以不同，係淵源於認識者所處環境的不同。認識論常把環境所受限定的概念加以絕對化，知識社會學則持「時過境遷」及「心爲境造」的觀點，而把這類概念加以相對化。

研究知識社會學的方法問題，我們似乎可以採用馬克士·韋伯（Max Weber 1864-1920）的「瞭悟法」（*das Verstehen*）（Weber 1963：427-474，洪鎌德 1997a：186-193）。然則什麼是瞭悟法呢？且讓我們解釋一下：

（1）研究者想像以及概念的領域中所吸收到而又爲人們主觀上所體會、所瞭解的精神現象（或精神產物）；

（2）透過社會學的解釋以瞭解精神現象。亦即在研究者與讀者的想像領域以及概念領域中，爲研究某一問題而

建立的該項精神現象（或精神產物）和社會單位之關
連。

所謂的精神現象（或精神產物）是指預想、聯想或創造認知
系統而言，亦即包括知識、思想和感覺在內屬於感性與精神性的
過程。所謂的社會單位是指個人、群體、或制度而言。

首先，知識社會學家置身於某一情境中，俾發現某一研究對
象。譬如他聽到一位熟悉的人提及某事，那麼他便要聯想到這位
熟人平時處理其他問題的態度，由此以瞭悟某事在拋開熟人的主
觀判斷下，有怎樣的一種狀態。其次他要把「事實」（*Tatbestand*）
加以確定。所謂的事實是指在研究者尚未著手研究時，視為既存
和當然的事素。這裡的事實乃為心理方面感受的事實，乃為意識
內容的事素。此種意識內容的事素，是在某一特定的情境中自動
湧現的（Wolff 1968：15-17）。

知識社會學為社會學理論的一個部門，主要在研究人類的知
識（特別是在日常生活中所使用的知識），在社會生活的場合裡
怎樣產生與怎樣維持。這個學門嘗試解釋社會如何將其文化組織
成不同的範疇，如何將這些文化範疇一代傳承給另一代。知識社
會學所關心的為日常知識的建構與保持。對現象學的社會學家而
言，世界是一個生活界，是群體的所有成員共享的世界。這個生
活界充滿了各種各樣的慣常因素，可以規定個別成員怎樣看待事
物，怎樣看待他們彼此間的關係，生活界為人類所創造的事物，
它是人群的產品，但也影響人群的舉止，這就好像生活界自具生
命一樣，可以反撲創造生活界的人類（Cavalcanti 1994, 5：1946）。

根據知識社會學家的說法，社會界、生活界有異於經驗的實
在，亦即有異於自然界。自然界中的變項會產生自然的結果（像

濃雲堆積造成天雨），但社會界對這種自然的實在變化，卻賦予意義，也就是靠著群體的解釋來說明自然的現象（上天的旨意，下甘霖以潤濕焦渴的大地）。換言之，社會學家在於記錄社會脈絡怎樣影響群體對實在的看法，俾為其日常生活，而建立知識。人不只建立有關實在解釋的知識，也在有意與無意間建立了他們的社會界、生活界。

人們所遭逢的實在，既有自然的，也有人為的（社會的）。要應付這個實在，人們會產生一些動作或行為。一般說來，這便是人的行動或行為。這類行動與行為是透過集體的習慣和集體的傾向而塑造的。因之，對付實在的看法與作法，便受到群體的社會處境（social location），或社會脈絡（social context）所影響。人類為了能夠適應其環境而生存繁衍，遂創造各種各樣的工具與產品：有物質的，也有精神的。像獲取生存所需的食物與安居的技術，維持群居安全的法律與秩序，促成集體凝聚與團結的價值與規範。這種規定人類行為的模式和思想範疇都逐漸制度化，而變成群體生活之道。把這些制度化的模式與範疇加以分門別類，製造行為指南，便是人類應付實在的特殊方式。知識社會學就在研究這類的課題。由此可知最近半世紀以來以現象學為主導的知識社會學之定義，便與前述各種學派的定義有了一些出入，他們所強調的是日常生活的知識，是人與人互為主觀產生的社會界、或稱生活界（*ibid.*, 1947）。

知識社會學產生的時刻為歐洲啟蒙運動如火如荼熾熱展開的時代。當時哲學界中所關心的是怎樣來追求真正的知識，怎樣來排除人們思想上的錯誤觀念，把知識分辨真假；這有就涉及意識形態批判的問題。如前所述，知識社會學既然牽涉到思想的矇蔽和誤謬之研討，因此我們擬在下面先敘述意識形態的批判。

11.2 意識形態的批判

11.2.1 早期的歷史

　　談到對客體事實所作認知的想像、表述（*kognitive Vorstellung*）底批判，以及認識主體對認識過程所產生的影響，就使我們想到孔子的名言。在《論語》〈子罕篇〉中，孔子告誡其門徒「勿意，勿必，勿固，勿我」。這四句話堪作為人類歷史上對意識形態批判最早的記錄，也可以看成為知識社會學的萌芽。可是終孔子一生，未能就此種認識論有所發揮，末了竟為後世徒子徒孫的泛道德主義所淹沒不彰，殊屬可惜。

　　歐洲中世紀末期的培根（Francis Bacon 1561-1626）首先提出偶像破除說。這可以稱是解除人類認知的迷妄，以求接近真理的方法。培根所指的四個偶像為種族偶像（*idola tribus*）：產自人性的軟弱；洞窟偶像（*idola specus*）：產自個人有限的認識、欠缺教育和無知的崇拜；市場偶像（*idola fori*）：產自人際交通語文的蔽障；劇場偶像（*idola theatri*）：產生自對學派、宗派的盲目信從，亦即入主出奴，囿於一偏之見。人們如求正確瞭解事實，達成真知正識，則必須從這些偶像中解放出來。顯然，培根的偶像破除說，指出錯誤的意識係根源於人類兩大源泉：其一為人類生物的本質，其二為人類社會的存有。知識乃是人類駕馭自然，規範社會共同生活的手段（Bacon 1858）。

　　所謂的意識形態、或意底牢結乃是一種錯誤的意識，或者說

是由於偏見而產生的思想底誤謬、障蔽或偏差。這類思想的失誤，只有藉啓蒙之助而加以窮除，也可望恢復舊觀。由是可知意識形態的批判，就在指出意識的結構和意識的內涵所受社會制約的關係，以及揭發彼等之受到社會作用和政治作用，而失掉的本來面目。

自從歐洲中世紀農業封建的社會慢慢解體而邁入工業資本的社會之後，意識形態的批判跟著產生。初期的思想家為護衛新興階級的經濟利益，遂大力撻伐傳統的思想方式，以及作為此等思想的支柱——封建社會。此時替代了啓示信仰的權威便是自主的理性（*ratio*）。所謂自主的理性，在於不盲目地接受傳統的種種，而處處提出疑問來。正當新興的市民階級忙於建立他們的經濟利益之際，作為其代表的思想家所批評的對象，為傳統中有關自然知識方面的思想方式。這時有關社會方面的知識和行為，因為是建構在權威之上，所以尚未遭到批評。直至資本主義的社會發展轉速，市民階級的勢力日增，其力量浸浸乎和國家的權力相抗衡之際，彼等方才開始反抗向來所加諸他們身上的種種限制。不管是社會限制也好，政治限制也好，都成為他們摧陷廓清的對象。以往當作解除認識所受社會歪曲的意識形態批判，轉而成為對權力統治的批判。人們開始意識到統治關係之不合理，以及統治者藉一套思想體系來箝制市民的思想之不當。尤其意識到統治者藉一套意識形態來掩飾或美化其醜惡的暴力統治之不當。於是意識形態的批判，遂由認識的理論轉變為社會的批判。

11.2.2 法國啟蒙時代的意識形態之批判

法國啓蒙時代的哲學界，不管是百科全書派（*encyclopedistes*

例如：Denis Diderot 1713-1784; Jean le Rond D'Alembert 1717-1783;Paul Thiry d'Holbach 1723-1789; Claude Adrien Helvetius 1715-1771）還是意識形態家（*ideologues* 例如：Pierre Jean George Cabanis 1757-1808; Joseph Marie de Gerando 1772-1842; Constantin F. Volney 1757-1820 和 Destutt de Tracy 1754-1836）對於分離形而上學和科學，以及解除思想的謬誤，貢獻都很大。其中尤以戴特拉西（Destutt de Tracy）（所著五卷《意識形態的因素》（*Éléments d'idéologie*)）正式揭起意識形態的牌號，其影響非常深遠。戴氏這本著作中，指出意識形態是與形而上學分家的理念之科學（*science des idées*），乃為各種科學的基礎。這種理念的科學有異於以物質為研究內容的其他科學。經驗為產生理念的源泉，又經驗乃是由感覺之印象所造成，因此戴氏認為「思想者恆為感覺之謂」。

總之，法國的啓蒙運動揭發世界觀的教條為一種偏見，並將其拆穿為不公平關係的護身符。啓蒙運動之意識形態的批判，無疑地是以皇座與教壇的勾結為對象的。不過這個時期意識形態的批判之重點是認為：只要人們能夠揭發作為掩飾個人利益的意識形態時，人們便可將這種利益加以縮小，直至大家彼此可以忍受時為止。然則要達到這個目標，卻有一個先決的條件，那就是要確認思想自由和言論的自由底存在。因此，啓蒙運動之意識形態的批判無異為對現行政治秩序所作的批判。可是在這種批判中本身便含有意識形態的成份，原因是啓蒙運動者相信藉著批判的作用，可以啓發意識，可以掃清藏在思想背後的政治勢力，俾返璞歸真，並試圖建構一個既合乎理性而又自由自在的社會，而這種合理的社會也是另類的意識形態。

法國啓蒙運動的「意識形態家」後來都遭到拿破崙大帝的抨

擊。這位氣吞萬里山河的一代梟雄，賤視啓蒙運動的大師，認爲他們只能坐而言不能起而行。在拿破崙心目中，想藉理性的助力去改變社會或改變國家，不啻緣木求魚，不啻河漢其言。於是這種富有批判精神的學說便被拿破崙抹上一層輕侮的色彩（Geiger 1953：5；Lieber 1964：137-138）。

11.2.3 馬克思對意識形態的看法

過去人們視意識形態僅爲不同社會勢力之利益的護身符，卻不知道這種利益主要的是一種經濟的利益。就在工業社會誕生的前夕，這種經濟利益的衝突愈來愈明顯。馬克思（Karl Marx 1818-1883）的學說主要地在說明經濟利益的衝突底因由和結果。它一方面繼承啓蒙運動的傳統，他方面加以發揚光大。由是啓蒙時代「意識形態與權力」的問題，變成馬克思時代「意識形態與階級結構或與階級統治」的問題。

馬克思承襲費爾巴哈（Ludwig Feuerbach 1804-1872）的宗教批評說，而視宗教爲社會關係必然錯誤的意識。這裡所指的社會關係，乃是由於人們各種勢力與需求交織而成的一面網絡。宗教的外表乃被目爲人們的自我「棄絕」、自我「外化」（Entäusserung），亦即人處在社會中無力的「表現」，同時卻是對社會實況的一種「抗議」。

馬克思對於宗教的批判，演展爲造成宗教的「異化」（Entfremdung）底社會條件底批判。所謂的「異化」，其原意是指一個主體創造一個客體，而這個客體竟脫離主體變成一個陌生或敵對之物。此字英文譯爲 alienation 或 estrangement，中文有譯爲疏離、疏隔、離棄、乖離等詞。對馬克思而言，人們內心

的異化，僅是處在工業社會中，人們的徹底異化之一部份，其餘
大部份的異化無他，乃是經濟的異化。原來人們必須勞動方才能
夠生存，無形中工作主宰人生，而造成心爲形役的結果。再說，
人類創造機器卻爲機器所奴役，又勞動的成果，一旦變爲資本，
反轉來驅使勞動者。生產的利潤恆受資本家的剝削，勞動者成爲
無產階級。這一切不平與反常的現象，就是馬克思所稱的經濟的
異化（Dahrendorf 1965：22-23；洪鎌德 1986：202-206；1997c：
125-130）。無疑地，按照馬克思的邏輯，經濟異化的受害者就
是無產階級的勞動者了。

　　根據馬克思派的社會學家阿多諾（Theodor W. Adorno 1903-
1969）底看法，馬克思所認爲的意識形態爲客觀上必要的而又是
錯誤的意識，乃爲「真與假的混沌」（Lieber und Furth 1965：338）。
這種意識形態之非真實性，可由其與實際的關係來看出。因此，
自由、平等與博愛本身並非不真實，而是妄稱自由、平等和博愛
業已實現的人，犯有不實的毛病。是以原則上人們不當僅在拆穿
這個虛僞的外表，而應當以革命的方式去改變造成這種虛僞的外
表底現狀才是。

　　詳細地說，馬克思認爲每一個時代中流行的思想和流行的看
法，不外統治階級的思想和看法底表露。換句話說，誰握有物質
的權力，誰便可以稱爲精神權力的主宰。馬克思進一步指出：社
會的生產關係亦即掌握生產工具底財產關係。這種關係與生產力
之間，有符合一致的時候，也有差別不一致的時候。生產關係的
總和乃造成社會底經濟基礎，亦即造成社會的實在之根源。其餘
法律與政治等社會底上層建築（Überbau），遂矗立在在經濟的
下層建築（Unterbau）——基礎——之上。在這種情形下，物質
生活的生產關係遂制約（決定與影響）了社會、政治與精神的生

活過程。換言之,不是人類的意識決定人類的存在,而是相反地,人類的社會存在、人的生活決定人類的意識(Marx 1947:12;*CW* 5:37)。

馬克思認為人們無法把捉實在,因為對於實在的認識,乃是受到認識條件所限制的。認識條件無他,乃是社會的下層建築——經濟結構或生產關係。在金字塔式的社會中,只有統治階層可有機會對整個社會加以認識,其餘的中下層社會階級則始終被蒙在鼓中,而無法窺知社會的全貌。只有等到社會發生巨大的變遷之後,情勢有所改變,統治階層用以蒙蔽廣大民眾的法術被拆穿,中下層社會的人方才能夠看清社會的真象,至此無異為改朝換代的開始。造成社會變遷的原因是馬氏所稱的:一旦生產力與生產關係發生矛盾乃至鑿枘難容時,社會革命便要爆發。隨著下層建築——經濟建築——的改變,整個上層建築的精神和文化產物便要發生或多或少或遽或緩的變化(洪鎌德 1997b:266-268;1997d:37-40;182-188)。

恩格斯(Friedrich Engels 1820-1895)在馬克思死後,曾表示:經濟因素並不僅是社會其餘上層結構變動的唯一原因。此外他又認為社會的上下層建築之間彼此都發生相互的影響。亦即恩氏後來的意見多少已修正馬克思死前的過激的論調。這種說法其實和馬克思晚年的看法是相當符合的。

其後,馬克思學派的份子,除認為生產關係為社會組織中的下層建築之外,其他影響上層建築底動機,尚有地理因素(為 Georgi W. Plekhanov 1856-1918所主張)、或技術發展的程度(Alexander A. Bogdanov 1873-1928)、或物質的利益(Nikolai I. Bucharin 1888-1938)、或每一個時代對自然認識的情形(Karl Kautsky 1854-1938)等等。這些主張可以視為馬克思學說或大

或小的修正（Stark 1963：880-881）。

11.2.4 非理性的意識形態之批判

與馬克思的意識形態之批判相反的學說，是19世紀崛起的、反理性的意識形態之批判。在反理性的意識形態批判家眼中，所謂的理性云云無非是人性弱點的補償。理性的功能在藉偽裝與權謀達到適應外在環境的目的。原來環境乃是壓頂優勢對待軟弱的個人。因此個人為求生存起見，不得不藉著理性的謀略來與環境相周旋。因此思想中之帶有意識形態的色彩，乃為人類的本質而非社會條件的影響。

須知人們若不生活於幻想、自欺、偏見的境界中，就無法忍受現實的殘酷。因之，任何想要否認偏見的功用——麻醉與透氣的功能——之企圖，是徒然無功的。須知人性中乖謬反常的本質隨處可以發現，原不足為異。世上大概只有超人和聖賢方才能夠忍受認識真理而帶來的痛苦，常人則只有懵懵懂懂混過日子就是。代表這派思想的人，有馬奇也維里（Niccoló Machiavelli 1469-1527）、霍布士（Thomas Hobbes 1588-1679）、尼采（Friedrich Nitzsche 1844-1900）、巴雷圖（Vilfredo Pareto 1848-1923又譯為柏雷圖）、索列爾（George Sorel 1847-1922）以及佛洛伊德（Sigmund Freud 1856-1939）等人。

11.2.5 實證的社會學——不帶意識形態的色彩之認識

孔德（Auguste Comte 1798-1857）的實證主義乃是對法國大革命以後社會種種問題的反響和分析底結果。原來大革命之後，

整個法國的社會陷於分崩離析之局，正是人心惶惑，精神苦悶之際，孔氏遂稱那個革命後的社會爲「精神與道德虛無的狀態」。爲打開困局，解決危機，他遂倡導知識的演展論：認爲只要人們能夠將控制自然駕馭自然的知識，運用到人文或社會現象來，必然可以解救人群的淪亡。於是孔德乃勾畫出他那著名而又影響深遠的思想三期發展律來。他認爲思想的演進是隨時代（古代、封建時代和工業時代）的不同而分別爲宗教的、玄學的和實證的三個不同之演展階段。與此三階段相關的代表性學問則爲神學、哲學和科學。

在這個思想三期發展律中，我們可以看出孔德已能掌握到知識社會學所討論的主題。從人類對自然控制所需的知識底增進，也可以發現社會進步的軌跡。同時也可以理解：不同的社會形式和不同社會中之領導階層，決定了各該社會知識的內容和形式。知識之形式與社會之形式的相互關係，使得人們對兩者之發展獲得認識，這種認識便是產生社會學的先決條件。大革命以後社會危機的撲滅有賴「穩定和進步」相結合的知識底運用，而這種知識隨著工業社會的來臨而日漸顯露，亦即是實證科學的抬頭。在此一意義下，人們如果能夠把自然科學的知識援用到社會與政治領域中，必然會使社會既充滿進步而又日趨安定。自然科學中又以物理學最具精確，因此孔德引用到社會與政治領域底自然科學——實證科學——爲社會物理學，後來他乾脆易名爲社會學。

社會學就是屬於思想演展三階段中最後一階段的實證科學，它是以社會爲研究的對象。其發展之根據爲「人性的基本律」，亦即理性終必克服幻想力而贏取重要的地位。換句話說，在實證和科學的時代中，人們不再追求玄妙而不可測的最終原因，而僅在解釋其經驗裡觀察到並可以證實的事實而已。

孔德堅信人類的進步必然會使他們應用科學的知識來改造社會。換言之，孔氏相信藉啓蒙運動之助，能夠使被統治者瞭解統治關係，俾有效來加以控制，最終希望使社會達到合理與公平的目的（Comte 1824-1842）。

11.3 德國知識社會學的成就

11.3.1 葉露撒冷的認知社會學

就19世紀末與20世紀初的德國思想界而言，學者因爲批評意識形態及各種宗教的思想底緣故，已慢慢瞭解入主出奴的不該，同時大家也開始明白世上沒有唯我獨尊的真理。每一個觀點、每一個主義、每一個立場都要多少受到它的時代與社會的制約。絕對的真理是不容易體會或理解的。於是世上各種學說遂由絕對的真理變成相對的觀點（*Relativierung aller Standorte*）了。由於大家對此種相對化的觀點有所認識，因此對於意識的批判，已不限於錯誤的、或虛假的意識，也包括了正確的認知在內。就在這種情形下，認識或認識所受社會制約的關係，成爲大家研討的對象，意識形態的批判遂轉爲知識社會學的探求。

知識社會學主要地可以說是德國思想界對於社會學的一大貢獻。1909年維也納大學的哲學教授葉露撒冷（Wilhelm Jerusalem 1854-1923）首先在一篇文章中使用了〈認知的社會學〉（*Soziologie des Erkennens*）這個名稱[41]。從這個名稱中，我們不難理解：這是當時奧國的康德學派，企圖熔化康德（Immanuel Kant 1724-1804）的認識論與馬赫（Ernst Mach 1838-1916）的實證主義於一爐，甚至企圖結合此種思想與當時流行的文化觀與科學觀。蓋當時的文化觀與科學觀恰好浸淫在馬克思的唯物史觀中。在舊（19）世紀姍姍而去，而20世紀緩緩降臨的年代，葉露撒冷正如其他奧匈帝國的學人（例如 Ludwig Gumplowicz 1838-1909及Max Adlex 1873-1937），企圖把「學院式的馬克思主義」與新康德學派的認識論、或實證的認識論結合起來。葉氏稱：個人的經驗由於人際的互動，亦即由於「社會的凝聚」（*soziale Verdichtung*）底關係而達到堅固性和有效性。換句話說，由於個人與別人交往而使個人的經驗成為客觀的事實。不僅土著的祭祀或神話的構作，就是具有高度文化的民族之哲學的思維或科學技術的推展，也是藉社會的凝聚底作用來完成的。「就是客觀的思考底產物，也倚賴社會凝聚的作用」。「凡獨立特行之士，必努力超越世俗的限制，而返回由個人底理性所演展的思想體系中，一如哲人所告誡者」。認知社會學的職責在於指引盤桓在個人腦際的理性，俾導致整個社會之進步（Rosenmayer 1966：200-201）。

11.3.2 謝勒的知識形式之三分法及實質要素

第一位使用知識社會學的名稱之學者是謝勒（Max Scheler

---

[41] Jerusalem, W. 1909 "*Soziologie des Erkennens*", in：*Die Zukunft*, 15. Mai 1909, S.236-246; 後收入同作者的 1925 *Gedanken und Denker* 一書中，2. Aufl., Wien, S.140-153.

1874-1928），他曾編輯《知識社會學新探》（*Versuch zu einer Soziologie des Wissens*, München: Institut für Sozial-wissenschaften, 1924）一巨卷。

謝勒一方面繼承孔德的三階段說並予發揚光大，他方面批評馬克思的上下層建築的社會觀，而試圖加以修正。首先他認爲孔德所指的神學、哲學和科學並非不可以同時並存。謝氏不認爲哲學是取代神學，科學是取代哲學，而是在各時代、各社會中，三者都可以互相並存的。

知識怎樣源起和有何根據？謝勒認爲人類由同聲相應同氣相求，由個人自身（person）結合他人而成爲社會。個人自身對於他人的意識較之對於自己的意識更早和更常。一個人活在別人身上比活在自己身上更久和更常。個人不僅體會到自我（*eignes Ich*），更常體會到「別人的我」（*fremdes Ich*），別人的我即「你屬」（*Duheit*）之謂。根據謝勒的說法：「人類的思想底根本性存在範圍，正是『你』這個觀念的作用」，或說是「對於『別人的我』的存在之信念」（Scheler 1960, I：57；江日新 164-167）。

社會爲一個眞實體，原因是社會係由人們本身所經歷的「周遭」（*Soziale Mitweltsphäre* 或譯爲「社會的同時界」）和「以往」（*Historische Vorweltsphäre* 或譯爲「歷史的早時界」）交織而成。由於社會先個人而存在，因此知識是具有社會性格的。又由於居於領導地位的社會性利益之作用，而決定了某一時代或某一社會的知識之對象與內容。例如中古封建時代的知識之對象爲神學，近世工業社會則重科學知識。謝勒視意識形態爲某一社會階層或某一利益群體的主見或偏見（*ibid.*, 20ff.）。

由於社會結構之不同，知識的形式遂有異：

（1）教會、宗教等社會組織所講求的是救贖的知識（*Erlö-sungs- oder Heilswissen*）。

（2）研究機構或學派等社群所追求的是教養的知識（*Bildungswissen* 或譯爲陶冶的知識）。

（3）實用的機構所需要者乃技能的知識（*Leistungswissen*）（江日新 261-266）。

在這裡我們可以看出謝勒這三分法與孔德的神學、哲學和科學有異曲同工之妙。所不同的所在是謝氏不認爲這三種知識的形式必須互相排斥或替代，而是認爲它們有兼容並蓄和平共存的可能。

此外謝勒也不贊成馬克思上下建築之看法，而易之爲觀念要素（*Idealfaktoren*）和實質要素（*Realfaktoren*）的對立。觀念要素包含一連串永恆的真理、觀念和價值，亦即包含宗教、藝術和科學。它們不因時因地而變化。當然這些真理、觀念和價值有層次上下之分。與觀念要素相對立的是實質要素，實質要素乃是自然的本能結構（*naturale Triebstruktur*），包括種族、國家和經濟。它們也具有不受時間與空間所左右的絕對價值。觀念要素和實質要素各遵循本身的演展規律不相交錯，在性質方面更不互相影響。只有當這兩組要素爲具體的事實時，方纔產生精神和自然的交融。在歷史過程中，這兩組要素都扮演或輕或重的角色；亦即有時觀念要素抬頭而實質要素低伏，有時實質要素湧現而觀念要素潛隱。例如實質要素在血緣團體或家庭中佔上風，但在政治權力中卻居次，在經濟關係中又殿之。

換言之，在沒有文字的群體裡，血緣與親屬關係構成獨立變項——實質要素。以後社會關係漸次複雜化，於是政治因素取代

血緣與親屬關係而成為影響整個社會理念的決定因素；直至近代經濟因素湧現而成為主宰思想的源泉。在每一時代每一社群中，實質要素各各不同，但都像水閘一樣，開放或關閉思想的主流。如此一來，每一時代與每一社會既然有其永恆理念的一面，又有影響思想的實質要素之另一面。因此我們在時間與空間當中，乃能夠體會永恆價值之不同的層面。謝勒便是企圖用這等方法來聯繫社會文化相對論和柏拉圖的永恆理念。

是故，謝勒似乎把知識社會學的任務收縮到討論這兩組要素的交互影響之上。至此我們可以體會到謝氏所受現象學的影響來。在現象學中，觀念要素不啻為本質（*Wesen*），而實質要素乃為存在（*Dasein*）之寫照。

由於謝勒的知識社會學參雜有本體論或形上學的觀點，再加上他對社會結構之分為觀念要素和實質要素之對立，以及知識形式之三分法，因此頗遭後來學人的批評。

有些人則將謝勒的知識三分法加以引申闡明，例如呂士鐸（Alexander Rüstow 1885-1963）分知識的形式為：

（1）**認知的知識**（*Erkenntniswissen*）：包括由於好奇與好學而獲得客體與存有之知識；

（2）**利用的知識**（*Nutzwissen*）：包括實際的技能、操作、統治、權力底知識；以及

（3）**救贖的知識**（*Heilwissen*）：包括宗教的解救、啓示、信仰底知識（Rüstow 1950：353-354）。

其後有德國社會學家賀烈（Horst Jürgen Helle）氏參酌謝勒的知識形式三分法與帕森思和史美塞（Neil J. Smelser）之觀點

而提出新的知識形式三分法：

（1）**價值的知識**（*Wertwissen*）：提供個人或團體下達判斷的基礎，亦即以何種行為底目標為該個人或團體所應追求者；

（2）**事實的知識**（*Faktenwissen*）：提供行動的主體有關外界的事實，俾能夠達成所追求的目標；

（3）**規範的知識**（*Normenwissen*）：為可能達到與希望達到兩者的關連，也就是有關達成目標的手段底規範所需之知識（Helle 1968：17ff.；Rüegg 1969：241）。

11.3.3 曼海姆的歷史觀點

一開始曼海姆與謝勒同樣駁斥歷史唯物論的意識形態之批判。不過曼海姆也看出謝勒的知識社會學是建基於本體論之上，因此認為它不可能有效底解決意識形態批判所衍生的問題。

曼海姆認為社會的關係對於思想的關連，以及對思想的關連底結構具有影響力，因此我們必須留意到社會關係與思想結構之間的相互關連。再則他把思想當做解決生活情境的工具，而不以為是對理念世界的一種窺視。不僅思想的內容牽涉到社會事實，就是思想本身的結構也是與社會事實息息相關，而可以被目為「歷史事實之表現」（*Ausdruck geschichticher Realität*）。

曼海姆認為思想和社會過程並非對立而不相關連的、靜態的存有底範圍（*Seinsbereich*）。反之，他認為思想和社會兩者為互相依賴、互相蛻變的「歷史程式的整體」，亦即歷史。歷史的

過程是一個具有動態的和彈性的單一體，此一單一體包含了精神和生命；既然精神和生命是彼此倚賴和相互結合，因此精神不可能單獨存在；同樣地作為精神之一部份的思想，不能不受歷史演進的影響。既然精神不能脫離實有（*seinabgelöst*），實有也不能脫離精神，因此我們不能說世上有遠離精神（*geistfremd*）的自然演變。自然的演變一旦具有歷史意義則不能遠離精神而存在。曼氏遂藉此以批評馬克思下層建築決定上層建築之偏頗：蓋上下層建築──精神和社會過程──是雙向道的，是彼此互相影響的，而不是單行道，亦即不是社會過程決定和影響精神現象。

　　曼海姆認為人類的思想結構中本質上便含有意識形態性（*Ideologiehaftigkeit*），因此任何有關已獲取真理之聲明是一種必要的自欺。原來人們所能獲得的無非是受該時代所影響的某一種歷史觀點而已。將這種片斷的看法，當做對整個人類歷史過程之透視，則不啻是以管窺天，以蟲測海，這就是所謂必然的自欺底意思。因此我們必須承認每一社群擁有其獨自的觀點，也擁有其特殊的部份底「真理」。曼氏遂批評馬克思對無產階級之偏愛。蓋馬氏認為無產階級的思想為正確，而小資產階級的思想為錯誤之故。其實在曼氏眼中不管是無產階級的意識形態也好，小資產階級的意識形態也好，兩者無所謂對與錯，兩者都是「觀點」而已。這就是曼氏的真理底「相對論」（Mannheim 1964：159,196,197ff.）[42]。一方面真理被視為必然的自欺，他方面人類

---

[42] 關於曼海姆的知識社會學，有李安宅中文譯本，1944年中華書局出版，1946年中華書局上海再版。此外，張東蓀在《知識與文化》（1946年香港初版）一書中，曾有所介紹。見：謝康：《社會學研究》，商務印書館，1967年，台北，第136及157頁。又居浩然：＜知識社會學＞一文：刊：《文星雜誌》，

又不能不冒自欺之譏，由部份的觀點而去試圖瞭解整個歷史和整個社會的真象。

在綜合部份的觀點以瞭解宇宙整全的意義時，就要或多或少與事實之形上學的實體化（或稱對象化 *Hypostasierung*）發生關連，也就是把事實由其一般概念落實到實質概念之上。知識社會學之出發點即為這種事實。因此知識社會學研究的主題就是實體化的傾向，目的在洞燭每一種思想體系所以成立的根據與緣由。這也就是曼氏所稱「人類思想與存有之結縛性」（*Seinsverbundenheit menschlichen Denkens*）。這種社會存有對思想的形式不僅大有影響，甚至其影響深遠至人類意識的結構裡頭，而決定人類如何在其周遭的事實上定取方向。

知識社會學在於分析每一社會階層或社會群體流行的想法，而不像馬克思學派去探討經濟對歷史與社會的影響關係。

對於曼海姆而言，社會的「存有狀況」（*die soziale "Seinslagen"*）乃是一種經歷的狀況（*Erlebnislagen*），乃是精神與社會存有保持距離的過程，其結果跟著產生了社會存有底改變。在改變社會存有的過程中，知識份子扮演一種非常重要的角色。曼海姆的社會存有並非階級的衝突，而是由個人自覺其隸屬何種社會階級所組成。由於知識份子對其所處社會的一種反省自覺而不囿於一偏之見，也不固執於某種小圈子的狹隘思想，所以能夠顧全大局，能夠掌握整個歷史潮流的脈搏，這就是他何以稱知識份子為「自由翱翔的知識份子」（*freischwebende Intelligenz*）

第六十六期，1963年4月1日台北出版，第24-27頁。胡秋原：＜廿世紀之歷史，文化和知識社會學＞一文，刊：《中華雜誌》，第三卷第九期（總目26期），1965年9月19日台北出版，第12-23頁。

之故（Mannheim 1952：121-134）。知識份子之職責爲「儘量擴大觀點」（*möglich maximal Erweiterung der Sicht*），以求取「現時的文化底綜合」（*Kultursynthese der Gegenwart*）。換句話說，知識份子之職責在藉著「情況報導」（*Situationsbericht*），指陳人們所受以往傳統的束縛而指示時代與社會變遷之意義。

由於曼海姆的學說有導向「普遍的相對說」（universal relativism）之虞，所以頗遭各方的批評（Hollis 1978；Hamilton 1974, Simon 1982）。尤其是達爾克認爲相對說本身自相矛盾——因爲它需要事先建立一項絕對的標準以爲衡量相對的準繩，是以犯著邏輯上的矛盾——而不該作爲知識社會學的基礎，蓋知識社會學必須具有效準才有意義（Dahlke 1940：87；Coser 1968：430）。阿多諾則攻擊曼氏的知識社會學犯有「多元主義」、「隨波逐流」（*Konformismus*），以及「症兆思想」（*Symptomdenken*）——頭痛醫頭、腳痛醫腳的思想——因爲它企圖藉無效的工具以達到更高的思想統一之故，其結果必然是造成思想的混亂和人們的毫無主見、毫無立場（*Standpunktlosigkeit*）（Adorno 1963：27,39ff.,42）。平情而論，曼海姆雖然努力爲知識社會學打下科學的基礎，可是就曼氏所建立的知識社會學而言，其應用的範圍和引述的例證並不比謝勒所作的更高明。因此曼氏有關這方面的著作，只能當做對社會科學或文化科學批評的入門書（黃瑞祺 1996: 307-311）。

不過最近學者對曼海姆的知識社會學有新的評價（Simonds 1978；Kettler *et al.* 1984；Loader 1985；Wolding 1986；Longhurst 1989），認爲他比其他理論家來更接近知識社會學的傳統。因爲該傳統旨在以詮釋學的方式考察人的思想及存在。其學說與嘉達默（Hans-Georg Gadamer）更爲類似（Hekman 1986：11）。更重要的是他試圖建立一種沒有基礎，或稱對反對基礎（anti-

foundational）的社會科學之哲學。對他而言，社會科學的主旨在
於詮釋社會生活，或社會現象。社會理論應具有自我反思（self-
reflexivity）的作用，亦即社會學家作爲社會現象的觀察者，隨
時要反省與檢驗本身的立場，以免陷入歷史主義（唯史主義）的
窠臼。再說他界定觀點（perspective）爲社會結構、社會情境，
而非個人的想法、看法，亦即他反對以個人的觀點來看待外界。
對他而言，「知識一開始就是群體生活合作的過程」（Mannheim
1936：29）。從曼海姆重視詮釋、自我反思和集體的方式來處理
知識這三項來觀察，何珂蔓（Susan J. Hekman）遂斷言，曼海姆
爲知識社會學提供詮釋學的基礎（Hekman 1986：82-86）。

11.3.4 蓋格的極端實證論

　　曼海姆曾分別「部份的」（*partielle oder partikuläre*）以及
「全體性」（*totale*）的意識形態。前者是指對整體所做部份的
觀點，可以說是帶有利益的色彩之意識形態。後者則爲思想的配
置（*Denkdisposition*），或思想的結構（*Denkstruktur*）本身。蓋
格（Theodor Geiger 1891-1952）氏認爲曼海姆這個分別是沒有什
麼意義的。他遂將意識形態的問題視爲認識反映中特殊的事例。
社會學爲保證其陳述之可靠性，也得接受認識反映之考驗。此時
的意識形態對於社會學而言，只有當做認識理論的概念，才能有
意義地被應用於科學方面。因此蓋格氏對意識形態涉及政治與社
會方面的興趣是間接而非直接的。至於直接方面，蓋格在追求科
學認識之純粹保有（*Reinhaltung wissenschaftlicher Erkentnis*）。
這種認識之純粹保有，可藉傳統性的邏輯與認識批判而求得。
　　換言之，蓋格認爲意識形態的本質是這樣的：一個理論的陳

述中摻雜有非理論的因素。亦即認識的主體在對認識的客體作認識過程時，誤把自己的情感投射到客體之上，而誤稱這種認識為客觀者。每一個價值判斷中，即含有將情感關係客體化這一事實，並且此時的情感關係是不屬於客體物而附麗於主體之上的。因此原則上蓋格不認為情感的、意志的、情緒的事項是屬於意識形態的，只有在一個理論架構中，把非理論的因素混雜進來，才算是含有意識形態的性格。至此意識形態的觀念遂又重新銜接上自培根以來的傳統看法，乃著眼於歷史與社會的思想之關連。

在蓋格心目中，人們應當利用知識去改善人生：「現代人不把其生存條件、生活方式和想像的變動看做為不可改變的命運，亦即不看成為供人們踢來踢去的皮球，而是自覺地來推動其變遷⋯亦即覺悟昔日之非而來者可追的意思」（Geiger 1949：39）。知識份子在社會中之職責為創造新的文化價值以及締造新的精神聯繫。

11.4　法國知識社會學的貢獻

11.4.1　涂爾幹的集體意識說

涂爾幹（Émile Durkheim 1858-1917）在他全部的著作當中，對知識社會學的論述，比例上來說，相當有限。他在這方面的處理且常混雜有認識論的玄想部份。因此對行家來說，涂氏對知識社會學的主張常是模稜兩可，語意不清楚。

首先涂爾幹在閱讀了葉露撒冷的〈認識社會學〉一文後，便

在他所發行的《社會學年鑑》（*Année sociologique*）中，發表了一篇讀後感，題為＜認識的社會學條件＞（*Les conditions sociologiques de la connaissance*），對葉氏的文章有所批評。他不認為社會唯一的效果，在於證實和加強個人對其周遭的認識。因為如果照葉露撒冷視社會的作用，僅在使個人堅信其閱歷，那麼社會本身便無真實可言。因此之故，涂爾幹認為社會一般言之在達成「諸種精神複數的合作」（*collaboration d'une pluralité d'ésperits*），社會的特別作用乃為創造「新的實在」（*nouvelle réalité*）（Durkheim et Bouglè 1910：45）。從這些概念裡，我們不難窺知涂氏後來的集體意識說的萌芽。

涂氏在其所著《社會學方法的規則》（*Les règles de la mèthode sociologique,* Paris, 1985, 1950）一書中曾指出：「集體意識（*conscience collective*），情緒、趨向並非由個人的意識之特定狀況所引發的，而是由社會群體的整體所處之條件造成的」（Durkheim 1958：106）。換言之，集體意識不僅是社會生活，尚且是精神生活的推動力，這種集體意識顯示了社會成員一般的看法和想法（Durkheim 1893）。集體意識強弱的程度，是看個人在群體中合群（整合）的程度以為斷，也看該群體在整個社會中整合情形以為憑據。集體意識乃是法律、道德和宗教的源泉。不單是倫理的判斷、法律的制裁和宗教的想像，受到社會生活的制約，就是我們對於周遭事物的辨別和分類，對於事情的綜合研判，也是受社會生活所影響和決定的。

在考察澳洲沒有文字的原始民族之後，涂爾幹獲得一個結論：即這類民族對時間、空間和數目的觀念，對於周遭事物的分門別類，完全是從他們的社會組織出發的。也就是說，沒有文字的原始民族對自然的看法，是從他們對社會的看法加以延伸推比

而成的。所有的禽獸和天然的事物，是被視爲隸屬於部落、氏族或地域及血緣的群體。當然今日的科學分類與此大相逕庭，但人們仍舊常說某一事物隸屬於「某一族系的一支」，這就表示人類在分門別類、辨別事物時，最先的想法仍舊是起源於社會的原始想法。

涂氏在其最後一部極重要的著作《宗教生活的基本形式》（*Les formes élémentaires de la vie religieuse, le systéme totémique en Australie,* 1912, Paris：Collier：, 1961）一書中，企圖就其早前的思想演繹成社會學的理論，亦即嘗試去解釋人類思想的基本範疇——特別是時間與空間的觀念。人們對時空的觀念不僅藉社會的助力以爲傳達，而且時空的觀念乃是社會生活的產物。社會是形成人們的概念和造成人們的邏輯思考之源泉。原始社團的社會組織就是造成對其周遭事物空間底看法之模型。涂氏因此稱：「原始人類就是根據社會的雛型來建構他們的宇宙觀」。同樣地，時間之分成日、週、月、年也完全以原始社會的祭祀、禮儀、節目等爲依據。因此「一部日曆乃表現了集體活動的節奏。此外，日曆的功用在於擔保這類節奏的規律性」（Durkheim 1954：10）。

涂爾幹的觀點傾向於指陳知識的起源和功用。因此凡對社會與群體的要求不能符合、不能滿足的思想，都在淘汰棄置之列。

涂爾幹這種人類思想底社會緣起的學說，頗遭後人的攻擊。例如沙羅鏗（Pitirim A. Sorokin 1889-1968）便曾指出：涂爾幹因爲過份強調社會變遷的節奏，而忽視了自然變化的規律（Sorokin 1964：477）。

李維・史陀（Claude Lévi-Strauss 1908- ）則稱：「社會如果沒有符號〔語言、文化、圖像、思想等——括弧內的文字爲本書作者所加添者，下同〕便難以繼續存在。涂爾幹不指出符號的思

想是怎樣使社會共同生活成為可能和怎樣使社會共同生活成為必需，他卻相反地在鑽牛角尖，討論這類符號和圖像怎樣從社會中產生出來。〔殊不知〕社會學不能解釋符號性的思想之發生，而是認為符號性思想已存在於人們之中〔而不須討論其起源〕」（Lévi-Strauss 1945：518）。

總之，儘管涂爾幹對思想範疇的社會緣起，沒有提供圓滿的解答，但他指出思想中特殊的體系和社會組織中特殊的體系之間具有相互關連。這種說法對後來知識社會學的影響也頗為深遠，這便是涂氏的貢獻所在（Coser 1968：431）。

11.4.2 涂爾幹之後法國知識社會學的發展

莫士（Marcel Mauss 1872-1950）不但在涂爾幹生前與其合作、闡述或改正其社會學觀點，更在涂氏逝世後，繼其衣缽而加以發揚光大。在莫士所著《論贈禮》（*Essai sur le don*, 1925）一書中，強調社會「整體現象」和各種文化類型（包括知識種類）之關係。

至於應用涂爾幹的學說去研究思想史，成績最卓著的，首推法國漢學家葛蘭言（Marcel Granet 1884-1940）。葛氏指出：所有思想淵源於社會生活，而且其形式也是由社會生活來塑造，原因是思想和知識不能不依賴語言文字為傳達的工具，而語文本身卻是受社會制約的。在葛氏所著《中國人的思想》（*La pensée chinoise*, 1934）一書中，試圖指出古代中國的社會結構對中國人心態的影響。古代中國人思想的範疇以及把捉實在的方式，乃是封建社會秩序的反映，也是聚散不定的社群生活底寫照。

此外，英人哈里森（Jane Harrison 1850-1928）和孔孚德（Francis

Cornford）也應用涂爾幹的學說，重新檢討古典的著作，而指出古希臘人的宗教觀念和哲學思想，可以溯及其淵源於氏族的典禮、以及古希臘部落的結構之上。

雷維蒲（Lucien Lévy-Bruhl 1857-1938）在其所著《劣等社會的心理功能》（*Les fonctions mentales sociétés in-férieures,* 1910）一著作中指稱：原始民族的「前邏輯」思想和現代人的「邏輯」思想完全不同。他認為原始民族的知識和認識的特徵為能夠「參悟神秘的規則」。在他後來的《神秘之經驗和原始人的象徵》（*L'Expérience mystique et les symboles chez les primitifs,* 1938）一書中，雷氏方才修正了先前的觀點，而承認原始人也具有理智的認識能力。反之，現代人卻仍具有某種程度的神秘之直覺。雷氏就像其他涂爾幹學派的人一樣，企圖把知識與社會結構之關係，化約為可知的單純關係。

霍伯契（Maurice Halbwachs 1877-1945 應音譯為阿爾布瓦希）指出：就是屬於個人最秘密、最隱私的做夢和記憶，也是以團體的生活為其對象、為其題材，由此足見團體對個人思維影響之深切。原來在他所著作的《記憶的社會範圍》（*Les cadres sociaux de la mémoire,* 1925）一書中，他揭示人們的記憶是起源於社會。若無社會的共同生活，一個人的記憶將毫無作用。因之，一個孤立獨居的個人照理是不會擁有記憶的。在霍氏死後出版的《集體記憶》（*La mémoire collective,* 1950）一文集中，曾指出具體的例證來說明個人記憶中的團體成份。集體的記憶被當做群體的現象來看待。個人的記憶常因時空的關係而感受到限制，反之集體的記憶因藉代代相傳而擴散而蕃衍。我們所以能夠回憶，乃是由於我們在時空中把經驗加以收集，並把它牽涉到社會的關係之上。因此在霍伯契的眼中，傳統乃是集體記憶的一種樣式。

11.5 美國知識社會學的拓展

11.5.1 杜威的實驗主義

　　美國思想界因爲很少受到不同政治思想或社會學說的傾軋或激盪底影響，所以不像歐洲對意識形態採取了激烈批評的態度。因之，在美國知識社會學遂侷限於「社會學的思想史」底描述；另一方面經驗的研究應運而生。學者們應用經驗方法去尋覓思想方式和價值態度，對於社會群體和社會階層之隸屬關係。從而決定思想與社會行爲底關連，而探究社會性的效率問題。不過此種效率問題乃屬於「後設社會底」（metasocial）範圍，不在知識社會學討論之列。

　　原來歐洲的知識社會學，像曼海姆的全體性意識形態的觀念，便是視意識形態爲錯誤的意識，應受到批判。知識社會學遂站在仲裁者的立場，排難解紛，判明何等思想合乎事實，何等思想違反事實。但是曼氏這種觀點，只能盛行於歐陸，卻不爲美國學界所接受。美國學界視知識社會學爲經驗研究之工具，而不是真假是非的最後裁判庭。在這層意義下，知識社會學遂溶入一般社會學原理之中。以往注意歷史與社會受政治觀點影響的分析，至此便轉爲造成科學發展與科學經營的社會條件的分析。

　　我們還可以說，在知識社會學方面，歐洲的傳統過分集中其視線於理念的生產（production of ideas）之上，亦即注意不同的社會階層產生不同的理念。反之，在現代的美國之研究則著重於

理念之消費（consumption of ideas），亦即研究不同的社會階層怎樣使用標準化的思想產品（Coser 1968：432）。

提及美國知識社會學的拓展，首先便要指出實驗主義的貢獻，原來實驗主義的知識論對知識社會學的拓展有很大的推動作用。

杜威（John Dewey 1859-1952）繼承皮耳士（Charles S. Peirce 1839-1914）和詹姆士（William James 1842-1910）的餘緒，強調思想與人類行爲的關係，而反對傳統哲學把思想與行爲截然分開。換句話來說，杜威把經驗和思想看作一件事。原來人類的經驗全是一種「應付的行爲」（responsive behavior），「凡是有意識的應付的行爲都有一種特別性質與旁的應付不同；這種特性就是先見和推測作用。這種先見之明引起選擇去取的動作，這便是知識的意義」。杜威哲學的基本觀念是：「經驗即是生活，生活即是應付環境」，而人類應付環境的行爲中，思想的作用最重要，思想是應付環境的工具（胡適 1961：319-320）。

杜威等實驗主義學派的主張無疑地爲後來知識社會學專業化做了鋪路工作——亦即指出社會條件與思想程序的聯結關係。特別是當實驗主義者強調思想係受產生這種思想的環境所制約所左右時，便無形中爲後來的社會學家提供機會，俾研究思想家與其思想傳播的對象——聽眾或讀者——之間底關係。至於他們拒絕傳統哲學把思想的主體和客體儼然分離，則對知識社會學的發展有不少的便利。

11.5.2 韋布連的思想習慣說

韋布連（Thorstein Veblen 1857-1929 又譯爲韋布倫）強調思

想的習慣是生活習慣的產物，思想的形式是受社團組織所影響、所塑造的。韋氏更指出：思想的型態與思想者本人的職業角色和社會地位攸關。「思想或知識的樣式，大體上來說，為生活樣式的反響」（Veblen 1961：105）。因此，致力於金融事業者與致力於工業者的思想形態便不同。就看個人的社會結構與經濟程序上所佔取地位怎樣，來形成不同的思想，例如有些人重奇幻的思想，另有些人則重實事求是的思想等等。

11.5.3 米德的社會行為論

米德（George Herbert Mead 1863-1931）的社會行為主義（social behaviorism）稱心智為社會的產物，思想係源自於社會。米德的學說遂為初期理論家提供了知識的社會心理底基礎。對米德而言，傳播的主旨在於瞭解心智活動的本質。「在社會的過程與經驗的關連當中，由於意志的交通而產生了心智的活動」（Mead 1934：50）。

11.5.4 沙羅鏗的文化思想說

沙羅鏗融合歐洲大規模的研究與美國統計學的技術，而匯為知識社會學典型的理想理論。沙氏拒斥以往那種用社會階級或經濟群體作為影響思想與社會關係的決定性因素。他改用「文化心態」（cultural mentalities）或文化前提，做為關鍵的因素。沙氏將人類的思想活動底過程劃分為三個不同的階段。每一個階段自有其特殊的心態用以影響知識的形式，並形成歷史不同的段落。亦即：觀念的（ideational）、理想的（idealistic）和感性的（sensate）

的三種心態，以及與此相當的三種文化。在觀念（或神諭）的文化盛行時，真理的標準端視神祇的讖緯和顯現，以及先知的描述和個人所受宗教的啓示以爲斷。在感性的文化中，真理的標準爲由感官經驗所攝取的知識，此時對於超自然的事物都在否認之列。反之，人們嘗試去把握實在的化學性和生物性的關連。

　　沙氏認爲過去500年之間，特別是19世紀，爲感性文化最燦爛的時期。至於理想的文化，乃是前述觀念與感性兩種文化的綜合。經驗的實證和直覺都同時被視爲鑑衡真理的標準。知識是在歸納和演繹的基礎上獲得的。沙羅鏗的整個學說，不主張直線式的進步，而指出文化典型與真理標準是隨時代而演變。這種的演變無疑是曲線式的演變。沙氏這種觀點不啻是史賓格勒（Oswald Spengler 1880-1936）與尼采底學說的綜合體。蓋史賓格勒和尼采都相信文化的「永常重現」（*ewige Wiederkehr*）。在重現中，互動、自制和神祕交疊隱現。總之，沙羅鏗諸如此類的精神主義底觀點，可以說和馬克思與恩格斯底學說大相逕庭。

11.5.5 齊納尼基的「社會圈」論

　　齊納尼基（Florian Znaniecki 1882-1959）的《知識人的社會角色》（*The Social Role of the Man of Knowledge*, New York；Columbia University Press, 1940）一如沙羅鏗的《社會與文化的動力學》（*Social and Cultural Dynamics*, 1937-1941, New York： Bedminster Press, 1962）同樣，都嘗試把歐洲的傳統和美國的成就結合在一起。齊氏倡說「社會圈」（social circle）一概念。社會圈乃是作者用以傾訴其思想的對象，包括讀者、觀眾、聽眾及相關的大眾。齊氏遂將知識社會學與芝加哥

學派有關公眾方面底研究熔為一爐。

齊納尼基稱一個思想家傾訴的對象並非社會的全體,而僅是社會中的部份人士。在這一意義下,思想家遂與其特定的社會圈發生關連。社會圈向思想家提出某些要求,一旦思想家能夠滿足其社會圈的要求,他便會繼續獲得該社會圈的喝采和支援。知識人遂能預測其觀眾之需要,並慢慢形成某些自我意像,選擇材料,選取某些問題,以滿足其觀眾、群眾或讀者的慾求。知識人也因此由其社會角色和群眾——傾訴對象——之不同,而分為技術專家、智者、學者與發明家(知識創造者)等四種類型。

當做文化現象的知識,乃為「或多或少互相關連的理念體系。這種理念體系在相關的思想家眼中不啻為真理」。齊氏旋區分五種不同形式的知識。即:實用的、倫理的、神學的、哲學的和科學的知識(Wolff 1969:1300-1301)。

11.5.6. 帕森思的理念體系

帕森思在其《社會的體系》(*The Social System*, Glencoe, Ill.:Free Press, 1951)一書(特別是第八章)中,試圖建立一套完整的知識社會學底理論,可惜不能如願以償。根據帕氏的觀點,知識社會學主要在考察「建構化的價值系統,與對社會次級體系底經驗性觀點互換之關係」。他方面也應該「研究個人文化動機與宗教基礎底關係」。知識社會學較之於文化社會學之研究範圍為狹隘(Parsons 1959:31)。據帕氏的看法,知識社會學特別在研究「經驗的科學和意義的基礎」,以及「價值與經驗知識」的關係(*ibid.*, 36-38)。

此外帕氏又說:隨著知識的擴張,人們需要冷靜的頭腦,和

不帶情感色彩就事論事的態度。其結果導致社會的專門化、精細化──社會分工──而將興趣限定於某一方向，俾保證科學研究結果的精確無誤。這種超越具體的人或事而遏制內心的感情，俾符合科學紀律──客觀、嚴密、準確──的作法，以及這種分工精細、專業重於一切的現象，在很多的社會中形成阻礙科學進展的絆腳石。從而我們可以知道，在一社會中傳統的抵抗，以及社會中角色──職業角色和親屬角色──的結構，對經驗知識的發展影響深遠。例如在早期的手工業社會，職業與家庭合而為一，學徒寄宿在師傅家中，人與人的關係密切。及至工業革命發生之後，工人與廠主的關係，有異於以前師徒的關係；工作和家庭生活截然分離，於是工人與工作的關係，不再像以前能夠掌握生產過程的全部，而僅能部份地參與生產過程而已。關於職業生活的現代觀念，並有異於早期農業或手工業社會，蓋現代職業生活是如同科學的方式一樣地建構著，亦即朝理性化的道路邁進（König 1967：357）[43]。

11.5.7 戴格列及其他各派的知識社會學

戴格列（Gerard De Gré）視知識社會學，一般而言，在追究三個因素：（1）社會事實（人群、政治結構、制度等）；（2）

---

[43] 關於帕森思的社會學理論，可參考：陳郁立、沈愛麗：＜當代社會學理論大師派深思＞，刊：《文星雜誌》，第67期，1962年12月1日臺北刊行，第3-6頁。及龍冠海：＜派深思教授社會學理論簡介＞，同前，第7-9頁，此文又收入：龍冠海編著：《社會學與社會問題論叢》，正中書局，臺北，1967年10月二版，第121-128頁。

此等人群或政治制度底主觀觀點；（3）產生這類觀點的歷史與社會條件。至於知識社會學之特殊問題厥為研究社會因素，以及何以在某種社會因素當中，會發生何種的思想等。

近來美國的知識社會學已演展到更精細的地步，因此科學的社會學（Robert Merton; Bernard Barber）、職業的社會學（Everette C. Hughes, Theodore Caplow, Oswald Hall, Talcott Parsons）、傳播或輿論的社會學（Harold D. Lasswell, Robert Merton, Kurt H. Wolff）乃應聲而起。其他尚有人研究知識之原創性（Thorstein Veblen, Melvin Seeman）、美國學者的分析（Logan Wilson）、或知識份子的角色（Lewis Coser）。另外則有哲學家指陳知識社會學的哲學問題（Arthur Child）。關於方法學與理論的問題，也有人詳加研討（Robert Merton, Hans Speier, Kurt H. Wolff, Werner Stark, C. Wright Mills 1916-1962）。

11.6 知識社會學近期演展的動態

11.6.1 哈伯瑪斯的知識旨趣

在第二次世界大戰結束後，屬於法蘭克福學派第二代最傑出的思想家哈伯瑪斯（Jürgen Habermas）對傳統德國知識社會學有極大的貢獻。他與其同代的新馬克思主義者一樣，對現象學、語言分析與詮釋學（hermeneutics）興趣盎然，並予以綜合發揮，而應用到社會科學的範圍內。在《知識與人類的旨趣》（1971）一書中，他聲稱社會實在之被理解根源於「人類的自然史」。為

此他分辨人三種的認知旨趣：技術的、實用的和解放的利益與興趣。這些旨趣對人類的社會生活都有其共同和共通之處。現代在這三種旨趣驅使下，人類發展三種的知識形式：技術旨趣所產生的知識，是與經驗兼分析的科學有關；實踐的旨趣所產生的知識，則具有歷史的兼詮釋的科學之特性；解放的旨趣則產生了批判的知識。哈氏所注意的爲第三種，亦即解放的旨趣所產生的批判知識，就是這種解放的興趣，使古希臘人把實在與外觀加以分開，也使個人從社會解放出來。近世由於實證主義的影響，這種解放的興趣遭到棄絕，批判的知識與理論無法回歸其本來的面目（Habermas 1971:308 ff.; 黃瑞祺 1996: 6)。

在1970年出版的《社會科學的邏輯》一書中，哈伯瑪斯批評了解釋性的社會科學及其內涵的相對主義。他反對社會行動者的概念構成社會實在。反之，社會行動是被「客觀的架構」所建構的。他說：

> 可是社會行動的客觀架構並非以互為客觀的領域為全部（窮盡）的範圍。這個相互為主觀有意以象徵的方式把意義傳達給別人。社會行動只能在客觀架構中被理解，這種客觀架構是從語言、勞動與宰制的關係之聯合中建構出來的（Habermas 1970:289）。

由哈氏這段話可以看出他以爲人的社會行動是受到客觀架構所影響的，而所謂的客觀架構不過是語言、勞動和統治組合起來的社會結構。要之，他以爲主觀的含有意識形態而涉及社會實在之概念，是能夠加以評價的、批評的（Giddens 1979:177）。

由於哈氏對社會行動的「客觀架構」小心界定，使他必須把

歷史與文化的一部分，也置入於架構中，而不只限定爲語言、勞動與宰制。在《溝通行動的理論》（1984）一書中，他已強調歷史與文化在「客觀架構」中扮演的角色。要之，哈伯瑪斯就像其他馬克思主義者一樣都是啓蒙運動的產兒，都像啓蒙運動的哲學家一樣，分辨知識爲純粹（真）與混雜（假）的不同，企圖把幻象和實在加以區分（Hekman 1986：38）。

11.6.2 現象學的知識社會學

11.6.2.1 舒慈的社會現象說

　　把胡塞爾（Edmund Husserl 1859-1938）現象學由哲學應用到社會學，便是舒慈（Alfred Schütz 1899-1959）的貢獻（洪鎌德 1998：1-22）。他主要在研究人們何以知道別人的心靈？何以知道自己以外其他人的自我？爲什麼人人相互之間的觀點能夠維持？人與別人如何彼此理解、相互溝通？爲此它的研究重心擺在「互爲主觀」（intersubjectivity）之上。原來人是活在互爲主觀的世界裡，與別人同時出現在某個場合，就是同時性。同時性是互爲主觀的要素，「我在理解別人的主觀性的同時，也就是我活在自己的意識流的時候…對別人同時性的理解也是別人對我的相互理解，使得我們感受活在同一世界中」（Natanson 1973：xxxii-xxxiii）。

　　人們在社會界中使用分門別類的分類法（typification）來界定、或規定他們的社會行動，也就是根據過去的經驗把行動分類

為「正常的」、「道德的」、「法律的」，或其負面的「罪惡的」、「敗德的」、「違法的」等等行動。「人在某些程度內還會把自己處在社會界中的情境分門別類，也會把他與別人的關係，與文化目的物的關係分門別類」（Schutz 1976：233）。

語言是分門別類的最佳手段（Schutz 1973：75）。由於社會化的過程人們學習語言、掌握語言，也懂得分門別類，是以分類（typologies）是社會公認與供應的。除了分門別類之外，舒慈也談到「處方」或「烹飪術」（recipes），這就是可以掌握經驗的面向之技巧。人們通常由起床、吃早餐、上班、吃午飯、辦公、下班、回家、吃晚飯、上床睡覺等等，都是一連串慣習的動作，就像烹飪那樣按照烹飪指南一步一步去做。只有當新問題、新情境發生，而舊的技巧、舊的方式無法對應、無能為力時，才會另謀解決之新辦法（Schutz and Luckmann 1973:231）。事實上，人們就擁有這種「實踐的智慧」（practical intelligence），在面對困難情勢時，預估各種可行的途徑及其後果，而選擇一種全新的方法來突破困境。

舒慈說，人們在相互主觀的世界，也就是使用分門別類方法與烹飪術的世界，乃是人們的生活界（*Lebenswelt*）。生活界有時被代稱為「常識界」、「日常生活界」、「每日操作的世界」、「通俗的實在」（mundane reality）等等（Nantanson 1973：xxv）。

這是人們以「自然的態度」去活動的世界，他們視此世界之存在為理所當然，對其實在與存在不加質疑，直到情況有異、問題發生時，才加以思考、檢討，力求改善或改變的世界。

舒慈將生活界的六大特徵加以描述：（1）為人們意識緊繃、將其生活投入的場域；（2）行為者對此世界之存在不加質疑；（3）行為者將其計畫、心志、付諸行動，亦即其工作與活動的

中心所在。換言之，生活界的核心爲工作、活動、操作，俾個人設定的目標得以實現；（4）個人對自我的經驗，就在勞作、活動中體現；（.5）在生活界中個人感受到社會性（sociality）的衝擊，因爲這是「溝通與社會行動共通的主觀的世界」（Schutz 1973：230）；（6）在生活界中，人體會自己的時間流動與社會的時間流動交叉疊合。舒氏強調儘管在生活界中，我人與別人有不少共同與共通的經驗，但每人另有他一個特殊的生活界。不過別人可以進入我的生活界，正如同我們也可以進入別人的生活界一樣，這是由於生活界是互爲主觀的世界，在我們出生之前，我們的祖先已創造了他們的生活界，在我們死後生活界還會由我們的子孫繼續。

在分析社會界時，舒慈在於指出人們共享知識的社會本源、知識的社會倉儲。亦即所有的知識都是社會共同創造、保存、傳承的，人就靠著社會提供的知識去引導他慣常的行爲。是故分門別類與「烹飪術」的知識，是人們應用最廣的日常知識與技術。此外有兩種知識比較不常發生問題，而不須時時加以修改或創新，那是指「技巧的知識」（例如如何學步走路的知識），與「應用的知識」（駕車、駕船的知識）。

舒慈也指出一個人知識的多寡是與他生平的遭遇、學習的強弱等等經驗的多少攸關：「誠然我用以決定現在的情境之知識，有其獨特（unique）的生涯資訊的辨析（biographical articulation）。這不只指涉其過去所有經驗沈澱在它〔知識〕之上的內涵和意義而已，也指涉那些經驗及其後續的強烈程度、歷時的久暫，這種情況是具有重大的意義，蓋它建構了每個人的知識的蓄積」（Schutz and Luckmann 1973: 111-112; 黃瑞祺 1996: 19-22)。

每人知識的蓄積都含私人的成分，最終這些知識的客體化都

與社會攸關，個人擁有的知識如何與別人不同，如何含有私人的成分。最終這些知識的客體化都與社會攸關。個人擁有的知識及其累積，仍就是其生涯表述的社會範疇（*ibid.,* 113）。這類特別的私人的知識可能不是科學所能研究的對象，也不屬於相互主觀的生活界，但對進行日常生活的行動者而言，或有其重要性。

11.6.2.2 貝爾格與盧克曼的社會構成說

把舒慈的社會現象論推擴到社會結構與社會制度的是他的兩名學生貝爾格（Peter Berger）與盧克曼（Thomas Luckmann）。在兩人所著《實在的社會建構》（1967）一書中，他們企圖以現象學的說詞來融匯個人與社會。事實上，他們不只發揮舒慈的相互主觀的生活界之學說，也把米德的社會心理學，甚至馬克思、涂爾幹與韋伯的經典社會學說，一齊援用。主要的是把韋伯賦予主觀意義的社會行動與涂爾幹社會事實的外在性與強迫性，以及馬克思論實踐融為一爐。兩人界定社會的雙元性格為「客觀事實性」（social facticity）與「主觀意識」（Berger and Luckmann 1967：18）。「社會是人的產品，社會是一個客體的實在，人是社會的產物」（*ibid.,* 61）。易言之，人為他們所創造的社會之產品。

貝爾格與盧克曼這本備受廣泛閱讀的著作之副標題為「知識社會學的論述」。可見他們不只想要用現象學的觀點來說明人怎樣建構社會，也被社會所塑造，更重要的是人怎樣認識社會，他們對社會的知識是怎樣發展的。兩位作者對知識社會學的處理方式與其他人不同。不在處理知識（制度化、學院的知識）的發展史，而是關懷普通人日常的常識與看法，以及作法。因之該書一開始就討論普通人在其日常的生活中，亦即其常識的世界中怎樣

認識事物。這裡舒慈分門別類的類型法與「烹飪術」又被搬來應用，而最主要認識周遭實在的手段無過於語言的應用。因為語言本身所不斷地提供的分門別類，以及對世界秩序的界定，使人們在其日常生活的運作中，每一舉止作息都有其意義（*ibid.*, 23）。由是人們把日常生活中的實在當做約定俗成，不容置疑既成事實，很少加以懷疑，這才能夠順利安適地生活下去，是故社會界無異為人們意識感受過程中的文化產品。

在人們日常交往中，把人群分成「我們關係群」、與「他們關係群」。在「我們關係群」中，大家相識已久，瞭然於心，身份關係密切，比較不動用類型法與「烹飪法」來處理。反之，對待「他們關係群」則經常以分門別類的方法與「烹飪法」來應付。由是所謂的社會結構，也不過是這類分類法與慣常交往術數的總和而已（*ibid.*, 33）。這裡顯示貝與盧兩氏企圖把社會的客觀性建立在人群相互主觀性之上，亦即相互主觀性的反覆出現，久而久之就變成大家公認的客觀性、外在性、強迫性。

由於人類要生存必須將其能力外化於身外（這是馬克思所稱的客體化 objectification 之觀點），這就是指人類的生產勞動而言。在外化過程中，人類發展習慣性的動作，是故行動與互動習慣性的典型是人日常生活所必需。習慣性動作之類型化就是典章制度發展的先聲。貝氏與盧氏界定制度為分門別類的相互過程的持久化、定型化。社會制度能夠控制人們的行為是藉著行為類型事先界定，亦即事先約定俗成的行為之界定與設置，才促成制度對個人行動的約束（*ibid.*, 55）。在歷史潮流的匯聚下，衝擊下，於是制度不但成型，還擁有其客體性。這種客體性經由行動者的經驗體會其外在性，強迫性逐漸展現。

社會制度有小有大，連繫這些大小社會制度與社會現象的是

社會角色。對貝與盧兩氏而言，角色是對某一行動者處於某一情境下的期待。角色與社會地位不同。後者只是社會結構上的定點，是個體的，是標示某種位置，前者則爲行動者所要表現的職責，是介於個人的意識與文化的要求之間的中介。他們說「角色的分析對知識社會學尤具重大意義，因爲它顯示存在於客體社會中宏觀的意義之宇宙，同個人們主觀上視爲真實的宇宙之間的中介關係（mediation）」（*ibid.*, 79）。換言之，角色是連繫個人與社會不可或缺的理論。

把社會的典章制度當成客體物來處理，就是通稱的「物化」（reification）。兩位也是以主觀的看法來解釋物化，亦即物化爲人們把其創造的文物技巧當成「自然的事實，當做宇宙律的產品，當做神意的表現」（*ibid.*, 89）。人們對人創造典章制度之事忘懷了，反而視典章制度對人的束縛，他們忘記了人與典章制度之間存有辯證相互作用之關係。典章制度之合法性，完全以其符合人們的看法與認識爲主，而非其本身所顯示的客觀性效準，客觀性的意義。

總之，貝爾格與盧克曼過分以主觀的人類之意識來建構社會實在，而對社會結構、社會實在的客觀性、外在性，尤其是權力關係的分析稍嫌不足，是他們的學說引起批評的原因。不過現象論的社會學說之優點爲強調人的意識之理解，以及意識對社會行動與社會互動的關係，對文化的研究以及對行動者之影響等等（Ritzer 1992: 253）。它應用到人們日常生活的「密切的知識」（intensive knowledge）之宗教瞭解介面，倒有相當的貢獻，亦即有助於宗教社會學理論性的演展。事實上貝爾格就利用現象學的社會進行宗教的社會學解析（Berger 1969；參考本書第12章）。

11.6.3 結構主義與知識社會學

在第二次大戰結束後，法國左翼文人中，以沙特（Jean-Paul Sartre 1905-1980）為代表的人道主義或人本精神的一派，強調馬克思主義乃為人類從異化的存在與不自由的現實中獲得解放的學說，因而倡導存在主義的馬克思主義。與此強調主觀的個人精神相對稱的則為阿圖舍（Louis Althusser 1918-1990）講究客觀的，不以人為中心的結構主義的馬克思主義。阿圖舍有異於帕森思把社會當成諸個人的「角色」之綜合，反之視社會為人群「地位」的安排。社會由幾個階層合成，最主要的是其基礎的經濟制度（人的勞動以及使勞動能夠順利操作的權威之上下主從關係）。在經濟的生產過程中，每個人被指定一個特殊的（勞動與職務）地位。其他監控的地位則交給政府官僚，政府機構的成（官）員去佔取，是屬於社會的政治（與法律）圈。在這個號稱政治的國家機器之上則浮現社會的最上層，也是最外表的一圈，這是指社會的價值、信仰、輿論之精神力量而言，號稱意識形態，或意識形態的國家機器。

資本主義所以沒有按照馬克思的預言，被普勞階級所推翻，也沒有由於本身的矛盾與危機而趨於崩潰，正是由於資本主義社會的再造、重新出現（reproduction）的緣故。資本主義社會的重生再造，其原因無他，乃是構成這種社會的兩大階級－資產與無產階級－受著資本家意識形態的束縛，盲目無知地接受這套思想體系的羈絆。

詳言之，透過家庭、學校、職業場所與社會，工人不只學習到謀生工作的本領，更吸收了大批的理念與人生觀，認為安分守

矩接受國家所指派的地位是天經地義。意識形態戰成爲人們與其存在條件之間想像的、幻想的關係之表述（Althusser 1971）。由是可知意識形態把個人拴綁到社會結構之上。意識形態有這種把人束縛和操縱的性質，使它對個人社會行爲產生了機械性的效果。在這種情形下，個人或個人的社會行爲無異爲社會結構決定性效果的「自動」反映。意識形態不但迫使人群俯首聽命，它還正當化社會的不公與不平，尤其正當化權力與財富的分配不均。

結構主義的瑕疵，就是太重視社會結構（包括人在社會位階上的地位，及其相互的關係）對人行動的滲透、壓制和操縱，從而使個人的主體性消失。個人的行爲除了完全降服與接受體制的安排之外，就只有逃避、反抗一途。這種的社會觀與先進資本主義社會的多元看法不符。其次，結構主義把社會權力視爲鐵板一塊，卻不知權力常是分層的、散開的，因應情勢而展開的（localized）。權力絕不是只受著經濟、階級體系、或國家的中心機制所泡製、所操控，而是在社會各種組織之中、組織與組織之間、到處浮現的現象。

1970年代中期之後，阿圖舍的結構主義受到激烈的爭辯與駁斥，他所提出的結構概念和客觀的科學真理這兩大學說之支柱受到批評，於是結構主義開始式微。作爲結構主義鼻組的索緒爾（Fedinand de Saussure 1957-1913）的語言學也受到拉岡（Jacques Lacan 1901-1983）、德希達（Jacques Derrida 1930-）和傅柯（Michel Foucault 1926-1984）的解析與解構，於是後結構主義遂取代結構主義進行社會分析。

11.6.4 傅柯論知識與權力

傅柯的學說不只是批判結構主義，因而被視為後結構主義的重大思想家。他的理論又被冠以後現代主義。因之，在很多方面，他的思想是跨越後結構主義與後現代主義。所謂的後現代主義有三個境界（dimensions），其一為指涉超過現時代的社會發展之階段，亦即超越現代的新社會型態。在新社會型態中，整個社會的支撐點為科技、為電腦、為資訊。其二為有關社會分析之特殊理念，亦即排斥傳統的研究歷史之方法，否認主體的角色與人文主義，排斥廣義的、整體的大理論；對科學的效準質疑，不以為科學在追求客觀的知識或客觀的真理（Scarup 1988; Rosenau 1992）。其三，後現代主義一詞指謂一些文化型態（cultural styles），這些文化型態企圖取代現代的藝術與建築，這也就是把一大堆藝術形式向電影、繪畫、雕刻、攝影、建築、文學、小說、流型款式冠以後現代的型態（Layder 1994:50-51）。

傅柯全然排斥結構主義，但卻與結構主義同樣地批評了沙特的存在主義，不以為個人的自由與個人存在的意義那麼重要。對他來說人的主體不可能是自由自在，卻是受著社會規定的限制。所謂的「主體」，不是社會製造出來的理念，是在社會的言說（social discourses 語言、思想、象徵表述）中泡製出來的。這些言說把主體置於權力關係場上，也置入於實踐的情況下。

不但主體不存在（或稱主體去掉中心），就是學者（像韋伯）所說行動者對其行動賦予意義，也與主體無關。易言之，意義並不發源自主體。人道主義者如沙特指出人在社會界中，把他的意識從個人的中心發射出來，並賦予這個發射的意識以意義，這種

說法為傅柯所否決。主體在社會情境內不可能產生意義。意義是言說的因素之間的內在關係之產品，俾幫助個人界定與促成社會實踐。換言之，人的日常行動（社會實踐）形成了言說，就如同言說也形塑人的行動，由言說而形成意義。傅柯這種說法是把分析的焦點由主觀主義遷移到客觀的層次上，從而與主觀理解的社會傳統（韋伯、舒慈分家）。要之，把個人當成唯一個自主的、自由的、自覺的、有理性、肯負責與自足完整的（conherent）的主體，是啓蒙運動以來西洋哲學思潮的傳統（連青年馬克思都沈溺在這種理想的人性之幻想中）。傅柯反對這種完整的、統一的主體。之所以反對是認為這種說法誇大了人控制其本身命運與周遭環境的能力，而忽視社會與歷史因素對個人主體性的形塑。事實上，人的潛意識是多層的結構體，也呈現多面性。人的態度和看法之充滿矛盾與變化無常是根源於潛意識之多面性與多層性，以及其無法捕捉的緊張的、衝擊的勢力。人的行為有符合邏輯、符合哲理性的時候，也有違背常理、無意識、以及反理性的時候。

由於很多時候人的行為表現為矛盾重重與違反常理，因之，自我並非前後一致、始終融貫的認同體，而是雞零狗碎，隨身份、情境而發生變化的多樣現象。自我是從語文、言說（discourse）、實踐與權力關係之互激互盪中慢慢形成。其中權力關係更界定人在社會境域上如何言行思維。由是可知自我乃是一大堆相互交叉、砍伐、擾攘的言說和實踐底產品。必須注意的是語言並非一項中立、無色彩的溝通工具。語言所形成的言說是權力關係的表述，言說反映的是人的實踐與社會上的地位。此處所指涉人在特殊情境下對某一特別事物所思、所寫、所言的產物（例如這是一枝草、一本書等等），也是指涉人們交談的一個題目，或者是專家學者的知識（醫學知識與技巧）。因之懂得使用一個言說，就

反映了對某一領域擁有某種程度的知識，它也意涵使用言說者對別人而言，進入一種特別的關係中：他擁有這方面的知識，而別人則不擁有此一領域的知識。換言之，能夠使用醫藥方面的言說之人（醫生、藥劑師等）比起不懂這些行話的人來擁有更大的權威，他可藉這種權威來控制別人的行為（該不該服這種藥品）。

但並非所有的言說都經這種系統性的整理與組織，有不少的言說只是普通人常識上的理解，或甚至是偏見（男性沙文主義、種族優越論），但仍舊發揮人役使人的作用。當然各種各樣的言說，在不同的場合、以不同的方式來發揮它們不同的功能。例如男性沙文主義與種族優越論企圖證實人因為性別或種族的不同，而有重大的差異乃至不平等。而人與社會的不平等並不限於性別與種族偏見者的主張。反之，整個社會及其歷史都充斥了不平等的現象，這是導源於權力關係無處不在的緣故。

傅柯以歷史的眼光來看待權力形成的演變。規訓的權力（disciplinary power）是由於早期皇室的統治的權力（主權）演變而成。對人身體的刑罰本來在於彰顯王權之絕對不可侵犯性，現在改為對人心靈的控制，則以監獄的出現為先。其後延伸至精神療養院、軍營、醫院、學校和工廠。這使個人感受其活動隨時在別人監視之下，而養成安分守矩的習慣。如此監視遂內化於人的心中，而權力的行使不需假藉外頭的機關，人們就會自動奉公守法。換言之，這種無形的壓力迫使每個人在其日常生活中儘量接近「正常化」（normality）的標準。

馬克思主義論者只理解工廠與工作場合中宰制關係的存在，傅柯則視宰制——權力不平等與濫用——場合隨處均有，由是他抨擊古典馬克思主義無法處理人們日常生活所滋生的問題，特別是權力的科技（technologies of power）「在社會空間的每一個點

上，而不限定在國家的範圍中，一如馬克思主義者的說法」（Poster 1984: 104）。對社會的批判性分析一定要承認這一事實，也就是對人們的實踐之注視不當忘懷權力與宰制所扮演的角色。在此情形下，馬克思及其信徒總體化的理論，或稱包天覆地大小通吃的大理論應當放棄。蓋馬克思視資本主義的生產方式是一個彼此依存的統一體，是造成社會衝突、鬥爭、宰制的根源。所有社會的衝突都可以化約到生產方式的矛盾。但傅柯卻不做如是觀，對他而言權力是分散的、無中心的，但也無處不在，呈現多種面向。

由於傅柯深受尼采的影響，不認為有絕對真理的存在，更不認為任何的哲學可以建基於普泛的、寰宇的原理原則之上，所以拒斥意識形態的概念。凡是有意識形態的存在之處，必定有其相反相成的真理之存在。現代既不承認真理之存在，自然沒有假理，沒有意識形態。這與他反對意識形態有群體、有個人的發明者，與信仰者有關，既然主體去掉中心而星散（雞零狗碎化），則其所信持者只是言說，其所執行而付諸行動者只有實踐。而言說與實踐只是因時制宜、因地制宜的事物，絕非放諸四海而皆準、俟諸百世而不惑的真理（或意識形態）。言說既不附麗於生產方式，傅柯不認為社會有上下層建築之分，更不可能有經濟基礎制約或決定上層的意識形態之可言。

福柯的學說顯然是與馬克思主義割斷，這不限於他反對總體化理論，拒絕意識形態，反對上下層建築的說詞，更是由於他對歷史的看法與馬克思及其徒子徒孫不同。傅柯認為歷史是出於今昔的「不同」（difference）而已。也就是用過去的言說與實踐之陌生、之詭異當成手段，來質疑現時之理性與正當性。他不認為社會持續變遷或演化的說法，反之強調時間的過程之「不連續」（discontinuity）。與其強調歷史上的大人物與大運動的遞嬗變

遷，他寧願集中在「不合法」的幼稚的知識和通史所忽視的地方衝突。換言之，他所感興趣的歷史是精神病患者、囚犯的歷史，而非偉人的歷史，他這一作法為的是說明制度和社會實踐的開始，都是一些見不得人，不可思議的開端。

11.6.5 女性主義的知識社會學

女性主義的知識社會學建基於認識論或認知論之上，原因是女性怎樣認識世界是與她們的生活經驗攸關的。她們認為人們有關世界的知識有四項特徵：（1）知識乃為在特定的社會結構中，具體的行動者所發現的；（2）這類的知識是部份的，也是發現者認為有趣的，而非全部的、客觀的知識；（3）這類的知識常是人人所見不同，隨發現者與環境之不同而發生變化；（4）這類的知識受到權力關係的影響，視發現者身居高位，還是低位而對知識的看法有所不同。

因為有上述四大特徵，所以一開始女性主義者便把知識當做問題叢生的主要議題來看待。對知識的質詢包含下列的事項：（1）指明與辨認行動者複雜的社會情境，以及行動者怎樣看待實在，怎樣選取優越的據點（vintage point）來發展他的知識；（2）社會學家進行研究所依恃的標準在哪裡？蓋其研究也只能產生知識的部份而非全體而已；（3）在知識的主張中，分析權力的關係。

至於建構知識的社會行動者究竟是誰？女性主義者補充馬克思所忽視的一部分，也就是在資本家（生產資料擁有者）與勞工之外，加上婦女，一共是三個群落的人。婦女與財產擁有者，以及與勞工生活情況以及關係只是一部分受到經濟因素的制約。在研究女性群落時，女性主義者發現這是一個彼此處境極為不同，

其面相也多采多姿的群落。在處理女性與其他群落（資本家與工人）的關係時，女性主義者放棄使用馬克思主義者的階級模型，而是指出三個群落之間變動不居之關係，更何況行動者每隨環境與問題之不同，擁有不同的優越據點。在此情形下，聲稱什麼「第三世界的女性」、「不與利益掛勾的生物學者」、「宗教的秘義者」等等都為女性主義者所排斥的抽象的知識人。這些都是對某些人貼標籤，隨意歸類的作法。現實的人是有生命、有軀體、有情有慾的人，其複雜的身份斷不能用上述的形容詞（「第三世界」、「不與利益掛勾」等）一句可以道盡。

女性主義者主張作者與讀者共同商討，指出知識的複雜瞭解的過程，或是大家在討論中理解何以在特殊的環境裡產生獨特的知識，因而確認這部份的知識並不完整，而是部份的。第三條研究途徑則是致力知識產生的過程，何以某一敘述可以構成某一「事實」，而為眾人所接受，當成一項新的見解甚至知識來看待。作為敘述者的學者、專家是否利用其權力關係，來建立其敘述之客觀性、真理性。由是可知知識與權力的關係密切。是故女性主義者要致力分析知識與權力的關係，必要時要對那些缺少權勢的群落（女性、失業者、年老者、無工作能力者等），怎樣去理解他（她）們的社會情境作出解讀（Haraway 1988; D. Smith 1990）。

女性主義者也留意制度的形式常被社會菁英作為界定事件發布消息的有利的工具，例如總統的國會咨文、醫院的檢驗報告、調查委員會的決議，這些文件因為擁有特殊的、公家的頭銜與形式，其對事實之陳述便具有公信力，這就說明形式對實質的影響，知識是隨行動者之身份而受到肯定抑排拒。

要之，女性的經驗顯示其意見向來被男性所忽視、所扭曲。此種情勢必須受到糾正，特別是扮演母親、妻子、女兒角色的女

性在各行各業中都能以平衡者（moderator）自居。因之，其見解應受各方「公平」的傾聽。她們雖然可以兼聽則聰、兼視則明，但一向受到男性的壓抑，在權力關係中居於劣勢，是故她們被排斥於言說之外，或她們對言說的參與不受尊重就可理解（Heilbrun 1988:18）。因之，女性不以片面接受的所謂的真理之主張，而聲稱發現知識；反之，是藉各方面對實在的陳述做過細心的衡量之後，才能宣稱對真理有所掌握（Ritzer 1992: 343-345）。

11.7 知識社會學的綜合說明及其問題

我們綜合前面各種學說，大約可以知道知識社會學所研究的不僅是有關實在的想像或表述而已。它還包括政治目標的考察和理想社會秩序的看法。知識社會學所研究者乃為（1）規範和價值與（2）社會結構和社會過程交織的關係；此外，宗教的信仰、藝術的表現，都成為知識社會學涉獵的對象。

我們之所以要分辨想像、觀念、看法、意願、言說、規範、價值和實踐等等，主要地是因為這類概念或名詞與社會事實（社會結構與社會過程）交織後，所呈現的結果互相殊異的緣故。同時也是藉這種分別，由知識社會學邁進科學的社會學（*Wissensschaftssoziologie*）的領域之緣故。

在社會學中，人們對實在所持的想像與表述（知識、認識、看法、猜想等）究竟有什麼功用呢？首先它的主要功用在於使人們的行為能夠適應實在，這是達成目標和繼續求生存最起碼的條件。其次，它的次要功用，就是帕森思所稱的整合功用（integration）。原來人群的結合，社會的形成，不僅有賴社團

份子間態度的共同一致，更需藉份子間對實在具有相同的想像和看法。因為同樣的看法乃為團結一致的象徵，而看法的歧異或改變，則不啻為變卦或攜二的表示。這種整合作用尤其在人們對其本族文化的基本價值所持的態度上表現最突出。例如向來以中國文化道統持護者自居的人，對孝的價值信持篤堅。在此等人面前如有人敢於對此價值系統表示懷疑，或其言行有悖此一價值或規範的要求時，便被視為大逆不道，成為眾矢之的。

反之，人群的意見設若共同一致時，該項意見便被目為「正確無誤」。特別是該項意見愈難被證實，愈被尊崇為真理。例如在納粹獨裁或共黨極權統治下，人們除了頌揚「領袖萬能」、「領袖如神」之外，還大嚷大叫：「非領袖領導不可」、「無領袖即無希望」等等。這就是謝理夫（Muzafer Sherif）及費士丁格（Leon Festinger 1919- ）所指出積非為是的群眾心理。當然對於依靠喊領袖萬歲混飯吃的人，領袖的存在就是飯票的保障，就是既得利益的延長，因此這批人對於相反的意見，根本視若無睹、聽而不聞，更從不肯承認下述的簡單道理：「領袖是人而不是神，既然是人，領袖也有死亡的一日」；「領袖既然是人，則人難免不犯錯誤，偉大的領袖犯偉大的錯誤」等等。可是這種鐵一般的事實，對於依靠領袖吃飯的人一點都不發生力量。

因為對於具有共同看法的人，一旦把這種看法視為當然，或者是因為本身已積極在參與或表述這種看法，於是對相反的意見，便不欲接受，就是接受也加以歪曲地接受，或是接受後迅予忘記。這是謝理夫和費士丁格心理分析屢試不爽的結論。

我們綜合上述知識的雙重功能：適應事實與整合作用，再考察另一個事實：沒有社會的分工合作，知識無從傳播；沒有歷史傳承，知識不能累積。那麼我們不難理解，知識的形式和內容，

必然隨著社會與文化關係，而與社會和文化的因素交織成互相關連的網絡。宗教的信仰、價值取向的系統、制度的形式、以及社會組織與社會角色的分歧和特殊結構，彼此都互相牽連。在這種牽連中，社會化乃為一代傳一代，保持歷史、延續群體存在的樞紐。

在任何一個文化體系中，經驗知識的估計以及這類經驗知識在教育或職業制度中，所居處地位的評定，不能被視為當然自明的道理。原因是這類知識的運用，常遭遇著或大或小的抵抗和阻力。特別是在初民或原始民族的社會中，知識的發展常受到傳統的阻撓。原來是初民的社會中，由於對知識的急需，所以常不加分辨就囫圇吞棗地加以應用，其結果知識不曾受到批判，其質量也就無法增進。在這種原始的社會中，由知識的應用以形成職業訓練，也受到阻礙。由之，社會分工只粗具規模而毫不精細。特別是社會的傳統阻撓了社會變遷，也就等於限制了知識的擴張。

一般來說，新知識的產生，不僅表示認知方面的增進，也牽涉到社會其他部門的變化。因此，傳統主義者或守舊派人士，對新知識的產生、移入和傳播，常持敵對和阻拒的態度。例如氣象學的傳入，足以排除巫師對氣象變化的預測，而初民中一向地位崇高的巫師，遂感受威脅。這就是何以巫師敵視自然科學，尤其是氣象學的原因。柯尼西稱：一般而言，新的經驗知識和技術進程，對於過去一味靠天賦的才能或技巧而取得益處，有改變的作用。不僅如此，隨著新科技的產生，舊式的依賴關係（譬如學徒與師傅之間的關係）慢慢消失，新式的依賴關係（譬如工人與廠主——或股東——的關係）也紛紛建立。經驗知識與技術的進步，尚且造成新的組織形態，而對社會的層化，家庭與親屬關係底結構，以及社會中的統屬關係，都發生極大的影響。總而言之，經

驗知識的擴張，造成新的緊張與衝突，此種緊張與衝突有阻止理性化傾向之虞 （König 1967: 356）。

一如前面的敘述，帕森思認為知識的發展是受社會中的角色結構所制約的。韋伯與梅爾頓（Robert Merton）則研究宗教生活對知識，特別是自然科學的發展底影響。

在現代社會中，有關知識的傳授，最重要的媒介就是大學。大學的功能不僅在傳授知識，尚在培養職業精神（*Berufsethos*）與訓練職業技能。

不過近年來，由於傳統的教育方式，無法配合工業社會人才質與量的需求，因此導致一種緊張的情勢。這種緊張關係，不僅形之於人文學科與自然科學或技術的爭論，或是衝突，甚至釀成學潮，造成舉世青少年擾攘不安，其情況非常嚴重[44]。

關於科學的研究機構與文化社會的其他部門——特別是政治部門——的關係，一直處於劍拔弩張十分吃緊的形勢中。個中原因無他，乃是科學的進展較之於其他文化或社會部門的進展為速。例如自動化、電腦或原子能的應用，便是對社會的一大挑戰。尤其是這類新知識、新科技，對於意識形態部門或統屬關係的影響是如此深遠，是以反應也較為劇烈。因此政府或主管部門對於從事這類研究人員的「忠貞問題」底懷疑，或是對於理性主義、知識主義底批評等等，就是這等反響的寫照，其結果常導致政府對研究者的控制或干涉。

---

[44] 關於1960年代底西德學潮可參考：洪鎌德：＜德國大專學生騷動的分析＞，刊：《東方雜誌》，復刊第二卷第六期，1968年12月1日，臺北，第12-15頁。貝克教授在中國文化學院的演講稿：＜哥大學潮始末＞（朱立譯），刊：《中央日報副刊》，1968年5月24日、25日。

不過我們如果因此而認爲：政治的不自由會阻礙一般科學的發展，這樣想就是矯枉過正。事實上，像前蘇聯這樣極權的統治下，科學照樣發展。再說，科學是與社會結構和文化形式有倚賴的關係。科學問題的提出和研究方向的釐定，常受社會因素的制約。其中人文科學，尤其是社會學，曾遭受極權體制的壓抑和攻擊。不過當社會學和其他人文科學與獨裁政權不致南轅北轍時，它尚能勉強存在，此可以在共黨統治波蘭之時，社會學的發展爲範例。

此外，我們要指出一點：不僅外間的種種勢力影響了科學發展的方向，就是周遭的環境，對於研究者提出問題的方式與解決問題的手段，也有決定性的作用[45]。

從上面的敘述可知知識社會學是一般社會學的一個分支，也是社會科學公認的合法的一個面向。自謝勒與曼海姆以來都把知識與社會的關係，以及這門科學與其他社會科學的關係，做了清楚的界定與釐清。但自從1970年代中期之後，英美幾位研究社會學、社會科學的哲學、認識論的學者開始質疑知識社會學，在社會科學以及社會學中的地位與角色。像貝格涅（Jeff Bergner）指出知識社會學是一種特別的社會科學的創造物，不像哲學的認識論討論認識如何可能，知識怎樣形成；反之，知識社會學把知識的可能問題束諸高閣（"bracket"）。現代社會科學幾乎把基本的、本質的知識之理念排除在科學的結構之外（Bergner 1981: 130-137）。對貝氏而言，知識社會學標誌著當代社會科學的失敗，也就是當代社會科學無法獲致真理的失敗。

---

[45] 關於知識社會學與方法論的問題，可參考洪鐮德著 1967d《思想及方法》，

　　台北：牧童出版社，第十九與二十一章。

另一位學者賽蒙茲（A. P. Simonds）則持相反的意見，他把知識社會學拿來與社會科學做對照，他在討論詮釋學（hermeneutics）對知識社會學的重要時，做出如下的評論：

> 知識社會學必須看做非次級的學門或學科，而應當看做對社會科學本身表示尊重的主張而已（Simonds 1975: 99）。

上面兩種相反的評論對知識社會學的性質看法有異，對這門學問與其他社會學的關係，也有不同的評價。但這兩種評論卻指出知識社會學與社會科學的本質（essence）有所牽涉，問題是兩人對社會科學的本質為何？各有不同的理解。對貝格涅而言，知識社會學反映了現代社會科學的病徵，原因是現代社會科學放棄了本質的知識之理想，無法產生「根本的」（archetectonic）的學問。反之，對賽蒙茲而言，知識社會科學是強調詮釋學（hermeneutic）的方法，這種方法剛好與現代社會科學企圖解釋社會意義符合。有異於早期的社會學說在追求科學的真理，當今的社會科學以解釋社會意義為職責。

何珂蔓（Susan J. Hekman）認為貝格涅把知識社會學看成排斥真正的、本質的知識之學問為大錯特錯，因為知識社會學的傳統就是假定真正知識的存在。蓋知識社會學產自啟蒙運動對真理的追求。原來啟蒙運動在追尋共同的人性，認為共同的人性應該摒棄由於歷史與文化因素造成人性的障蔽。社會科學中的真理並非在把人當做歷史的與文化事物中找到，而是不以歷史的觀點看待人性，把歪曲人性的歷史偏見與文化偏見掃除，真實的人性才能展現。其次，啟蒙運動要求社會科學模仿自然科學的方法，力

求客觀，確實地掌握人與社會的知識（Hekman 1986: 3-6）。

　　就爲著追尋真理，因之必須把真知與假理分開，這也就是本章前面所提及意識形態的批判。由此顯示知識社會學與意識形態批判關係的密切。知識社會學的職責在探討人類的思想，如何可以從歷史與文化的矇蔽、扭曲下獲得解脫。因之，啓蒙時代的哲學家在爲社會科學學界界定時，必然也會討論清除人類思想偶像（idols）的重要。自韋寇（Giambasttita Vico 1668-1774）和孟德斯鳩以來，知識社會學變成西方文化不可分的一部分（Hamilton 1974: 1-3）。不管是知識社會學，還是社會科學都在追求科學的真理。

　　但其後社會科學中實證主義變成主流，它堅持社會科學的方法論方面，不但應向自然科學看齊，甚至不認爲有自然科學與社會科學之區別。易言之，只要是科學都應該是追求客觀的，可被大家驗證的知識。實證主義的社會科學不久便遭到現象學與批判理論的攻擊。後者形成反實證主義的批評者。這些反實證主義的批評者認爲自然科學所要揭露的是客觀的知識；反之，社會科學所追求的是主觀的知識。所謂主觀的知識爲受到文化因素與歷史因素制約的知識。於是反實證主義者要探尋的不是像自然科學一樣在累積客觀的知識，而是探討知識的社會基礎，從而把尋求「真理」的工作完全交給自然科學。

　　近幾十年來在西方社會科學的領域中又有截然不同的批評聲音出現。它與海德格（Martin Heidegger 1889-1976）以及維根斯坦（Ludwig Wittgenstein 1889-1951）的哲學討論有關。最近的評論指出，無論是實證主義者還是反實證主義者都有共同之處，都是在爲知識尋找一個牢固的基礎，結果其爭論是無意義的、是浪費精力的。新評論者可稱爲反對基礎論者（anti-foundational critics）。反基礎論者認爲知識社會學的職責不再探索「真理」，而在於探求人的思想與人的存在之間的關係。社會科學不再分辨主觀的知識與客觀的知識之不同，而是分析思想的過程，藉著這個過程，人怎樣去理解與結構他所存在的世界（社會界與生活界）。在知識社會學家重新定位下，顯示它不只是社會學下面的一個分支，更成爲社會科學的中心，成爲對當代社會科學定性與定位的指標（Hekman 1986: 8-10）。

第十二章　宗教社會學

12.1 宗教與社會

　　宗教是諸種的社會事實（*soziale Tatbestände*）之一，也是一種的社會現象。原來「宗教是一種社會制度，一種經由信仰（*croyance*）與祭儀（*rite*）以實現其社會要求的方式……。在原始或古代社會裏，一切重要的社會關係與社會行爲，是由宗教信仰及禮儀行爲予以強化的。一切實際生活與宗教密切相結納，一切的飲食居處出於神的賜與或法術的效果；一切生產行爲與生活活動必伴以聖化的儀式。一切社會關係如男女、親屬、階級等都須加以神秘的解釋，一切重要的生命危機如出生、死亡、成年、結婚等都需要經過一種隆重的宗教儀禮」（衛惠林 1968: 239）。

　　不僅古代的社會生活深受宗教影響，就是現代的社會中宗教的重要性也不稍減，因爲「宗教是殖民地首要的社會要素（social element），它不僅是民俗與民德的根源，同時也是人民組織、權力結構及社會關係的基礎。更有甚者，從宗教研究裡，我們可以附帶的得知人民生活之模式、社區的特性、社會制度的型態以

及社會變遷的性質、速度及方向」（范珍輝 1968: 61）。

社會學家對宗教發生興趣乃基於宗教是受社會制約的現象。以及宗教具有社會的重要意義（*soziale Relevanz*）之緣故。只有當做社會事實的宗教能夠接納科學的研究之時，宗教社會學方纔有成立的可能。具體地說，在西方社會中，只有當宗教的規範力量（*normative Kraft*）引起大家的懷疑時，經驗的社會研究遂代替了神學而探討宗教的現象。

宗教社會學的研究是著眼於宗教的社會行為。原來宗教活動中包含人群的互動關係。一群人因為信仰的緣故而形成特殊的團體，由是其間乃具有一定的社會行為。不過，對於某一宗教群體的隸屬關係尚不足構成一種社會事實，而是只有當這種隸屬關係影響到宗教團體的成員（教徒或信眾）底行為，方纔可以被看成為社會的事實。此外，宗教社會學又研究宗教本質所受的社會制約性（*soziale Bedingtheit*），分析宗教的制度和教育的組織，檢討宗教對其他社會生活的影響等等。

12.2 宗教社會學研究的對象

在宗教社會學的研究過程中，有三個部門最引人們的注意。這也成為宗教社會學研究的主要對象（**Kehrer 1968: 5-6; Bellah 1968: 406-407**）：

1. **宗教的社會起源**：這是19世紀社會學家最常研討的題目，其中尤其是斯賓塞（Herbert Spencer 1820-1903）、戴勒（Edward B. Tyler 1832-1917）、馬克思（Karl Marx 1818-

1883）和涂爾幹（Émile Durkheim 1858-1917）的研究最
為卓著。只是這類的研究引起教會方面的異議，他們不承
認宗教行為「最終」原因可以用科學來加測知，從而使宗
教社會學分裂為批評的和維護的兩派。前者對宗教的存在
價值表示懷疑或據以否定。後者則以「研究有組織的群體
底結構和生活為限，而此類群體的原則和目標卻是神聖的
事物」（Le Bras 1965: 3）。以上兩派的主張至少還肯定
宗教社會的貢獻。有人則根本否定宗教社會學存在的價
值，像有名的神學家彭鶴飛（Dietrich Bonhoeffer 1906-
1945）就指出：「宗教社會學不啻為宗教史，只是集中其
視線於一般歷史和政治兼經濟的層面而已」（Bonhoeffer
1960: 14）[46]，從而不承認有設立宗教社會學的必要。

2. **教會群體的社會生活和宗教生活**：這是有異於宗教社會
學，而為教會的社會研究（*kirchliche Sozialforschung*），
其代表人物為黎布赫（Gabriel le Bras）。不過，有些教會
的教會研究者主張這類研究應由隸屬於該教會的神學者和
社會學家去推動，而不宜由他人越俎代庖（Le Bras 1955:
10）。

3. **宗教和「俗世」（profane）社會之間的交互影響關係**：
此一研究首由馬克士・韋伯啓其緒端，而由瓦赫（Joachim
Wach 1898-1955）和閔興（Gustav Mennscheng）加以闡釋
發揮。韋伯研究宗教與經濟的關係，瓦赫和閔興則主張對
宗教和社會的關係予以較大幅度的考察，而不僅侷限於宗

---

[46] 關於彭鶴飛的神學思想可參考魏岳山＜彭鶴飛的生平思想＞，刊《現代學苑》
第50期，1968年5月第169-172頁（總頁）。

教和經濟的關係底研究而已。不過這種大幅度的觀點容易偏向於護衛和教條式的主張，而難保其客觀性。

12.3 宗教社會學的界說

關於宗教社會學的定義，我們且舉幾個社會學者的意見來界說。德裔美國學者瓦赫指出：「宗教社會學在研究宗教和社會的交互關係（interrelation），以及宗教和社會之間所產生的互動（interaction）底形式」（Wach 1943: 11, 205）。瓦氏並稱：「宗教的衝動（impulses）、理念和制度影響社會的力量、社會的組織和層化；他方面也受這些社會力量、組織和層化所影響」。

美國宗教學者諾婷函（Elisabeth K. Nottingham）也提示一種包含較廣的定義，他稱宗教社會學所涉及的宗教是「群體行為的一個面向，以及宗教在歷代扮演的角色」（Nottingham 1957: 20-21; 張天增 1969: 50）。

另一美國社會學家殷哲爾（J. Milton Yinger）強調瓦赫的看法，認為宗教社會學廣泛地說是：「一種科學，以研究社會、文化和人格怎樣地影響宗教，亦即怎樣影響宗教的起源、教義、實務：怎樣影響到宗教表現的群體之類型和宗教領導階層的種類。反之，宗教社會學也在研究宗教怎樣影響社會、文化和人格——包括社會保持和社會變遷的程序、規範體系的結構、人格需求的滿足或挫折等等。我們必須牢記的是這許多不同因素之間具有互動的性質」（Yinger 1957: 20-21）。

早期西德經濟學者繆勒・阿馬克（Alfred Müller-Armack ）認為宗教社會學是文化社會學的一部分。就像文化社會學分析文

化的存有（*kulturelles Sein*）一般，宗教社會學是以信仰及信仰
的形式在其歷史的現象，來作爲研究對象的。宗教社會學不受某
種神學的觀點所拘束，所以它是經驗的科學（Müller-Armack 1964:
792）。

　　荷蘭學者傅利霍夫（Peter Hendrik Vrijhof）指出：由於古典
和現代宗教社會學討論主題的不同，因而宗教社會學的定義前後
有異。古典的宗教社會學，視宗教現象與人類社會具有關連，只
有研究這等關連才有科學的意義。因此宗教社會學在研究宗教與
社會的交互關係（*Wechselbeziehungen*）以及交互作用（影響
Wechselwirkungen）。不過在做此種研究時，我們卻不可以誤以
爲宗教和社會爲兩個彼此不關連的對立體。現代的宗教社會學則
側重現代社會中宗教和教會地位的改變，以及宗教和教會對於變
化中的社會底適應情形（Vrijhof 1966: 10ff, 13ff, 29ff）。

　　進一步來說，現代宗教社會學最重要的任務在於確定何謂宗
教或何謂宗教現象。基本問題在於：做爲「社會學家」的宗教社
會學者以何種方式來確定宗教對社會的影響、或確定宗教對於人
們行爲或社會的適應情形；因此，社會學家必須首先認清宗教的
特徵。爲此之故，他必須熟悉宗教的定義，特別是宗教的社會學
定義（*ibid.*, 16）。

12.4　宗教的社會學定義

　　世上的宗教種類繁多，派別紛岐，因此要爲宗教下一個確切
的定義是非常不容易的。我們且援用幾位宗教社會學者對宗教的
界說，來加以說明。

法儒赫惟爾（Jean Reville 1854-1908）認爲：「宗教是人類要求理解未知的超自然的神秘世界，並以現實世界與之合致的努力」（Reville 1939: 39; 惠衛林 1968: 239）。

德國哲學家兼社會學者霍尼希漢（Paul Honigheim 1885-1963）認爲宗教是人類的社會行爲之一種，「此種行爲乃取決於想像，亦即想像人類可與超自然的本質或超自然的力量相交接」（Honigheim 1958: 119）。

殷哲爾則從宗教行爲的功能出發，界定宗教的意義爲：「信仰的想像和希望的體系，藉這種體系一群人企圖去解釋人生最後的問題」（Yinger 1957: 99）。

閔興認爲宗教「是與神聖（*das Heilige*）相交接」的社會行爲（Mensching 1959: 18）。

帕深思把宗教看成爲非經驗性而又具有價值估量（估價）的性質底信仰體系（Parsons 1959: 331, 367）。所謂經驗性與非經驗性的現象之分別在於前者可爲經驗的一部份，且可供互爲主觀的檢證，後者不具此特質。

涂爾幹稱：「宗教是有關神聖事物的種種信仰和行爲的結合體系，而所謂神聖事物就是指隔離的事物或禁忌而言」。宗教產自社會，是社會的樣式，而表現不同的形狀，爲一種「卓越的集體事物」（Durkheim 1912: 65; 衛惠林 1968: 240; 許國三 1964: 3）。

幾乎世上各種各類的社會中，不管是進步的，還是原始的社會中，都有宗教或類似宗教的存在。問題只是宗教對社會成員的約束或其規範力量並不是一致的，卻是常隨社會的不同而增減其約束力。像涂爾幹視宗教行爲是社會生活建設性的力量，他的宗教觀已不限於普通的信仰系統，而是兼及民族的或政治的意識形

態。就涂氏廣包的信仰觀念來觀察，可說與孫中山所指的主義——一種思想、一種信仰和一種力量——有異曲同工之妙。因此一個政黨的主義在某種意義下，也具有類似宗教的性質。特別是像共黨或納粹以政治信條替代宗教信仰，更足以說明全體主義社會中仍有近似宗教的事物底存在。

12.5 宗教社會學的學術地位和研究方法

顧名思義，宗教社會學是特殊或專門社會學的一種。這類社會學所涉及的事物是宗教的現象，由於宗教社會學涉及宗教現象，遂與神學發生某種程度的關連。這種關連對宗教社會學本身而言，並無好處，因為它容易啓引疑竇，被人懷疑為神學的輔助手段，或為隸屬於神學的輔助科學。其實宗教社會學既無意供宗教驅使，而傳佈福音或廣結善緣，也不想淪入無神論者之手，而用以攻擊教會或排斥神祇。它是社會學科，目的在增加人們對社會事實的認識。宗教社會學不同於神學之處在於其為經驗而兼實證的科學。

不過宗教研究中也有經驗的宗教科學之存在，那麼這類經驗的宗教科學究竟與宗教社會學又有什麼分別呢？學者研究的結果咸認：分別之處在於提出問題的方式及研究對象的選擇兩項。

原來宗教社會學所感興趣的是人們的宗教行為（例如禮儀）、或受宗教形式和宗教內容所制約的社會行為。反之，宗教科學主要的著眼點在於宗教現象的整體，而將宗教現象看成為主要的研究目標，因此也就不探究潛藏在宗教現象背後的社會意義。不過，現代的宗教科學已漸漸趨向於引用社會學的知識，像范德禮

（Geradus van der Leeuw 1890-1950）、瓦赫和閔興的研究便是顯著的例子。

在宗教社會學的發展史中，顯示這門學問得益於民族學不少，特別是拜受英、法民族學派的社會學家之賜。由於原始社會的宗教色彩濃厚，祭祀和儀禮之被重視，因此民族學者藉田野的研究，希圖發現沒有文字民族的宗教典型來。儘管今日的民族學者，逐漸放棄這等追求原始宗教類型的努力，但是民族學和民俗學的發現，常有助於社會學理論的架構。在美國早有人從事宗教民族學的研究，此等宗教民族學和宗教社會學的不同爲：前者只灌注於沒有文字的民族底宗教現象，後者則研究全人類各種宗教及其社會背景。尤其是宗教社會學非常重視西方的現代社會之宗教問題。原來西方社會180年來的危機重重，引發了社會學家的注意，也催促了社會學的誕生，是以西方社會成爲宗教社會學特別留意的研究對象。可見社會學和民族學的相輔相成有助於社會學理論的建構。

如果我們考察宗教和社會其他部門，諸如政治、法律、經濟、文化、教育、家庭等等的關係，那麼我們不難知悉宗教社會學和政治社會學、法律社會學、經濟社會學、工業社會學、文化社會學、家庭社會學等等的交織密切。由於社會生活的每一部門和每一層面都和其他的部門、或層面盤根錯節連結在一起，因此這類專門社會學之間的重疊交錯是在所難免。自帕森思以來，社會行動的被重視與日俱增，目的在說明社會的各部門形成一完整的體系。

宗教社會學和知識社會學的關連尤其密切。知識社會學係源之於對意識形態的批判（*Ideologiekritik*），其目的在尋覓精神或思想結構的社會基礎。它表面上似乎與宗教社會學不相容；可是

我們如果進一步考察，則不難發現兩者都在尋找精神現象（宗教和知識都是精神現象）的社會背景和社會關連，況且兩者努力解開世界之謎（*Entzauberung*），並使不可知的事物成爲可知的，使散漫無章的事物成爲有組織、有系統的科學知識。在這一層意義下宗教社會學和知識社會學不但不互相排斥，且能攜手合作，而發揮批判的功能（Berger & Luckmann 1963）[47]。

　　當做經驗科學的宗教社會學是不能不從事經驗研究的，儘管宗教科學和民族學提供了大量的資料，但這種資料只能權充宗教社會學理論導向下的假設架構底素材。在進行調查工作時，宗教社會學家必須援用經驗的社會研究[48]底種種方法和技術。其中尤

---

[47] 參考：沈國鈞：＜知識社會學對認識論底批評＞，刊：《祖國週刊》，第二十二卷（總目二七七）1958年4月21日，香港，第6至第8頁。又沈國鈞，＜知識社會學對形式主義底批評＞，刊：《祖國週刊》第二十二卷第九期（總目二八二），香港，1959年5月31日第7至第8頁。居浩然：＜知識社會學＞，刊：《文星》雜誌，第六十六期，1963年4月1日，臺北第24至27頁，胡秋原：＜廿世紀之歷史、文化、和知識社會學＞刊：《中華雜誌》，第三卷第九期，（總目二六），1965年9月16日臺北，第12至23頁。洪鎌德：＜知識社會學發展概觀＞，刊：國立台灣大學《社會學刊》第六期，臺北，1970年4月15日第101頁至第124頁，以及本書第11章。

[48] 參考：洪鎌德 1969a 〈社會科學研究一般方法概述〉，刊：《現代學苑》第六卷第四期（總目六一），1969年4月10日臺北，第1至第7頁；同作者 1969b 〈社會研究的主要技術〉，刊：《現代學苑》第六卷第七期（總目六四），1969年7月10日臺北，第7至17頁；同作者 1969c 〈社會學的實用、研究和理論〉，刊：《新時代》，第九卷第八期，1969年8月15日臺北，第18至21頁。參考本書第4、5、6章。

其是詢問法的技巧，應特加注意。因爲宗教社會學家所詢問的問題常是涉及個人最隱私的範圍（*Intimsphäre*）。詢問的技術如果不好，會導致被詢問者感情激動，從而失卻客觀和持平（Fürstenberg 1969: 116）。

在西方社會中，宗教行爲的徵兆裡，人們的意識態度（內心的傾向）和外表的儀式行爲都是同等重要。在這種情形下計量的方法（例如參加宗教活動的人數及次數）有助於瞭解宗教生活與經濟或政治的結構之間底關連。在小型的宗教群體（如宗教、秘密結社）中，研究者可藉參與或非參與的觀察法去加以考究。由這種研究法所獲得的結果自然需通過互爲主觀的檢驗而排除誤謬。至於應用標度法（scaling, *Skalierung*）於範圍較大的單位之研究，是很適當的。此法如能與詢問法交相援用，收效當更大。關於宗教團體的「產物」（*Produkte*），以及宗教成果在世俗化的大眾傳播中之研究可以應用內容分析法。此法如能結合宗教典籍的文字解釋，以及結合與宗教有關的文獻的分析，那麼它的效用便極彰著。

時至今日有關宗教社會學研究的資料雖不斷堆積，但卻未能形成足以解釋宗教的社會現象底理論。因此今後的研究似應側重於構成理論的層面或面向（*Aspekt*）底考察，特別是發揮古典學派學者如涂爾幹、韋伯、馬立諾夫斯基（Bronislaw Malinowsky 1884-1942）等精湛的思想，而啓開批判性的理論之門。

談到理論最有名的當是韋伯的「世俗化論」（*Säkula-risationsthese*），其次是費希德（Joseph H. Fichter）及殷哲爾的「統合論」（*Integrationsthese*）——視宗教爲社會統合的工具以及馬克思與佛洛伊德（Sigmund Freud 1856-1939）的「補償論」（*Kompensationsthese*）——宗教是心靈的慰藉或補償。這些理論

也常被人津津樂道。

　　我們將在下一節中，詳述宗教社會學演展史兼敘歷來思想家
對宗教與社會的關係底看法，以及宗教社會學最新的理論。

12.6 宗教社會學的發展史

12.6.1 宗教社會學研究和理論的前驅

　　儘管正式採用宗教社會學做為獨立、特殊的社會學，是起自
1898年涂爾幹的《社會學年鑑》（*Année Sociologique*），但研究
宗教與社會的關係卻可以遠溯歐洲啟蒙運動的前期。雖然培根和
法國百科全書派人士（*Encyclopedistes*）對宗教社會學未曾有直
接而具體的貢獻，可是他們有關宗教方面的批評，卻常被後人引
用。

　　原來法國啟蒙時代的思想家對宗教有兩種主要不同的看法。
其一是認為宗教乃是由於人們對現世的不滿和挫折底反映，亦即
人們將這種不滿的情緒投射至另一個想像中圓滿的世界，以求精
神的解脫和靈魂的慰藉。這一派的宗教觀可稱做是「補償論」
（*Kompensationsthese*）。另一派的看法是把「補償論」加以引
伸，而指稱人們的宗教想像不僅是個人主觀的心像問題，甚至落
實為群眾的信仰，而成為社會制度。僧侶或教士們再藉這類宗教
信仰的制度化，而將主觀想像變為客觀事實。再者僧侶階級為著
配合統治者，來保持他們共同既得的利益，於是宗教乃淪為維持
既得利益集團，欺騙無知大眾的統治工具。這派極端的看法可以

稱做是宗教的「僧侶眩惑論」（*Priestertrug-Theorie*）（Matthes 1969: 220-221）。

聖西蒙（Claude Henry Graf de Saint-Simon 1760-1825）最先認為宗教、宗教的制度和教會中的神職人員是與理性的社會秩序不相容的。其後他卻修改其先前的觀點而推崇宗教為團結人群、促成人們行為的動力。聖西蒙的秘書孔德（Auguste Comte 1798-1857）繼續保持法國啓蒙運動的批判精神，而在歷史文化三階段中，將神學階段放在草昧未興的前期。此種「神學階段」必為「哲學階段」所取代，最後「哲學階段」再消失於實證的「科學階段」裡頭。儘管孔氏這三期說含有濃厚的社會哲學底意味，但它卻指出：神學體系（拜物教、多神教、一神教等）與社會階段結構、財產以及統治關係底關連（吳庚 1964: 51-53）。由於他視宗教為統治階層欺騙其餘民眾的手段，遂開創宗教的社會學意義底客觀研究[49]。

史特勞士（David F. Strauss 1808-1874）和費爾巴哈（Ludwig Feuerbach 1804-1872）曾指摘宗教是人類製造的產物。馬克思卻發揮上述「僧侶眩惑論」而索性把宗教看成社會的產品（*gesellschaftliches Produkt*）。據馬氏的看法：建立宗教不是個人而是「社會體」（*Sozietät*）。宗教乃是社會上最被忽視、最被剝削的群眾之麻醉劑——「民眾的鴉片」；亦即統治階級為欺騙民眾所施放的煙幕，目的使民眾麻醉，認份安命而不知起來反抗加在他們身上的壓迫和不平底待遇（Marx 1962: 488；*CW* 3: 175-176）。

19世紀中教會開始憂慮傳統宗教行為的喪失，於是教會的社

---

[49] A. Comte, *Soziologie* 德文譯本 Jena, 1923, Bd. 2, S. 144.

會研究（*kirchliche Sozialforschung*）跟著興起。例如歐廷英（Alexander von Oettingen 1827-1906）有關基督教倫理學說與一般道德的關係底統計資料。桂特列（L. Adolphe Qúetelet 1796-1874）有關信仰和社會道德水準的研究，都曾指出宗教團體對社會風氣的影響是重大的。

12.6.2 民族學派的宗教社會學

自從15世紀新大陸、新航路相繼發現後，歐洲人始得接觸向來陌生的異族。隨著傳教士的報導，歐洲人對「蠻貊之族」開始有點瞭解。直至19世紀人們方才應用科學的方法研究沒有文字的民族，此時進化論成為推動這種研究動力。

在嚴格的尺度下戴勒雖不能被看做一位社會學家，但他的著作對此後英、法民族學派的宗教社會學卻大有影響。原來他所著《原始文化》（*Primitive Culture : Research into the Development of Mythology, Art and Custom*, 2 vols, London 1871）一書是以心理學觀點寫成的，而不是用社會學的方法。戴勒認為宗教現象的起源是由於「原始民族」的缺乏知識。宗教乃是「對神靈本質的信仰」，相當於原始民族中流行的「泛靈崇拜」（animism）（Tylor 1871: 383）。宗教主要是一種祖先崇拜，乃產自對夢與死亡的生理或心理機械作用之無知。因此戴勒認為人們應當排斥宗教中這類阻撓社會進步的因素。

斯賓塞接受戴勒的看法，認為宗教乃產自靈肉的分離。他認為宗教的社會功能，第一在藉對祖先的葬禮或祭祀達成家人（子孫）的團結諧和；第二、宗教在堅定個人得自傳統的行為，使個人相信，凡為宗教所認可的行為便是正當無誤的行為；第三，宗

教促成民族的統一；第四，宗教使私人財產的保持獲得正當化，因爲宗教中的教堂和聖器是被視爲神聖不可侵犯的。這種神聖不可侵犯的觀念轉移到個人的財產之不可侵犯。因此斯賓塞認爲宗教在保障社會的延續，因之產生社會的認同作用（Spencer 1882, V: 117; 嚴復 1965）。

傅拉哲（James Frazer 1854-1941）也是由泛靈崇拜出發而檢討祭祀死者的意義。他認爲宗教乃產自對宇宙的不朽底信仰。進一步他視巫術爲科學的姊妹。當原始人的巫術不靈驗時，他們便寄望於超自然的神秘力，由是宗教的本實，可以說是和神秘力求得諒解的事物（Frazer 1925: 50）。

涂爾幹在其1898年創刊的《社會學年鑑》中曾論及宗教社會學的問題。試圖爲宗教現象下一個不帶價值判斷，不帶意識形態色彩的定義。因此他首先分別聖潔的（sacred）和俗濁的（profane）世界。宗教乃是「一種信仰和行爲連帶體系，此種體系牽涉到神聖的事物，亦即分離的和禁忌之物。信仰和行爲乃藉道德團體——即教會——而求取結合」（Durkheim 1912: 65; 許國三 1964: 3）。

我們所以把涂爾幹看成爲民族學派方面的宗教社會學家，乃是由於他引用的資料取自澳洲未開化的民族之故。除此之外，他的分析卻是從一般社會學出發的。涂氏反對進化論觀點，不認爲宗教是前科學的產品，而認爲它是社會建構因素之一。宗教不是怪力亂神，而是「實在內容之物」，只有當宗教是一種社會現象之時，該社會方才具有宗教性。神聖的事物（包括聖神）乃是社會一致的象徵。就澳洲土著而言，圖騰（totem）乃爲某一氏族（clan）的標誌，不僅原始社會具有宗教性，就是現代社會也是宗教的。原因是替代了宗教的體制就是民族的或政治的體制。涂爾幹可以說是宗教的社會學理論底奠立者。他的理論一度被誤解

為社會學主義（*Soziologismus*）之產品，一切都以社會學至上來加以解釋，不過這種誤解今日已逐漸消除。

繼承涂爾幹而把宗教社會學演伸發揮的法國學者莫士（Marcel Mauss 1872-1950）和于伯特（Henri Hubert 1872-1927）。兩人解開宗教和巫術的對立，而將巫術的行為看成社會行為，亦即看成為不屬於有組織性的崇拜之社會行為（Mauss et Hubert 1902/1903;1960）。此外莫士又研究宗教與司法制度以及宗教與金錢的關係。

穆尼葉（Rene Maunier 1887-1948）分析圖騰對貨物交換中宗教性質之意義。由於沙諾夫斯基（Stefan Czarnowski 1879-1937）的介紹，涂爾幹有關宗教的學說也遠颺於波蘭。

以上為涂爾幹學派中犖犖大者，至於對涂氏學說有所批評的人，首推雷維蒲（Lucien Lévy Bruhl 1857-1939），他不認為原始人與現代人思想形式有何絕對上的不同。雷氏甚至否定原始社會有宗教的存在。蓋原始人對於靈肉的分別沒有什麼感受的緣故（Lévy-Bruhl: 1956: 240）。

馬立諾夫斯基對於民族學方向的宗教社會學有承先啟後的功勞。他能夠把理論和民族學的田野研究加以巧妙地結合。他指出巫術和宗教在自然的作用關連下與理性並存不悖。宗教的功能在於使人生無法解決的問題（例如死亡問題），加以適當的處理，亦即在抑制未亡者感情的創痛，而使社會秩序維繫不墜。因此馬氏與涂爾幹觀點一致，皆承認巫術和宗教具有統合的功能（Malinowsky 1946）。

賴德克立夫・布朗（Alfred R. Radcliffe-Brown 1881-1955）持一種修正的功能看法。他特重宗教中的禮儀行為。在賴氏眼中宗教乃是社會中對超個人的道德體系依賴感的表現（Radcliffe-

Brown 1961: 157）。

12.6.3 馬克士・韋伯的宗教論

韋伯在1904年與1905年之間發表他那傳頌一時，千古不朽的作品：《基督新教倫理與資本主義精神》（*Die protestantische Ethik und der Geist des Kapitalismus*）[50]。這篇長文藉社會史的敘述來分析宗教制度對非宗教領域的影響。

首先韋伯說明宗教在社會階層中的分佈不平均，尤其是16世紀至18世紀之間有一個明顯的現象：即是在新教（誓反教）流行的地區充滿了「資本的持有」（*Kapitalbesitz*）底現象，且擁有眾多「現代企業經營」（*Modernes Unternehmertum*）。反之，在天主教傳佈的地域，經濟方面的發展似乎比較落後。新教中的清教徒之所以善於理財，實在是拜受新教神學之賜。韋伯認爲資本主義是一種精神的原則，這個原則具有歷史的一度性。資本主義的精神乃是「染上倫理色彩的生活之道」，這種精神一旦普遍地出現，便會導致非理性的利益爭奪，再由利益爭取而促成生活各部門的合理化。此一精神最顯明的特點爲反對傳統。資本主義精神無疑地源之於宗教改革家的神學。蓋在這種神學中，其中心思想爲勸人「全神貫注於職業勞動」（*Das Sich-Hingeben an die*

---

[50] 此書原本見 *Archiv für Sozialwissenschaft und Sozialpolitik*, Bd, XX, und XXI, 1904-1965, 複印在 M. Weber, *Gesammelte Aufsätze zur Religionssoziologie*, Tübingen 1947 Bd. I, 此外見單行本 Siebenstern-Taschenbuch, 53/54 Hamburg / München 1965; 華文譯本：張漢裕譯，韋伯著：《基督教倫理與資本主義精神》，1960，臺北，協志出版公司。

Berufsarbeit）。原始的職業觀念含有宗教的意味：即傳統基督教義中要求每人應受神諭，致力世俗的操勞，且忠實於本行，而不可見異思遷。路德教徒的職業觀念，也重守成和守靜。及至喀爾文倡導人生不停地勞作，和不時的自我反省、自我節制；特別是節欲守貧，俾抑止對宗教的懷疑時，這種神學理論終於促成後來資本主義精神的萌芽（洪鎌德 1998b：133-136）。

易言之，喀爾文教教義的中心是「先天命定論」（Präde-stinationsdogma）。即上天早已決定何人可以得救，何人無法得救。喀爾文教不像天主教主張：人們只要得到上天的恩寵，再加上畢生的信仰奉獻，便可得救。反之，喀爾文教主張：個人必須孤獨勤勞，在人世的慎獨中，經由不斷地勞動而體悟得救的道理。蓋不厭世、不離世的苦行潛修，與現代資本主義入世而具理智的精神是相通的。於是喀爾文教徒和清教徒便以勞碌戒慾為宗教的清涼劑，同時把勞動的成果看成上天的恩寵。在這種精神高漲下，資本主義乃得興起，而過去用以支撐這種精神的宗教力量反而日漸隱遁，終至消弭於無形（高承恕 1988：61-70）。

杜爾齊（Ernst Troeltsch 1865-1923）在其1906年的著作《基督教會與群體的社會學說》（*Die Soziallehren der christlichen Kirchen und Gruppen*, Tübingen: Aalen 1961）中也提出同樣的觀點。只是杜氏不像韋氏那樣側重宗教對經濟的影響而已。

稍後梅爾頓（Robert K. Merton 1901-）繼承韋伯的思想並加以發揮，他指出喀爾文教義不但促成資本主義的誕生，而且對17世紀英國自然科學的興起大有貢獻（König 1967: 262）。

韋伯有關宗教對資本主義的影響底看法，一度被視為是對抗馬克思的學說。儘管韋氏不曾以單一的原因來解釋歷史的形成（Müller-Armack 1964: 793）。此外韋氏最重要的作品：《經濟

與社會》(*Wirtschaft und Gesellschaft*, Tübinger 1965; Köln u. Berlin 1964)一書中有系統地敘述宗教社會學,也值得我們留意。

在《經濟與社會》一書中,韋伯指出宗教的行為在表現為社會的現象時,常是朝著現世而發的(Weber 1956: 245)。這並不意味宗教僅是社會結構的反映,而是指稱宗教的結構決定宗教聖器的選擇。信仰的起始並不是由於「群眾宗教性」(*Massenreligiosität*)使然,而是「名手(大師、高僧)的宗教性」(*Virtuosenreligiosität*)的作用。以後隨宗教的傳佈遂產生具有相同精神的典型社會階級來,他們成為宗教的護持者(如印度教中的婆羅門、儒教中的儒士、喀爾文教中的實業家等)。因此社會層化與宗教性的相互配稱乃是韋伯宗教社會學的核心(Kehrer 1968: 34)。

12.6.4 現象體驗的宗教社會學

對社會和宗教現象有系統的加以研究,首推瓦赫氏。瓦氏對宗教的考察既不在為宗教本質提供社會學的理論,而且也不侷限於宗教的某些問題之覓求解答,而是為宗教的社會現象描繪出一個輪廓。他自稱其研究的路數是遵循韋伯、杜爾齊、歐托(Rudolf Otto 1869-1937)及范德禮等人的蹤跡邁進,並求踵事增華。

歐托於1917年出版《神聖之物——神的理念之非理性及與理性事物之關係》(*Das Heilige: Über das Irrationale in der Idee Göttlichen und sein Verhältnis zum Rationalen*, Breslau 1917)一書,為瞭解各宗教提供一共同範疇的體系。歐氏認為:「宗教是一種神聖事物底體驗」(*Religion ist das Erlebnis des Heiligen*)。

范德禮可以說是宗教現象學的真正創立人。他首先分析各種

宗教開山祖師、聖徒、神聖團體等等的角色，其後則研究社群和宗教的關係。

謝勒（Max Scheler 1874-1928）在知識社會學中，分別文化社會學和實質社會學的不同，而強調精神現象獨立不阿的地位。他贊同宗教本質中「獨立自足的進化」（Scheler 1962: 75）。以上爲宗教現象學的先驅，現在我們試行敍述這派學人中集其大成的瓦赫氏底基本思想。

瓦赫係在1933年納粹當權後，被迫棄離故土而遷徙美國。他本爲宗教科學家、神學者和哲學家。他的宗教社會學是一個廣包的宗教科學之一分支。原來他認爲宗教科學應包括：第一、聖書詮釋學（Hermenneutik）；第二，宗教經驗的現象和表現方式；第三，宗教社會學。關於宗教社會學，瓦赫認爲是不能與宗教科學分開的科學。原因是宗教的體驗離不開理論（教義）、實務（崇拜禮儀）和社會性（宗教團體——教會）三者。因此宗教社會學的首急之務，在於把握上述第三類宗教經驗的（社會性）表現方式（Wach 1951 chap. II）。

瓦氏的著作充分顯示作者所受現象學派的影響。他於1925年出版了《師傅與宗徒》（Meister und Junger, Tübingen, 1925）一書，說明宗教性的結合之關鍵爲師徒的關係。因此師徒關係爲宗教社會學研究的對象之一。對於瓦氏而言，宗教和社會乃是各自獨立的體系，不過宗教和社會之間卻也存在著錯綜複雜的關係，宗教的團體組合和宗教領袖的類型等，爲宗教社會學探討目標。瓦赫自稱比韋伯對宗教的內在事素更具興趣。他批評韋伯的地方是：第一，韋伯忽視宗教的內在面（die Innenseite），也忽視了宗教的自我解釋。第二，韋伯過分強調宗教和經濟的關係，因爲宗教社會學所研究的對象不是這種關係，而是宗教和社會組織

（*gesellschaftliche Organisation*）的聯繫（*Verbindung*）（Wach 1931: 88f）。此處顯示瓦赫未免把韋伯的觀點做了太狹隘的解釋，而沒有把握到韋氏以「社會行為」（*Soziales Handeln*）作為社會事件的基本因素底主旨。由於瓦氏深怕自己陷身於「社會學主義」窠臼中，以致他的研究成為百科全書式的資料的蒐集，而對社會學的理論建構少有裨益，這是他的學說美中不足之處。只有當人們把宗教看成社會演展之一部份而不是獨立無關的事物時，才能夠打破宗教與社會對立的僵局。

12.6.5 以社會現象學來解釋宗教

貝爾格在其著作《聖帳》（1969）一書中，主張宗教社會學應該把神學問題束諸高閣，不必探究生命最終的「真理」是什麼、神究竟是否存在之類的問題。反之，學習韋伯以「價值中立」的立場，對這類神學問題「漠不關心」（disinterested）。知識社會學家以價值中立的立場，或漠不關心的態度來看待宗教所追求的真、善、美、聖，而只把宗教看成為「世界建造」（world building）過程之一。

一如前面知識社會學所述，貝爾格及其合作者（盧克曼），視日常生活的社會實在是通過人們象徵性意義的類型（patterns of symbolic meanings），「社會地建構」（socially constructed）起來。易言之，人們日常生活的社會實在是在大家的社會互動中形成了行為模式，也形成意義的類型，而建構起來的。社會實在中以社會秩序最為大家所關心。而社會秩序的維持並非容易，經常隨著歷史與社會的變遷而轉型。社會秩序的穩定常依賴一些象徵符號的支持與加強。這類象徵符號是大家平時所共享的、共認的，

這些集體的象徵也是支持社會現狀的柱石。象徵的系統含有意義，而意義體系構成了人類的知識，大眾公認的知識具有正當化（legitimation）的作用。正當化的作用在於解釋與社會秩序有關連的意義，有時不只在解釋，也在合理化這些現存的意義。

貝爾格指出，正當化不只有規範的作用，更是具有知識的作用、認知的作用。認知的作用在解釋「這是何物？」，而規範性的作用則在指出「這些應該是什麼」？「我們該怎麼做」？正當化就靠著描述與規範這兩種性質，協助人們維持社會所建構的世界（社會界、生活界）之運作與維持。一旦正當化與複雜的信仰體系交織，而為日常生活提供一個更高的實在（a higher reality），它就必須牽涉到神聖的和宇宙的參考架構。這便是宗教的出現。是故宗教乃是社會共享的正當化中最高的表述，也可以說是社會生活中各種各樣正當化最高，也是最終的一種。

不過正當化本身也是變化無常，甚至有趨向解體之虞，所以有賴信眾（對正當化信以為真的群眾）靠儀式的實踐來使其反覆出現，經常發揮作用。對正當化與社會秩序威脅最大者莫過於社會混亂和令人驚駭的天災地變，這包括死亡與自然災難。這些反常事故的發生常挑戰合化性的社會意義。於是在宗教當中的「神義論」（theodicy）便是用來迎擊挑戰，達成保衛社會現狀與社會秩序之目的。

神義論特別是用來解釋那些無從解釋的異常事故，把這些事故安頓在一個有意義的脈絡裡。這樣做可以解除既存正當化所受的壓力，而保護社會現狀。例如在泛靈派的信仰體系中，久旱不雨可視為上天的震怒降禍，必待祭司或當局的懺悔贖罪，進行祈雨祭祀，才能平息天怒，才能紓解民怨。事實上祭祀典禮在使參與者彼此和解，儘管它的外表是藉人與自然的再度協調之方式來

完成的。

貝爾格指出主張一神教的基督教怎樣運用特別的、精巧的神義論來迎擊災難的挑戰。基督教的神義論並不針對異常事故直接解釋，而是以轉換議題的方式引起挑戰者的遐思。例如當人們遭遇橫禍而質問：「上帝怎樣會讓這種事故發生」？基督教的神義論並不針對此一問題提出解答，反而提出更尖銳的問題：「你是什麼人膽敢質問無所不知、無所不能的造物主行事的動機」？

貝爾格以現象學的方式來探討宗教的問題，固然一新耳目，但其主體觀的偏頗引來不少的批判。由於他的理論無法處理社會權力的變化多端，特別是他對階級、種族、性別爲基礎的人對人之壓迫無法解釋，或解釋不夠服人，他這套宗教社會學可資應用的範圍就相當有限（Dello Buono 1994: 1954-1956）。

12.6.6 有關宗教的最新看法——控導學的理論

1960年代以來，由於行爲科學（Behavioral Sciences）的發達，所以對宗教也有新的界定和評價。其中特別是帕森思所提出的行動論（action theory）和韋納（Norbert Wiener 1894-1964）的控導學（cybenetics）對社會科學和自然科學的推進與結合，都有石破天驚的功效。行動論尤其能夠綰結社會科學和控導學，使成爲一門足以廣泛解釋人文社會和自然現象的科學（Bellah 1968: 409-411）。

根據帕森思的看法，不管是社群、或個人、或身體中的任何一個器官，都是一套體系（system），它爲了維持其生存，發揮其功能，不得不擁有四個基本要素，即模式保持（pattern maintenance）、適應（adaption）、目標獲取（goal attainment）

和整合（integration）。模式保持是指任何一個體系（社群、或個人、或器官）在一段時間過程中能夠不喪失其典型或該體系的本質，亦即保持它作爲一個體系應有的特質於不墜之功能。適應是指一個組織或體系對外界環境的配合，亦即能夠適應環境的變化。目標獲取是指一個體系能夠自行選擇，並追求某一個或某些目標而言，這也是體系存在的意義。整合是體系對其本身不同活動的調整，目的在使體系中的份子不致南轅北轍，而造成體系的崩潰。

　　控導學乃是一門新興的科學，其研究對象爲複雜而具韌性（活力）體系的組織與功能之一般規則。這類體系具有積極的和目標追求的行爲，亦即這類體系藉著訊息的吸收、儲藏、傳播而進行操縱和管理的程序。例如生物的神經系統，以及能夠自動操縱的生產設備（自動化機器）等等，就是自成一體系，而成爲控導學研究的對象。

　　每一個體系都是一個行動體系（action system）。行動體系可以被界定爲生物的一個、或數個組織（器官）符號性被控制，而又有系統地結構其行爲。一個體系所以能夠展開活動，其基本動機一方面是受其組織的能力所規定，他方面卻是受著符號控制的結果。所謂符號控制乃是指一個體系在其活動歷程中不斷地吸收外界的新事物，把它轉化爲符號模式（symbolic pattern）而儲存在記憶裡頭。這種符號模式一旦被一個體系藉學習過程加以吸收，便化成該體系的訊息（information）。因此訊息乃是一個體系有關其本身內在、或其周遭外在的一套符號模式。藉著這套模式，該體系方才能夠理解本身所處的環境。一個體系對訊息的理解和解釋完全與它早期儲存的符號有關，亦即通過歷史儲存的資訊化爲符號模式，這個符號模式能夠判斷新吸收的符號，而採取

必要的反應與行動。

　　我們（一個體系）所以瞭解或認識一個新的環境，乃是由於早期已學得的（被吸收的）知識（符號模式）重新組合的結果（「溫故知新」）。從而新環境乃在我們的記憶倉庫中成為一套新的符號模式。因此存在一個體系中的符號模式，一部分是受該體系所遭受的外界所影響，其他部份則是受該體系認識作用（藉怎樣的方式去獲取知識，以及獲取知識的快慢與多寡等）所制約的。除此限制之外，該體系擁有相當大的自由範圍，去接受或拒斥其他各種的符號模式。

　　因此，一個行動體系最重要的兩項因素為精力（energy 動能）和訊息。精力（動能）乃是由體系的組織所供應的，它的結構一方面是受組織能力所產生的訊息所影響，他方面也是受來自文化（學習過程）的訊息系統所左右的。

　　人類的行動體系乃是一套主動的，具有目的性而且擁有廣泛自由的體系。這裡所謂廣泛自由是指人類的行動體系中，對外界的適應和對內在的調整方式，種類繁多，而其使用也悉聽尊便。因此控導學的理論所強調的是體系的自主、自動學習、自行決斷等特徵。

　　如前所述，一個行動體系最重要的兩個基本要素是精力和訊息。精力和訊息的結構又是受到兩項造成官能動機和符號統合的系統所影響：即人格和社會。人格的重點集中在個人的組織（官能）之上，社會的重點集中於群體之上。不管是個人的人格也好，還是團體的社會系統也好，都受到它以前學習的歷史所形塑、所決定的。個人和團體是否能夠適應新環境、主宰新環境，完全以其學習能力的強弱以為斷。學習力強的人或團體，其蘊藏豐富，因此能隨機應變，克服周遭的困難，而成為擁有高度自由的行動

體系。

在行動體系中宗教所遭遇的兩個問題，第一是「認同」作用，第二是「潛意識動機」的問題。

原來一個人或一個社團（亦即任何一體系）為了有效發揮其功能，不能不對其周遭的環境和其本身加以一廣泛的界定，這種界定就是「認同」、或「認同作用」（identity）。這種認同作用尤其迫切的需要，當一個體系面臨危機或挫折之時。亦即當個人或群體遭逢困難（生死、疾病、解體等）時，他們只有藉認同作用來渡過難關，保持其本身，或恢復所受的創傷，使個人或團體得以繼續生存下去。

此外一個體系產自內在的動機，不一定都會受到有意義的決斷程序（dicision process）所控制。換言之，個人或社群除了有意義的動機外，尚有「潛意識的動機」（unconscious motivation）。這種潛意識的動機常受體系生長（產生此一體系之本質）的控制，而較少受符號程序的控制。

佛洛伊德（Sigmund Freud 1856-1939）曾經指出，由於人們幼時所受的養育，遂感受某種的壓抑，這種壓抑會將其後意識到的動機，抑制或壓迫為潛意識的動機。只當感情衝動時，潛意識的動機才會湧現出來。

顯然地，認同作用和潛意識動機是一對孿生的兄弟，它們常是互相關連的。因為在一個具有威脅、不定或分崩離析的環境下，人們（或群體）便會產生認同作用，急於瞭解本身及所處的環境之底蘊，同時潛意識的感覺如不安、恐懼和希望也跟著產生。這時認同作用不但提供人們（或群體）一番認知，而且必也供應一個動機上足以自圓其說的解釋。

宗教在一個行動體系中所提供者，也就是這種認知方面和動

機方面都能解釋圓滿的認同概念。也就是說我們（個人或團體）在遭遇重大變故時，宗教提供一番合情合理的解釋，好讓人們能夠安然克服種種困難，而繼續生存下去，這就是控導學對宗教所持的看法。

要之，吉爾茲（Clifford Geertz）為宗教所下的定義，正可以被目為控導學說中所主張的宗教定義。他說：「宗教乃是一大堆符號的體系，這種體系的活動是在人心中建立起有力的、有說服力和持久的心情（moods）和動機。也就是說宗教為人們的生存提供一般秩序的概念，並為這套概念穿上合乎事實的法衣，使人們以為動機和心情是接近事實的」（Geertz 1966:4）。

總之，宗教在一個行動體系中是具有統合意義與動機的最廣泛底機械作用。至此，我們也就約略地介紹了有關宗教的最新看法——控導學的理論。

至於把帕森思功能體系加以發揮，而成為引人矚目的宗教社會學則為德國學者盧曼（Niklas Luhmann 1927-）。其重要的著作為《宗教教條與社會進化》（1972, 1977），近年始譯為英文（1984）而獲得英美等學界之注視。盧曼不贊成把宗教體系仿效經濟體系，以顯示宗教體系的先進，或追上世界潮流。反之，宗教體系對全社會而言，是提供選擇的機會，亦即提供完善理想的社會行動給予全體社會，俾為社會走向完美之希望所寄。反之，經濟體系是無窮盡的發展體系，是開放的體系，不講究最終的理想（Luhmann 1977：207ff）。

12.7 宗教社會學兩大議題的修正——最近學界的動態

　　自從宗教社會學奠立至今有兩大議題一直成為學者注目的焦點：其一為世俗化（secularization）的主張；其二為宗教涉及無知與心神失常說。世俗化說是指隨著科技的飛躍進步，社會將會自宗教的信仰、宗教的活動、宗教的制度蛻脫出來，這也就是說一向為宗教視為神聖的精神力量逐漸消失於蒼穹之中，取而代之的是人活在更為堅實的、通俗的、平凡的現世裡。威爾遜（Bryan R. Wilson）界定所謂的世俗化為「宗教制度、行動和意識喪失其社會重要性的過程」（Wilson 1966：4）。亦即宗教活動之減退情形。

　　至於把宗教當做人無知、迷信、非理性，甚至精神失常的結果，就是認為正常人不可能相信超自然的勢力與神明之存在，只有知識低，眼界小，精神異常者才會相信怪力亂神之存在。

　　這兩項學說在過去一世紀中受著大部分社會科學家的擁抱，而視為當然。可是自從1980年初，相反的證據之累積，使這兩條自明之理的說詞受到質疑，乃至挑戰。更重要的是隨著科技的進步，知識的進展，宗教不但沒有消失，反而成為現世非常活躍的勢力之一。過去把精神異常當做宗教現象根源，也被新發現的事實所推翻：有宗教信仰的人顯示生活更快樂，心理健康更為明顯。把宗教當做錯誤的意識，「虛假的意識」或是「鴉片」的說法，也找不到證據。反之，宗教行為與理性選擇行為相似，也是人們

運用理智，做到利害得失分析之後的抉擇（Stark and Iannaccone 1992：2029）。

12.7.1 重新評估世俗化理論

自19世紀中葉以來社會科學家便預言宗教的死亡或消失，這可以用1836年孔德發明 *sociologie* 一詞的想法，他認為對社會進行實證的研究，最後社會科學會取代宗教。這便是世俗化理論取代神聖理論之始。在20世紀初華來士（Anthony F. I. Wallace）便認為宗教的未來演展將會消失無影無蹤，蓋對超自然力量的信仰膜拜，將被科學知識的散播所擊敗。可是經過70、80年來的變化，全球最講究科學知識的應用與傳播的國家，莫過於美國。但美國一世紀來，照理是全球最講究世俗化，最反對宗教，或最不受宗教所約束的國家才對。事實證明剛好相反，在美國宗教或宗派活動不但沒有消失，反而更趨活躍，不說別的，就統計數字的比較，美國教會的活躍份子，目前就有1860年的兩倍之多。以美國印地安納一個中型市鎮 Muncie 而言，1931年每763名居民才擁有一所教會，1970年降到每473人便擁有一個教會，證明教會數目的倍增。再則以中歐、愛爾蘭和新英格蘭信徒上教堂數目之比較，證明美國今日信徒的宗教活動並無遜色。冰島被視為世俗化的第一國家，但調查的結果，卻發現冰島居民參加教會活動雖然愈來愈少（不到10%），但在家庭中進行祈禱或婚喪禮儀均採用宗教儀式，人們對神明存在的感受深刻，這些現象仍足以反駁世俗化的理論。

由於重要教會像路德教會、羅馬天主教會這些「壟斷性」信仰的教會之權力與威望的消失，導致很多學者誤以為宗教已衰

微，須知取代這些教會的是新興的宗教派別、或所謂的民間信仰群體。以拉丁美洲爲例，過去藉政權來打擊那些反對天主教的勢力，可是近年來政權已不干涉人民宗教的事宜，也不迫害反天主教的新興教派，於是誓反教在拉美有如雨後春筍般地蓬勃發展，在過去20年間，拉美多數國家中的新教教徒已劇增至50% 左右，能不令人咋舌？不僅此也，伊士蘭世界，在基本教義派推波助瀾之下，信徒不減反增，其宗教活動之頻繁，只證明世俗化理論的錯誤。

12.7.2 迷信說與精神異常說的式微

把宗教當做人們無知、迷信和精神異常說一度甚囂塵上，像佛洛伊德在其著名的作品《幻想之未來》（1927, 1961）中，單單在一頁上面便把宗教看成「精神症」、「幻想」、「毒藥」、「迷幻藥」、「有待克服的幼稚症」（Freud 1966：88）。可是這種對宗教的輕視與敵意，在最近的研究作品中受到修正。貝爾金（Aline E. Bergin）在一篇涉及宗教虔誠與心理健康的文章中指出，根據經驗研究，有宗教信仰的人與心身健康的關係，正面有多於負面者。至於把信仰虔誠與精神官能症掛勾的研究顯示爲一種套套邏輯（tautologic），就是以心神異常來詮釋宗教虔誠的緣故（Bergin 1983）。

至於把宗教當做「虛假的意識」，也難以成立。伍茲瑙（Robert Wuthnow）指出：與一般的想法相反，獻身宗教與〔政治的〕保守主義無關，它也無法看出負面的關連（Wuthnow 1973：121）。東歐的例子剛好足以說明，像波蘭的天主教就是促成波蘭擺脫共黨一黨統治，而走上民主自由的重大力量。固然宗教對群眾而言，

或不免產生鴉片的麻醉作用（這是當壟斷性的教會甘願做統治菁英的工具時才發生的現象），但有時卻會刺激群眾讓他們產生反抗的力量，這時可能要改稱宗教是人民的安非他命罷？！

一個族群或個人的虔誠信仰不能輕易地斥為落後或無知的表現。易言之，並不是下層階級信仰宗教，而上層階級視宗教為無物。美國調查資料顯示在大學與專科執教的人特別是教授工程、化學、物理、數學、生物學的教員，隸屬某一教會的比率相當高。另一方面主張世俗化的人文學者之子女，容易接受宗教中的各派之講道（Stark and Bainbridge 1985）。

12.7.3 宗教信仰與犧牲的理性模型

由於以往社會學者對宗教虔誠的解釋不盡人意，所以近年間不少新的解析嘗試一一浮現。其中之一為理性模型的解說。其說法是認為愈為宗教作出犧牲貢獻，則信徒個人的收穫愈大。換言之，學者開始以行為的理性選擇之理論（rational choice theories）來對宗教信念與宗教犧牲作出說明（Iannaccone 1987）。

所謂的理性選擇理論是認為宗教一開始便要假定：個人對宗教的商品（其價值、內涵、形式、信仰的舉措）就像對其他的財貨一樣，要加評價、選擇、講價還價，然後進行交易、分配與消費。他們要評估代價、成本（包括「機會成本」）和利潤之間的好壞得失，才會進行交易與「消費」，隨而從中獲取最大的利益。特別是諸個人（信眾）會考量信仰帶來的重大報酬（報酬來自超自然的神明），也考量報酬與付出的代價（奉獻、犧牲）之間的比例得失。

理性選擇理論的第二步為假定對宗教的信持是由於宗教是

「集體生產」的商品，而非個人獨自幻想的結果。其理由有：其一宗教在情緒上與心靈上的慰藉之大小與它牽連社會事情的深淺有關。個人固然可以單獨唱聖歌而欣喜，但如果置身在千人合唱團中，有管絃伴唱，則其喜悅滿足的程度一定更大更高。其二，信奉宗教的酬報，並非一時一刻，而是未來久遠之事，亦即是一種投資與投機的冒險事業。因之，與別人交換信仰心得，有助於衡量利害得失。

採取這種分析方式的第三步，必須假定宗教牽涉到集體行動，但群體行動常常會受到不勞而獲，偷搭順風車者（free riders）之濫用。在集體活動中，總無法排除搭便車的投機者。投機者一旦多起來，團體的目標便很難獲致，參與團體活動的好處便相對降低。這種情形對教會的活動影響重大。教會一方面需要大量自動自發、熱心貢獻的教友，但他方面卻無法排除投機客的混入營私。是故教會對奉獻犧牲固然大力倡導，但對投機者的譴責、抨擊甚至「點香做記認」（stigma）也不容忽視，這樣教友的參與程度才不會降低，才不會退潮。是故，要求門檻很高的教會，固然有喪失會員之虞，但接受這種高要求的教友反而會認同此一教會，而形成教會本身的團結，也能杜絕那些只追求好處，不願盡義務的便車搭客（Stark and Iannaccone 1992：2034-2036）。

12.8 基本教義（fundamentalism）的出現

1970年代當伊朗的王室被推翻之後，霍梅尼（Ayatollah Khomeini）宣告伊士蘭革命完成。從此回教的基本教義派及其運動就像野火一般燃燒至亞、非各地的回教國土，於是基本教義成

為宗教世界裡既保守，但又激進的份子。基本教義派不只出現在回教中，也在基督教、猶太教、錫克教與興都（印度）教、佛教中出現。不過最早出現這個詞彙的是一名記者羅士（Curtis Laws），他在1920年的美國北方浸信會刊物《觀察檢驗報》（*The Watchman Examiner*）中，提及此詞。原來基督教福音會的保守份子，自1876年至1900年每年舉行研讀《聖經》的討論會，1910年開始出版乙份號稱《基本的資料》（*The Fundamentals*）提供信徒閱讀與遵守，這可謂為基本教義運動之濫觴（Gasper 1963：11）。

　　基本教義派是針對現代社會的變遷與新典章制度的出現，提出其反對意見者，他們要尋回現代化之前的文物、價值與理念。因之，有必要先說明什麼是現代性（modernity）、或現代化（modernization）。

　　根據貝爾格的說法，現代化或現代性有五大特徵（Berger 1977：71-80）：

　　（1）由具體轉化為抽象。人們從鄉村社區、社群具體的、親密的人際關係，轉變成城市孤立無助，鄰里形同陌路，只為生存而出賣勞力的工作機器。市民的特徵為其年齡、職業、專長等抽象的號碼、數字範疇之集合體，而非有血有肉、有情有義的人物。

　　（2）現代性只重將來，不顧現在，也忘懷過去。從人們的生涯規劃到市場買賣（「期貨」），都把眼光投注未來，並且以能夠控制未來，進行長期計畫而洋洋自得。

　　（3）集體觀念逐漸消失，個體化過程浮現。個人跳脫於家庭、社區之外，自謀發展。人受到其親朋好友影響漸

少，而更多受制於現代社會遙遠的，但勢力日大的結構（生產關係、職位網絡、上下隸屬或主從關係、典章制度等）。個人的脫序（*anomie*）與異化（alienation）情況逐漸嚴重。

（4）自由自在的生活使個人有解放的感受與幻想。每個人在其生活中享有更大的空間，有更多選擇的機會，於是現代人自認從神明、上天、自然或家庭與國家的束縛下解放出來。在這種情形下「傳統不再束縛；現狀可以改變；未來大開方便之門」（Berger 1977：77）。

（5）世俗化（secularization）的生活與觀念盛行。現代生活既無傳統、上帝的賜予、規定來解釋，更與宗教觀念與作法背道而馳。所有的變遷都委諸理性、技術、知識和科學來說明。

　　基本教義派最不滿意的所在，就是現代生活中最高神明的地位不受尊重，尤其是涉及人的解放與世俗化時，上帝只變做對現實諸事的解釋之一，其重要性一落千丈，遂引起這一教派的憤怒與抗議，勢必把現代的信念掃除而後快。

　　基督教的基本教義派主要的是對基督教當中自由主義勢力的伸張大感不滿，於是美國福音傳布者（Evangelicals）才會在20世紀初發布12卷的基本教義。這涉及五項最重要的，最基本的教條，即（1）聖經的啟示不容置疑；（2）耶穌基督為聖母處女所生；（3）基督為替凡人贖罪而被釘死十字架；（4）基督的死後復活；（5）基督降臨世間。除了這五大教條，還有四項次要教誨：（1）基督的神性；（2）人類的本性；（3）上帝的恩寵，使人類藉由信仰而獲拯救；（4）信徒相信末日的復活（Johnstone

1997：168）。要之，美國早期的基本教義派在於攻擊生物進化的觀念，也在攻擊對《聖經》的高度批判（higher criticism），更是排斥天主教、摩門教、耶和華見證會，基督的科學等教派。

在第二次世界大戰之後，福音派與基本教義派配合著麥卡錫激烈的反共主張，迫害不少美國政府的官員、學者、科學家。不管是共產主義，還是社會主義的任何派系都遭到其無情的摧殘。其理念不只反共，還在大力保衛傳統的道德規範、資本主義的自由企業。接著連「解放的」婦女、同性戀者、民權運動者、猶太人等也被攻擊。他們成了極端的右派份子。右派份子與誓反教的基本教義派，還搬出陰謀論來增強其本身的攻擊力量。所謂的陰謀論，是認為世界的混亂、征戰、擾攘不安，導源於撒旦征服現世的陰謀，於是凱撒主義（德國皇帝、俄國沙皇）、布爾雪維克主義、共產主義、進化論、對《聖經》的批判、自由神學等都被看作是撒旦的化身，或是撒旦所搞的陰謀。

1970年代中期以後的美國基本教義派，在發現科技發展對現代生活的衝擊重大之後，開始藉電子媒體來展開佈道工作，他們重視個人道德的重整與更新，也企圖透過新基督右派操縱選舉，來使道德的立法在各級議會順利通過，早晚實現神明治國（theocracy）的理想。

1980年代在美國隨著「電子教會」（electronic church）的興起，基本教義派利用電台、電視、網路進行傳教、佈道的工作，其影響勢力無與倫比。每個星期日為數多達1億3千萬的觀（聽）眾參與電子教會週日禮拜聽道（Armstrong 1979）。與此同時，媒體受（聽、視）眾對政治的興趣與影響也與日俱增。

新基督右派或稱新宗教右派從電子傳教、佈道到政治上幫忙雷根等保守份子當政，甚至打擊自由派參議員，最大的社會學意

義就是利用電子媒體，與直接傳訊的手段，包括電腦的貯存資訊之技巧來鼓動群眾，使他們的宗教觀念、政治與社會主張在短期間做最大的散播與結合（Johnstone, *ibid.*, 175）。

可是美國的基督教會中之基本教義派能否發揮更大的影響力、吸收更多的信徒呢？特別是他們政治勢力是否蒸蒸日上呢？答案則爲未必。雷根1980年之當選總統固然受到基本教義派之支援，但主要的支持力量卻來自受教育的保守份子、傳統的共和黨徒、以及相信控制通貨膨脹爲當急之務的選民。由於基本教義派反對墮胎、反對同性戀、反對色情傳播，固然受到一般保守的美國大眾的支持，不過有關在學校中閱讀《聖經》、進行祈禱，廢除美國憲法的平權修正條文，打擊自由主義傾向的政治人物參與各種選舉，則未必產生預期的效果，尤其是在聯邦的層次之上。是故在1980年代末，基本教義派的勢力已有衰退的跡象。1988年其所推出的總統候選人羅伯琛（Pat Robertson）連初選都難通關，只好臨選抽退。1980年建立的「道德多數」（Moral Majority）是右翼的社會運動總部，也於1989年解散，其對美國政局的影響力也愈來愈小。

12.9 寰球宗教復興的社會學解釋

1970年代以來全球似乎有宗教活動捲土重來、蓬勃復興的跡象。這就是所謂的「新宗教運動」（New Religious Movements）。這種現象有時被當成宗教世俗化、現代化來詮釋。另一派不以世俗化，而以私人化（privatization）來解釋宗教的振興。這是指出宗教成爲人們休閒時間的私人活動，而不再具有影響社會的作

用。換言之，以社會和經濟的變項（socio-economic variables）之象徵性表述（symbolic expressions）來說明宗教熱情的重新燃起。但這種解釋法不久便因為霍梅尼基本教義派的囂張，而遭受質疑與挑戰（Swatos 1989：1-2）。

為了以社會學的觀點來解釋全球宗教復興的現象，羅伯琛（Roland Robertson）和齊莉珂（JoAnn Chirico）在一篇題為〈人類、寰球化和世界性宗教振興〉（1985）的文章中提出他們「人類湧現軌道」（Trajectories of Emergence of Humanity）的理論（Robertson and Chirico 1985）。他們大膽指出，人類的湧現經歷了不同的時期，而有其發展軌跡可尋。基本上人類擁有雙元性：一方面他是重視自我、個體，而發展這方面的關係（稱做個人與關係的存在物）；他方面人類又必須生活在社會體系中，而社會體系的功能是在保護個人，也在保存種族。這種以人為中心的雙元宇宙（個人宇宙與社會宇宙）觀，必然隨著人類的生息發展而朝向全人類的、全世界的方向邁進，於是雙元宇宙觀碰上了寰球最終關懷（global telic concern），於是形成雙元宇宙觀對抗寰球最終關懷，後者在於強調人與人的互為依賴，國家社會與國家社會之互為依賴。

要之，構成現代人的生活處境有四端：自我、（國家疆界內的）社會、世界體系和人類。對於這四端之間的關懷產生四項相對化的過程（processes of relativization）。其中兩項過程涉及個人或自我，稱做「超越人身的相對化（trans-personalization）過程」。另兩項涉及社會，成為「穿越社會（trans-socialization）的相對化過程」。相對化的意義是指身處一個環境下的單位（譬如個人在社會中），因為感受來自環境的壓力，因而比起其他單位來更會產生自我反思，自我憬悟。因之，企圖更想要把自我定

位在全人類的架構之上。另一方面社會的相對化也使國家範圍內的社會更企圖要融入全球性世界範圍的體系中。這兩種（人身與社會的）相對化是主要的相對化過程。另外兩項次級相對化的過程包括把自我與世界之關係看作爲地球村一份子，以及國家範圍內的社會看待全人類，使公民權相對化而不限於本國的公民，則是另外一種的過程（Robertson and Chirico 1985：234）。

在自我的層次上，個人怎樣做（doing）是與個人究竟屬於那類的存在物（being）不同。人身認同的相對化，把自我與國家分開而嚮往是世界體系下的自我觀。在社會的層次上，社會不再以單線性由落後邁向現代化沾沾自喜，而是視社會變遷的標準，是社會與社會之間、大陸與大陸之間、文明與文明之間，或是各種學說、思想、教條、意識形態之間的解釋之不同（Robertson and Chirico 1985：235-237）。

宗教振興的原因，一方面是由於各國邁向寰球化，因之把安全的意識從「社會內」推向寰球的、寰宇整體的範圍裡去討論，於是世界秩序和人類的處境成爲大眾矚目與關懷的重心。但寰球化的過程卻對個別社會與個別人造成緊張與不安，使生活在舊的國家社會中的個人質疑其社會的合法性，而嚮往建立新的國家社會（national societies）。於是在集體的社會整體（societal）的層次上，一股類似宗教的狂熱驅使人群質疑其本來的社會存在的目的，以及這些向來的社會有何神聖可言。於是全社會的民間宗教關懷和世界的民間的宗教問題結合，而變成宗教性的政治（religious politics）活躍的場域。在此情形下，神學與宗教的政治化、或政治的神學化變成了上述結合的核心。要之，寰球化產生了宗教、或類似宗教的問題，神義論和拯救說成爲寰球言說（global discourse）的主要議題。宗教所以成爲寰球化過程的中

心，其原因無他，一方面是由於人類愈來愈多邁向寰宇的趨勢，使他們提出宗教或準宗教的問題；他方面也是由於對這種發展趨勢每個社會與個人提出其特殊的反應。於是普遍性的問題與特殊性的反應相激相盪。

　　羅伯琛和齊莉珂企圖藉社會學的觀點來詮釋近30年來宗教復興的緣由，其最終要解決的問題為：「全球（the globe）如何成為可能？」（*ibid.*, 219），這與康德所提「知識如何成為可能？」、或涂爾幹所提「社會如何成為可能？」一樣發人深思。

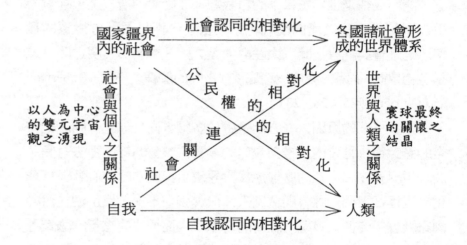

圖12.1　人類湧現軌跡圖

資料來源：Robertson and Chirico 1985：220；Swatos 1989：3; 經本書作者稍加修正。

12.10 地球村的宗教生活

　　進入世紀杪，世界每個角落發生的事故，幾乎可以同步地為其他地區所收視、所知道，這是拜受寰球電訊、電腦、電台、電視、網際網路等科技進步的電子資訊與傳媒發達之賜。在這種情況下，不同宗教、教派、信仰組群的雜然並存不但是生活的事實，也成為應然的要求。但幾千年來由於宗教所引發的歧見、敵視、鬥爭、仇殺、戰爭，不但沒有受到政經、社會、文化、科技的寰球化、一體化而縮小彼此的誤解、增強大家的互為依存，反而成為新的迫害、殺戮之根源。尤其是在美蘇兩大陣營結束冷戰的1990年代，取代寰球兩極舊冷戰的是新冷戰；事實上則為區域性的新熱戰。新冷戰有根源於宗教的，也有追溯自種族、文化的民族主義。由是種族與文化的民族主義與宗教的基本教義，又把世界帶入擾攘不安之中。

　　福山樂觀的「歷史終結」論，喜見自由民主戰勝共產極權，但這種膚淺的、短暫的人間喜訊，不久便被區域性爭端（美國與伊拉克在中東的衝突、車臣獨立建國而與俄羅斯展開的戰爭、舊南斯拉夫解體後的內戰與血腥屠殺等等）所粉碎。「一如舊的冷戰一樣，建立在文化基礎之上的政治之新形式〔好戰的回教基本教義派〕與世俗國家之間的對抗已擴及全球的範圍，兩元的抗爭常是暴力的，而其本質上是由於意識形態不同所引起的」（Juergensmeyer 1993：2）。

　　在這種情況下，人們不禁要為21世紀人類社會生活的新樣式擔憂，擔心新時代、新世紀是否帶來更大的不確定性、更大的天

災人禍，還是會延續舊有的生活方式，甚而改善社會風氣，使其與宗教中敬天畏神、尊重生命、珍惜傳統、接近道德一脈相承。要之，未來的世局之變遷仍舊是一連串的流程，在此流程中文化的多姿多采、宗教的寬容並存、科技繼續為改善人類的物質生活服務，都會發揮重大的作用。

在影響未來發展的諸種因素中，宗教牽涉到人類基本的信仰、利益、生死攸關的價值與最終的關懷，所以會在世紀交替間扮演更為重大的角色。為此一度執教台中東海大學現任美國奧斯丁德州大學教授的顧而滋（Lester R. Kurtz）呼籲人們對世界各大宗教、宗派進行社會學的研究，目的在為生活於多元文化的地球村的人類之和諧生活，提供真知灼見，也為不同的規範與價值下經營共同生活所滋生的問題提供解決的良方（Kurtz 1995：2-3）。

顧爾滋在對世界主要的宗教（興都教、佛教、猶太教、基督教、伊斯蘭教）作一番社會學的理解與巡視之後，討論了信仰、儀式和教會制度、宗教的心態、風氣、與政治之牽連，之後他討論現代主義及其危機，多元文化主義之危機與回應，最後討論宗教與社會衝突，包括女性主義與生態運動對宗教問題的看法。顧氏強調所有的知識，包括宗教的認知與認知者的社會脈絡有關，而主張宗教多元主義的和平共存，算是一種寰球觀點與未來取向的宗教社會學之新觀點，值得吾人留意與深思。

參考書目

洋文書目：

Abel, Richard（ed.）
1979　　　Special Issue of *Law and Society Review,* 13：
　　　　　189-687.

Abel, Richard, and Philip S. G. Lewis
1988　　　*Lawyers in Society：The Civil Law World*, Berkeley,
　　　　　CA：University of California Press.

Adorno, Theodor W.
1962　　　〝Soziologie und empirische Forschung″, in：M,
　　　　　Horkheimer und T. W. Adorno, *Soziologica* II,
　　　　　Frankfurt a. M.: Suhrkamp.

1963   "Das Bewusstsein der Wissenssoziologie", in: *Kulturkritik und Gesellschaft*, Frankfurt a. M.: Suhrkamp.

Albert, Hans
1964   "Problem der Theoriebildung," in Theorie und Realität, Tübingeni J. C. Mohi.
1967   " Probleme der Wissenschaftslehre in der Sozialforschung," in: *Handbunch der empirischen Sozialforschung*, René König (hrsg.) , Bd. I, Stuttgart: Fedinand Enke Verlag.

Ablert, Hans
1964   "Probleme der Theoriebildung" , in: *Theorie und Realiät,*   Tübingen: J. C. B. Mohr.

Alexander, Jeffrey C.
1987   *Twenty Lectures: Sociological Theory Since World War II*, New York: Columbia University Press.

Allardt, Erik, and Y. Littunen (eds.)
1964   *Cleavages, Ideologies and Party Systems,* Helsinki.

Allwood, Martin S.
1957   *Toward a New Sciology,* Mount Pleasant (Iowa)/ Mullsjo (Sweden).

Althusser, Louis

1971   "Ideology and Ideological State Apparatus", in
           Althusser, L., *Lenin and Philosophy, and Other
           Essays*, London: NLB.

Appelbaum, Richard P.

1986   "Testimony on *A Report to the Secretary on the
           Homeless and Emergency Shelters*", in *Housing the
           Homeless*, Jon Erickson and Charles Wilhelm(eds.),
           New Brunswick NJ: Rutgers University Center for
           Urban Policy Research.

Appelbaum, Richard, and William J. Chambliss

1995   *Sociology*, New York：Harper Collins College
           Publishers.

Armstrong, Ben

1979   *The Electric Church*, Nashiville: Thomas Nelson.

Aron, Raymond

1950   *La sociologie allemande contemporaine,* Paris, 德
           譯本 1965 *Die deutsche Soziologie der Gegenwart*,
           Stuttgart: Kröner-Verlag.

Atteslander, Peter

1969 	*Methoden der empirischen Sozialforschung,* Berlin: Walter de Gruyter.

Atwell, Paul
1987 	"The Deskilling Controversy," *Work and Occupations,* 14: 323-346.
1988 	"Big Brother and Sweatshop: Computer Surveillance in the Automated Office," *Sociological Theory,* 5: 87-99.

Auerbach, C. C.
1966 	"Legal Tasks for the Sociologists", in: *Law and Society Review,* 1：91-104.

Babbie, Earl
1998 	*The Practice of Social Research,* Belmont CA: Wadsworth.

Bacon, Francis
1858 	*Novum Organum scientianum,* 1620, Spedding *et. al.* (ed.), XC, Works, London.

Baldus, David, and James L. Cole
1980 	*Statistical Proof of Discrimination,* New York：Shepards-McGraw.

Baltzell, E. Digby
1979   *Puritan Boston and Quaker Philadelphia*, New York:
            Free Press.

Baron, James, and William T. Bielby
1980   "Bringing the Firms Back In: Stratification,
            Segmentation and the Organization of Work,"
            American Sociological Review, 45: 737-765.

Baron, James, Frank Dobbib, and P. D. Jennings
1981   "War and Peace: The Evolution of Modern Personnel
            Administration in the US Economy," *Report to the
            Joint Economic Committee of the U.S. Congress*,
            Washington D.C.: U.S. Government Printing Office.

Becker, Gary
1957   *The Economics of Discrimination*, Chicago:
            University of Chicago Press.
1976   *The Economic Approach to Human Behavior*, Chicago:
            University of Chicago Press.

Becker, H., and H. O. Dahlke
1941-42   `Max Scheler's Sociology of Knowledge″ , in：
            Philosophy and Phemenological Research, Vol.II.

Becker, Howard S.

1963 *Outsiders: Studies in the Sociology of Deviance*, New York：Free Press.

Behrendt, R. F.
1962 *Der Mensch im Licht der Soziologie,* Stuttgart: W. Kohlhammer Verlag.
1965 Soziale Strategie für Entwicklungsländer, Frankfurt a. M.

Bellah, Robert N.
1968 "The Sociology of Religion," in *The Encyclopedia of the Social Sciences*, New York: Macmillan and Free Press, 13: 406-414.

Bellah, Robert N., Richard K. Madsen, and William M. Sullivan
1985 *Habits of the Heart*, New York：Harper and Row.

Bendix, Reinhard
1960 *Max Weber：An Intellectual Portrait,* Cambridge: University Printing House.

Bendix, Reinhard (ed.)
1968 *State and Society：A Reader in Comparative Political Sociology*, Boston: Allyn and Bacon.

Bendix, Reinhard, and S. M. Lipset

1957   ﹁Political Sociology：An Essay and Bibliography,﹂
         in：1957, *Current Sociology,* IV（2）.

Berger, Peter

1969   *The Sacred Canopy: Elements of a Sociological Theory
         of Religion*, New York: Doubleday.

Berger, Peter, and Thomas Luckmann

1963   "Sociology of Religion and Sociology of Knowledge,"
         in: *Sociology and Social Research*, No. 4.

1967   *The Social Construction of Reality: A Treatise in
         the Sociology of Knowledge*, Garden City, NY:
         Anchor.

Bergin, Aline E.

1983   ﹁Religiosity and Mental Health：A Critical
         Reevaluation and Analysis,﹂ in *Professional
         Psychology*, 14：170-184.

Bergner, Jeff

1981   *The Origin of Formalism in Social Science,* Chicago:
         University of Chicago Press.

Best, Steven, and Douglas Kellner

1990   *Postmodern Theory：An Introduction and Critique,*

London：Macmillan.

Biggart, Nicole Woolsey

1989   *Charismatic Capitalism：Direct Selling Organiga-*
        tions in America, Chicago：University of Chicago
        Press.

Blalock, Jr., Huber M., and Ann B. Blalock

1968   *Methodology in Social Research,* New York: McGraw-
        Hill Book Co.

Blumstein, Philip, and Pepper Schwartz

1983   *American Couples*, New York: William Morrow.

Böhrs, H. und H. Schelsky

1954   *Die   Aufgabe   der   Betriebssoziologie   und*
        Arbeitswissenschaften, Stuttgart-Düsseldorf.

Bolte, K. M. und K. Aschenbrenner

1964   *Die gesellschaftiliche Situation der Gegenwart*,
        Opladen: Westdentscher Verlag.

Bonhoeffer, Dietrich

1960   *Sactorum Communio, Eine dogmatische Untersuchung*
        zur Soziologie der Kirche, München, 3.erw. Aufl.

Borgatta, Edgar F.

1968   "Sociometry" in : *International Encyclopaedia of the Social Sciences,* David L. Sills (ed.), New York: Crowell Collier and Macmillan, Vol. 15: 53-59.

Bottomore, Tom

1987   *Sociology: A Guide to Problems and Literature,* London: Allen and Unwin, 3rd. ed.; 1st ed. 1962.

1993   *Political Sociology,* London : Pluto Press, 2nd ed., first ed. 1979.

Boudon, Raymond, and François Bourricault (eds.)

1986   *A Critical Dictionary of Sociology,* Peter Hamilton (trans.), Chicago, Il: The University of Chicago Press.

Bourdieu, Pierre

1977   *Outline of a Theory of Practice,* Cambridge : Cambridge University Press.

1984   *Distinction : A Social Critique of the Judgment of Taste,* Richard Nice (trans.) , London : Rontledge & Kegan Paul.

Bridgman, P. W.

1927   *The Logic of Modern Physics,* New York.

1936   *The Nature of Physical Theory,* Princeton, NJ:

Princeton University Press.

Brinkerhoff, David B., Lyn K. White, and Suzanne T. Ortega
1992   *Essentials of Sociology,* New York *et. al.* : West
         Publishing Co..

Burawoy, Michael
1979   *Manufacturing Consent: Changes in the Labor Process
         Under Monopoly Capitalism,* Chicago: University of
         Chicago Press.

Burstein, Paul
1985   *Discrimination, Jobs, and Politics : The Struggle
         for Equal Employment Opportunity in the US. since
         the New Deal,* Chicago : University of Chicago Press.

Burt, Ronald
1983   *Corporate Profits and Cooptation : Networks of
         Market Constraints and Directorate Ties in the
         American Economy,* New York : Academic Press.

Calvalcanti, H. B.
1994   "The Sociology of Knowledge," in *Survey of Social
         Science,* Frank N. Magill (ed.), Pasadena CA : Salem
         Press, vol. 5 : 1946-1951.

Chapin, F. Stuart

1935   *Contemporary American Institutions*, New York: Harper & Row.

1973   *Work in America*, Cambridge, MA: M.I.T. Press.

Chapin, Stuart F.

1962   "Das Experiment in der soziologischen Forschung", in *Praktische Sozialforschung* 2, René König (hrsg.), Köln und Berlin.

Cockburn, Cynthia

1983   *Brothers: Male Dominance and Technological Change*, London: Pluto.

1985   *The Machinery of Dominance: Men, Women and Technical Know-How*, London: Pluto.

Cole, Robert E.

1979   *Work, Mobility and Participation: A Comparative Study of American and Japanese Industry*, Berkeley CA: University of California Press.

1989   *Strategies for Learning*, Berkeley CA: University of California Press.

Coleman, James

1990   *Foundations of Social Theory*, Cambridge, MA: Harvard University Press.

Comte, Auguste
1828-42 *Cours de philosophie positive*, Paris.

Cornfield, Daniel
1987   *Workers, Managers, and Technological Changes:*
        Emerging Patterns of Labor Relations, New York:
        Plenum.

Coser, Lewis A.
1968   "Sociology of Knowledge", in: *International*
        Encyclopedia of the Social Sciences, David L. Sills
        (ed.), The Macmillan Co. & The Free Press, New York,
        vol. 8: 428-435.

Dahl, Robert
1961   *Who Governs? Democracy and Power in An American City*,
        New Haven ,Conn.: Yale University Press.
1984   *Modern Political Analysis*, Englewood Cliffs, N. J.:
        Prentice Hall, 1st ed. 1963.

Dahlke, H. Otto
1940   "The Sociology of Knowledge," in: *Contemporary*
        Social Theory, H. E. Barnes *et. al.* (eds.), New
        York.

Dahrendorf, Ralf

1962   *Gesellschaft und Freiheit, zur soziologischen Analyse der Gegenwart,* München: Piper.

1965   *Industrie-und Betriebssoziologie,* Sammlung Göschen, Bd 103, Berlin: Walter de Gruyter.

1967   *Pfade aus Utopia, Arbeiten zur Theorie und Methode der Soziologie, Gesammelte Abhandlungen I,* München: Piper.

De Tocquiville, Alexis

1966   *Democracy in America,* G. Lawrence(trans.), New York: Harper.

Dello Buono, Richard A.

1994   "The Sociology of Knowledge," *Survey of Social Science,* Pasadem, CA: Salem Press, vol. 4:
1952-1958.

Denitch, Bogdan

1990   *The End of the Cold War,* Minneapolis: University of Minnesoda Press.

Der Ven, J. J. M.

1961   "Rechtssoziologie", in *Staatslexikon,* Görres-Gesellschaft (Hrsg.), Freiburg/Br.：Herder Verlag, Bd. 6.

Dickens, David, and Andrea Fortuna

1900   *Postmodernism and Social Inquiry*, Chicago: Chicago
        University Press.

Dilthey, Wilhelm

1913   *Gesammelte Schriften,* Leipzig und Stuttgart:
        Teubner, 1957, Bd. V.

DiMaggio, Paul

1990   "Cultural Aspect of Economic Action and Organigation,
        " in *Beyond the Marketplace*, K. Friedland and A. F.
        Robertson (eds.), New York : Aldine de Gruyter. pp.
        113-136.

DiMaggio, Paul, and Sharon Zukin

1900   "Introduction", in *Structures of Capital*, S. Zukin
        and P. DiMaggio (eds.), Cambridge : Cambridge
        University Press, pp. 1-36.

Domhoff, G. William

1967   *Who Rules America?* Englewood Cliffs. N. J.:
        Prentice-Hall.

1996   *State Autonomy or Class Dominance: Case Studies on
        Policy Making in America*, New York: Aldine de
        Gruyter.

1990   *The Power Elite and the State: How Policy Is Made in America,* New York: Aldine de Gruyter

Dowse, Robert E., and John A. Hughes

1986   *Political Sociology,* Chicago, *et. al.* ： John Wiley and Sons.

Durkheim, Émile

1893   *La division du travail social,* Paris, 中譯本，王了一譯：《社會分工論》，臺灣商務印書館，1966年。

1912   *Les formes élémentaires de la vie religieuse, le systéme totémique en Australie,* Paris: Alcan.

1954   *The Elementary Forms of the Religious Life,* London, New York: The Free Press.

1958   *Rules of Sociological Method,* Georg E. G. Catlin (ed.), Glencoe, Ill: Free Press, 法文原著 Paris 1895, 中文譯本：許德珩譯：《社會學方法論》，台灣商務印書館，1969台二版。

1970   *La Science sociale et l'action,* Paris: Presses University de France, 1st ed. 1888.

Durkheim, Émile et C. Bouglè

1910   "Les conditions sociologiques de la connaissance", in: *Année sociologique,* Vol. XX.

Duverger, Marurice

1967   *Sociologie politique,* Paris: Presses Universitaire, 2nd ed.

Dye, Thomas R.

1976   *Who`s Running America? Institutional Leadership in the United States,* Englewood Cliffs, N. J. : Prentice-Hall.

Ehrlich, Eugen

1913   *Grundlegung der Soziologie,* München, u. Leipzig 1929, 1967 3. Aufl. 英譯 *Fundamental Principles of the Sociology of Law,* Walter, L. Moll (trans.), Cambridge MA: Harvard University Press.; 中文摘譯見楊樹人編譯之《法律社會學原論》第5-7頁。

Eisermann, Gottfried

1965   "Die Probleme der Rechtssoziologie", in: *Archiv für Verwaltungsrecht,* 2, Jg. Nr. 2, Aug.

1967   *Die gegenwärtige Situation der Soziologie,* Stuttgart.

1968   *Soziologie der Entwicklungsländer,* Stuttgart.

1969   `Wissenssoziologie,´ in: *Die Lehre von der Gessellschaft, Ein Lehrbuch der Soziologie,* G. Eisermann (Hrsg.), Stuttgart: Ferdinand Enke Verlag.

1969   `Allgemeine Soziologie´, in G. Eisermann (Hrsg.),

Die Lehre von der Gesellschaft, Ein Lehrbuch der Soziologie, zweite, völlig veränderte Auflage, Stuttgart: Ferdinand Enke Verlag.

England, Paula, and Lori. McCreary

1987   "Integrating Sociology and Economics to Study Gender and Work", in *Women and Work : An Annual Review*, A. Stromberg, L. Larwood, and B. Gutek (eds.) , Bevery Hills, CA : SAGE, vol. 2 : 143-172.

England, Paula

1992   *Comparable Worth : Theories and Evidence*, New York : Aldine de Gruyter.

Erikson, Kai

1976   *Everything in its Path: Destruction of Community in the Buffalo Creek Flood*, New York: Simon and Schuster.

1990   "Introduction" to *The Nature of Work: Sociological Perspectives*, Kai Erikson & Steven Peter Vallas (eds.), New Haven & London: Yale University Press.

1994   *A New Species of Trouble: Explorations in Disaster, Trauma, and Community*, New York: W. W. Norton and Co.

Etzioni, Amatai

1993   *The Spirit of Comminity：Rights, Responsibilities and the Communitarian Agenda*, New York：Crown Publishers.

Fantasia, Rick, Dan Clawson, and Gregory Graham
1988   "A Critical View of Workers' Participation in the United States," *Work and Occupations,* 15(4): 468-489.

Faris, Robret F. L.
1973   "Sociology", *Encyclopedia Britannica,* Chicago: Benton Publishers, vol.16, pp. 994-1001.

Fechner, Erich
1964   "Rechtssoziologie" , in：*Handwörterbuch der Sozialwisschaften*, Göttingen: J. C. B. Mohr, Bd. 8.

Fenwick, Rudy, and Jon Fenwick
1986   "Support for Worker Participation: Attitudes among Union and Non-Union Workers," *American Sociological Review,* 51: 505-522.

Ferrante, Joan
1995   *Sociology: A Global Perspective,* Belmont *et. al.,*: Wadsworth Publishing Co..

Field, G. Lowell, and John Higley

1980   *Elitism*, Boston: Routledge & Kegan Paul.

Foucault, Michel

1977   *Discipline and Punish：The Birth of the Prison*, Alan
        Sheridan（trans.）, New York：Vintage Book.

Francis, E. K.

1957   *Wissenschaftliche   Grundlagen   soziologischen
        Denkens,* Bern, und München: Franke Verlag.

1962   "Soziologie," in：*Staatslexikon*, Band 7, Freiburg
        i. Br.: Herder Verlag.

Frazer, James G.

1925   *The Golden Bough, A Study in Magic and Religion*,
        London: Macmillan.

Frazer, Nancy, and Linda Gordon

1992   "Contract Versus Charity：Why Is There No Social
        Citizenship in the United States ？" *Socialist
        Review,* 22：45-68.

Freud, Sigmund

1966   *The Future of an Illusion*, New York：Doubleday.
        原著德文出版於1927年。

Freyer, Hans

1964   *Soziologie als Wirklichkeitwisswnschaft*, Stuttgart,
        1930, Darmstadt: Wissenschaftliche uchgemeinschaft.

Friedman, Lawrence M.

1964   ˇSociology of Law″ , in *A Dictionary of the Social
        Sciences*, Julius Gould and William L. Kolb (eds.) ,
        London : Tavistock Pub.

1989   ˇLitigation and Society″ , in *American Review of
        Sociology*, vol.15, Palo Alto, CA : Annual Reviews.

1990   *The Public of Choice : Law, Authority and Culture*,
        Cambridge, MA : Harvard University Press.

Fuller, Lon L.

1964   *The Morality of Law*, New Haven: Yale University
        Press.

Fürstenberg, Friedrich

1964   *Grundfragen der Betriebssozlogie*, Köln und Opladen:
        Westdeutscher Verlag.

1961   *Wirtschaftssoziologie*, Berlin: Sammlung Göschen,
        Bd.1193.

1969a   "Wirtschaftssoziologie", in: G. Eisermann(Hrsg.),
        Die Lehre von der Gesellschaft, Ein Lehrbuch der
        Soziologie, Stuttgart: Ferdinand Enke Verlag, S.

260-295.

1969b   "Wirtschaftssoziologie", in: W. Bernsdorf (Hrsg.),
Wörterbuch der Soziologie, Stuttgart: Ferdinand
Enke Verlag, S. 1284-1288.

1969c   "Religionssoziologie," in: R. König (Hrsg.),
Handbuch der empirischen, Sozialforschung, Bd. II,
Stuttgart: Ferdinand Enke Verlag.

Gallie, Duncan

1978   *In Search of New-Working Class: Automation and
Social Integration within the Capitalist
Enterprise*, Cambridge: Cambridge University Press.

Gasper, Louis

1963   *The Fundamentalist Movement*, The Hague : Mouton.

Geertz, Cliford

1966   "Religion as a Cultural System," in: Conference on
New Approaches in Social Anthropology, Jesus
College, Cambridge, England 1963, *Anthropological
Approaches to the Study of Religion*, Michael Banton
（ed.）, Vol. 3, London: Tavistock, and New York:
Prager.

Gehlen, Arnold

1957   *Die Seele im technischen Zeitalter:*

Sozialpsychologische Probleme in der industriellen Gesellschaft, Hamburg: Rowohlt.

Geiger, Theodor

1949   *Aufgabe und Stellung der Intelligenz*, Stuttgart.

1953   *Ideologie und Wahrheit,* Wien: Humboldt Verlag; Frankfurt a. M.: Suhrkamp, 1974.

1964   *Vorstudien zu einer Soziologie des Rechts*, Neuwied und Berlin：Luchterhand.

Gemes, C.

1955   *Das Gebiet und die Methoden der Religionssoziologie nach G. Le Bras*, Rom.

Gerloff, W.

1952   *Geld und Gesellschaft*, Frankfurt, a. M.

Giddens, Anthony

1975   *Central Problems in Social Theory*, Berkeley, CA：University of California Press.

1976   *New Rules of Sociological Method*, London：Hutchinson.

1984   *The Constitution of Society,* Cambridge: Polity Press.

1989   *Sociology,* Cambridge: Polity Press.

1996   "In Defence of Sociology," in：*In Defence of*

Sociology : Essays, Interpretations and Rejoinders,
Cambridge : Polity Press, pp. 1-7.

Glazer, Nathan
1967   "The Ideological Uses of Sociology", in *The Uses of
        Sociology,* P. F. Lazarsfeld *et al,* (eds.), New York:
        Basic Books.

Goode, W. J., und P. K. Hatt
1962   "Die Einzelfallstudie", in *Beobachtung und
        Experiment in der Sozialforschung,* R. König (hrsg.),
        Köln und Berlin.

Granovetter, Mark
1985   "Economic Action and Social Structure: The Problem
        of Embeddedness", *American Journal of Sciology*,
        91:481-510.
1992   "Economic Institutions as Social Constructions :
        A Framework for Analysis," *Acta Sociologica,* 35 :
        3-12 .

Greenwood, Ernest
1945   *Experimental Sociology,* New York: King's Crown
        Press.
1962   "Das Experiment in der Soziologie", in: *Prakitische
        Sozialforschung 2, Beobachtung und Experiment in*

der Sozialforschung, René König (hrsg.), Köln and Berlin.

Gurvitch, Gerges

1940-41 ‵Major Problems of the Sociology of Law,″ in：*Journal of Social Philosophy*,6：197-215.

1947 *Sociology of Law*, London： Kegan Paul, Trench, Trubner, 1947.

1948 "La Socilogie du jeune Marx", in： *Cahiers Internationaux de Sociologie*, 4:25-36.

1958 "Rechtssoziologie", in *Die Lehre von der Gesellschaft*, G. Eisermann (Hrsg.), Stuttgart： Ferdinand Enke Verlag.

Guttman, Louis

1949 *Measurement and Prediction*, Princeton, NJ: Princeton University Press.

Habermas, Jürgen

1970 *Zur Logik der Sozialwisenscschaffen*, Frankfurt a.M.: Suhrkamp.

1971 *Knowledge and Human Interests,* Jeremy J. Shapiro (trans.), Boston： Beacon Press.

Halle, David

1984 *American's Working Men*, Chicago： Univerity of

Chicago Press.

Hamilton, Gary, and N. Biggart

1988   "Market, Culture and Authority: A Comparative Analysis of Management and Organization in the Far East," *American Journal of Sociology,* 94: 552-594.

Hamilton, Peter

1974   *Knowledge and Social Structure,* London: Routledge and Kegan Paul.

Haraway, Donna

1988   "Situated Knowledge: The Science Question in Feminism and the Privilege of Partial Perspective", *Feminist Studies*, 14: 575-600.

Hart, H. L. A.

1961   *The Concept of Law*, Oxford: Clarendon.

Hechter, Michael

1987   *Principles of Group Solidarity*, Berkeley, CA: University of California Press.

Heilbrun, Carolyn

1988   *Writing a Woman's Life,* New York: Norton.

Hekman, Susan J.
1986   *Hermeneutics and the Sociology of Knowledge*, Oxford：Polity Press.

Helle, H. J.
1968   "Symbolbegriff und Handlungstheorie," in：*Kölner Zeitschrift für Soziologie und Sozialpsychologie*, 20.

Hempel, Carl G. H.
1952   *Fundamentals of Concept Formation in Empirical Science, International Encyclopaedia of United Science,* Chicago: University of Chicago Press.

Henslin, James M.
1996   *Essentials of Sociology: A Down-to-Earth Approach,* Boston *et. al.,*: Allyn and Bacon.

Herzog, Thomas
1996   *Research Methods and Data Analysis in the Social Sciences,* New York: Addison Wesley Longman Publishers. 中譯本：朱柔若。

Hess, Beth B., Elizabeth W.Markson & Peter J. Stein
1996   *Sociology,* Boston *et.al.:* Allyn and Bacon, 5th ed.

Hirsch, E.

1966   *Das Recht im sozialen Ordnungsgefüge*, Berlin.

1967   "Rechtssoziologie heute", in *Studien und Materialen zur Rechtssoziologie*, *Kölner Zeitschrift fur Soziologie u, Sozialpsychologie*, Hirsch u. M. Rehbinder (Hrsg.), Sonderheft, Köln und Opladen: Westdeutscher Verlag.

1969   " Rechtssoziologie ", in *Die Lehre von der Gesellechaft, Ein Lehrbuch der Soziologie*, G. Eisermann (Hrsg.), Stuttgart:Ferdinand Enke Verlag, zweite völlig veränderte Auflage.

Hodgson, Geoffrey M.

1994   "The Return of Institutional Economics", in *The Handbook of Economic Sociology, op. cit.*, pp. 58-76.

Hollis, Martin

1978   "Action and Context," *Aristotelian Society*, supplementary vol. 52: 43-50.

Honigheim, Paul

1958   "Religionssoziologie," in: G. Eisermann (Hrsg.), *Die Lehre von der Gesellschaft*, Stuttgart: Ferdinand Enke Verlag.

Horowitz, Irving Louis
1993   *The Decomposition of Sociology*, New York：Oxford
        University Press.

Horwath, Barna
1934   *Rechtssoziologie, Problem der Gesellschaftslehre
        und die Geschichtslehre des Rechts*, Berlin：Verlag
        fur Staatswissenschaften und Geschichte.

Hunt, Alan
1978   *The Sociological Movement in Law*, Philadelphia：
        Temple University Press.

Iannaccone, Lawrence R.
1987   "Sacrifice and Stigma：Reducing Free-Riding in Cults,
        Communes, and Other Collectives", Paper read at the
        annual meeting of Western Economics Association.

Inkeles, Alex
1964   *What is Sociology? An Introduciton to the
        Discipline and Profession,* Englewood Cliffs, N.J.:
        Prentice Hall, Inc.

Inverarity, James
1978   "Sociology of Law", in *Encyclopedia of Sociology*,
        Edgar F. Borgatta (ed.), vol.4, NY：Macmillan Co.,

vol.4. pp.2026-2029.

Ions, Edmund
1968   "Politics and Sociology", in: *Political Studies,* 16
        （2）: 177-191.

Jackall, Robert
1988   *Moral Mazes*, New York：Simon and Schuster.

Jahoda, Maria, Paul Lezarsfeld, und Hans Zeisl
1960   *Die Arbeitslosen von Marienthal,* Leipzig, neue
        Ausgabe, Allenbach-Bonn, erste Aufl. 1933.

Jankowski, Martin Sanchez
1991   *Islands in the Street：Gangs and American Urban
        Society*, Berkerley, C A：University of Calfornia
        Press.

Janowitz, Morris
1968   "Political   Sociology",   in: *International
        Encyclopedia of the Social Sciences,* David L.
        Sills(ed), New York: The Macmillan and the Free
        Press, 12: 298-299.

Jerusalem, Wilhelm
1925   *Gedanken und Denker*, Wien.

Jetzschmann, H., H. Kallabis, R. Schulz, und H. Taubert
1966   *Einüfhrung in die soziologische Forschung,* Berlin.

Jochimsen, Reimut
1966   *Theorie der Infrakstruktur,* Tübingen: J. C. B. Mohr.

Johnstone, Reonald L.
1997   *Religion in Society：A Sociology of Knowledge,* Upper
        Sadale, NJ：Prentice-Hall, 1st ed.1975.

Jonas, Friedrich
1968   *Geschihte der Soziologie* Ⅱ, Hamburg: Rowohlt.

Jones, Kelvia
1982   *Law and Economy：The Legal Regulation of Corporate
        Behavior,* New York：Academic Press.

Juergensmeyer, Mark
1993   *The New Cold War: Religious Nationalism Confronts
        the State,* Berkeley, CA: University of California
        Press.

Kanter, Rosabeth Moss
1977   *Men and Women of the Corporation,* New York：Basic
        Schuster.

1983   *The Change Masters*, New York：Simon and Schuster.

Kantorowicz, H.
1958   *The Definition of Law*, Cambridge： Cambridge
        University Press.
1962   *Rechtswissenschaft und Soziologie*, Karlsruhe.

Kehrer, Günter
1968   *Religionssoziologie*, Sammlung Göschen Bd.1228,
        Berlin: Walter de Gruyter & Co.

Kellner, Douglas
1990   "The Postmodern Turn：Positions, Problems and
        Prospects" in *Frontiers of Social Theory*, George
        Ritzer (ed.), New York：Columbia University Press.

Kelsen, Hans
1912   "Zur Soziologie des Rechts；Kritische Betrachtung,"
        in ： *Archiv für Sozialwissenschaft und
        Sozialpolitik,* 34：601-614.
1960   *Reine Rechtslehre*, Wien：Springer-Verlag.

Kettler, David, Volker Meja, and Nico Steh
1984   *Karl Mannheim*, Chichester and London：Ellis Horwood
        and Tavistock.

Kindermann, Gottfried-Karl

1963   〝Hans J. Morgenthau und die theoretischen Grundlagen des politischen Realismus〞, Einleitung in：H. J. Morgenthau, *Macht und Frieden,* Gütersloh: C. Bertelsmann Verlag.

Kitcher, Philip

1985   *Vaulting Ambition：Sociobiology and the Quest for Human Nature,* Cambridge MA：MIT Press.

Klare, Karl E.

1978   〝Judicial Deradicalization of the Wagner Act and the Origins of Modern Legal Consciousness, 1937-1941〞, *Minnesoda Law Review,* 62：265-339.

König, René

1958   *Soziologie,* das Fischer Lexikon, Fankf. / Main, : Fischer Verlag.

1967   "Wissen", in: R. König (Hrsg.), *Soziologie,* Neuausgabe, Frankfurt a. M.: Fischer Verlag.

1967   "Soziologische Theorie", in: *Soziologie,* René König (Hrsg.), Frankfurt a. M.: Fischer Verlag.

1967   "Beobachtung", in: *Handbuch der empirischen Sozialforschung,* R. König (Hrsg.), erster Bd., Stuttgart: Ferdinand Enke Verlag.

1967   〝Wirtschaft〞 in：R. König (Hrsg.), *Soziologie,*

Frankfurt a. M.: Fischer Verlag.

1967   "Recht", in: *Soziologie*, das Fischer Lexikon,
        Neuaasgabe, Frankfurt a. M.: Fischer Verlag.

Kohn, Melvin L.

1990   "Unresolved Issues in the Relationship between Work
        and Personality," in *The Nature of Work*, *op. cit.*

Kornblum, William

1991   *Sociology in a Changing World*, Philadelplia *et.*
        al. :Harcourt Brace Jovanovich, Inc. 1st ed., 1988.

Kourvetaris, Geroge A.

1997   *Political Sociology: Structure and Process*: Boston
        et. al.: Allyn and Bacon.

Kourvetaris, Geroge A., and Betty A. Dobratz (eds.)

1980   *Political Sociology: Readings in Research and
        Theory*, New Brunswick and London: Transactions
        Books.

Kunz, Gerhard

1969   "Interview", in : *Wörterbuch der Soziologie,* Wilhelm
        Bernsdorf (hrsg.), Stuttgart: Ferdinand Enke
        Verlag.

1969   "Einzelfallstudie", in *Wörterbuch der Soziologie,*

W. Bernsdorf (hrsg.), Stuttgart: Ferdinand Enke Verlag.

Kurtz, Lester R.
1995   *Gods in the Global Village: The World's Religions in Sociological Perspective*, Thousand Oaks, CA *et. al.*: Pine Forge Press.

Lange, Max
1966   *Politische Soziologie,* Berlin und Frankfurt a. M..

Larenz, Karl
1969   *Methodenlehre der Rechtswissenschaft*, Berlin：Springer-Verlag, 2. Aufl.

Lasch, Christopher
1979   *The Culture of Narcissism*, New York：W. W. Norton.
1984   *The Minimal Self*, New York：W. W. Norton.

Lasswell, Harold D.
1949   *The Analysis of Political Behaviour,* London.
1951   *The Political Writings of H. D. Lasswell,* Glenco, Ill.: Free Press.

Layder, Derek
1994   *Understanding Social Theory*, London *et. al.*: SAGE

Publications.

Lazarsfeld, Paul F.
1965   "Problems in Methodology" , in: *Sociology Today,
        Problems and Prospects,* Robert K. Merton, Leonard
        Broom, and Leonard S. Cottrell, Jr. (eds.) , Vol I,
        New York: Harper & Row, 1st ed. 1959.

Le Bras, Gabriel
1965   "Sociologie religieuse et science des religions,"
        in *Archives de Sociologie des Religions*, Paris:
        Cahierl.

Lehman, Edward W
1977   *Political Society: A Macrosociology of Politics,*
        New York: Columbia University Press.

Lehmbruch, Gerhard *et. al.*
1968   *Einführung in die Politikwissenschaft*, Stuttgart:
        Kohlhammer Verlag.

Lenke, Hans-Helmut
1968   "Research Committee on Political Sociology of the
        International Sociological Association in Berlin
        vom 15, bis 20. Januar 1968", in : *Politische
        Verteljahresschrift,* 9, Jg, Heft 1, März.

Lenski, Gerhard

1985   "Rethinking Macrosocial Theory", *American Sociological Review,* 53：163-171.

Lévi-Strauss, Claude

1945   "French Sociology", in *Twentieth Century Sociology,* Georges Gurvitch and W. E. Moore (eds.), New York.

Lévy-Bruhl, Lucien

1927   *L'âme Primitive,* Paris: Alcan.；德文版 1956 *Die Seele der Primitiven,* Darmstadt: Wissenschaftliche Buchgemeinschaft.

Lieber, Hans Joachim

1964   "Ideologie", in *Staat und Politik,* E. Fraenkel u. k. D. Bracher (Hrsg.), Das Fischer Lexikon, Frankfurt/Main, 1957, 1964, Neuausgabe.

Lieber, Hans J. und Peter Furth

1965   "Wissenssoziologie", in: *Handwörterbuch der Sozialwissenschaften,* Stuttgatt, Tübinge und Göttingen: J. C. B. Mohr.

Lippman, Walter

1922   *Public Opinion,* New York: Harcourt Brace Jovanovics.

Lipset, Seymour M.

1960   "The Sociology of Politics", in: *Political Man——The Social Bases of Politics,* Garden City, New York: Doubleday & Company Inc., 1st ed. 1959.

1965   "Political Sociology", in *Sociology Today, Problems and Prospects*, R. Merton *et. al.* (eds.) , New York, Vol.I,.

Lipset, Seymour M., and Stein Rokkan (eds.)

1967   *Party Systems and Voter Alignment,* New York: The Free Press.

Loader, Collin

1985   *The Intellectual Development of Karl Mannheim : Culture, Politics and Planning,* Cambridge : Cambridge University Press.

Longhurst, Brian

1989   *Karl Mannheim and the Contemporary Sociology of Knowledge*, London : Macmillan Press.

Lopreto, Joseph

1990   "From Social Evolutionism to Biocultural Evolutionism", *Sociological Forum,* 5:187-212.

Luhmann, Niklas

1977   *Religiöse Dogmatik und gesellschaftliche Evolution*,
        Frankfurt a. M.: Suhrkamp, erste Auflage 1972.

1984   *Religious Dogmatics and the Evolution of Societies*,
        Peter Beyer (trans and introd) , New York and
        Toronto : The Edwin and Mellen Press.

Lynd, Robert

1945   *Knowledge for What?* Princeton, NJ.:Princeton
        University Press,.

Lynd, Robert and Helen Lynd

1929   *Middletown,* New York: Harcourt.

1937   *Middletown in Transition,* New York: Harcourt.

Lyotard, François

1984   *The Postmodern Condition*, Minnerpolis : University
        of Minnesoda Press.

McIntyre, Lisa J.

1987   *The Public Defender*, Chicago : University of Chicago
        Press.

Maccoby, Eleanore E., and Nathan Maccoby

1962   "Das Interview : ein Werkzeug der Sozialforschung,"
        in : *Praktische Sozialforschung I, Das Interview,*

Formen, Technik, Auswertung, René König (hrsg.),
Köln und Berlin.

Macionis, John
1993   *Sociology,* Englewood Cliff, N. J.: Prentice Hall,
4th ed., 1st ed. 1987.

Malinowsky, Bronislaw
1946   *Magic, Science and Religion and Other Essays*, New
York: Free Press.

Mangold, Werner
1967   "Gruppendiskussionen",   in :   *Handbuch der
empirischen Sozialforschung,*   René König (hrsg.),
Stuttgart: Ferdinand Enke Verlag.

Mannheim, Karl
1936   *Ideology and Utopia*, Louis Wirth and Edward Shils
(trans.), New York: Harvest Press.
1952   *Ideologie und Utopie,* Bonn, erste Aufl., 1929.
1964   *Wissenssoziologie,* Berlin und Neuwied: Luchterhand.
1966   *Ideology and Utopia*, London: Kegan Paul Trench, 1952;
London: Routledge.

Marshall, Alfred
1907   *Principles of Economics*, 5th edition, Preface to

the First Edition, 1890.

Marshall, Gordon
1994   *Oxford Concise Dictionary of Sociology*, Oxford:
        Oxford University Press.

Marshall, T. H.
1964   `Citizenship and Social Class`, in *Class,
        Citizenship, and Social Development*：Essays by
        T.H.Marshall, Seymour Martin Lipset（ed.），
        Chicago：University of Chicago Press.

Marx, Karl
1842   "Debatten über das Holzdiebstahlsgesetz", in:
        Rheinische Zeitung, 25. Okt.,; *CW* 1：224-239.
1846   *Die deustsche Ideologie* 英譯本1939, *The German
        Ideology*, New York: International Publisher.
1947   *Kritik der politischen Ökonomie*, Ost-Berlin:
        Dietz-Verlag.
1947   *Vorwort zur Kritik der Politischen Ökonomie*, 1859,
        Ost Berlin: Dietz-Verlag.
1962   *Frühe Schriften*, Bd. I, Darmstadt: Wissens-
        chaftliche Buchgemeinschaft.

Marx, Karl, and Frederick Engels
1975   *Collected Works*（簡稱*CW*附卷頁數）,Moscow:Progress

Publishers.

Mass, Ian
1996   *Making Sense of Society — An Introduction to
        Sociology*, London and New York：Longman.

Matthes, Joachim
1969   "Religionssoziologie," in *Die Lehre von der
        Gesellschaft*, G. Eisermann (Hrsg.), Stuttgart:
        Ferdinand Enke Verlag.

Maus, Heinz
1955   "Soziogie," in : Schuder (Hrsg.) , *University
        Litterarum*, Berlin.

Mauss, Marcel
1960   *Sociologie et Antropologie*, Paris : Presses
        Universitaires de France.

Mauss, Marcel, et Henri Hubert
1902   "Une esquisse d'une théorie générale de la magic,
        "in: *Année Sociologique*, vol. 7.

Mayhew, Leon, and Albert J. Reiss, Jr.
1969   "The Social Organisation of Legal Contacts", in:
        American Sociological Review, 34：309-318.

Mead, G. Herbert

1934   *Mind, Self and Society, From the Standpoint of a Social Behaviorist*, Charles W. Morris (ed.), Chicago, Ill.: University of Chicago Press.

Mensching, Gustav

1959   *Die Religion*, Stuttgart: Ferdinand Enke Verlag.

Merton, Robert

1957   *Social Theory and Social Structure*, Glencoe, Ill.: Free Press.

1967   "On Sociological Theories of the Middle Range", in R. K. Merton, *On Theoretical Sociology: Five Essays, Old and New*, New York: The Free Press.

Messelkern, Karlheinz

1986   *Politikbegriffe der modernen Soziologie, Eine Kritik der Systemtheorie und Konflikttheorie*, Köln und Opladen: Westdeutscher Verlag.

Michels, Robert

1925   *Sozialismus und Faschismus in Italien*, München, Vol. I.

1957   *Zur Soziologie des Parteiwesens in der modernen Demokratie, Untersuchungen über die*

> *oligarchischen Tendenzen des Gruppenlebens*, Stuttgart, erste Aufl. 1910, 2te Aufl. 1925.

Milkman, Ruth
1987   *Gender at Work: The Dynamics of Job Segregation by Sex During World War II*, Chicago: University Illinois Press.

Mills, C. Wright
1956   *The Power Elite*, New York: Oxford University Press.
1959   *The Sociological Imagination*, New York: Oxford University Press.

Mintz, Beth, and Michael Schwartz
1985   *The Power Structure of American Business*, Chicago：University of Chicago Press.

Moore. Wilbert E.
1964   *Industrial Realations and the Social Order*, New York：Social Science Research Council.

Mühlmann, Wilhelm E.
1957   "Sociology in Germany：Shift in Alignment," in：*Modern Sociological Theory in Continuity and Change*, H. Becker and A. Boskoff（eds.）, New York: Dryden.

Müller-Armack, Alfred

1964　　"Religionssiologie," in: *Handwörterbuch der Sozialwissenschaften*, Stuttgart und Tübingen, Cöttingen: J. C. B. Mohr, Bd.8.

Natanson, Maurice

1973　　"Introduction", A. Schutz, *Collected Paper I:The Problem of Social Reality*, The Hague: Martinus Nijhoff.

Nimmo, D. D., and D. L. Swanson

1990　　"The Field of Political Communication: Beyond the Voter Persuasion Paradigm",in *New Directions in Political Communication,* D. L. Swanson & D.Nimmo (eds.) ,Newbury Park,CA: Sage,pp.7-50.

Nohira, Nitin, and Robert Eccles (eds.)

1992　　*Networks and Organizations: Structure, Form and Action*, Boston：Harvard Business School Press.

Nottingham, Elisabeth K.

1954　　*Religion and Society*, New York: Doubleday.

Orum, Anthony M.

1989　　*Introduction to Political Sociology：The Social Anatomy of the Body Politic*, Englewood Cliff, NT:

Prentice Hall,3rd ed.,first ed,1978.

Parsons, Talcott
1937   *The Structure of Social Action*, New York, McGraw-Hill Book Co..
1954   *Essays in Sociological Theory*, Glencoe, Ill.: Free Press.
1959   "An Approach to the Sociology of Knowledge", in: *The Sociology of Knowledge, Transactions of the Fourth World Congress of Sociology*, Vol. IV, Louvain.
1959   *The Social System*, Glencoe: Free Press.

Parsons, Talcott, and N. J. Smelser
1966   *Economy and Society*, London: Routledge & Paul Kegan Ltd., first ed. 1956.

Pavalko, Eliza K.
1989   ˇState Timing of Policy Adaption：Workmen's Compensation in the United States, 1901-1929″, *American Journal of Sociology*, 95：592-615.

Plummer, Ken
1990   *Symbolic Interactionism,* 2 vols., Haunts and Brookfield: E. Elgar Publisher.

Polanyi, Karl

1957   *The Great Transformation*, Boston: Beacon Press, first ed. 1944.

1971   *Primitive, Archaic and Modern Economics: Essays of Karl Polanyi*, George Dalton(ed.), Boston: Beacon Press.

Polanyi, Karl, Conrad Arensberg, and Harry Pearson (eds.)

1971   *Trade and Market in the Early Empires: Economies in History and Theory*, Chicago: Henry Regnery Co., first ed. 1957.

Poster, Mark

1984   *Foucault, Marxism and History*, Cambridge: Polity Press.

Poulantzas, Nicos

1973   *Political Power and Social Classes*, London NLB and Sheed and Ward.

Prewitt, Kenneth, and Alan Stone

1973   *The Ruling Elites: Elite Theory, Power, and American Democracy*, New York: Harper & Row.

Puschmann, Manfred

1969   "Politische Ökonomie", in: W. Eichhorn I *et. al.* (Hrsg.) , *Wörterbuch der marxistisch-*

leninstistischen Soziologie,

Köln u. Opladen: Westdeutscher Verlag.

Radcliffe-Brown, A. R.

1961   *Structure and Function in Primitive Society*, London,
        first ed. 1952.

Raner, Ronnie Steinberg

1980   ＂The Social Meaning of Industrialization in the
        U.S.：Determinants of the Scope and Coverage under
        Wages and Hours Standard Legislation, 1900-1970,＂
        Social Problems, 27：448-466.

Rapoport, Anatol

1961   "Various Meanings of 'Theory'", in: James N. Rosenau
        (ed.), *International Politics and Foreign Policy*,
        New York: The Free Press.

1969   "Das Klasseninteresse der Intellektuellen und die
        Machtelite", 收於 Suhrkamp 出版社所收集的
        *Aggression   und   Anpassung   in   der
        Industriegesellschaft* 一書中，Frankfurt a. M.:
        Schrkamp.

Recasens-Siches, Luis

1967   ＂Los temas de la Sociologia del derecho＂, in:
        Sociologie International, pp.189-210.

Reiss Jr., Albert J.

1968   "Soziology, The Field", in *International Encyclopedia of the Social Sciences,* : David L. Sills (ed.), New York: The Macmillan Co. and The Free Press, vol. 15: 1-23.

Reskin, Barbara, and Irene Padevic

1988   "Supervisors as Gatekeepers: Male Supervisor's Response to Women's Integration in Plant Jobs." *Social Problems,* 35(5):536-550.

Reville, Jean

1939   *Prolégoménes á L'histoire des religions*, Paris: Alcan.

Riesman, David, N.Glazer, and R.Denney

1950   *The Lonely Crowd*, New Haven, CO：Yale University Press.

Ritzer, George

1992   *Contemporary Sociological Theory*, New York *et. al.*: Mcgraw-Hill, Inc. 3rd ed, 1st ed. 1983.

Robertson, Roland, and JoAnn Chirico

1985   "Humanity, Globalization, and Worldwide Religious

Resurgence: A Theoretical Exploration,"
Sociological Analysis, 46: 219-242.

Rosenau, P.
1992   *Post-Modernism and the Social Sciences*, Princeton,
        NJ: Princetos University Press.

Rosenmayr, Leopold
1966   *Soziologie*, Wien: Springer Verlag.
1966   ˋMax Scheler, Karl Mannheim und die Zukunft der
        Wissenssoziologie,˝in: *Militanter Humanismus, Von
        den Aufgaben der modernen Soziologie,* A. Silbermann
        (hrsg.) Frankfurt/Main.
1967   "Empirie, Theorie und Praxis", in: *Kölner
        Zeitschrift für Soziologie und Sozialpsychologie,*
        Jg. 19, Nr. 3.

Rossi, Alice
1987   "A Biosocial Perspective on Parenting", *Daedulus*,
        106：1-31.

Rüegg, Walter
1969   *Soziologie*, Funk-Kolleg 6, Frankfurt am Main:
        Fischer Verlag.

Rüstow, A.

1950   *Ortsbestimmung der Gegenwart,* Bd. I, Erlenbach-Zürich.

Sahu, Swilk
1994   "Political Sociology", *Survey of Social Science,* Frank N. Megill (ed.), Pasadena CA: Salem Press, vol.4: 1414-1420.

Salomon, Albert
1945   "German Sociology", in Georges Gurvitch and Wilbert E. Moore (eds.) , *Twentieth Century Sociology,* New York: Philosophical Library.

Sarcup. M.
1988   *An Introductory Guide to Post-Structuralism and Postmodernism,* Hemel Hempstedad: Harvester Wheatsheaf.

Sartori, Giovani
1969   "From the Sociology of Politics to Political Sociology", in: *Government and Opposition,* 4 (2) , Spring.

Scheler, Max
1962   *Die Wissensformen und Gesellschaft,* Berlin; Bern und München: Francke Verlag, 1960.

Schelsky, Helmut
1966   "Industrie- und Betriedssoziologie," in: Arnold
        Gehlen u. Helmut Schelsky (Hrsg.), *Soziologie*,
        Düsseldorf-Köln: Eugen Diederich Verlag.

Scheuch, Erwin K.
1967   "Methoden," in: *Soziologie, das Fischer Lexikon,*
        Neuusgabe, René König (hrsg.), Frankfurt a. M.:
        Fischer.

Schmidtchen, Gerhard
1962   "Sozialforschung", in ﹕ *Staatslexikon*, Freiburg i.
        Br.: Herder Verlag, Bd.7.

Schoeck, Helmut
1969   *Kleines soziologisches Wörterbuch,* Freiburg/ Br. :
        Herder Verlag.

Schumpeter, Joseph
1989   *Essays on Entrepreneurs, Innovations, Business*
        Cycles, and the Evolution of Capitalism, New
        Brunswick, NJ: Transaction Publishers, first ed.
        1949.

Schur, Edwin

1965   *Crimes Without Victims*, Engelwood Cliffs, NJ.：Prentice-Hall.

Schütz, Alfred

1973   *Collected Papers I: The Problem of Social Reality*, The Hague: Martinus Nijhoff, 見盧嵐蘭華譯。

1976   *Collected Papers II:Studies in Social Theory*, The Hague: Martinus Nijhoff.

Schütz, Alfred, and Thomas Luckmann

1973   *The Structure of The Life World,* Evanston, Ill.: Northwestern University Press.

Schwartz, R. D.

1965   "Introduction" to *Law and Society, A Supplement to the Summer Issue of Social Problems* 1-3.

Schwarz, Milldred A.

1990   *A Sociological Perspective on Politics*, Englewood Cliffs, NJ:Prentice Hall.

Selznick, Philip

1959   "The Sociology of Law", in *Sociology Today, Problems and Prospects*, R. K. Merton *et al.* (eds.), vol.I, New York: The Free Press.

1968   "The Sociologie of Law", in: *International Encyclopedia of the Social Sciences*, David L. Sills (ed), New York：Macmillan Comp. and the Free Press, Vol. 9: 50-59.

1987 "The Idea of a Communitarian Morality," *California Law Review,* 75：445-463.

Simmel, Georg

1900 *Philosophie des Geldes*, Leipzig: Duncker and Humblot Verlag. 6. Auflage, 1958.

Simon, Herbert A.

1955 "A Behavioral Model of Rational Choice", in: *Quarterly Journal of Economics*, Vol. LXIX.

1987 "Behavioral Economics", in *The New Palgrave Dictionary of Economics*, J. Eatwell, M. Milgate and p. Newman (eds.), Chicago: Chicago University Press.

Simon, Michael

1982 *Understanding and Human Action*, Albany, NY: SUNY Press.

Simonds, A. P.

1975 "Mannheim's Sociology as a Hermeneutic Method", *Cultural Hermeneutics,* 3: 81-105.

1978 *Karl Mannheim's Sociology of Knowledge*, Oxford： Clarendon.

Sinzheimer, H.

1935   *De Taak der Rechtessociologie*, Haarlem.

Skolnick, J. H.

1965   "The Sociology of Law in America: Overview and Trends", in: *Law and Society, A Supplement to the Summer Issue of Social Problems*, pp. 4-38.

Smelser, Neil J.

1963   *The Sociology of Economic Life*, Englewood Cliffs, N. J.: Prentice-Hall, Inc., 1976.

1968   `Economy and Society`, in *International Encyclopedia of the Social Sciences*, David L. Sills (ed.), New York: The Macmillan & The Free Press, Vol.4: 500-506.

Smelser, Neil J., and Richard Swedberg (eds.)

1974   *The Handbook of Economic Sociology,* Princeton, NJ: Princeton University Press.

Smith, Dorothy

1990   *The Conceptual Practices of Power: A Feminist Sociology of Knowledge,* Boston: Northeastern University Press.

Sombart, Werner

1930   *Nationalökonomie und Soziologie*, Jena.

Sorokin, P. A.

1964   *Contemporary Sociological Theories,* New York: Harper, 1st ed. 1928; 中文譯本：黃文山譯：《當代社會學說》（上、下），臺灣商務印書館，1965年臺一版。

Spencer, Herbert

1882   *Principles of Sociology*, London: Watts, 1876-1882, vol. IV.

Spenner, Kenneth I.

1979   "Temporal Changes in Work Content," *American Sociological Review,* 44: 968-975.

1983   "Deciphering Prometheus: Temporal Changes in the Skill Level of Work," *American Sociological Review,* 48: 824-837.

Sprott, W. J. H.

1954   *Science and Social Action,* London: Watts.

Stammer, Otto

1966   "Politische Soziologie", in: *Soziologie,* A. Gehlen u. H. Schelsky (Hrsg.), Düsseldorf-

Köln: Eugen Diederichs Verlag.

1969   "Politische Soziologie", in: W. Bernsdorf (Hrsg.), *Wörterbuch der Soziologie*, Stuttgart: Ferdinand Enke Verlag.

Stark, Rodney, and Lawrence R. Iannaccone

1992   "The Sociology of Religion," in *Encyclopedia of Sociology*, Edgar F. Borgatta (ed.), New York：Macmillan and Co.,vol.4：2029-2037.

Stark, Roney, and William Bainbridge

1985   *The Future of Religion：Secularization, Revival and Cult Formation*, Berkeley, CA：University of California Press.

Stark, Werner

1959   *The Sociology of Knowledge,* London: Routledge & Kegan Paul.1963   "Wissenssoziologie", in: *Staatslexikon,* Bd. 8, Freiburg i. Br.: Herder Verlag.

1964   "Sociology of Knowledge", in *A Dictionary of the Social Sciences,* J. Gould and W. Kolb (eds.), London: Tavistock Publication.

Stone, Julius

1956   "Problems Confronting Sociological Inquiries of

International Law", in: *Recueil des Cours*, 89, Vol. I.

Stouffer, A., Samuel A., *et. al.*
1949   *The American Soldier,* NJ: Princeton University Press.

Stryker, Sheldon
1980   *Symbolic Interactionism: A Social Structural Version,* Redwood City, CA: Benjamin Cummings.

Swatos, Jr., William H. (ed.)
1989   *Religious Politics in Global and Comparative Perspective*, New York *et. al.*: Greenwood Press.

Swedberg, Richard
1996   *Economic Sociology*, Brookfield, VM: E. Elgar Pub. Co.

Tausky, Curt
1994   "Industrial Sociology," in *Survey of Social Science*, Frank N. Magill (ed.), vol 3: 960-965, Pasadena CA: Salem Press.

Thomas, W. I., and F. Znaniecki
1958   *The Polish Peasant in Europe and America* (1918-

1921）, New York.

Timasheff, N. S.

1937-38 "What is the Sociology of Law?" in: *The American Journal of Sociology*, Vol. XLIII.

1939 *An Introduction to the Sociology of Law*, Cambridge, MA:Harvard University, Committee on Research in the Social Sciences.

Touraine, Alain

1981 *The Voice and Eye : An Analysis of Social Movement*, Alan Duff(trans.), Cambridge:Cambridge University Press.

Trappe, Paul

1964 "Einleitung" zu: Th. Geiger, *Vorstudien zu einer Soziologie des Rechts*, Neuwied und Berlin : Luchterhand.

Treves, Renato

1967 "Recenti sviluppi della sociologia del diritto in Europa", in: *Quaderni di sociologia*, Apr.-Juni, pp. 141-164.

Trubek, David M.

1984 "Where the Action Is : Critical Legal Studies and

Empricism," *Stanford Law Review*, 36：575-662.

Tullock, Gordon, and Richard McKenzie
1975   *The New World of Economics: Exploration into the Human Experience*, Homewood, IL: Pichard D. Irwin.

Turkel, Gerald
1996   *Law and Society：Critical Approaches*, Boston *et. al.*：Allyn and Bacon.

Turner, Stephen P., and Regis A. Factor
1994   *Max Weber: The Lawyer as Social Thinker*, London and New York: Routledge.

Tylor, E. B.
1871   *Primitive Culture: Research into the Development of Mythology, Philosophy, Religion, Art and Custom*, London vol. I.

Vallas, Steven Peter
1990   "Comments and Observations on the Nature of Work", in *The Nature of Work*, *op. cit.*

Veblen, Thorstein
1961   *The Place of Science in Modern Civilisation, and Other Essays*, New York, 1891-1913.

Ves Losada, Alfredo E.

1967   "La sociologia del derecho: su tematical actual",
        in: *Revista Mexicana de sociologia*.

Von Ferber, Christian

1959   *Der Werturteilsstreit* 1909/1959, Versuch einer
        wissenschaft-lichen Interpretation″ , in: *Kölner
        Zeitschrift für Soziologie und Sozialpsychologie,*
        II.Jg. : 21-37.

1965   ″Vorurteilsprobleme in der Wirtschaftssoziologie″,
        in *Das Vorurteil als Bildungsbarrier*, W.
        Strzelewicz (Hrsg.) , Göttingen.

Von Hayek, Friedrich A.

1963   "Recht schützt Freiheit, Gesetze töten sie",in:
        Frankfurter Allgemeine Zeitung, 1/2, Mai.

Von Wiese, Leopold

1938   *System der Allgemeinen Soziolgie*, München und
        Leipzig.

1956   ″ Soziologie ″ , in *Handwörterbuch der
        Sozialwissenschaften,* Stuttgart, Tübingen, Bd.9.

1965   ″Wirtschaftssoziologie″ , in *Handwörterbuch der
        Sozialwissenschaften   Stuttgart*,   Tübingen,
        Cöttingen: J. C. B. Mohr, Bd, 12, erste Aufl. 1956.

Vrijhof, Peter Hendrik

1966   "Was ist Religionssiologie?" in *Probleme der Religionssoziologie*, D. Goldschmidt u. J. Matthes (Hrsg.),   Köln u. Opladen: Westdeutscher Verlag.

Wach, Joachim

1931   *Einführung in die Religionssoziologie*, Tübingen: J. C. B. Mohr.

1943   *Sociology of Religion*, Chicago: University of Chicago Press.

Wallace, Michael, Beth A. Rubin, and Brian T. Smith

1988   "American Labor Law: Its Impact on Working-class Militancy, 1901-1980", *Social Science History*, 12：1-29.

Wallace, Walter

1969   *Sociological Theory,* Chicago: Aldine.

Wallner, E. M.

1970   *Soziologie, Einführung in Grundbegriffe und Probleme,* Heidelberg.

Wasburn, Philo C.

1995   "Introduction" to Research in *Political Sociology:*

Mass Media and Politics, Philo C. Wasburn（ed.），
Greenwich, Conn.: Jai Press Inc.

Weber, Max

1934   *Die protestantische Ethik und der Geist des
Kapitalismus*,   Tübingen, 本書有張漢裕中譯本
1960，《基督教倫理與資本主義精神》，台北：協志出
版公司出版。

1951   "Die Objektivität sozialwissenschaftlicher und
Sozial-politischer Erkenntnis", in: *Gesammelte
Aufsätze zur Wissenschaftslehre*, Tübingen: J. C.
B. Mohr.

1956   *Wirtschaft und Gesellschaft*, Studienausgabe, Köln
und Berlin: Kiepenheuer & Witsch, erster Halfband,
1964.

1956   *Wirtschaft und Gesellschaft*, Tübingen: J. C. B.
Mohr.

1960   *Rechtssoziologie, Soziologische Texte*, Neuwied：
Luchterhand.

1963   "Über einige Kategorien der verstehenden
Soziologie", in: *Gesammelte Aufsäte zur
Wissenschaftaftslehre*, Johannes Wickelmann
(hrsg.), erste Aufl., Tübingen： J. C. B. Mohr.

1964   *Wirtschaft und Gesellschaft, Studienausgabe, erster
Halbband*, Köln, und Berlin: Kiepenheuer & Witsch.

1968   *Methodologische Schriften*, Frankfurt a.M.： S.

　　　　　Fischer-Verlag.

1968　　　*Economy and Society*, Berkeley CA: University of
　　　　　California Press.

1973　　　*Gesammelte Aufsätze zur Wissenschaftslehre*,
　　　　　Tübingen: J. C. B. Mohr.

White, Harrison

1981　　　"Where Do Markets Come From?" *American Journal of
　　　　　Sociology*, 87:514-547.

Whyte, William Foote

1981　　　*Street Corner Society*, Chicago: University of
　　　　　Chicago Press, 1st ed. 1943.

Whyte, William Hollingsworth

1956　　　*The Organization Man*, New York：Simon & Schuster.

Williamson, Oliver

1975　　　*Markets and Hierarchies：Analysis and Antitrust
　　　　　Implications*, New York：The Free Press.

Wilson, Ryan R.

1966　　　*Religion in Secular Society*, London: Watts and Co.

Wilson, William Julius（ed.）

1987　　　*The Truly Disadvantaged：The Inner City, the*

          Underclass, and Public Policy, New York: The Free
          Press.
1993   *Sociology and the Public Agenda,* Newbury Park, CA：
          SAGE Publications.

Wössner, Jacobus
1970   *Soziologie, Einführung und Grundlegung,* Wien, Köln,
          und Graz: Verlag Hermann Böhlaus.

Wolding, Henk E. S.
1986   *Karl Mannheim：The Development of His Thought：*
          Philosophy, Sociology and Social Ethics with a
          Detailed Biography, Assen/Maastrict, The
          Netherland：Van Gorcum.

Wolff, Kurt H.
1968   *Versuch zu einer Wissenssoziologie,* Berlin u.
          Neuwied: Luchterhand.
1969   "Wissenssoziologie in den Vereinigten Staaten," in
          Wörterbuch der Soziologie, W, Bernsdorf (hrsg.),
          Stuttgart: Ferdinand Enke Verlag.

Wright, Erik Ohlin
1978   *Class, Crisis, and the State,* London:NLB.

Wuthnow, Robert

1973   "Religious Commitment and Religiosity in Search of an Elusive Relationship," in *Religion in Sociological Perspective*, Charles Y. Glock (ed.), Belmont, CA：Wadsworth.

Yinger, J. Milton
1960   *Religion, Society and the Individual*, New York：The Macmillan and Co., first ed. 1957.

Young, Pauline V.
1960   *Scientific Social Surveys and Research*, N. Y. 中文譯文見龍冠海：＜傳記文學與社會學＞，刊於：《傳記文學》，第四卷第一期，1964年一月號，台北，第8頁。

Zetterberg, Hans L.
1967   "Theorie, Forschung und Praxis in der Soziologie" in: *Handbuch der empirischen Sozialforschung*, René König (Hrsg.), Bd. I., Stuttgart: Ferdinand Enke Verlag.

Zipp, John F., Paul Luebke, and Richard Landerman
1984   "The Social Bases of Support for Workplace Democracy," *Sociological Perspective*, 27: 395-425.

Zuboff, Shoshana
1983   "The Work Ethic and Work Organization", in *The Work*

Ethic: A Critical Analysis, J. Barbash *et. al.* (eds.), Madison, WI: Industrial Relations Research Association.

華文書目：

朱柔若譯 Thomas Herzog 著

1996　　《社會科學研究方法與資料分析》，台北：揚智文化事
　　　　業公司。

江日新

1990　　《馬克斯・謝勒》，台北：東大圖書公司。

吳　庚

1964　　＜社會學與哲學＞，刊：謝徵孚主編：《二十世紀之社
　　　　會科學》，《社會學》，臺北：正中書局。

1993　　《韋伯的政治理論及其哲學基礎》，台北：聯經出版事
　　　　業公司。

李美華等譯，Earl Babbie原著

1998　　《社會科學研究方法》，台北：時英出版社。上、下兩
　　　　冊。

沈國鈞

1958　　＜知識社會學對認識論底批評＞，刊：《祖國週刊》，
　　　　第277期，香港，4月21日出版。

1958　　＜知識社會學對形式主義底批評＞，刊：《祖國週刊》，
　　　　第282期，香港，5月31日出版。

居浩然

1963　　〈知識社會學〉，《文星雜誌》，66：24-27。

林山田

1975　　《刑罰學》，台北：台灣商務印書館。

1976a　《犯罪問題與刑事司法》，台北：台灣商務印書館。

1976b　《經濟犯罪與經濟犯法》，台北：自印本。

林紀東

1963　　〈法社會學〉，刊：林紀東、薩孟武、梅仲協、劉慶瑞
　　　　　編輯的：《法律辭典》，臺北：中華叢書編審委員會印
　　　　　行發行，第447頁。

金耀基

1966　　〈M・韋伯生平及其學術貢獻〉見《現代人的夢魘》，
　　　　　臺灣商務版。

姜新立（編著）

1997　　《分析馬克思——馬克思主義理論與典範的反思》，台
　　　　　北：五南圖書出版公司。

施建生

1963　　《經濟學原理》，台北，三版。

洪鎌德

1969a 〈社會科學研究一般方法概述〉,刊:《現代學苑》,
        第六卷,第四期(總目六十一期)。

1969b 〈工業社會學研究的對象與方法〉,刊:《國立臺灣大
        學社會學刊》,第五期。

1969c 〈社會學的實用、研究和理論〉,刊於《新時代》,第
        九卷,第八期。

1969d 〈政治社會學導論〉,刊於《現代學苑》,第六卷第十
        二期(總目第六十九期)。

1976a 《政治學與現代社會》,台北:牧童出版社。

1976b 《社會科學與現代社會》,台北:牧童出版社。

1976c 《經濟學與現代社會》,台北:牧童出版社。

1976d 《思想及方法》,台北:牧童出版社。

1976e 《世界政治新論》,台北:牧童出版社。

1986 《傳統與反叛——青年馬克思思想的探索》,台北:台
        灣商務印書館。

1995 《新馬克思主義與現代社會科學》,台北:森大圖書公
        司,第二版,首版 1988。

1996 《跨世紀的馬克思主義》,台北:月旦出版社。

1997a 《人文思想與社會學說》,台北:揚智文化事業公司。

1997b 《馬克思》,台北:東大圖書公司。

1997c 《馬克思社會學說之析評》,台北:揚智文化事業公司。

1998a 《社會學說與政治理論》,台北:揚智文化事業公司,
        增訂版。

1998b 《從韋伯看馬克思——現代兩大思想家的對壘》,台北:
        揚智文化事業公司。

胡秋原

1965　〈廿世紀之歷史、文化和知識社會學〉，《中華雜誌》，
　　　　26：12-23。

胡適

1961　<實驗主義>，刊《胡適文存》，第一集，遠東圖書公
　　　　司印行，10月二版。

范珍輝

1968　<神、廟及宗教英才——台灣宗教之個案研究>，刊：
　　　　國立台灣大學《社會學刊》第四期。

孫本文

1965　《社會學原理》，台北：臺灣商務印書館，上、下冊。

殷海光

1967　《怎樣判別是非？》，台北：文星書局。

1968　《思想與方法》，香港：文藝書屋出版社。

高宣揚

1991a　〈論布爾迪厄的「生存心態」概念〉，《思與言》，
　　　　23(3)：21-76。

1991b　〈再論布爾迪厄的「生存心態」概念〉，《思與言》，
　　　　23(4)：295-304。

1991c　〈政權社會學的開創者比埃爾‧布爾迪厄〉，周陽山(編)，
　　　　《當代政治心靈－當代政治思想家》，台北：正中書局，

300-354頁。

高承恕

1988　《理性化與資本主義──韋伯與韋伯之外》，台北：聯
　　　　經出版事業公司。

涂懷瑩

1970　〈美國法律社會學的發展及其展望〉，刊：《東方雜誌》，
　　　　復刊第四卷第四期，台北1970年11月1日出版，第29至33
　　　　頁。

張天增

1969　《現代社會學研究》，台北：啓業書局印行，1969年第
　　　　二版。

張東蓀

1946　《知識與文化》，香港。

張家銘

1987　《社會學理論的歷史反思──韋伯、布勞岱與米德》，
　　　　台北：圓神出版社。

張維安

1989　〈韋伯論社會科學之「價值中立」〉，刊翟本瑞、張維
　　　　安、陳介玄（合著） 1989 《社會實體與方法──韋伯

方法論》，台北：巨流圖書公司。

許國三

1964　　＜宗教社會學與中國民間信仰＞，刊：國立台灣大學社
　　　　會學會編印之《社會導進》，第一卷第二期。

黃文星譯

1975　　《社會學是什麼？》，台北：香草山出版公司。

黃瑞祺

1996　　《批判社會學──批判理論與現代社會學》，台北：三
　　　　民書局。

翟本瑞、張維安、陳介玄（合著）

1989　　《社會實體與方法──韋伯社會學方法論》，台北：巨
　　　　流圖書公司。

蔡錦昌

1994　　《韋伯社會科學方法論釋義》，台北：唐山出版社。

衛惠林

1986　　《社會學》，國立編譯館出版，正中書局印行，1968台
　　　　三版。

龍冠海

1964　　〈社會與人〉，《文星》叢刊39，台北。

1969   《社會學》，三民書局，臺北，四版。

謝康
1961   《社會學及社會學問題》，香港，自印本。

關口晃
1958   〈法社會學〉，載：《世界大百科事典》（編輯兼發行
           人：下中彌三郎），東京：平凡社，第26卷第227至280
           頁。

嚴復
1903   《群學肆言》，1903，商務版，1965台一版。

盧嵐蘭譯　舒慈著
1991   《社會世界的現象學》，台北：桂冠出版社。
1991   《舒茲論文集第一冊：社會現實的問題》，台北：桂冠
           出版社。

人名引得

夫 202, 422, 436, 458, 467

Best, Steven 貝士特 297, 409

Beutel, Frederik K. 波衣特爾 283

Biggart, Nicole Worsley 畢嘉特 189, 208, 409, 427

Blalock, Ann 布拉洛克 77, 410

Blalock, Jr., Huber M. 布拉洛克 77, 410

Blumer, Herbert 布魯默 53, 198

Blumstein, Philip 布魯姆斯坦 125, 414

Bodin, Jean 布丹 227

Boltanski, Luc 布爾坦斯基 189

Bolte, Karl Martin 波爾特 26, 191, 410

Bonhoeffer, Dietrich 彭鶴飛 365, 410

Booth, Charles 浦士 84

Borgatta, Edgar F. 柏嘉達 114, 410, 431, 458

Boskoff, A. 柏士寇夫 446

Bottomore, Tom 柏托謨 141, 243, 410

Bourricault, François 布希枯 151, 411

Bourdieu, Pierre 卜地峨（布爾迪厄） 43, 66-67, 189, 411

Bouglé, Charles 卜勒勒 164, 329, 417

Bowley, Arthur L. 鮑列 84

Bracher, Dietrich 布拉赫 438

Brandeis, Louis D. 布藍第士 282

Braun, B. R. 布勞恩 199

Brentano, L. 蒲連塔諾 196

Bridgman, Percy W. 蒲力基曼 88, 138, 139, 411

Briefs, Götz 卜力夫士 197

Brinkerhoff, David B. 布連柯霍夫 42, 76, 411

Broom, Leonard 布魯姆 437

Brunhes, Jean 布魯尼 49

Brusiin, Otto 布魯欣 283

Ford, Henry 福特　195

Form, William H. 傅姆　199,
　209, 215

Foucault, Michel 傅柯　145,
　298-300, 348-349, 351-
　352, 421, 449,

Francis, E. K. 傅蘭齊　24,
　91, 421

Franconnet, Paul 傅蘭科涅
　283

Frank, Jerome 傅蘭克　283

Frankfurter, Felix 福蘭克
　府特　282

Frazer, James 傅拉哲　375-
　376, 421

Frazer, Nancy 傅拉哲　296,
　421

Freud, Sigmund 佛洛伊德
　239-240, 316, 372, 387,
　391, 421

Freyer, Hans 傅萊爾　83,
　427

Friedman, Lawrence M. 傅立
　曼　287, 293-294, 422

Friedmann, Georges 傅利曼
　165, 199, 269, 271

Fukuyama, Francis 福山　401

Fuller, Lon L. 傅勒　277,
　285, 422

Furth, Peter 傅爾特　306,
　314, 439

Fürstenberg, Friedrich 傅
　士騰貝　154, 163, 169,
　173, 175, 179, 422

〔G〕

Gadamer, Hans-Georg 嘉達默
　331

Gallie, Duncan 嘉利業　208,
　423

Garfinkel, Harold 嘉芬寇
　56

Geck, L. H. Adolf 葛克　202,
　203

Geertz, Clifford 吉爾茲
　387-388, 423

Gehlen, A. 葛連　192, 201,
　423, 453, 458

Geiger, Theodor 蓋格　85,
　257, 283, 313, 327-328,
　424, 461

Gemes, C. 葛米士　424

Gerloff, W. 葛洛夫　177,

367-368, 429

Horkheimer, Max 霍克海默 403

Horowitz, Irving L. 霍洛維茲 42, 430

Horwath, Barna 霍瓦特 280, 282, 430

Hoselitz, Bert F. 霍士立茲 199

Hsü Te-hsing 許德珩 14, 417

Hsieh Cheng-fu 謝徵孚 469

Hsu Kuo-shan 許國三 368, 376, 473

Hu Chiu-yuan 胡秋原 324, 371, 471

Hu Shih 胡適 334, 472

Huang Wen-shan 黃文山 457

Hubert, Henri 于伯特 376, 444

Hughes, Everette C. 修斯 52, 240, 338

Hung Lien-te 洪鎌德 7, 22, 36, 43, 57-58, 63, 65, 67, 69, 82, 89, 95, 123, 133, 136, 141, 145-146, 154, 157-160, 185, 224, 230-231, 233, 238, 246, 248-249, 252-253, 307, 314-315, 341, 358-359, 371, 378, 470,

Hunt, Alan 杭特 6, 286, 430

Husserl, Edmund 胡塞爾 341

Huvelin, Paul 胡維林 283

Hwang, Ruey-chyi 黃瑞祺 231, 236, 340, 343, 474

Hyman, Herbert 海曼 86

〔I〕

Iannaccone, Lawrence R. 伊安納寇尼 389, 392-393, 430, 458

Inkeles, Alex 殷克士 21, 82, 430

Ions, Edmond 艾翁士 238, 431

Ishio, Yoshishisa 石尾芳久 289

Isoda, Susumu 磯田進 289

〔J〕

Jahoda, Marie 雅荷妲 85, 431

Jackall, Robert 賈卡爾 219,

172

Kha Saen-Yang 高宣揚 66,
472

Khomeini, Ayatollah 霍梅尼
393, 397

Kiaer, A. N. 祈亞爾 84

Kindermann, Gottfried Karl
金德曼 235, 434

King Yao-chi 金耀基 160,
470

Kinsey, Alfred 金賽 88

Kitcher, Philip 祈徹爾 62,
434

Klare, Karl E. 克拉列 287,
434

Knies, Karl 克尼斯 155

Koch, Woldemar 寇赫 163,
167

König, René 柯尼西 21-23,
101-102, 138, 156, 198,
217-218, 264, 304, 338,
357, 379, 404, 413, 425,
429, 434-435, 441, 453,
468

Koenig, Samuel 科尼格 223

Kohn, Melvin L. 寇恩 207,

435

Kolb, W. L. 柯爾普 422, 459

Kornblum, William 孔布倫
41-42, 435

Kornhauser, Atthur 孔豪塞
198

Kotobuki, Satoshige 壽里茂
289

Kourvetaris, George A. 寇
維他里 244, 248, 254,
435

Kraft, Julius 柯拉夫特 282,
364

Kresting, H. 柯列士丁 199

Kunz, Gerhard 昆茲 107,
117, 436

Kurtz, Lester R. 顧而滋
401-402, 436

〔L〕

Lacan, Jacques 拉岡 348

Laclau, Ernesto 拉克勞
252-253

Lahtineno, Osvi 拉提涅諾
283

Landerman, Richard 藍德曼
468

Mackenroth, Gerhard 麥堅洛 163

Maine, Henry 梅因 50, 263

Malinowsky, Bronislaw 馬立諾夫斯基 50, 161, 271, 372, 377, 441

Mangakis, Georgis 孟卡奇 261

Mangold, Werner 曼哥德 108, 441

Mann, Michael 米開曼 43, 251

Mannheim, Karl 曼海姆 58, 138, 165, 303, 324, 325, 327, 434, 439-440, 442, 451, 456, 467

Marcuse, Herbert 馬孤哲 141

Markson, Elizabeth U. 馬克森 63, 429

Marsh, Ian 馬士 40

Marshall, Alfred 馬歇爾 174, 442

Marshall, Gordon 馬歇爾 55, 92, 95, 442

Marshall, Thomas 馬歇爾

295, 442

Marx, Karl 馬克思 156, 158, 226, 264, 313-314, 364, 374, 426, 442-443, 449

Matthes, J. 馬特士 373, 443, 463

Matza, David 馬察 285

Maunier, René 穆尼葉 377

Maus, Heinz 毛斯 202, 443

Mauss, Marcel 莫士 161, 331, 376, 444

Mayer, Kurt B. 梅爾 223

Mayo, Elton 梅約 196

McClelland, David C. 麥列蘭 199

McCreary, Lori 麥珂莉麗 189, 419

McIntyre, Lisa J. 麥克因泰 288, 441

McKenzie, Richard 麥更齊 186, 461

Mead, Georg Herbert 米德 53, 335, 444

Megill, Frank N. 梅吉爾 452

Menger, Carl 孟額 80, 156

Mensching, Gustav 閔興 368,
444

Merriam, Charles E. 梅廉姆
233

Merton, Robert K. 梅爾頓（墨
頓） 52, 133, 145, 268,
338-339, 357, 379, 437,
439, 444-445, 455

Messelkern, Karlheinz 梅塞
爾肯 131, 445

Michels, Robert 米歇爾 226,
231-232, 445

Mifuji, Masako 三藤正 289

Milkman, Ruth 米克曼 207,
445

Mill, John St. 穆勒 77,173

Miller, Delbert C. 米勒
199, 209

Mills, C. Wright 米爾士 43,
58, 71-72, 250, 339, 445

Mintz, Beth 敏茲 188, 446

Mitchell, Wesley 米契爾
185

Moore, Underhill 穆爾 286

Moore, Wilbert 穆爾 165,
199, 201-202, 438, 446,

452

Moreno, Jacob L. 莫列諾 59,
114, 217

Morgan, Lewis Herry 摩爾根
48

Morgenstern, Oscar 摩根斯
騰 59

Morris, Charles 莫理士 444

Mouffe, Chantal 穆佛 252

Mühlman, Wilhelm 米爾曼
147, 446

Müller, Adam 亞當・米勒
155

Müller-Armack, Alfred 繆
勒・阿馬克 366, 379,
446

Münsterberg, Hugo 閔斯特
堡 196

〔N〕

Natanson, Maurice 那坦森
341, 446

Naville, Pierre 那威爾 199

Neuloh, Otto 紐洛 199

Nietzsche, Friedrich 尼采
316, 336, 351

Nimmo, D. D. 倪默 254,

事物引得

社會界　55，75，111，308-
　　309，341-343，345，349，
　　362，383

社會動物　150

社會控制　23，29，39，40，64，
　　153，268，286

社會組織　26-27，29-35，40，
　　52，59，69，145，165，
　　186，194，202，204，223，
　　286，288，315，321，
　　329-331，357，363，381

社會規範　15-17，29，164，
　　176，257-259，286

社會進化論　48

社會群體　3，15，32，39，52，
　　222，274，325，329，333

社會解體　34，89，162

社會運動　39，41，64-65，69，
　　157，186，243-244，298，
　　397

社會達爾文主義　48

社會過程　23，33，53，55，
　　117，136，178，197，
　　266-267，304，323-324，
　　355

社會實踐　68，69，350，353

社會層化　31，40，73，119，
　　214，223，227，230，289，
　　380

社會範疇　30，344

社會衝突　33-34，38，65，72，
　　126，195，199，239-240，
　　255，252，402

社會學主義　377，382

社會學的法理學　283

社會學的透視　72-75

社會學的途徑　75，260

社會學的創思（社會學的想
　　像）　71-72，75

社會變遷　35，38-41，64，
　　117，132，141，145，
　　179-180，192，206，213，
　　223，227，243，280，284，
　　291，315，326，330，357，
　　364，366，399

社群　15，28，32，35，40，46，
　　50，64，102，108，125-
　　126，151，157，209，257，
　　266，291，293，295-297，
　　321-322，324，331，381，
　　384-385，387，394

初民社會　3，47，51，73

21ˢᵗ Century Sociology

by Dr. HUNG Lien-te

Contents

21 世紀社會學　　　　　　　　　　　　　　社會叢書 8

著　　　者／洪鎌德

出 版 者／揚智文化事業股份有限公司

發 行 人／葉忠賢

總 編 輯／孟　樊

責任編輯／龍瑞如

登 記 證／局版北市業字第 1117 號

地　　　址／台北市新生南路 3 段 88 號 5 樓之 6

電　　　話／(02)2366-0309　2366-0313

傳　　　眞／(02)2366-0310

郵政劃撥／14534976

印　　　刷／偉勵彩色印刷股份有限公司

法律顧問／北辰著作權事務所　蕭雄淋律師

初版二刷／1999 年 3 月

定　　　價／新臺幣 550 元

南區總經銷／昱泓圖書有限公司

地　　　址／嘉義市通化四街 45 號

電　　　話／(05)231-1949　231-1572

傳　　　真／(05)231-1002

ISBN：957-8446-80-2

E-mail：ufx0309@ms13.hinet.net

國家圖書館出版品預行編目資料

21 世紀社會學 ＝21st century sociology / 洪鎌德
著. -- 初版. -- 台北市：揚智文化，1998[民 87]
面；　公分. -- （社會叢書；8）
參考書目：面
含索引
ISBN　957-8446-80-2（平裝）

1. 社會學

540　　　　　　　　　　　　　　　87006530